思春期の美術教育

―造形表現の質的転換期とその課題―

新井哲夫 編著

日本文教出版

まえがき

　本書は、「思春期の子どもを対象とする美術教育」について、理論と実践の両面から取り上げたものである。その意味からすれば、「思春期の美術教育」という書名はやや曖昧な表現ではあるが、簡潔さを優先してこのように名付けることにした。

　「思春期」という言葉は、両親や教師にとって素直で扱いやすい児童期（とりわけ中期まで）とは大きく変わり、周囲の大人に対して批判的な態度を示す反面、多感で傷つきやすい、取り扱いに注意を要する発達段階を思い浮かべる人が多いと思う。それまでの自己充足的な世界が終焉し、自らを多数の他者に囲まれた一人の人間として、客観的かつ相対化して捉えられるようになると、自分が他者の目にどう映るのか、周囲を過剰に意識するようになる。それによって、不安定な感情にとらわれやすくなるのが思春期である。書名の「思春期の美術教育」は、そのような時期にいる小学校高学年から中学校3学年までの児童・生徒を対象にする図画工作・美術の授業を念頭に置いたものである。

　一般に思春期という言葉は、身体発達、中でも性的成熟の側面に重点を置いた発達段階の名称として使用されることが多い。手元の辞典には、「思春期は身体発達の観点から位置づけられている発達段階であり、主に第2次性徴と呼ばれる性的成熟の出現をその始まりの指標とし、その成長が終わるまでの時期とみなされている。一般的には小学校高学年から高校生年代までを指すことが多い」と定義されている（『最新心理学辞典』平凡社, 2013）。

　本書で、比較的ニュートラルな意味をもつ青年期前期（青年前期）ではなく、敢えて思春期を用いる理由は、小学校高学年まで含めた呼称として用いる場合、前者は硬質でやや馴染みにくいのに対して、後者は日常的に使われており、親しみやすいと考えたためである。したがって、本書で用いる思春期という言葉には、特に身体発達的な側面を強調する意図はない。また、思春期の年齢区分

については、先の定義では小学校高学年から高校生年代までとされているが、本書では便宜的に、終期を必修教科として全員の子どもが美術を履修する中学校3学年までとした。高校生も、造形表現の発達上の課題は中学生と重なる部分が多いが、高等学校では芸術科美術、同工芸として選択科目になることや、一部の専門学科では専門科目となることなどから、検討対象から除外した。

　ところで、思春期を対象とした研究は、これまで発達心理学や青年心理学の分野を中心に多くの蓄積がある。さらに近年では、人文社会科学と脳科学・医学を融合させた「思春期学」が提唱されるに至っている（長谷川寿一監修・笠井清登他編著『思春期学』東京大学出版会, 2015）。しかし、美術教育の分野では、思春期が研究対象として取り上げられることは至って少ない。

　本書が、思春期の美術教育に着目する理由は、子どもの創造力を重視し、自由な自己表現を推奨する児童中心主義の美術教育が、先進諸国の美術教育の基本理念となって以来、最大の難問とされてきたのが思春期の子どもを対象とする美術教育（特に、描画教育）であり、今日に至るまでこれといった改善策が見いだされていないためである。児童中心主義の美術教育は、幼児教育の世界ではその意義や役割が広く認知され、一定の成果を得ているが、初等教育や中等教育の世界では、逆にその素朴な理想主義が、美術教育に対する現実的な議論を妨げている。このような状況に一石を投じたいというのが、本書執筆の動機である。

　小学校中学年頃から描画に対して苦手意識を抱く子どもが現れ始め、高学年になると目に見えて増加することは経験的によく知られている。このような現象に対する説明として、広く知られているのは次のような説である。

　子どもは9、10歳頃を境に、徐々に対象の形や色を忠実に再現しようとする欲求が強まるが、技術が伴わないために、自分の表現に自信を失ってしまうというものである。この説に従えば、思春期の美術教育の最大の課題は、子どもの描画に対する自信喪失をいかに防ぐか、あるいは自信喪失からいかに救い出すかということになる。

この課題に対する最も素朴な主張は、「そもそも自信喪失は、大人の価値観(写実的な表現をよしとする)を押し付けることで生じる。子どもの絵は決して批判したり、大人の技術を教えたりしてはならない。温かく見守り、賞賛し、激励することが大切である」というものである。このような考え方は、子どもの描画の独自性を重視する正しい主張に見えるが、よくよく考えてみると、子どもの時代は永遠に続くわけではなく、やがて児童期、青年期を経て大人へと成長していくことが考慮に入れられていないことが分かる。しかも、この種の議論では、子どもといっても、比較的幼い子どもがイメージされていることが多い。結果的に、子どもの表現を幼児や児童期前期の段階にとどめ置くことを奨励することになりかねない。

　また、描画に対する自信喪失を防ぐための別の考え方に、描画の技術不足が原因なのだから、写実的な描写力を育てる指導をすべきであるというものがある。小学校低学年から比較的構造の単純なものを選んで観察画を描かせ、徐々に複雑なものへと発展させ、やがて画面構成にまで導き、写実的な表現力を身に付けさせようとするものである。

　写実的な描写力の育成という点からいえば、このような指導方法はそれなりに合理的なものであろう。しかし、表現教育を目的とする描画指導として考えてみると、表現意図の問題が欠落しているか、もしくは著しく軽視されていることが分かる。「どのように描くか」という技術の問題は、「何を表現しようとするのか」という意図の問題と一体的に扱わないと表現教育にはならない。さらにまた、今日の美術文化の状況を考えると、描画の技術を写実的な描写力だけに特化することの是非も問題になるであろう。

　子どもらしい表現を見守り育てることも、写実的な描画の技術を身に付けさせることも、それぞれ問題があるとすれば、ではどうすればよいのかが改めて問われることになる。しかし、問いを急ぐ前に、思春期の子どもが描画に対して苦手意識を抱く理由が自信喪失にあるとする前提そのものが、本当に正しいのだろうか。前提が誤っているならば、問いそのものが揺らいでしまう。筆者が、思春期における描画指導に関する問題に関心を抱いた理由の一つはそのよ

うな疑問である。

　本書の第1部理論編では、そうした疑問を含めて、思春期の美術教育に関する課題を取り上げ、包括的に考察する。それによって、従来の思春期の美術教育観を刷新する新たな思春期の美術教育像を提案したいと思う。

　また第2部実践編では、小・中学校の教育現場で思春期の子どもたちと向き合う12名の教師の取り組みを報告する。美術教育をめぐる状況が厳しさを増している中で、思春期の子どもの心性に対する深い理解の上に、子どもとの信頼関係を築き、創意に富んだ題材や授業展開を工夫しながら、課題意識をもって日々の授業に取り組んでいる思春期の美術教育の現場をお伝えしたいと思う。

　本書が、教育現場で思春期の子どもの美術教育を担う教師の方々にとって、何らかのヒントを与え、これからの実践を後押しする力となることを祈りたい。
　そして、子どもの描画の発達や小・中学校の美術教育に関心を抱く一般の方々に対しても、本書が、思春期の美術教育について関心を抱き、理解を深めていただくきっかけになることを期待したい。

　最後に、本書は下記の科学研究費補助金による研究成果をふまえて、執筆したものであることを記しておきたい。
　○平成23年度〜平成25年度科学研究費補助金　基盤研究（C）
　　「思春期における造形表現の質的変化をふまえた美術教育の方法論に関する研究」（課題番号：23531217，研究代表者：新井哲夫）
　○平成26年度〜平成28年度科学研究費補助金　基盤研究（C）
　　「思春期における造形表現の質的変化をふまえた美術教育の方法論に関する実践的研究」（課題番号：26381233，研究代表者：新井哲夫）

2017年12月

新井哲夫

《目次》

まえがき

第1部 理論編　　　　　　　　　新井哲夫

序 ·· 12

第1章　思春期の美術教育と子どもの描画に関する先行研究の成果と課題
1．従来の描画の発達研究における思春期の位置付け ················· 18
2．ウィリアム・ジョンストンにおける思春期の危機と美術教育の方法論　20
　（1）『思春期の美術』における思春期の危機説
　（2）ジョンストンによる思春期の美術教育の方法論
　（3）ジョンストンによる思春期の美術教育論の意義と課題
3．ヴィクター・ローウェンフェルドにおける思春期の危機と
　　美術教育の方法論 ··· 27
　（1）『美術による人間形成』における発達研究の特色と思春期の危機説
　（2）ローウェンフェルドによる思春期の美術教育の方法論
　（3）ローウェンフェルドによる思春期の美術教育論の意義と課題
4．ハワード・ガードナーにおける子どもの描画の発達研究と思春期の問題　35
　（1）ガードナーによる子どもの描画の発達研究の特色
　（2）ガードナーによる描画の衰退説
　（3）ガードナーによる描画の発達研究の意義と課題
5．我が国における思春期の美術教育に関する主な先行研究 ············ 40
　（1）北川民次のメキシコ野外美術学校における美術教育
　（2）大勝恵一郎による「青年期」の美術教育
6．先行研究に見る思春期における美術教育の課題 ····················· 46

第2章　動因または表現意図に基づく描画の発達過程の再検討
1．描画における「動因」と「表現意図」 ······························· 51
2．動因または表現意図から見た描画の発達過程 ······················· 53

3．縦断的観察に基づく描画の発達における画期 ……………………… 54
　（1）なぐり描きの始まり
　（2）閉じた形の出現と意味付けの始まり
　（3）人のイメージ（頭足人）の出現
　（4）図式的表現様式の定着
　（5）対象の再現描写への関心の芽生え
　（6）再現描写のスキルの高まりと自己表現の手段としての描画への関心の低下
4．動因または表現意図に基づく描画の発達区分の再検討 …………… 66
　（1）動因または表現意図に基づく描画の発達区分の見直し
　（2）各発達区分とその特色
5．思春期における描画の危機とは何か ………………………………… 72
　（1）自信喪失説から質的転換論へ
　（2）描画に対する興味・関心の低下と思春期の美術教育の課題

第3章　心象表現としての描画の創作過程と表現意図

1．造形的な創造活動のプロセスと表現＝制作意図 …………………… 78
　（1）造形的な創造活動における「A型創造」と「R型創造」
　（2）A型創造とR型創造における表現＝制作意図
2．心象表現としての描画の表現意図をどう捉えるか
　　—「主題」概念の検討— ……………………………………………… 82
　（1）心象表現における表現意図としての「主題」概念の検討
　（2）心象表現としての描画の表現意図（表現主題）
3．描画における表現意図の形成をめぐる先行研究の検討 …………… 90
　（1）1980年代後半における筆者の研究
　（2）立原慶一の「主題」研究
　（3）金子一夫の「主題（表現主題）」研究
4．表現意図の形成（表現主題の把握）を促す指導のあり方 ………… 99
　（1）造形表現の質的転換期における描画の課題
　（2）表現意図の形成（表現主題の把握）を促す指導の可能性

第4章　描画の質的転換期におけるリアリズムの問題をめぐって

1．認知発達の到達点としての視覚的リアリズムと
　　表現としてのリアリズム ……………………………………………… 105
　（1）美術教育にリアリズムは不要か
　（2）表現教育としての描画指導のゴールをどこに置くか
　（3）視覚的リアリズムへのこだわりと表現としてのリアリズム

2．リアリズムはどのように指導されてきたか
　　──「新しい絵の会」の取り組みを中心に── ……………………… 111
　　（1）「新しい絵の会」の美術教育とリアリズム
　　（2）「新しい絵の会」におけるリアリズムの美術教育の特色
　　（3）「新しい絵の会」のリアリズムの美術教育が示唆するもの
3．表現としての描画へのメタ的理解を促す指導の試み ……………… 125
　　（1）表現としての描画に対するメタ的理解を促す試み
　　（2）小学校教科専門科目「図画工作」における絵画演習
　　（3）メタ的理解を促すための美術教育の体系化を目指して

第5章　思春期における美術教育の課題と展望

1．造形表現の質的転換期における描画教育の課題 ……………………… 133
　　（1）思春期における描画をめぐる課題
　　（2）思春期における描画の課題を解決するために何が必要か
　　（3）表現教育としての描画指導のゴールをどこに置くか
　　（4）思春期の描画教育ではどのような配慮が必要か
　　（5）「表現様式不在の時期」としての思春期への配慮
2．教科としての思春期の美術教育の課題 ………………………………… 145
　　（1）美術教育はどのような状況に置かれているのか
　　（2）現実的条件をふまえた美術教育の課題
　　（3）コンクール評価から教育評価へ
　　（4）デザイン教育の改善と鑑賞教育の充実に向けて
　　（5）制度的条件下での授業展開とカリキュラムの課題
3．思春期の美術教育のこれから …………………………………………… 155
　　（1）思春期の美術教育の役割とは
　　（2）意識的な美術教育をどう進めるか
　　（3）授業だからこそできること
　　（4）思春期の美術教育の可能性

結び …………………………………………………………………………………… 160

第2部 実践編

序文　新井哲夫 …………………………………………………… 166

「見る」「試す」「生かす」活動を通して自分のよさを見付けさせる図画工作の授業
　　　黒澤　馨 ……………………………………………………… 170

美術の授業をリフレイミングする ―生徒の心と向き合うコミュニケーション―
　　　上林忠夫 ……………………………………………………… 192

「やってみたい」を刺激する美術教育の試み
　　　飯塚清美 ……………………………………………………… 214

子どもの発達特性に寄り添った授業づくり ―美術ぎらいをなくすための試み―
　　　堤　祥晃 ……………………………………………………… 238

主体的な活動を促すための手立て ―フレームワークを提示する指導の試み―
　　　金子美里 ……………………………………………………… 258

「承認欲求」を満たすことで「自己実現欲求」を生み出す題材の設定と指導の工夫
　　　小野田一子 …………………………………………………… 278

主題生成を促し、試行錯誤の場を保証する題材設定の工夫
―思春期の危機のための授業の転換―
　　　梶岡　創 ……………………………………………………… 302

描くことへの戸惑いを乗り越えさせ視野を広げる指導の試み
―写実へのあこがれに応えるための「演習」を取り入れた描画指導―
　　　永井浩子 ……………………………………………………… 316

中学校3年間の積み上げを考慮した絵画指導の試み
　　　本田智子 ……………………………………………………… 336

「美術を学ぶ価値」を実感できる授業づくりを目指して
　　　伊庭照実 ……………………………………………………… 358

空想の世界は、現実のすぐ隣にあるんだよ ―表現と鑑賞を相互に結び付けた実践事例―
　　　大西智美 ……………………………………………………… 376

美術に対する誤解や偏見を解消し、造形的感覚や判断力を育てる鑑賞指導の試み
　　　飯塚淑光 ……………………………………………………… 390

あとがき

第1部 理論編

〔第1部　理論編〕

序

1．理論編の目的

　第1部理論編では、思春期の美術教育に関する主要な課題について包括的に検討することを通して、思春期の子どもを対象とする美術教育の固有の性格と意義を明らかにし、その特質にふさわしい美術教育のあり方について検討する。
　幼児期や児童期（主としてその前期）の造形・美術教育に関する研究に比べると、思春期の子どもを対象とする美術教育の研究はきわめて不活発である。とりわけその造形表現の発達的特質に焦点を当てた研究はほとんど行われていない。思春期の美術教育を対象とする研究が不活発な理由は、一言でいえば、思春期の美術教育そのものの認知度が低く、人々の意識の外に置かれているということである。小学校高学年から中学校3学年に当たる子どもたちを対象とする図画工作や美術の授業は日々行われている、それなのに人々の意識の外に置かれているとはどういうことかという疑問の声が聞こえてきそうであるが、授業が行われているということと、それが思春期の特殊性を意識した授業であるかどうかは、別の問題である。小学校高学年の場合は、小学校の学校文化の中で見られるため、成長した児童と見られやすい。また中学校、それも後半になるとかなり大人びた言動が見られるようになるため、大人の基準で捉えられやすい。小・中学校の学校文化に大きな違いがあるのは、教師をはじめとする周囲の大人の視線の違いによるところが大きい。つまり、小学校高学年は児童期の色眼鏡で、中学生は大人の色眼鏡で見られるため、その時期の子どもの真の姿が捉えにくいのである。
　またこの時期は、クルト・レヴィン（Kurt Lewin, 1890-1947）が青年期の特

質を表すために用いた「境界人」の概念に象徴されるように、子どもと大人双方の性格を不完全に合わせもち、外から眺めたとき明瞭な輪郭を見いだしがたいことも、思春期の美術教育が埋没し、認知されにくい原因である。

　今、必要なことは、美術教育における思春期の問題は個人レベルのものではなく、造形表現の発達過程における普遍的な問題であること、したがって、他の発達段階と同列には論じられない固有の性格をもち、独自の対応が必要であるということを、広く認識してもらうことである。この理論編の目的もそこにある。

2．理論編における主な検討課題

　理論編で検討する主な課題は以下のようである。
(1)思春期の美術教育に関する先行研究で何がどこまで明らかにされているのか

　主要な先行研究を対象に、思春期の描画や美術教育に関するこれまでの研究成果を確認するとともに、何が課題として残されているかを明らかにする。

　検討対象として取り上げるのは、ウィリアム・ジョンストン（William Johnstone, 1897-1981）の『思春期の美術』[1]、ヴィクター・ローウェンフェルド（Viktor Lowenfeld, 1903-61）の『美術による人間形成』[2]、ハワード・ガードナー（Howard Gardner, 1943- ）の『子どもの描画』[3]であり、さらに北川民次（1894-1989）のメキシコ野外美術学校での実践、及び大勝恵一郎（1924-2010）の高等学校での実践をふまえた研究である。

　なお、ガードナーの研究は、美術教育の問題を直接論じたものではないが、描画の発達を縦断的な視点から捉えて複眼的に論じており、思春期の子どもの描画の問題について重要な示唆を与えるものである。

(2)描画の発達過程における思春期の特質とは何か─従来の描画の発達段階説の見直しを通して─

　トーマスとシルク[4]は、子どもの描画に対する研究の歴史を「発達的アプローチ」（19世紀末から1920年代）、「臨床－投影的アプローチ」（1940年代以降、

〔第1部 理論編〕

モリーン・コックス[5]は1920年代以降とする)、「芸術的アプローチ」(19世紀末から現在)、そして近年盛んになった「プロセスアプローチ」に分類している。

 この内、子どもの描画の発達について明らかにしようとした研究が発達的アプローチであるが、初期の発達研究の多くは横断的研究であり、さまざまな年齢層の子どもの描画を幅広く収集し、生活年齢と描画の形式的変化との関連を明らかにしようとした[6]。それによって、子どもの認知発達と描画との関連や描画の発達の筋道、子どもの描画の特質などについて明らかにされた。今日広く知られているなぐり描きの段階から図式的表現の段階を経て、視覚的リアリズムに至る描画の発達段階説も発達的アプローチによる研究成果である。

 しかし一方で、子どもの認知発達を明らかにすることを目的とした描画研究の成果が、表現活動としての描画にどこまで適用できるのかという疑問も生じる。美術教育独自の視点から、表現としての描画の発達を考える必要はないのだろうか。

 また、芸術的アプローチに見られる見解として、思春期における描画の衰退は、批判的な意識の高まりによる自信喪失が原因であるとする主張がある。本当にそうなのだろうか。描画を得意とする子どもでも、自発的な描画が激減するという現実をどう説明できるのであろうか。

 これらの疑問について、描画の発達過程を縦断的に捉えることによって検証する。

(3)表現活動としての描画の表現意図とは何か──主題概念の検討を通して──

 初期の描画の発達研究では、G.H.リュケ[7]を例外として、主に描画の形式的な変化(どう描かれているか)が注目され、描画に向かう子どもの動因や表現意図(何を描こうとしたか)にはほとんど関心が払われていない。大量のデータ収集が必要な量的な研究では、個々の描画の表現意図を探ることは方法的にも不可能である。

 しかし、美術教育の視点から子どもの描画について考える場合、表現意図を無視することはできない。というよりも、形式以上に表現意図の問題を重視しなければ、表現教育としての描画指導は成立しない。ところが、従来の描画指

導では、どう描くかという方法の問題に関心が偏り、何を表現するのかという表現活動にとって最も重要な問題は、ほとんど不問に付されてきたといってよい。

　美術教育の世界では、しばしば主題という語が用いられる。主題は非常に多義的で曖昧な言葉であり、表現の対象を指すこともあれば、表現の内容を指すこともある。表現意図と同じ意味で主題が用いられている例を目にするが、ほとんどの場合語義を明らかにして使われているわけではない。例えば、学習指導要領の本文で主題の語が使用されたのは1968/69年の改訂からであるが、明確な概念規定がなされないまま今日に至っている。

　重要な用語は、概念が曖昧なまま恣意的に用いられると、誤解や錯覚が生じ、建設的な議論の積み上げが損なわれる。描画を中心に、主題概念の検討も含めて、造形表現における意図の問題について考察する。

(4) 視覚的リアリズムと表現としてのリアリズム

　描画の発達を認知発達の観点から見た場合、視覚的リアリズムへの関心が芽生え、図式的な表現に飽き足らなくなることは、健常な子どもに見られる一般的な現象である。したがって、図式的表現から視覚的リアリズム（に対する関心の芽生え）への移行を、認知能力の発達を示す指標として見ることはきわめて理にかなったことである。しかし、それをそのまま、表現としての描画の進歩や発展の道筋と見ることはできるのだろうか。つまり、認知発達に伴って関心が高まる視覚的リアリズムと、表現としての描画のリアリズムを区別せず、同列に扱ってよいのかという疑問である。

　もしそれが同一のものであるならば、表現教育としての描画指導のゴールは、写実的描写力の育成ということになる。しかし、今日の美術の世界における多様化やボーダーレス化、デジタルカメラやビデオの普及といった子どもたちを取り巻く社会環境の変化などを考えれば、思春期における描画教育のゴールを写実的な描写力の育成に置くことに、必然性を見いだすことはむずかしい。しかし一方で、認知発達の結果として視覚的リアリズムに子どもたちの関心が高まるという現実から目を背けることもできない。

〔第1部　理論編〕

　視覚的リアリズムに対する子どもたちの関心に応えつつ、しかも表現としての描画に対する理解を促すことはできるのだろうか。そしてその際、表現としての描画指導の目標はどこに定めるべきなのだろうか。こうした疑問について、現在の小・中学校における美術教育をめぐる現実的条件をふまえて検討する。

(5)子どもの造形表現の発達特性をふまえた思春期の美術教育はどうあるべきか

　最後に、(1)から(4)の検討をふまえて、思春期の子どもの造形表現における発達特性をふまえた美術教育のあり方について考察する。その際、小・中学校における美術教育の現状を十分にふまえて、何がどこまで可能なのか検討したい。

3．用語及び議論の進め方について

　理論編では、「絵画」ではなく「描画」を用いる。その理由は、幼児期に見られるような偶然に記された点や線、なぐり描きなども含めて全てを総称する用語として考えた場合、絵画では芸術作品としての絵のイメージが強く、違和感があるためである。それに対して、描画には絵を描くこと、あるいは描かれた絵という比較的ニュートラルな意味があるため、こちらを用いることにする。

　また、理論編では、造形表現一般ではなく、描画を中心に検討を進める。その一義的な目的は、議論を拡散させずに焦点化したいためであるが、描画に関する問題は造形表現一般の問題にも敷衍しやすいからでもある。例えば、描画は造形表現の中で最も早い発達段階から見られ、その推移を全ての発達段階を通して観察することができる。しかも、発達に伴う変化が分かりやすい形で表れるということも見逃せない。それは、これまでの造形表現の発達研究のほとんどが、描画を対象としたものであることによく示されている。もちろん、描画が収集や保存という点で取り扱いが容易であることも大きいが、発達研究の上から見れば、幅広い年齢層をほぼ同じような条件で比較できることが最も重要な点であろう。

　なお本書では、便宜的に小学校高学年から中学校までの5年間に絞って考察するが、前後の発達段階を軽視しているわけでは決してない。むしろ、一人の

子どもの発達を考えれば、いかなる段階にも固有の意義と役割があり、それぞれの発達段階間の繋がりや結び付きが重要であることはいうまでもない。思春期における造形表現上の課題についても、それを乗り越える力は、それ以前の造形活動の体験によって育まれるものであり、思春期の美術教育の成果を引継ぎ、発展させるのは高等学校での美術教育だからである。

　本書の思春期の美術教育に関する議論が、前後の発達段階の美術教育に波及し、それぞれの発達段階における美術教育の議論が活性化し、全体として美術教育に対する人々の関心と理解が高まることを期待したい。

◆註

1) W.ジョンストン（周郷博・熊谷泰子共訳）『思春期の美術』黎明書房, 1958. 原著は William Johnstone, *Child Art to Man Art* , Macmillan & CO. LTD., 1941
2) V.ローウェンフェルド（竹内清・堀ノ内敏・武井勝雄訳）『美術による人間形成―創造的発達と精神的成長―』黎明書房, 1963. 原著はVictor Lowenfeld, *Creative and Mental Growth*, 3rd edition, The Macmillan Company, 1947
3) ハワード・ガードナー（星三和子訳）『子どもの描画―なぐり描きから芸術まで―』誠信書房, 1996. p.12. 原著はHoward Gardner, *Artful Scribbles―The Significance of Children's Drawings―*, Basic books, 1980
4) グリン・V.トーマス／アンジェル・M.J.シルク（中川作一監訳）『子どもの描画心理学』法政大学出版局, 1996
5) モリーン・コックス（子安増生訳）『子どもの絵と心の発達』有斐閣, 1999
6) G.H.リュケの『子どもの絵』（原著の出版は1927）は、数少ない縦断的研究である。そして、「偶然のリアリズム」「出来損ないのリアリズム」「知的リアリズム」「視覚的リアリズム」は、描画の形式面ではなく、意図に着目したおそらく唯一の発達段階説であるが、この点について指摘した例は寡聞にして知らない。
7) G.H.リュケ（須賀哲夫監訳）『子どもの絵―児童画研究の源流―』金子書房, 1979. 原著はG.H.Luquet, *Le Dessin Enfantin*, Librairie Félix Algan, 1927

〔第1部　理論編〕

第1章　思春期の美術教育と子どもの描画に関する先行研究の成果と課題

1．従来の描画の発達研究における思春期の位置付け

　精神発達に対する科学的興味の発展に伴って、子どもの描画が研究対象として大人の関心を集めるようになったのは、19世紀後半からであり[1]、描画が子どもの自己表現の一様式と見なされるようになったのは、20世紀はじめからである[2]。以来、心理学や教育学等の分野を中心に、子どもの描画を対象とした数多くの研究が行われている[3]。

　しかし、対象を思春期の子どもの描画に限ってみると、それを正面から取り上げた研究は驚くほど少ない。その理由として、次のような要因が挙げられる。一つは、思春期の子どもの描画は大人の目から見て魅力に乏しいことである。幼児期や児童期（特にその前期）の子どもの描画は、子どもらしさに溢れ、大人の目を楽しませる新鮮な魅力と豊かなインスピレーションに満ちている。それに対して、思春期の子どもの描画は、同時期の身体的な特色とも共通するが、子どもとも大人ともいえないある種の中途半端さがあり、例えてみれば「成長し過ぎた子どもの描画」か、あるいは「未熟な大人の描画」に見えてしまう。その結果、思春期の子どもの描画は、子どもの描画の延長として捉えられるか、大人の絵画と同じ土俵で扱われるかのいずれかになり、その発達的な独自性を捉えようとする視点は生まれにくい。

　二つ目は、この時期には自発的な活動としての描画自体が激減することである。小学校高学年児童や中学生にとって、もはや描画は幼児期や児童期前期のように主要な自己表現の手段ではなくなっている。子どもたちの多くは、図画工作や美術の授業で課題として与えられない限り、自発的に描画に取り組むこ

とはなくなる。その結果、研究者の視野に入りにくくなり、必然的に研究の対象として取り上げられるケースも少なくなる。

　三つ目は、従来の描画の発達研究では、幼児期のなぐり描きから幼児期後期及び児童期前期の図式的表現を経て、写実的な（正確にいえば直写的な）表現を志向する思春期の描画まで、連続的な変化のプロセスとして捉えられてきたことである。その間に生じる表現上のつまずきや苦手意識の発生は、技術的な問題や思春期特有の心理的な問題として解釈され、思春期における描画の衰退も、子どもの発達に伴うある種の不可避的な出来事として受け止められてきた。そのような認識からは、写実的な表現に対するつまずきや苦手意識の発生を、思春期の造形表現に固有の発達的課題として捉えようとする意識は生じにくい。

　実際、我が国における描画の発達研究を概観しても、そのほとんどが「視覚的リアリズム」を「知的リアリズム」の後に続く必然的な発展段階として連続的に捉えており、非連続性あるいは断絶といった観点は皆無に等しい[4]。「美術教育を進める会」の新見俊昌のように、描画の発達における節目（質的転換）に目を向けた研究もあるが、残念ながらそこから思春期固有の問題としてさらに深く追求するまでには至っていない[5]。それは書名に「思春期」と銘打たれた美術教育書についても同様であり、思春期の美術教育の問題は、思春期の心理的特質に起因するものとして位置付けられ、それに対応するためのさまざまな方策が検討されるにとどまっている[6]。つまり、造形表現そのものの質的変化に関わる問題として捉えようという視点は見られない。

　なお、描画の発達過程が図式的な表現から写実的な表現への連続的な流れとして捉えられてきた背景には、描画の発達研究の多くが横断的方法によって行われてきたことによる影響も考えられる。横断的な研究では、子どもの年齢の変化に伴う描画の形式面の変化に着目した発達段階区分に注目が集まりやすく、ある段階から次の段階への移行のプロセスの問題は視野に入りにくいからである。

　以上のように、従来の描画の発達研究では、思春期の子どもの描画に対する関心が希薄であり、関心を向けた研究があったとしても造形表現上の問題とし

[第1部　理論編]

てではなく、その心理的な特性に偏る傾向が見られる。しかし、数は限られているが、思春期の子どもの描画や造形的な創作活動に目を向けた研究も存在する。本章ではまず、ウィリアム・ジョンストン、ヴィクター・ローウェンフェルド、ハワード・ガードナーの研究を取り上げ、思春期における描画や造形的な創作活動がどのように捉えられてきたかを検討する。そしてさらに、我が国における思春期（青年期）の美術教育の実践事例として、北川民次と大勝恵一郎を取り上げ、検討する。

2．ウィリアム・ジョンストンにおける思春期の危機と美術教育の方法論

(1)『思春期の美術』における思春期の危機説

　ジョンストンの著書『思春期の美術』（原著1941/邦訳1958. 以下同様に出版年は原著/邦訳の順で示す）[7]は、作者自身が「12歳から15歳までの子供たちの美術教育に内在する困難な問題をはっきりさせ、少年少女達の視覚的な想像力を保持し、かつ発展させるのにどんな方法があり得るかを暗示しようとして書かれた」（「日本版への序文」）と述べているように、美術教育の実践者の立場から、思春期の子どもを対象とする美術教育のあり方について新たな方法を提示し、紹介する目的で著されたものである[8]。つまりジョンストンの研究は、自らの美術教育者としての経験と画家としての知見をもとに、思春期の子どもの心理や造形活動の特質をふまえて、思春期における造形表現の危機を乗り越えるための新たな方法を提示したものである。新たな方法というのは、ジョンストンが1920年代に画学生としてパリで学んだキュビスムや抽象絵画、シュルレアリスムなどの20世紀美術の方法論を積極的に取り入れたものであり、当時の英国の伝統的な美術教育とは全く異なるものであったことによる[9]。

　ジョンストンは、美術の表現における思春期の危機について、次のように述べている（原著に基づき邦訳を一部修正。以下同様。図版は全て『Child Art to Man Art』より引用）。

「**子どもたちにおける過渡期**　（前略）この段階［11歳以後：引用者註］において、子どものものの見かたに大きな変化が生じる。したがって、表現の形式に変容が生じるのは避けがたいことなのである。創造の欲求は消失してしまうのではなく、多くの場合、子どもが経験する内的な感情の混乱に圧倒させられてしまうのである。そのような時、適切な配慮と理解ある指導がなされるならば、子どもたちは創造の欲求を満足させつつ、感情的な困難に打ち克つ手段を獲得できるだろう。実際、思春期は創造の能力が芽生える時期なのである。

　外部の影響　思春期は、子どもが大人の水準をますます意識するようになる時期として重要である。子どもは周囲の目に見えるものに影響されて、自分の表現様式に自信を失い、自分の作品に満足できなくなる。そして技術的な進歩がないままこれまでのやり方に任されていると、失望と興味の欠如が生じることは避けられない。」(pp.5-6/邦訳pp.28-29)

「子どもが最も想像力に富んだ方法で感情を表現する初等教育の時期が過ぎるとむずかしい時期が訪れる。教師が最も大きな困難に直面するのはこの段階である。なぜならば、子どもが修得している技術の水準がもはや年長の生徒のものの見方を表現するのに不十分だからである。今や生徒は、未来の世界に憧れ、子どもっぽい考えや感情からできるだけはやく逃れようとする。これまでに身に付けた技術は役に立たず、自分の芸術的な努力（作品）を低く見積もるようになり、あまりにもしばしば美術の表現のあらゆる形式を断念してしまう。この段階の子どもは十分な技術をもっていない、つまり、成熟した考えやパターン、イメージを具体的に表現するための専門的な（academic）能力が不足しているといえる。子どもは、われわれのいうところの子どもの世界と思春期の世界の間に横たわる深い淵に橋渡しをするためのある助けを必要としているのである。そして、教師にとっての問題は、どうすれば最善の橋渡しができるかということである。」(pp.100-101/邦訳p.159)

[第1部　理論編]

　以上のように、ジョンストンは、思春期の危機は発達上避けがたいことではあるが、創造の意欲そのものが衰えるわけではなく、むしろこの時期は創造力が芽生える時期として積極的な意味付けをしようとしていること、そして思春期の危機の原因を、子どもがその年齢段階にふさわしい表現技術を身に付けていないために自信を失うことにあると考えていることが分かる。ここでは、表現技術が不足しているために自分の思うような表現ができず、自信を失い、やがて表現そのものを断念してしまうとする考え方を「自信喪失説」と呼ぶことにする。『思春期の美術』におけるジョンストンの主張は、自信喪失説に基づき、思春期の子どもにはその発達段階に即した、美術の本質にふれる意識的な美術教育が必要であるというものである。

(2) ジョンストンによる思春期の美術教育の方法論

　ジョンストンのいう思春期の子どもの発達段階に即した、美術の本質にふれる意識的な美術教育とは、子どもたちの造形表現に対する自信を取り戻すとともに、美術の根本的な法則や原理を理解させる美術教育である。ジョンストンは、偶然の効果や写真の活用など同時代の美術の新しい方法を積極的に取り入れることによって、子どもたちの技術的な問題に対する抵抗感を減らし、想像力を解放する。その上で、感情の解放と知的な、科学的な態度の育成とのバランスを実現しようとする。

図1-1　スクリブルからの発展

　ジョンストンは、題材例として「スクリブルからの発展」「フォルムに対する経験を重視した再現的描画」「眼と手の訓練のための造形演習」「同時代美術の方法を取り入れた描画（コラージュ・フォトモンタージュ・モノプリンティング・遠近法を活用した空間構成）」「レタリングと製本」を挙げている。

図1-2　スクリブルからの発展

ジョンストンの方法論のベースとなっている「スクリブルからの発展」については、次のように述べられている。

「われわれは自意識に悩み、自分自身をおおっぴらに表現することを怖れている。そして、さなぎのように、自制という繭の中に身を隠してしまう。気取りのないスクリブルは、自制の支配からわれわれを解放してくれる。それはパターンに対する自覚をもたらし、絵を描き、デザインする能力に自信をとり戻してくれる。」(p.25/邦訳p.61)
「スクリブルによる描画は思春期の子どもの感情を無意識のうちに解放する。そしてスクリブルによる描画が発展するにしたがって、子どもは進歩的な方法についてのセンスを獲得していく。それは子どもの想像活動を大人の創造的能力に繋げることであり、それはまた絵画やデザインを制作する際の最も基本的な方法でもある。」(p.32/邦訳pp.74-75)

つまりこの方法は、幼い頃に誰もが親しんだスクリブルを、意識的に思春期の子どもの表現活動に取り入れ、そこからイメージを発展させる経験を通して、造形的な感覚を自覚させ、描画やデザインに対する自信を取り戻させようとするものである。

キュビスムや抽象絵画、シュルレアリスムなどの方法を取り入れたコラージュ、モンタージュ、フォトモンタージュ、モノプリンティングなどの題材[10]は、いずれも写実的な描写技術を必要としないものである。技術的な抵抗を取り除いた上で、非具象的な形を切り抜き、いろいろな配置や組み合わせを試しながら感じのよい構図をつくる活動を通して、形態に対する感覚を養ったり（コラージュ、モンタージュ）、テーマやコンテキストの異なる写真を組み合わせて思いがけないイメージを創造したり（フォトモンタージュ）、あるいは身近な素材を組み合わせて画面を構成し、それを刷り取って偶然の効果を楽しむこと（モノプリンティング）などを通して、想像力を解放し、造形的な感覚を養うねらいがある。

〔第1部　理論編〕

　以上は、技術的な抵抗を取り除くことを前提に考えられた題材であるが、「遠近法を活用した空間構成」は、伝統的な遠近法の技法と意外性のあるモチーフの組み合わせによって、超現実的な世界を創造しようとするものである。この活動を通して、生徒は複雑な形態の単純化や分析、再創造を体験したり、陰影による立体感の表現や統一感のある構図づくりを経験できるという。

図1-3　コラージュによる表現（11歳男）

　さらに、「フォルムに対する経験を重視した再現的描画」は、伝統的な描画技術の習得を目的とするものであり、人体と幾何形体の素描が紹介されている。人体も幾何形体も素描のモデルとして伝統的なものであるが、ジョンストンの指導が従来の素描指導と異なる点は、単なる描写技術の習得が目的ではなく、造形的なものの見方や捉え方の習熟が重視されていることである。この点について、ジョンストンは「見ることの正しい教化が欠けていれば、真の経験も、それゆえイメージを組み立てる能力の発達もありえない」とし、「モデルに似せて描く方法は、最近まで広く学校で行われていたが、それは単に外見を写しとることである。どんな描画であれ、その中にフォルムについての豊かな経験、作者本人の反応、関わりが表れなくてはならない」（p.47/邦訳pp.85-86）と述べている（図1-5、1-6）。

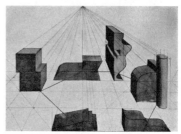

図1-4　物体の空間構成

図1-5　人体の再現的素描　　図1-6　人体の再現的素描

　そして、造形的なものの見方や捉え方と表現技術との統合を図ることを目的に考えられているのが「眼と手の訓練のための造形演習」である。「再現的描画」

24

と異なる点は、こちらは造形的な感覚や技術に関わる基礎訓練としての色彩が強いことである。訓練的な活動はともすると退屈なものになりやすいが、ジョンストンは「大きな紙に筆と墨で再現しなさい。腕を十分に伸ばし、強く勢いのあるストロークで描きなさい」、「腕を十分に伸ばし、太く勢いのあるストロークで描くことを忘れてはいけません」といった注意を与え、体全体を使って関わることによって、子どもたちの能動的な活動を促そうとしている。

「レタリングと本づくり」は題材例というよりも、今後の美術教育に向けた提言である。レタリングやレイアウトに必要な構成の原理や方法は教育的な意義をもつとして、美術教育に取り入れられるべきであるとする。

以上が、ジョンストンが提示している思春期の子どものための美術教育の方法である。

これらの方法には、キュビスムや抽象絵画、シュルレアリスムなどの同時代美術の方法を取り入れて題材化したものと、伝統的な方法を改めて表現の原点に戻って見直すことにより、新たな可能性を発掘したもの、絵画を離れてグラフィックデザインやエディトリアルデザインの分野に目を向けたものなど、さまざまな方法が含まれている。

従来、ジョンストンの方法は、同時代美術にヒントを得た新しい表現方法のみが注目される傾向にあったが、こうしてみると新しいものと伝統的なもの、感情の自由な表現とそれをより効果的なものとする知的・科学的な思考という、二元論的な対立関係で捉えられやすいものを、双方の利点を生かしながらバランスよく取り入れていこうとする姿勢を見て取ることができる。

(3) ジョンストンによる思春期の美術教育論の意義と課題

ジョンストンの研究の意義として最初に指摘しなければならないことは、思春期における美術表現の発達的な特性に目を向け、それをふまえた美術教育のあり方を実践者の立場から具体的に検討していることである。

また、方法論に関する意義として指摘できることは、ジョンストンの提案する実践は今日の目から見ても、新鮮で魅力に富んでいることである。ジョンストンが提示する題材は、大きく二つに分けられる。一つは、スクリブルやコラー

〔第1部　理論編〕

ジュ、モンタージュ、フォトモンタージュ、モノプリンティングなど、偶然の効果を積極的に表現活動に取り入れたものである。これらは、表現意図の観点から見れば、あらかじめ意図をもたずに、行為を通して偶然に生まれた形や色から発想したり（スクリブル）、形や色の偶然の組み合わせが喚起するイメージや視覚効果からインスピレーションを得て（コラージュ、モンタージュ、フォトモンタージュ）、創作活動に繋げていくものである。このような形や色の意外性をもとに想像力や造形的な感覚を働かせて画面を構成する方法は、表現意図の形成や描写技術に関わるストレスから子どもを解放できるだけでなく、思春期の子どもの知的好奇心に訴え、創作欲求を刺激できる可能性が高い。実際に、我が国の中学校の美術の授業でも、類似の題材をしばしば目にすることがある。

　もう一つは、伝統的な造形技法に関わる学習を、従来とは異なる視点から捉え直し、そこに造形教育としての新たな意義を見いだそうとしたものである。「フォルムに対する経験を重視した再現的描画」や「眼と手の訓練のための造形演習」がそれに当たる。前者は、伝統的な描画技術の学習をフォルムに対する経験を深める機会として捉え直している点に特色がある。「再現的」といっても、自然の表面的な外見を捉えるだけの模写（imitative copies）ではなく、見るとともに、考え、感じる過程を経た結果としての表現であり、フォルムに関するより豊かな経験を表現するもので、作者の個性が表れるとされる。ジョンストンはそのような描画を、真の描画（actual drawing）と呼んでいる。生徒は、人体や幾何形体の素描を通して伝統的な描画技術にふれるとともに、省略やデフォルメなどの実験を通して、単なる模写とは異なる表現としての描画（真の描画）のあり方を自覚することが期待される。後者の「眼と手の訓練のための造形演習」は、バウハウスの予備課程や基礎課程の造形演習を思わせるが、全ての美術の表現に共通する造形的な感覚や判断力を育てようとしたものであり、今日でも造形基礎教育として十分に通用する内容をもっている。

　また、「結びのことば」の中ではあるが、ウォルト・ディズニーのアニメーションにも関心を寄せ、美術教育での利用の可能性に言及している。時代や社会の

変化を見据えながら、美術や美術教育の改革を志向するジョンストンの姿勢がうかがえる。

ただ、ジョンストンの提案する題材は全体に非常にレベルが高い。偶然の効果を生かした題材などを除くと、小・中学校の美術教育に取り入れることはむずかしいであろう。

3．ヴィクター・ローウェンフェルドにおける思春期の危機と美術教育の方法論

(1)『美術による人間形成』における発達研究の特色と思春期の危機説

V. ローウェンフェルドの『美術による人間形成─創造的発達と精神的成長─』（1947/1963）[11]では、美術教育の目的は、美術教育における創造活動を通して、個人の「自己同一化の能力」[12]（≒「平和な社会の中で共存する能力」）を育て、「成長に必要な構成要素を全体に調和的に統合させる」ことによって、「よく釣り合いのとれた人間」（創造的な人間）を育成し、「平和な社会」（住み心地のよい世界）を実現することにおかれている。図式化して示せば、美術の創造活動 → 創造的な人間の育成 → 平和な社会の実現ということになる[13]。ローウェンフェルドが美術教育を通して育成を目指す人間は、「自己同一化の能力」を発達させ、「諸能力の調和的統合」を果たした「（人格的に）よく釣り合いのとれた人間」である。子どもの創作活動に関する発達研究も、このような基本的な教育理念の下に行われていることをあらかじめ理解しておく必要がある。

ローウェンフェルドの発達研究は、創作活動の発達過程を幼児期から青年期に至る長いスパンで捉え、各段階における創作活動の特色を体系的にまとめ、教師が子どもの心身の発達や成長を診断するための基準として活用できるように考えられている点に特色がある。

よく知られているように、ローウェンフェルドは創作活動の発達過程を、「なぐり描きの段階」（2～4歳まで）、「図式化前の段階」（4～7歳まで）、「図式化の段階」（7～9歳まで）、「写実的傾向の芽生え─ギャングエイジ─」（9～

〔第1部　理論編〕

11歳まで)、「擬似写実的段階―推論の段階―」(11～13歳まで)、「決定の時期―創作活動における思春期の危機―」(13～17歳)の6段階に区分している[14]。この内、思春期の問題に直接関わるのは、思春期の危機の準備段階としての重要性が強調されている「擬似写実的段階―推論の段階―」(第7章)と「決定の時期―創作活動における思春期の危機―」(第8章)であり、ローウェンフェルドは第9章の「思春期の美術」と合わせて、三つの章で思春期の問題を考察している[15]。

ローウェンフェルドは、思春期の危機を児童期から成熟期へ移る際の困難性と関連したものであり、人間の発達を「決定する重要な危機」として位置付け、以下のように説明している(原著に基づき邦訳を一部修正した。以下同様)。

「思春期の特徴の一つは想像活動が抑制のないものから抑制されたものへと変化することであり、それは、子どもの遊びと大人の遊びの違いに最もよく表れている。もしこの変化が予期せずに起こったとすると――つまり、もし子どもが、自分の『子どもっぽい行動反応』や『抑制のない想像活動』をいきなり批判的に意識するようになったとすると、ほとんどの場合衝撃を受けることになる。その結果、子どもは創造活動をやめてしまう。突然の批判的意識が『無能な』子どもっぽいやり方に気づかせるために、『何も描けなく』なってしまう。突然大人の態度を意識するようになるために、自分の描画が『子どもっぽい』『滑稽な』ものに見えてくるからである。／問題は〈この変化をいかにゆるやかにするか〉ということである。」(pp.232-233/邦訳pp.293-294)

「自分自身の身体に対する意識が増すと、自己に対するより批判的な認識が生じる。ある場合には、自己に対する意識の高まりが、身体のより詳細かつ決定的な表現をもたらすこともあるが、別の場合には、批判的な態度が増すことによって、非常に強く視覚的な観察を促すこともある。〈目覚めた批判的な意識が今や思春期後期の創作を支配するのである。〉／しかし、すでに子どもらしい象徴的な表現の仕方をしなくなっていながら、まだ自分自身

の意識的な方法に自信を見出すにいたっていない中間の時期がある。子どもは意識的な方法を確立しようとする強い欲求によって、一時的に自分自身の創作に対する主観的態度を喪失する。この喪失とともに想像の世界における自信は揺らぐのである。その結果、描画には、この二つの衝動の間の争いの目に見える表現として不安定な感情が表れる。若者が自己表現の無意識的な子どもらしい制作の方法をもたず、また意識的な方法ももたないこの時期は、時に全ての自信を揺がす非常に深い危機によって特徴づけられる。この時期に多くの子どもが創作をやめるのは、このような理由からである。思春期の研究において、この特殊な危機の様相はこれまでほとんど認識されてこなかった。」(p.261/邦訳pp.326-327)

以上のように、ローウェンフェルドは、創造活動における思春期の危機の原因を、児童期から思春期への過渡期に高まる批判的意識が、表現活動に対する自信を失わせることに求めており、ジョンストンと同様に「自信喪失説」として位置付けることができる。

しかし、ローウェンフェルドの独自性は、思春期の危機の原因である自信喪失を、表現技術の問題のみに求めていない点にある。上の引用文中の「子どもは意識的な方法を確立しようとする強い欲求によって、一時的に自分自身の創作に対する主観的態度を喪失する。この喪失とともに想像の世界における自信は揺らぐのである」という言葉に示されているように、ローウェンフェルドは、思春期の危機をもたらす自信喪失は表現技術の未熟さに対する自覚によってのみもたらされるわけではなく、「意識的な表現方法」(ここでは、対象の忠実な再現描写の技術・技法)を身に付けることに汲々とし、「創作に対する主観的な態度」、すなわち対象に対する感情的要素を見失うことによってもたらされると考えている。つまり、ローウェンフェルドは、思春期の危機の真の原因を、表現技術の問題以上に、動因や表現意図に関わる問題として捉えているといえる。

そして、無邪気な子どもらしい描画から、周囲からの評価や自分自身の批判

〔第1部　理論編〕

的意識が大きな影響力をもつようになる意識的、自覚的な描画への移行期を、「中間の時期」（過渡期）として位置付け、過渡期における表現活動に見られる固有の特質にまで分析を行き届かせている。

(2)ローウェンフェルドによる思春期の美術教育の方法論

ローウェンフェルドの美術教育の方法論は、思春期の子どもの発達特性や創造のタイプにふさわしい刺激（proper stimulation）を与え、子どもが自分自身と自己同一化できるように手助けするということに尽きる。

ローウェンフェルドは、個人に自信を与え、美術を全ての人の共通の表現とするための刺激を検討する際に考慮すべき事項として、「①無意識的アプローチから批判的自覚への変化」「②想像的概念の心理的変化」「③題材（subject matter）の再検討」「④技倆（skills）と技法（techniques）の重要性」「⑤二つの異なる創造の型あるいは概念の具体化」の五つの規準を挙げている（p.282/邦訳p.352）。これらの規準を考慮して適切な刺激を与えることが、思春期の子どもの創造活動の危機を回避あるいは克服する方策ということになる。以下、ローウェンフェルドの主張を概観する。

①無意識的アプローチから批判的自覚への変化について

この規準に関しては、「推理の段階」で行う準備的なものと思春期に達した後で行うものとがある。準備的な手立てとしては、無意識的な活動から自覚的な活動への変化をいかに緩やかに行わせるかが重要であるとする。ローウェンフェルドが例示しているのは、創作活動が終わった後、「どうやってこの紫色をつくったのか」とか「家が遠くにあるように見えるけれど、どんな工夫をしたのか」とか「どうやって人物の緊張した感じを描いたのか」といった質問をすることによって、子どもが意識せずに行った表現上の成功を本人に自覚させることである。つまり、自分の行為を意識化することによって、将来必要に迫られた際それを意識的に活用できるようにしようとする意図がある。

一方、思春期に達した子どもへの対応としては、技能や技法の習得の必要性を指摘している。ローウェンフェルドは、生徒が自分の完成作品に対して失望しないようにするために、技能や技法を指導することは美術の授業の重要な目

的の一つであるとする。ただし、それには、生徒の自由を拘束したり、個人的な要求を無視しないことが前提であり、生徒が自らの表現の必要に応じて、主体的に発見し、獲得できるようにすることが重要である。教師が教えてもよいのは、材料に関する基礎的な使用法だけであり、それをどう使うかは生徒自身が自分の要求にしたがって見付けるべきであるとする。

②想像的概念の心理的変化について

　この規準は、児童期の主観的経験に拘束された想像活動から思春期の批判的な意識に支配された想像活動への変化に関するものである。ローウェンフェルドは、我々の社会で見られる思春期における批判的意識の混乱の多くは、美術は外界を写実的に表現しなければならないという伝統的な考え方に影響されるためであるとする。そして、混乱を避ける方策として、芸術的な表現を決定するのは作者の経験の違いであること、芸術作品を理解するためには作者を創作に導いた推進力（driving forces）を理解する必要があること、また推進力は観念的に理解するだけではなく、生徒自身の個人的な経験に引き寄せて理解しなければ、生徒に自信を与え表現欲求を呼び起こすには至らないこと、経験を表現する際にはその経験に対して何が本質的であるかを明らかにすることが重要なこと、実物を写生することから始めずに、自分の内部の経験を用いる方がより強い刺激を与え、しかも容易でさえあること、細部の描写も表現に対する欲求から生まれてくるものでなければならないことなどを挙げている。

　つまり、ローウェンフェルドが強調していることは、思春期の批判的意識に抗うためには、芸術的な表現にとって作者自身の内的な経験や表現欲求（推進力）が重要であることを生徒に理解させるとともに、指導においてもそれらを刺激し、引き出すことが大事であるということである。規準のタイトルに即していえば、対象の外見の模写から作者自身の内的な感情の表出へと、創作活動の概念を転換すべきであるということであろう。そして、芸術的な表現における作者の内的経験や表現欲求の重要性を理解させる際の方法として、多様な作品の比較鑑賞に重要な役割が与えられていることも指摘しておきたい。

〔第1部　理論編〕

③題材（subject matter）の再検討について

　この規準は、思春期の子どもの美術表現を促進するための題材設定やカリキュラムの編成に関わることがらである。ローウェンフェルドが、民主的で平和な社会を実現するためには、創造的な活動を通してよく釣り合いのとれた人間（統合的な人格）を育成する必要があると考え、その重要な手段として美術教育を位置付けていたことは冒頭でふれたが、ここでは「今日の社会における思春期の子どもの要求」と「独自の表現様式としての思春期の美術」の二つの観点から、子どもの内的経験を重視し、思考、感情、知覚の統合を目指すカリキュラム（題材や学習内容）が検討されている[16]。ローウェンフェルドのカリキュラムの特徴は、思春期の生徒が、自分を中心に、家庭、地域社会、地域の自然や産業など、徐々に自分を取り巻く周囲の世界に関心を広げ、実体験や探求的な活動を通して理解を深めることが企図されていることである。つまり、身近な日常生活を構成するさまざまなテーマや内容に関わる活動を通して、自己と周囲の環境との調和的な関係を築くことが期待されているといえる。

　なお、活動の内容は、制作・実地体験や調査・研究・見学など、実体験や能動的な探求がほとんどを占めており、鑑賞や批評に関わる活動も、いわゆる名画・名作の鑑賞ではなく、消費者教育的な要素が強いものである[17]。我が国の美術教育ではごく一般的な、作者の感覚や心情、思想などを自由に表現する活動（自己表現活動）は皆無であり、表現や制作に関わる題材であっても、与えられた課題に対して、各自工夫し、表現（制作）する課題解決的あるいは演習的内容で構成されており、自らの生活や周囲の世界に対する統一的、統合的な経験を獲得するための活動として位置付けられている。

④中等学校における技能（skills）と技法（techniques）の重要性について

　この規準についてローウェンフェルドが指摘しているのは、中等学校の授業で思春期の子どもが美術の表現に対する自信をもてるようにするには技能の進歩がきわめて重要であること、そしてまた思春期の美術を動機付けるには、野心、頑固さ、自己批判、自己省察、ロマンスや冒険への欲求といった思春期の心理的な特性を十分考慮する必要があることである。また、バランスのとれた

プログラムは、思春期の子どもが自分の思考や知覚や感情を直接投影できるあらゆる美術形式を必要とするが、その一方で、思春期の子どもは自己の表象（imagery）を直接投影する方法を用いることを恐れる傾向があるため、表現に対する最初の欲求を失わせずに技法に関わる機会を提供することが、思春期の美術を促進するために教師が真っ先にやらなければならない仕事であると指摘している。

　さらにローウェンフェルドは、手順と技法の違いについて、手順は説明可能であるが、技法はその人のきわめて個人的なものであり、個人の欲求にしたがって発達するものであるとし、個人と技法の結び付きは、技能の習得の結果というよりも、外部世界における経験の結果生まれるものであること、技能の指導は、生徒の個性に適した表現を発見することに集中されるべきで、個人の自由な表現を促進する目的で取り入れられるべきであるとしている。なおこの規準では、スケッチ、イーゼルペインティング、壁画、彫刻、版画、レタリング、デザインの各技法について詳細な説明が掲載されている。

⑤二種類の創造の型あるいは概念の明確化について

　創造の型は、ローウェンフェルドの美術教育論の中でも最も重要な概念の一つである。ローウェンフェルドは、子どもが思春期に近づくと、徐々に完成作品と経験に対する態度の両面から創造活動に対するタイプの違いが明瞭になり、「視覚型（visual type）」と「触覚型（haptic type）」の二つの型に区別できるようになるとし、それぞれの型の特徴を次のように説明している。まず「視覚型」の特徴は、「周囲の環境から出発するということ、傍観者として事物を感知するということ、そして経験の手段は主として目であるということ」であり、「触覚型」の特徴は、「基本的に自分自身の身体感覚や、自分が感情的に関わっていると感じる主観的な経験に関心をもつ」ことである（p.262/邦訳p.327. 図版は『Creative and Mental Growth, 3rd edition』より引用）。

　ただし、指導上の経験からは、純粋な視覚型や触覚型を見付けることはほとんどなく、子どもは二つの型のいずれかの傾向をより強くもつという。ローウェンフェルドの調査によれば、おおよそ半数が視覚型、四分の一弱が触覚型、残

〔第1部　理論編〕

図1-7「岩を打つモーゼ」(13歳)　図1-8「岩を打つモーゼ」(13歳)　図1-9「荷物を運ぶ」(13歳)
（非視覚的[＝触覚的]傾向の表現）　（視覚的傾向の表現）　（視覚的、非視覚的のいずれともいえない表現）

りは明確に型を確認できない（いずれともいえない）者であったという。ローウェンフェルドは、このような結果をふまえて、対象の再現描写を目的とする技術の習得に偏った従来の美術教育は、視覚型に属する子どもには適していたとしても、それ以外のタイプの子ども、とりわけ触覚型に対しては創造的な能力を損なうものであり、それぞれの創造のタイプにふさわしい美術教育を行うべきであるとしている。

　以上が、ローウェンフェルドが思春期の美術教育において子どもたちに適切な刺激を与えるために考慮すべき規準として示していることがらである。

　そもそもローウェンフェルドが『美術による人間形成―創造的発達と精神的成長―』を執筆した主要な目的は、自由の名の下に無指導放任に陥っている素朴な児童中心主義の美術教育を乗り越えることであり[18]、そのために、直感に頼ってきたこれまでの指導方法を改め、子どもとその創造活動に関する心理学的理解に基礎付けられた美術教育の方法を示すことにある[19]。その方法としてローウェンフェルドが示しているのは、一人一人の子どものニーズを大切にする自由な雰囲気の中で、子どもの発達段階や創造のタイプにふさわしい美術的刺激を与え、「自己同一化」と諸能力の「統合」を図りながら、それぞれの子どもの創作活動を励まし支えることである。

(3)ローウェンフェルドによる思春期の美術教育論の意義と課題

　思春期の子どもを対象とするローウェンフェルドの美術教育論の意義は、思春期を児童期と成人期の間に挟まれた過渡期として位置付け、そこに造形活動の発達における独自の意義とそれにふさわしい美術教育の必要性を明確にした

ことにあろう。特に、思春期の子どもの創造活動の課題を、表現活動に向かう子どもの内的経験の側から明らかにしたことは、優れた洞察といえる。

しかし、思春期における創造活動の発達的な特性をふまえた具体的な方策は、ほとんど示されていない。創作過程の結果としての作品を重視する必要や、自分の作品に対する自信を失わせないために、それぞれの子どもの表現に必要な技能や技法の習得の必要性を説くにとどまっている。

『美術による人間形成―創造的発達と精神的成長―』には、「刺激（stimulation）」という語が多用されているように、ローウェンフェルドの美術教育の方法論は、一言でいえば、「われわれの仕事は、一人ひとりの生徒が自分自身と自己同一化できるように助けることであり、最も効果的にできるあらゆる方法で創造性を刺激することである」（p.3/邦訳p.27）というローウェンフェルド自身の言葉に尽くされていよう。

4．ハワード・ガードナーにおける子どもの描画の発達研究と思春期の問題

(1)ガードナーによる子どもの描画の発達研究の特色

ガードナーの『子どもの描画―なぐり描きから芸術まで―』[20]における描画の発達研究の目的は、19世紀後半以降の子どもの描画の発達に関する先行研究の成果をふまえた上で、改めて子どもの描画の意味と重要性を明らかにすることにある。その方法は、これまであまり注目されてこなかった以下のような問題に着目することである。

 a．子どもの描画の発達が特徴的な道筋を辿る理由
 b．子どもの描画と他の知的・社会的・情緒的発達との詳細な関係
 c．子どもの描画の美的な地位（子どもの描画は芸術か否か）の問題に着目すること

「a」は、特定の子どもの描画の変化を縦断的に観察することによって、ある発達段階から次の段階へと導く誘因を探り、よりきめ細かい分析を試みることであり、「b」は、描画の発達を描画だけの問題として捉えずに、知的、社

〔第1部　理論編〕

会的、情緒的な側面の発達を合わせた、子どもの全体的な発達過程の一部分として説明することである。そして「c」は、子どもの描画はその起源、過程、究極的な重要性において、才能ある大人の芸術との明瞭かつ区別可能な類似点を有することを示すことである。

　以上のように、ガードナーの発達研究は、認知発達心理学者としての子どもの発達に関する幅広い知見に基づき、子どもの描画の発達の問題を、その発生から衰退に至るまでの長いスパンで、他の能力の発達と関連させながら考察しようとしている点に大きな特色がある。したがって、ガードナーの関心は、思春期の描画だけに向けられているわけではなく、またその立場上、美術教育に関する具体的な方策を示しているわけでもない。しかし、ジョンストンやローウェンフェルドには求められない知見を期待することができる。ここでは、思春期の子どもの描画の問題を中心に概観する[21]。

(2) ガードナーによる描画の衰退説

　ガードナーは、学童期中期以降に見られる描画の衰退について、認知的な能力の発達における質的な転換の問題と関連付けて分析し、次のように述べている（原著に基づき邦訳を一部修正。以下同様）。

「就学前には線描き、色塗り、その他の描画活動は『重要なこと』であるが、学年が進むにつれ、だんだんにそれは中心的なことでも一般的なことでもなくなる。より年長の子どもたちの絵から、流動性（variability）や特異性（idiosyncrasy）が薄れていくのが目につく。すなわち、もっぱら平凡な人物描写、平凡なスタイル、平凡なテーマで占められるようになる。そして、先述したように、年長の子どもたちの絵に味わい（flavor）がなくなり、次第に同じ味（taste）になることを中立的な審査員も認めている。この単調さは主として本物らしい（realistic）絵を描きたいという願望に促されて生じたものである。（後略）／写実主義へのこのような興味の高まりは、視覚芸術の領域に限られたものではない。子どもは次第に生活のほとんどすべての領域で、ものをあるがままに捉え、『それが現実にあるがままに』扱いた

いと思う(健常な子どもの場合)ようになる。たとえば、言葉はそれが意味されるとおりに——それ以上でもそれ以下でもなく——使われる。比喩的なことばは軽蔑され拒絶される。(後略)／正確さへの興味が自らの行動を制しているので、子どもはこれらのシンボルのシステムや正確な描写に力を尽くそうとする考えには敬意を払う。八〜十歳の子どもが言語にしだいに注意を払い、言語に頼るようになるのはこのためだと私は思う。」(p.149/邦訳pp.183-184)

つまり、幼い子どもの描画に見られる魅力が成長とともに徐々に失われ、平凡で単調な表現に変わるのは、認知能力の発達によって周囲の事物を客観的に捉えようとする意識が高まるためである。ガードナーは、描画の衰退の原因としてこれまで考えられてきた理由を列挙している。それは「学校の道徳的規範」「再現描写に対する世間一般の好み」「〈物事を正しく理解すること〉の重視」「言語的な手段に対する信頼の高さ」「友だちの役割や社会的な圧力」「批判的能力の高まり」であり、さらに「子どもの神経組織の変化＝大脳の左半球の優位性の確立」である。またその他にも可能性のある原因として、「強い感情を表現したいと思う気持ちの低下や、それに相関する、関心事を表現するための多様な手段の出現」と「自分の感情をもはや絵画的に表現することはできない、あるいは描画はもはや自身の感情と向き合う手段としてふさわしい手段ではないと結論づけること」を挙げている[22]。そしてその上で、最も現実的であるのは、この時期の子どもは表現に利用できる選択肢をたくさんもっていることであり(p.152/邦訳p.187)、中でも重要なのは、書字を含む言語能力の発達であるとして、次のように指摘している。

「……読み方を習い、文をいくつか流暢に書けるようになるまでは、子どもはその読み書き能力を組織して、意味あるメッセージをペンで表現することはまだできない。これは普通、長い年月のかかる過程である。また書字という作業が習得されないうちは、描画が内的生活を表現できる唯一の十分に洗

[第1部　理論編]

練されたシステムなのである。書字の技術と文学的な能力が充分に進歩すると（それは九～十歳の頃のはずだが）、かつて描画で試みたことを言葉で達成できる可能性がふくらんでくる。この段階が描画表現の衰退——あるいは消滅——として位置づけられるのである。」(p.155/邦訳p.191)

　ガードナーが指摘しているように、物事を客観的に捉えようとする意識（「正確さへの興味」）の高まりは、必然的にそれを実現していると見られる写実的な表現に対して、強いあこがれや畏敬の念を生み出す。しかし、対象を写実的に表現するには特別の訓練が必要であるが、我が国を含めた先進諸国の学校教育における美術教育では、そのような訓練はあまり行われていない。一方、読み書きの訓練はあらゆる国において必要不可欠な学習として位置付けられており、その能力を身に付けることに対する社会的な圧力は描画の比ではない。したがって、物事を客観的に捉えようとする意識が高まるにつれて、次第に子どもたちの多くが、表現の媒体として描画よりも書字を含む言語システムを選ぶようになるのは当然であるといえる。

　そしてさらに、ガードナーが描画の衰退の理由として挙げるもう一つの理由は、社会の規範や文化の影響である。ガードナーは、描画に対する厳格なルールや基準が存在する文化では、我々が３R's を身に付けるように、より多くの人が絵を描き、ほとんどの子どもが最低限のあるレベルの能力を獲得し、維持しているとし、「もし『絵で表現すること（rendering）』が四番目のRになっていたなら、もしそれが基本的な技能として是認されていたなら、私たちの社会のなかで、絵の衰退に会うことはもっと少なかっただろう」、「描くべきかどうか、描くならどんなふうに描くのか、ということについての私たちの二律背反した態度は、私たちの文化における絵画的技能の衰退に大いに責任がある」(pp.160-161/邦訳p.197, p.199) と述べ、私たちの社会には描画に対する明確な規範や方法が存在しないことを描画衰退の重要な原因の一つとして挙げている。

(3) ガードナーによる描画の発達研究の意義と課題
　ガードナーによる描画の発達研究の意義についてまとめると、大いに評価で

きる点は、子どもの描画の発達を知的・社会的・情緒的発達と関連付け、子どもの認知能力全体の発達過程の中に位置付けていること、ある発達段階から次の発達段階への移行の要因について、子どもの他の能力の発達との関連や社会的環境や文化の影響など、複雑な背景を幅広く検討し、単純な因果関係に還元する安易な解釈を戒めていることである。

　また、描画の衰退が始まる時期を、児童期中期としている点も優れた指摘である。描画の衰退が比較的早い時期から始まると考えるのは、子どもの側から見た描画衰退の最も重要な要因を言語の運用能力の発達に求め、その言語の発達は大脳の左半球の優位性の確立によってもたらされると考えるガードナーにしてみれば当然のことであろう。我が国の子どもの描画においても、9～10歳頃に質的に大きな変化が見られることがよく知られている。思春期における描画の危機を、思春期という限られた時期の問題とせず、小学校中学年以降徐々に顕在化する描画の発達過程における普遍的な現象として捉えることは、問題の本質に迫るために不可欠なアプローチである。

　一方、ガードナーが、直写主義へ向かう傾向を普遍的なものとして捉えていること、及び描画の衰退の原因を、認知発達に伴う客観的なものの見方の変化や社会的な規範への同化意識、言語能力の発達等の、いわば描画にとって外的な要因に求めていることについては、疑問が残る。前者の直写主義へ向かう傾向については、確かに認知能力の発達のゴールが、対象の客観的な描写であることは疑いない。しかし、表現としての描画についても、同じことがいえるのであろうか。

　また、後者の描画の衰退の原因についても、そこに挙げられている要因が、複合的に影響力を及ぼしていることはまちがいない。しかし、表現としての描画が成り立つためには、動因や表現意図などの内的要因が機能しなければならない。外的な要因だけでなく、そうした内的要因についても目を向ける必要がある。

〔第1部　理論編〕

5．我が国における思春期の美術教育に関する主な先行研究

　これまで欧米の研究について検討してきたが、ここで我が国における思春期の美術教育に関する先行研究にふれておきたい。

⑴北川民次のメキシコ野外美術学校における美術教育

　北川民次の美術教育の実践は、1925年から1936年まで、メキシコ、トラルパムとタスコの野外美術学校で11年間にわたって行われたものである[23]。国内でも、1949年の夏から1951年夏まで行った「名古屋動物園児童美術学校」の実践がある。この美術学校に集まったのは7歳から15歳までの34名の子どもたちであった。北川の美術教育の主眼である10歳以後の子どもばかりではなかったことや日本の子どもは依存心が強く「教育以前の仕事」にエネルギーを注がざるを得なかったことなど、当初期待した成果が得られず、北川はこれを契機に美術教育の実践から撤退することになる。これ以後、北川は美術教育の実践に直接関わることはなく（美術教育に関する執筆や講演は継続している）、画家としての創作活動に重心を移している。したがって厳密にいえば、北川の本来の美術教育は我が国における実践ではないが、戦後北川の美術教育の思想や方法が、創造美育運動と相俟って我が国の美術教育に多大な影響を与えたことから、ここで取り上げることにする[24]。

①メキシコ野外美術学校における北川民次の美術教育

　北川のメキシコ野外美術学校での実践を知るための資料は、1936年7月に帰国後、雑誌に寄稿した報告である。北川は1937年から38年にかけて、「メキシコ、タスコにおける児童美術教育の経験」（『教育美術』1937年11月、同12月）、「メキシコの児童画について」（『みづゑ』1938年2月）、「私の美術教育」（『教育美術』1938年3月）、「メキシコ図画教育偶感」（『新興美術』1938年10月）の四つの文章を発表している[25]。メキシコの記憶が鮮明な時期の執筆であるため、これらの文章には北川がメキシコで行った美術教育とその思想が原形に近い形で語られていると考えられる。

　なお、北川には代表的著作とされる『絵を描く子供たち』（岩波書店,1952）

第1章　思春期の美術教育と子どもの描画に関する先行研究の成果と課題

と『十歳以後の児童美術教育』（創美パンフレット,1952）があるが、メキシコでの美術教育の実践が、創造主義の美術教育に近い視点から再解釈されており、30年代末の主張とは微妙にニュアンスが異なるため、ここでは分析の対象としない。

30年代末の報告を整理すると、北川民次がメキシコの野外美術学校で行った美術教育には、次のような特色を見いだすことができる（傍点引用者）。

a．「美術思想の普及」を目的に、（心理学の実験や調査を目的としたものではない）「真面目な美術教育」として実施した。そのため、美術教育が可能になる10歳以後の子どもを対象とした。

b．単なる情操教育ではなく、他の分野とも連携して、人格の根底に厚みを付け、実在に対する信念を深めようとした。

c．教師と生徒とは同伴者・友人の間柄になって、一緒に問題の解決に当たった。

d．アカデミックな方法にとらわれずに、一人一人の生徒の実態に即した指導を行った。

e．造形表現上の問題を重視した指導を行った。進んだ生徒にはコンポジション、想像画、解剖、遠近法、幾何学的構図、初期の美術史を指導した。

f．素描・色彩・調子の三つの観点から制作上の技法の指導を行った。

g．美しいから描くという考えをもたせるのを避け、描かねばいられなくなる制作衝動を刺激することに努めた。

h．ある物が美しいから絵に描くのではなく、自分たちの日常生活の記録、日誌として描かせた。

i．必ず実際のモティーフを与え、現場での写生を重んじた。

j．無理に教え込むことは避け、一人一人の生徒をよく理解することや、暗示を与えたり、材料を取り替えたりするなどの間接的な指導を重視した。

k．マンネリ化を防ぎ常に新鮮な気持ちで制作に当たれるように、生徒の実態に応じた多様な材料や技法を用いた。

これらの特色の中には、戦後、創造主義の美術教育の主張に取り込まれたも

[第1部　理論編]

のもあるが、創造主義の美術教育とは異なる点（傍点部分）が意外に多いことに気付くであろう。
　北川がメキシコの野外美術学校で行った美術教育は、10歳以上の生徒（子どもだけでなく成人も含まれていた）を対象とする「美術の教育」であった。この点について、北川自身は次のように述べている。

　「私はそれ［児童の心性の研究に児童画が濫用されていること：引用者註］に対して、あるいは意識的にも、または無意識的にも、これではならないという心持になり、どうしてもこの間に実験材料でない真面目な美術教育も施されなければならないという考えをもち、これも一つの理由となって、ついにメキシコにおいて野外美術学校というものをやってみる気になりました。それゆえ、私の持ち帰った子どもの作品は、現今、日本でいわれる児童画とは多少異なった意味をもっています。すなわち七〜八歳の子どもが遊戯的に描いた児童画とは違い、これは一つの美術的訓練としての現われであります。」(「私の美術教育」[26])

　美術的訓練といっても、単なる技術の訓練を目的としたものでないことは、上記の特色を併せ見れば明らかである。それは、人格教育としての役割を重視した美術思想普及を目的としたものである。指導においても、画一的に教え込むのではなく、一人一人の生徒を理解した上で、暗示などの間接的な方法で生徒自身に気付かせるように配慮している。
　なお、思春期の描画の問題については、「メキシコ、タスコにおける児童美術教育の経験」の中に、14、15、16歳頃の男子は転換期で、北米の学校の様子を聞くと成果が挙げにくいようであるが、タスコでは反対にこの時期に一番意味のある教育ができ、作品にも強いものが多い、この時代は内生活に動揺を来たし、日常生活が激しくなるため、そこに根ざした絵の表現も自然に強くなるのではないか（ただし、トラルパムの学校では失敗の方が多かった）、といった記述が見えるが、それ以外にはふれられていない。戦後になると『十歳以後

の児童美術教育』で、「写生の問題」に関連して取り上げられており、自信喪失説のような技術的な視点からではなく、子どもの主観的世界と外部の客観的世界との衝突や矛盾の問題として論じられている。

②北川民次の美術教育が示唆するもの

メキシコの野外美術学校は、学校といっても絵を描きたい者が描きたいときに集まるオープンな場であることや、生徒のほとんどはインディオの子女であり、描画に対して何らの既成概念ももっていないことなど、日本の学校教育における美術教育とは性格も条件も全く異なるが、北川の実践は今日なお多くの示唆に富んでいる。

ここでは、次の2点に絞って着目しておきたい。一つは、北川が美術思想の普及を目的として、思春期（10歳以後）の生徒を対象に、美術の本質にふれさせる教育を行っていたことである。もう一つは、北川が、個々の生徒の実態を把握することに努め、それぞれの子どもの表現意図の形成やその具体化を促す指導を行っていたことである。

一つ目は、北川が、幼児や児童期前期の描画と10歳以後の描画とを質的に異なるものとして捉え、後者には美術の教育が可能かつ必要であることを明確に認識し、創作経験を通して、美術に対する理解（＝美術に対するメタ的理解）を得させようとしたことを示している。また二つ目に関しては、北川は写生の指導において、対象を十分に会得させ、どの部分を描き、それをいかに画面に構成するかを工夫させていること、また生徒の各個性を理解し、必要な場合はその描画の発展形を予測した上で、暗示によって表現上の問題に気付かせるようにしていることである。つまり北川は、描画を単なる訓練ではなく、意図をもって行う表現活動として認識させようとしていたといえる。

(2)大勝恵一郎による「青年期」の美術教育

①大勝恵一郎の美術教育の特色

大勝の「青年期」の美術教育は、1946年から76年までの30年間に及ぶ東京都立小石川高校（最初の2年間は旧制の東京都立第五中学校）での美術教師としての実践に裏付けられたものであり、その特色は以下のように概括できる[27]。

〔第1部　理論編〕

　　a．青年期の危機の原因を、「外部の現実にたいする客観的態度」vs.「自己の内部への過剰な執着」、「周囲の洗練された表現様式」vs.「洗練されざる内部の表現欲求」という外部と内部の乖離や分裂と捉え、青年期にふさわしいテーマや内容を介入させることによって克服できると考えた。
　　b．造形表現に関する学習と「青年期」の内面的な要求とを統合しようとした。
　　c．青年期の美術に独自の存在意義を認め、青年期の内面の要求に最もふさわしい様式として表現主義[28]を重視した。
　　d．実技指導と美術史や美術理論との統合を目指した。
　　e．デザイン教育の現状を批判的に捉え、デザイン分野の題材を抽象や心象表現として再解釈し、実施した。
　　f．アニメーションなどの新しい表現を題材として積極的に導入した。

　つまり、大勝の美術教育の大きな特色は、「青年期の危機を青年の内面と外部世界の乖離や分裂として捉えたこと、その乖離や分裂を、表現主義的な構想画によって統合しようとしたこと、そして青年期の美術に独自の存在意義を積極的に認めようとしたこと、などにある。「d」～「f」は方法上の特色である。

　大勝は、後年、自らの実践について「私の姿勢は高校生には高校生の文化としての芸術があるという革新である」、「自分の授業の年間計画に置いたのは芸術表現（＝「心の叫び」としての表現）としての美術活動であった」と回想し、次のように述べている。

　「…、高校生に芸術表現を可能にするためには、高校生の文化を容認した舞台において表現を保証することである。私が建設した高校生の、芸術としての美術教育とはそういうことである。現代美術の水準からすれば、文学的であったり、説明的であったりしても、それを冷ややかに批判したり指導したりしないことである。」（「青年期の絵Ⅰ」[29]）

　大勝が高校において実践した題材を、本人の分類（写実、表現主義、抽象）

に基づいてまとめると以下のようになる（アニメーションは「その他」とした）。

|写　実|石膏や仏像の素描、靴をモチーフにした油彩画（油彩画は抽象的な構成に発展）、友人をモデルとした木炭素描及び油彩画、木炭による自画像

|表現主義(構想画)|エッチングによる心象表現、詩と木版画（詩版画）、多色木版による構想画、コラージュ、文字のある心象表現（ポスターの概念を拡張し、伝達対象を自分にまで広げたもの）

|抽　象|手の表現（鉛筆による素描→粘土による塑造→抽象［立体→平面］へ展開）、色彩による抽象（色遊びによる美感の追求→主題色とその補色による配色構成）、曲線による面・空間、野菜・果物からの抽象、色糸による視覚混合、紙による造形、プラスとマイナスの立体（円筒形や円錐形の内部に雄型と雌型のように凹と凸の抽象形体を石膏を使って造形するもの）

|その他|アニメーション

　以上から、大勝が、表現主義を中心に多様な表現のスタイルや新しいメディアなどを幅広く取り入れていたことが分かる。30年間という幅があり、どの題材がいつ実施されたのかは不明であるが、青年期の美術と美術教育に対する明確な目的意識に裏付けられた継続的な試みといえる。

②大勝恵一郎の「青年期」の美術教育が示唆するもの

　大勝の実践に対しては、以下の二つの点に着目したい。一つは、青年期の危機を外部世界と内面との乖離、分裂と捉え、その特質に配慮した美術教育を構築しようとしたことである。それは、青年期の心情から発する文学性の強い表現を表現主義として位置付け、それに青年期独自の美術表現としての存在意義を与えようとしたものである。

　もう一つは、創作活動を実技指導だけにとどめず、美術の歴史や思想、表現の多様性などについて理解させることを重視した指導を行っていることである。美術に対するメタ的な理解を促す試みといえる。大勝の実践は高校での美術教育であり、そのまま小・中学校の美術教育に適用できるわけではないが、一つ

〔第1部　理論編〕

の方向性として示唆に富んでいる。

6．先行研究に見る思春期における美術教育の課題

　これまでの検討結果をふまえて主要な論点を整理すると、以下のようになろう。これらの論点については、それぞれ章を改めて考察する。
①思春期における描画の危機の原因について
　ジョンストンとローウェンフェルドは批判的意識の高まりによる自信喪失に、大勝は外部の世界と内的世界との乖離や分裂に、ガードナーは言語の運用能力の発達を中心とする複合的な要素に、それぞれ原因を求めている。北川も戦後になると、子どもの主観的世界と外部の客観的世界との衝突や矛盾という、表現における質的転換の問題として言及している。
②思春期における美術教育の方法について
　ジョンストン、北川、大勝は、それぞれ美術の本質に迫る「美術の教育」の必要性を主張している。ローウェンフェルドも、やや立場が異なるが、技能や技法を指導することの必要性や、芸術的な表現における作者の経験と作者を創作に導いた推進力の重要性を理解させることなど、造形表現の成立要件に対する理解の必要性を指摘している。表現活動に対するメタ的な理解を促す指導という点で、児童中心主義の美術教育の延長線上での「美術の教育」ということもできる。またガードナーは、独習的なものを含めて、意識的な描画の訓練の必要性に言及している。
③描画の表現意図（表現主題）の問題について
　本章で取り上げた先行研究には、描画における表現意図の問題を直接論じていたものはない。しかし、ローウェンフェルド、北川、大勝は、間接的にその問題にふれている。
　ローウェンフェルドと大勝は、作者の内的な感情の表出を重視している点で共通しており、共に表現意図以前の、作者を創作に導いた推進力（ローウェンフェルド）や青年の内面的な要求（大勝）を重視している点に特徴がある。
　北川は、画面構成の指導とともに、自分の生活にとって価値あるものを描く

ように生徒を方向付けており、表現活動における意図とその具体化を重視した指導を行っている。

④リアリズムの問題について

　いずれも視覚的リアリズムへの移行を前提として議論を進めているが、ローウェンフェルドは全員が視覚的リアリズムへ向かうわけではなく、触覚型の創造のタイプの子どもは表現主義的傾向に向かうとする。大勝はローウェンフェルドとはやや異なる視点から、青年期における主体的な精神の表白を表現主義として擁護している。

　北川は、生徒が描画に対する先入観をもたないインディオの子女だったため、視覚的リアリズムへの移行に伴う問題について言及していないが、戦後は、リアリズムを単なる外面的な模写ではなく、外部と内部の世界が合体したものとして捉えている。

◆**第1章　註**

1）ハワード・ガードナー（星三和子訳）『子どもの描画―なぐり描きから芸術まで―』誠信書房,1996. p.12（原著はHoward Gardner, *Artful Scribbles—The Significance of Children's Drawings—*,Basic books, 1980）、グリン・V.トーマス／アンジェル・M.J.シルク（中川作一監訳）『子どもの描画心理学』法政大学出版局, 1996. p.1（原著はGlyn V. Thomas and Angèle M. J. Silk, *An Introduction to The Psychology of Children's Drawings*, Harvester Wheatsheaf,1990）、Ph.ワロン・A.カンビエ・D.エンゲラール（加藤義信・日下正一訳）『子どもの絵の心理学』名古屋大学出版会, 1995. p.31（原著は1990）

2）Ph.ワロン（加藤義信訳）『子どもの絵の心理学入門』白水社, 2002. p.47（原著は2001）

3）トーマスとシルクは、子どもの描画の研究を、「発達的アプローチ」（1885年頃から1920年代）、「臨床－投影的アプローチ」（1940年以降）、「芸術的アプローチ」（19世紀終わり～）、「プロセスアプローチ」（1970年代以降）に区分し、それぞれの特色を概観している（『子どもの絵の心理学』pp.1-8）。またアン・カンビエは、描画研究に対する包括的な分類ではないが、「段階論的アプローチ」（19世紀末以降）、「発達的アプローチ」（1960年以降）、「心理測定的アプローチ」などの区分を示している（Ph.ワロン他『子どもの絵の心理学』pp.31-56）

4）鬼丸吉弘『児童画のロゴス』（勁草書房, 1981）、東山明・東山直美『子どもの絵は何を語るか』（日本放送出版協会, 1999）などでは、知的リアリズムから視覚的リアリズムへの

〔第1部　理論編〕

移行は、その間に多少の段差の違いはあっても連続的なものとしてイメージされている。
5）新見俊昌の『子どもの発達と描く活動』（かもがわ出版, 2010）をはじめ、「美術教育を進める会」による発達研究では、早い時期から「発達の節目」に注目した研究が行われている。坂井理『子どもの発達と描画』（かもがわ出版, 2008）によれば、思春期における質的転換は、「言語・認識の質的な違い」、つまり「『書きコトバ』の獲得」とそれに伴う論理的な思考力の発達によるとされており、造形表現としての質的転換の問題には目が向けられてはいない。子どもの絵と大人の絵の間に連続性はなく、あるのは「断絶」であり「変貌」であると明確に指摘しているのはアンドレ・マルローだけである（小松清訳『東西美術論2　芸術的創造』新潮社, 1959）
6）美術教育を進める会編『人格の形成と美術教育5　思春期の美術教育』（あゆみ出版, 1992）、角岡正卿『思春期の生き方をひらく美術教育』（明治図書,1997）など
7）W.ジョンストン（周郷博・熊谷泰子共訳）『思春期の美術』黎明書房, 1958. 原著はWilliam Johnstone, *Child Art to Man Art* , Macmillan & CO. LTD., 1941. 本書の詳細な分析は、新井哲夫「ウィリアム・ジョンストンと思春期の美術教育―我が国における児童中心主義の美術教育に関する研究（2）―」『群馬大学教育学部紀要 芸術・技術・体育・生活科学編』第42巻, 2007. pp.21-42 を参照のこと。
8）William Johnstone, *Points in Time ; an autobiography*, Barrie and Jenkins Ltd, 1980. p.170 ジョンストンはこの自叙伝の中で、*Child Art to Man Art* は、Harverstock Hill School for Boys での経験をベースに執筆したと述べている。
9）*ibid.* pp.140-154. ジョンストンが文部省から正規の美術教師としての資格を認められなかったことや、ジョンストンが行った先進的な美術教育が文部省の定める方法から逸脱していたため、当局から徹底的な迫害を受けたこと、R.R.トムリンソンが支援者として擁護したことなどが記されている。
10）掲載作品のキャプションにはコラージュ、モンタージュ、フォトモンタージュの区別はなく、全て「コラージュ」で統一されている。なお、文中の説明では、フォトモンタージュは、写真を組み合わせて終わりではなく、それを絵にする活動に発展させ、描画技術の習得に繋げられるようになっている。
11）竹内清・堀ノ内敏・武井勝雄訳『美術による人間形成―創造的発達と精神的成長―』黎明書房, 1963. 原著はVictor Lowenfeld, *Creative and Mental Growth*, 3rd edition, The Macmillan Company, 1947
12）ローウェンフェルドは「自己同一化」（self-identification）を、「共感」「同情」「感情移入」といった意味のほか、自己の活動や表現テーマ、材料・技法等への「没頭」「集中」といった非常に広い意味で用いている。
13）内田裕子によれば、このような美術教育観には、ユダヤ人としてオーストリアに生まれたローウェンフェルドが、ナチスに追われ、英国を経由して米国へ移住せざるを得なかった過酷な人生が反映しているという。内田裕子「ローウェンフェルドの生涯とその研究」『こうさく学』1巻1号,1999. pp.1-8, 同「ローウェンフェルドの統合観」『大分大学教

育福祉科学部研究紀要』第21巻第2号,1999. pp.305-316、同「ローウェンフェルドの自由観」『大分大学教育福祉科学部研究紀要』第22巻第1号,2000. pp.333-344を参照。
14) 発達段階の名称やadolescentの訳語など、原著に基づいて一部修正した。
15) 思春期の美術教育について論じたページが第3版の本文全体に占める割合は、原著で34.0%、邦訳で33.4%であり、第3版を執筆した時期にローウェンフェルドが思春期の問題をいかに重視していたかが分かる。詳細は、新井哲夫「ヴィクター・ローエンフェルドと思春期の美術教育―我が国における児童中心主義の美術教育に関する研究（3）―」『群馬大学教育学部紀要 芸術・技術・体育・生活科学編』第43巻，2008. pp.15-53を参照。
16) 本書に示されているカリキュラムは、経験を五つの「領域」に区分し、一つの領域に3～5の大項目が、一つの大項目には2～7の中項目が、一つの中項目には1～12の小項目（これが我が国でいう「題材」に当たる）が設定されており、その数は大項目が20、中項目が75、小項目が336に及ぶ。そしてさらに、336の小項目の内219には1～12の具体的なテーマ等が掲げられており、その数は820に及んでいる。詳細は、前掲の新井哲夫「ヴィクター・ローエンフェルドと思春期の美術教育―我が国における児童中心主義の美術教育に関する研究（3）―」を参照。
17) 芸術的な表現における作者の内的経験や表現欲求の重要性を理解させるための比較鑑賞がどのように位置付けられるのかは不明である。
18) ローウェンフェルドは、初版の序で「児童は生れながらの芸術家であり、創造のためにはただ材料さえ与えてやればほかには何もいらないといった理想主義的な考え方は、児童の創造的な衝動を無視するのと同じ弊害を美術教育に与えてきた」（p.ⅴ/邦訳p.1）と述べている。
19) ローウェンフェルドは、同じく初版の序で「筆者は、美術が単に直感に頼って教えられている限り、美術教育は、能力を与えられた少数の教育者の特殊な領域になるか、それとも一般の学級担任教師にとっては失敗の根源となるかのいずれかであると確信している」（p.vii/邦訳pp.3-4）と述べている。
20) H．ガードナー，前掲書.
21) 筆者は以下の論考で、ガードナーの発達研究における思春期の問題について検討した。新井哲夫「思春期における絵画表現に関するハワード・ガードナーの解釈をめぐって―H.ガードナーによる描画の発達研究に関する検討―」『第四次美術教育ぐんま塾年報2011』2012. pp.33-50
22) H．ガードナー，前掲書. pp. 150-152/邦訳pp.185-187
23) 『絵を描く子供たち―メキシコの思い出―』（岩波書店,1952）には、メキシコでの美術教育を「十五年もつづけた」（p.2）とあるが、村田真宏作成の「北川民次年譜」(『北川民次展』図録,愛知県美術館, 1996）によれば北川がメキシコに入国したのが1921年11月29日で、出国が1936年6月3日である（メキシコの滞在年数が足かけ15年）。野外美術学校構想に参加したのが1925年であるため、北川が滞在年数と野外美術学校で美術教育に携わった年数を取り違えた可能性がある。

〔第 1 部　理論編〕

24) 詳細は、新井哲夫「北川民次と創造主義の美術教育―我が国における児童中心主義の美術教育に関する研究（1）―」『群馬大学教育学部紀要 芸術・技術・体育・生活科学編』第41巻, 2006.3. pp.61-84及び、新井哲夫「北川民次と思春期の美術教育―野外美術学校における『主題』把握の指導をめぐって―」『現代造形・美術教育の展望』新曜社, 1992. pp.196-201 を参照。
25) 北川民次『美術教育とユートピア―北川民次美術教育論集―』創元社, 1979.所収
26) 同書. p.36
27) 詳細は、新井哲夫「大勝恵一郎と『青年期』の美術教育―『青年期』の内面の要求と造形表現学習との統合―」(『第三次美術教育ぐんま塾年報2008』2009.3. pp.61-80) を参照のこと。大勝は「思春期」及び「青年期」等の用語を厳密には区別しておらず、その用法も論考によってまちまちである。しかし、高校の美術教員を30年間務めた経験から、考察の中心は中等教育後期に置かれている。ここでは、大勝が多用している「青年期」の語をそのまま用いる。
28) 表現主義は、「遠近法、解剖学、採光、陰影などの法則を無視し、線描や輪郭の線の表現力を強調、微妙な色調よりも原色を主とする少数の強烈な色彩を採用し、単純な色彩もしくは色面相互の対比効果を求める」とされる（『新潮世界美術辞典』1985）。大勝はアカデミックな形式にとらわれない表現主義によって、青年期の内面を率直に表現させることを期待したと思われる。
29) 大勝恵一郎「青年期の絵Ⅰ―高校生の具象と表現主義―」『常葉学園短期大学研究紀要』第23号, 1992. pp.127-145. 高校での実践を回想した大勝の論考には、これに続く「青年期の絵Ⅱ―高校生の詩と版画―表現主義」同紀要,第24号, 1993. pp.93-108、及び「青年期の絵3　高校生の抽象」同紀要,第25号, 1994. pp.201-218　がある。

第2章 動因または表現意図に基づく描画の発達過程の再検討

1．描画における「動因」と「表現意図」

　心理学では、一般に、「動因」とは、何らかの行為を引き起こすために必要な生活体の内的状態を意味する用語であり、内的刺激ともいわれる。それに対して、外的刺激によって行動が引き起こされる場合は「誘因」といわれ、両者を含めて「動機」という用語が用いられている（『誠信心理学辞典』）。

　ここでは、子どもの描画という行為が、本人の意思や自覚に基づいて何かを表現するために行われる場合と、感覚運動的な刺激や快感などが主たる動因となって、意識せざる偶然の描線（なぐり描き）が描かれる場合を区別し、前者の何かを表現しようとして行われる場合の描画に対する子どもの意識を「表現意図」と呼び、後者に見られるような、本人に何かを描こうとする明瞭な意識や自覚がない場合の無意識的な衝動を「動因」と呼ぶことにする。

　初期のなぐり描きを例に挙げれば、偶然手にした筆記具に対する好奇心や、それを紙に打ちつけたり、紙の上で動かしたりする探索的な興味、さらにその結果生じる点や線などに関心が向けられ、それがまた好奇心を刺激し行為を持続させるといった、事物や事象に対する興味・関心や、身体感覚や知覚を通して感じられる感覚運動的な快感などが、なぐり描きの主要な動因（内的刺激）と考えられる。なぐり描きが繰り返し描かれる背景には、周囲の大人の称賛や励ましも大きく影響していると思われるが、それらは動因というよりも誘因と見るべきものであろう。初期のなぐり描きの場合、行為者である子どもに絵を描いているという意識はなく、一連の行為や動作の痕跡が結果的に点や線、色面などの形で紙の上に残されるに過ぎない。

〔第1部　理論編〕

　一方、「表現意図」は、描画を例に挙げれば、形（線）や色などによって、何をどのように描くかという、自分が表現したいものやことの具体的なイメージを意味する。明確な表現意図に基づいてなされた描画では、表現意図は通常表現行為に先立って構想されるものであり、表現活動を最初に動機付けるとともに、描画を方向付けるものでもある。アクションペインティングのように、視覚的なイメージの代わりに、行為そのものが表現意図となる場合もあるが、偶然の効果を期待するような描画であっても、大まかな見通し（ヴィジョン）がなければ描画は成り立たない。

　動因に基づく幼児の原初的な造形活動（なぐり描き）と表現意図に基づいて行われる描画の制作過程をモデル化すると、図2-1、図2-2のように表すことができよう。

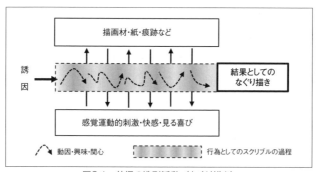

図2-1　幼児の造形活動（なぐり描き）

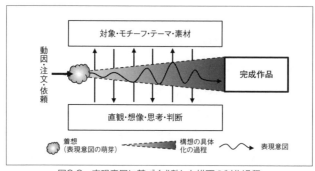

図2-2　表現意図に基づく成熟した描画の制作過程

52

このようなモデルを念頭に置くと、子どもの造形活動の発達過程は、上の原初的な活動から下の成熟した活動へ向けての発展として捉えることができる。したがって、描画の発達を、動因や表現意図の観点から検討しようとする場合、無意識的な動因によって生起する原初的な描画から、表現意図（「何を」「どのように」表そうとするのかという視覚的イメージ）が分化し、徐々に明瞭になっていくプロセスを明らかにする必要がある。

　もちろん、動因と表現意図は、実際には必ずしも明確に区別できないことも少なくない。例えば、最初は外的刺激が誘因になって始められた描画行為から、動因が芽生え、やがて意識的、自覚的な描画に変わることもあり得る。ここでは、あくまでも理念型として、明確な意図をもった意識的、自覚的な描画と、最初期のなぐり描きのように、何かを表現しようとする意図がなく、感覚運動的な刺激や快感に基づく運動＝行為として行われる描画とを区別しておくことにする。

２．動因または表現意図から見た描画の発達過程

　描画の動因あるいは表現意図に着目する理由は、従来美術教育の分野で行われてきた描画の発達研究が、主として描画の形式面の変化に着目したため、描画に取り組む子どもの内的要因（動因や表現意図）の問題が等閑に付されがちであったと考えるからである[1]。表現活動としての描画を問題にしようとするのであれば、表現に取り組む子どもの内的要因を無視することはできない。

　これまで描画の発達が形式面からのみ検討されてきたのは、発達心理学における研究が示しているように、研究者の関心が、子どもがなぜあのように描くかという疑問を子どもの認知発達との関連において明らかにすることに向けられていたためである。表現活動としての描画ではなく、大人とは異なる子どもの認知能力やそれに基づく行動の特質を明らかにするための描画という視点からは、子どもは「どのように」絵を描くのかという形式や方法の問題に関心が集まりやすく、子どもは「なぜ」「何を目的に」絵を描くのかという描画行為

そのものの発生の根拠や背景、目的等の問題に関心が向けられにくいのは当然のことである。

　問題は、それがそのまま美術教育にもち込まれていることである。表現活動そのものが未分化な年齢の低い子どもの描画に関しては、特段の不都合は生じないが、描画に対して意識的、自覚的になる児童期後期以降の子どもに対しては、認知能力の発達の指標としての描画と自己表現の手段としての描画を同一視することによって、大きな錯誤が生じかねない。描画の発達研究でしばしば行われるような「テーブルの上に、水が入ったコップがあります。それを描いてください」といった課題に答えるために描く描画（情景の説明図、図解）と、何かに心を動かされ、それを絵に表そうとして描く描画（表現活動としての描画）とは、描画の動因や表現意図の視点から見る限り、全く異なる行為であることは明らかである。美術教育の立場から、描画を子どもの表現活動として捉えようとする場合には、認知発達上の問題とともに、描画を行う子どもの動因や表現意図に十分に目を向ける必要がある。

　以上の点をふまえて、本章では、表現活動としての描画の発達過程を、動因あるいは表現意図に着目することによって再検討する。それによって、従来の発達段階説の問題点とともに、表現としての描画の発達過程全体を視野に入れた上で、思春期の子どもの描画が担う固有の課題を明らかにしたい。

3．縦断的観察に基づく描画の発達における画期

　本章で描画の発達過程を動因あるいは表現意図に基づいて再検討するに当たって、一人の子ども（TA）の描画の発達のプロセスを縦断的に観察する。筆者の手元には、TAが1歳前後から中学校3年生までに描いた多量の描画が残されており、その中に、制作年月日が明らかなものと日にちまでは明らかでないが制作月が明らかなものが700枚弱含まれている（同日複数枚描かれた場合は代表的なものをピックアップした）。それらを全てデジタルカメラで撮影し、その画像データを制作順にファイルにまとめ、描画がどのように変化したかを一覧できるようにした。これが今回の縦断研究の基礎資料となる[2]。

第2章　動因または表現意図に基づく描画の発達過程の再検討

　全データを詳細に分析しながら発達のプロセスを辿り、前後の関係からとりわけ顕著な変化が認められる時期をチェックした。その結果、TAの描画には以下の六つの画期（turning point）が認められた。ここでは、これらの画期が生じた背景や画期のもつ意味などについて検討する。

(1)なぐり描きの始まり
(2)閉じた形の出現と意味付けの始まり
(3)人のイメージ（頭足人）の出現
(4)図式的表現様式[3]の定着
(5)対象の再現描写への関心の芽生え
(6)再現描写のスキルの高まりと自己表現の手段としての描画への関心の低下
　　（マンガやイラストレーションへの関心は持続）

　なお、TAの描画の発達は、子どもの描画の発達を扱った教科書に記されている一般的な発達のテンポと比べるとかなり早い。TAが描画に関して早熟だった背景には、両親ともに美術教師であり、家庭内で描画を奨励する雰囲気があったことや、母親が絵画を制作する姿を間近に見ながら育ったこと、母親の絵画教室に通う年長の子どもたちと一緒に描く機会に恵まれていたことなどが影響していると思われる。したがって、以下の年齢は、あくまでも個人的なもので、平均的な年齢を示すものではないことを、念のため付言しておきたい。

(1)なぐり描きの始まり

　最初の画期は、なぐり描きの始まりである。最初のスクリブルが描かれるきっかけは、子どもによってさまざまである。偶然描画材を手にしたことや年長の兄姉がなぐり描きをするのを目にしたこと、あるいは周囲の大人に促されたことなど、偶然の要素が大きい。しかし、きっかけはさまざまであっても、子どもの心身の発達が、スクリブルを可能にするレベルに達していることが必要条件となる。つまり、筆記具を手でつかみ、それを紙の上に置き、適度な力で動かすことのできる運動機能の発達が一定のレベルに達している必要がある[4]。

　なぐり描きの出現時期については、1歳から1歳過ぎとする例が多い[5]。TAの場合も1歳頃である[6]。その後10ヵ月ほどの間に、夥しい数のなぐり描

きが描かれ、その変化（進化）には目を見張る
ものがある。初期のものでは限られたスペース
に弱々しい線が描かれているが（図2-3[7]）、
徐々に力強さが増し、何度も線を往復させて重
ねたり（図2-4）、長い直線や鋭く曲がった線
と渦巻き状の線を組み合わせるなど線が複雑に
なり、スケールも増している（図2-5）。そして、
画面全体に及ぶ力強い渦巻き状のなぐり描きに
発展している（図2-6）。

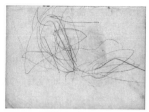

図2-3：01_01

図2-4：01_05_13b

　このように偶然のきっかけによって始まった
なぐり描きが、さまざまに変化しながら繰り返
し描き続けられるのは、どのような理由（動因）
によるのだろうか。主要な先行研究では、手を
動かす快感や自分が創造の力を有することの自
覚がもたらす誇りと線をつくり出す喜び（リュ
ケ，1927）、手に動作を感じる喜びや紙面に現
れる線を観察する喜び（エング[8]，1931）、運
動感覚の興奮とそれを自由に駆使する喜び
（ローウェンフェルド，1947）、手の感触や筋肉
運動から生じる喜びと自分の労働の成果である
痕跡を眺める喜び（満足感）（ガードナー，
1980）などが挙げられている。これらは、〈手
を動かすことに伴う感覚運動的な喜び〉と〈そ
の痕跡として生まれた線に対する興味・関心
（線を見る喜び）〉の二つの要因に大別できる。

図2-5：01_08_07b

図2-6：01_09_07a

　ただし、一口になぐり描きといっても、1年ほどの間に大きな変化が見られ
ることを考えると、動因として考えられる主要な二つの要因にも、時期によっ
て両者の比重に変化があるように思われる。初期のなぐり描きでは感覚運動的

な喜びが優勢であり、中期以降のなぐり描きになると自分の描出した線が見せる多様な表情や変化を見る喜びが優勢になる。そして後期になると、描線に身近な人やもののイメージを見立てることに対する関心が高まり、次の第２の画期に繋がっていくと考えられる。

図2-7：01_08_09a

(2)閉じた形の出現と意味付けの始まり

　第２の画期は、閉じた形が現れ、その形と子どもが知る身近な事物（の名前）とのマッピング（対応付け）が行われることである。ここでは「閉じた形の出現」が重要な意味をもっている。なぐり描きへの意味付け（注釈、命名）自体は、かなり早い時期から見られた（図２-７）[9]。きっかけは、身近な大人から何を描いているのか（描いたのか）尋ねられたことであろう。

図2-8：01_10_00頃

　TAの場合、１歳８ヵ月過ぎには「パンダ」とか「ストーブ」とつぶやきながらスクリブルを描いており、１歳９ヵ月過ぎには「パンダかく」「ヒコーキかく」と言いながら大きな渦巻き状のスクリブルを描いている（図２-39［p.68に掲載］）。大人の目からは、言葉とスクリブルとを視覚的に結び付ける痕跡は見いだせない。

図2-9：01_10_07a

　それが大きく変化するのは、それまでの腕の自動運動のような渦巻き状のなぐり描きから、線の方向や大きさ（長さ）をコントロールしようとする意思がはっきりと感じられるなぐり描きが試みられてからである（図２-８、図２-９）。図２-10は、「リンゴ」と言いながら描いたものであるが、滑らかな曲線で描かれた紡錘形が繰り返されており、偶

図2-10：01_10_09

[第1部　理論編]

然の結果というより、線の向きや方向、長さなどを意識しながら描いたことがうかがえる。

　同じ頃に、スピードを殺し、1本1本の線の痕跡を確かめながら描いたと見られるなぐり描きが行われている（図2-9）。図2-9では1本の線が交わり、偶然楕円状の形が現れている。それが2歳4ヵ月末になると、不完全さは残るものの始点と終点がほぼ一致しており、はじめから意図して描いたと分かる楕円や円が描かれるようになっている（図2-11）。

図2-11：02_04_23頃b

　正確な日にちは特定できないが、2歳代半ばに描いた円（楕円）の連作がある。それはTAが1日の内に、お絵かき帳に円（楕円）を1ページに一つずつ18ページにわたって描いたものである（図2-12）。滑らかな1本の線で描かれた円（楕円）には線の乱れがなく、一息に描いたことが分かる。このことは、この日のTAが円（楕円）を描くことに特別に強い関心を抱いていたことを物語っている。

図2-12：2歳代半ば

　その後も引き続き渦巻き状のなぐり描きが描かれている[10]が、2歳8ヵ月を過ぎる頃には、手首を微妙にコントロールしないと描けない小さな円が、画面一杯にたくさん描かれるようになり（図2-13）、2歳9ヵ月後半には1本の線ではっきりと区切られた形が描かれている（図2-14）。

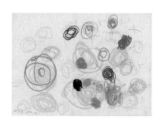

図2-13：02_09_09b

　円（楕円）がそれまでの渦巻き状のなぐり描きと大きく異なるところは、輪郭線によって図

図2-14：02_09_25

と地の区別が生まれ、独立した形が浮かび上がることである。アルンハイムは『美術と視覚 上』の中で、そのような円形を「the primordial circle（始まりとしての円）」と呼び、特別な意味を与えている[11]。

図2-15：02_10_04頃

円や楕円のような閉じた形が描かれるようになると、描画への意味付けの性格も徐々に変化する。形と言葉（事物を表す名称）のマッピングが明確になることによって、感覚運動的な要素が支配的だった描画から、特定の事物を指し示すシンボルとしての描画へと、質的に大きく変化したと考えられる。この時期のマッピングの例に、図2-13や図2-14がある。図2-13では、小さな円形の渦巻きをドロップと対応付けている。「ドロップ」の間の描かれた「×」あるいは「ナ」のような形は、TAが創作した文字（「擬似的な書きことば」[12]）である。また図2-14では、上の形を「せんぷうき」に、一つ置いて一番下の形を「おいも」に対応付けている。

また、この時期には、変化に富んださまざまな線描きが試みられている（図2-15）。これらの描画のストロークは、手の動きとして見るとギクシャクとした不自然な動きをしており、手の半ば自動化された自然な動きから生まれるスムーズなストロークとは異質なものである。手の多様な動きから生まれる線の変化を実験的に確かめようとする意図が感じられる。

以上の点をふまえて、この時期の描画の主要な動因を考えると、〈自らが生み出した描線と身近な人や物をマッピングする面白さ〉、及び〈描線をコントロールし、さまざまな変化を生み出す楽しさ〉に求められよう（《マッピングと描線をコントロールする楽しさ》）。その背景には、それまで異なるテンポで別々に発達してきた二つのシンボル体系であることばと描画が、閉じられた形の出現を契機に対応し、重なり合うという象徴機能の発達上の要因が影響していると考えられる[13]。これ以後、再現描写への関心が芽生えるまで、ことばと描画の蜜月時代が続くことになる。

ところで、ことばの発達と描画の関係について、岡本夏木は『子どもとこと

〔第1部　理論編〕

ば』の中で、ガードナーと同様に、幼児の描く絵が均整を欠くにもかかわらずきわめて個性的で人を打つのに対して、言語的思考に基づく現実の再認が進み始める頃から、絵は整ってくるが、ほとんど平板で常識化しやすいことを指摘している[14]。この場合の「言語」は、岡本の別の著書『ことばと発達』で詳述されている「二次的ことば」（学童期に入って新たにその獲得が求められることば）であろう[15]。なぜなら、なぐり描きへの意味付け（マッピング）が盛んに行われる時期に子どもが獲得し始めることば（岡本のいう「一次的ことば」）は、描画と意味付けが併行して進展することによく表れているように、描画の発達を促進する重要な役割を果たしているからである。つまり、「一次的ことば」の発達は描画を促進し、逆に「二次的ことば」の発達は描画の抑制や衰退の大きな要因になっているということである。このように、ことばの発達と描画との関連については、非常に興味深い問題を孕んでいる。

図2-16：03_00_21頃「ブンブン」NHKの幼児番組「おかあさんといっしょ」に登場するキャラクターを描いた

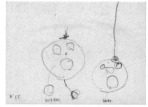
図2-17：03_02_02a「かぼちゃをたべるTA」

図2-18：03_02_03d「まめを料理するTA」手には指が、顔には汗が描かれている

(3) 人のイメージ（頭足人）の出現

第3の画期は、人のイメージ（頭足人）の出現である。頭足人よりも円の出現を重視する研究もあるが（アルンハイム、安斎[16]）、TAの場合は、表現上の決定的な変化は、円の出現時ではなく、頭足人の出現時に現れている。TAの描画では、偶然の閉じた形が現れた後、円が安定的に描けるようになり、さらに頭足人型の形態が描かれるまで1年以上の時

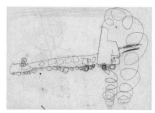
図2-19：03_03_27A「ぎんがてつどう999」

60

間がかかっており、その間、円だけが強調されることはなく、併行してさまざまな試みがなされている。それに対して、頭足人型の形態が現れた後は、ほとんど全ての描画に頭足人が描かれ、描画も、それまでの人や物を単独、あるいは羅列的に描いていたものから、画面に複数の人や物が描き込まれ、それらが一つの場面を構成するものに大きく変化している。

図2-20：03_04_07d「TAの部屋に猫が入ろうとしていた。お客のカニさん、ママTAもびっくり」耳を付けた頭足人が猫

頭足人の出現は、一般に3歳から4歳頃までのある時期（安斎、ガードナー、新見）とされているが、TAの場合、確認できる最初の頭足人の出現は3歳と21日目である。頭足人といっても、はじめは円の内部に目や鼻や口らしきものが描かれたもの（図2-16）、あるいはそれに手か足の一方が描き加えられたものが多く（図2-17）、手足が揃った頭足人が描かれたのは3歳2ヵ月を過ぎてからである（図2-18）。

図2-21：03_04_15 フラミンゴなどの鳥を描く

頭足人が描かれるようになった後の特色としては、描画のレパートリーの急速な拡大と描画の数の爆発的な増加が挙げられる。電車や機

図2-22：03_03_28a「おばあちゃんと買物にゆく。道ばたには花がいっぱい、虫もいる」

関車、モノレール、自動車、建物（家）、樹木、道路と信号、食卓、花などの関心のあるものや身近に接したものが手当たり次第描かれ、鳥や猫、兎、蟹、カマキリなどの生き物も頭足人の形にわずかな修正を加える方法で描いている（図2-19、2-20、2-21）。ただ、頭足人型の人物それ自体にあまり変化が見られないことから、TAの関心が新たに出会った事物を描くこと（レパートリーの拡張）に向けられていたことが分かる。

この時期の主要な動因は、経験したことや絵本やテレビで目にしたことなどを、獲得したばかりの初期の図式を駆使して描く面白さにあったと考えられる。

〔第1部　理論編〕

それを、身近な大人から認められ、褒められる誇らしさが一層強化したことであろう。

(4) 図式的表現様式の定着

　第4の画期は、図式的表現の分化と精緻化が進み、図式的表現のスタイル（様式）が安定し、定着することである。頭足人の出現から第4の節目に至るまでは、周囲の世界に関心が広がるにつれて、描かれる対象も拡大し、新たな表現を試みる〈図式的表現における語彙の拡張期〉として性格付けることができる。それに対して、第4の節目以降は、図式そのものが進化し、精緻化する〈図式的表現の充実期、安定期〉として特色付けられる。

図2-23：03_09_26a
「ママと弟」

　人物を例に挙げれば、円にわずかな線を加えた頭足人型の人物だったもの（図2-17、2-18）に、やがて内部を塗り込めた胴体が加えられるようになる（図2-22）。そしてさらに、ある時期から、頭、胴、手足が区別して描かれるようになり、手足も線ではなく幅のある形へと変化している（図2-23）。しかしこの時期には、さまざまな人物の表現が試みられており、安定した様式には至っていない。それが安定するのは、3歳の終わり頃からである（図2-24）。その後の変化は、図2-25、図2-26のようである。

図2-24：03_11_12a
「砧緑地公園ではじめての遠足」

　図式的表現の安定期の後半は、ある種の類型化が強まり、異なるテーマにもかかわらず、同じような表現の繰り返しが見られることもある（図2-27）。このようなスタイルを用いれば、描きたいものは大抵何でも描けるという自在さが感じられるが、逆に、絵を描くことそれ自体に伴うワクワク感はやや薄れている。

　そしてまた、それと併行するように、対象の形態をよ

図2-25：04_01_20c
「ママ」

り正確に描こうとする志向が芽生え、6歳を迎える前後から、図式的表現からの離脱、すなわち一定の型に頼らずに描いた描画が現れている（図2-28、2-29）。図式的表現がある種の飽和状態に達したのであろうか、そこから脱しようとする志向が芽生えていることが読み取れる。

図2-26：04_09_20「TA、ママ、弟」

この時期に描かれたものは、動物や昆虫などの生き物が多く、図鑑を模写したり、身近な対象を写生したりして描かれている。厳密にいえば、写生というよりも、見たものを一旦記憶し、その記憶のイメージを描いたものとみるべきであろう。図鑑の模写と図式的な描画が画面上で共存している例も少なくない。

図2-27：05_04_16b

この時期の主要な動因も、前の時期と同様に、経験したことや目にしたことなどを描画によって記録する面白さであろう。前の時期と異なる点は、図式的表現が充実し安定していることである。そして、この時期の後半になると、それまでのようにある出来事の場面を描くこと以外に、対象そのものを即物的に描くこと（見たものの描写）に対する興味が芽生えていることである。

図2-28：05_10_29「河原から付いてきた犬」

図2-28は河原で出会い、家まで付いて来てしまった犬を描いたものである。草花や蝶を描き加えるなど、ある種のストーリー性を感じさせるが、本人が描きたかっ

図2-29：06_01_08「水そうと魚」

〔第1部　理論編〕

たのは犬そのものである。ただし、動物の体の複雑さもあるが、見たままというよりも、犬のイメージを描いている。それに対して、図2-29は、室内の水槽をより即物的に描いている。

(5) 対象の再現描写への関心の芽生え

　第5の画期は、対象の再現描写に対する関心が芽生え、徐々に高まることである。TAの場合、対象の再現描写への関心は、最初は単発的なもので、花を描いていた母親の影響によるものや絵本や図鑑の模写のような形で現れた。それが、直接観察した対象をできるだけそれらしく描こうとする志向が強くなるのは、6歳半ば頃からである。描かれたのは、動物園で目にした動物や家庭で飼育していた淡水魚や小動物、ペットの犬や猫などの生き物が圧倒的に多い（図2-30、2-31）。

　それに続いて多いのは、ロケットや宇宙船などである（図2-32）。当時ブームだった惑星探査をテーマに販売されていたブロック玩具（ダイヤブロック、レゴブロック）の影響を受けたもので、宇宙船や宇宙基地の様子をリアルに描こうとしている。

　また、この時期の後半（小学校中学年以降）には、絵本やマンガの制作に熱中している。マンガの描き方は、家にあった手塚治虫の『マンガの描き方』（光文社、1977）を見て練習し、身に付けたものである。特にマンガは、愛読していた小学生向けの月刊マンガ雑誌の影響もあっ

図2-30：06_06_18c「夢見ヶ崎動物公園のワオキツネザル」

図2-31：07_02_07「庭のウサギ」

図2-32：06_08_19

図2-33：10_01

て、手づくりの月刊雑誌を発行し、家族間で回覧していたほどである（図2-33）。小学校中学年以降、一般的な絵画形式の描画は減っているが、マンガや絵本のイラストを通じて描画そのものへの関心は持続している。

　この時期の一般的な絵画形式の描画に見られる主要な動因は、生き物や宇宙船など、対象そのものに対する強い関心や愛着の感情であろう。心を引かれるものの形を、丸ごと可能な限り細かく描きたいという気持ちが描画からうかがえる。そして、後半（小学校中学年以降）になると、それまで遊びで描いていたマンガやイラストが従来の描画を凌駕し、逆転するようになる。マンガや絵本を自作することへの関心が高まっており、図式的な描画の時代に強力な動因として働いていた物語性への関心が復活したといえるかもしれない。

(6) 再現描写のスキルの高まりと自己表現の手段としての描画への関心の低下

　TAの再現描写への関心はその後も持続し、小学校高学年から中学校になるとそのスキルはかなり高いものになっている（図2-34、図2-35）。

　この時期の描画の特色は、そのほとんどが、対象そのものを直截に、客観的に再現しようとしたものであることである。

　そしてもう一つ重要な点は、再現的な描写のスキルの高まりとは逆に、授業以外の場面で自発的に描かれる描画が激減していることである。特に中学校に入学してからは、合唱部に入部したこともあり、芸術的な表現活動に対する関心が、美術から音楽へ大きくシフトしている。自発的に描く描画は、そのほとんどがマンガ（ストーリー・マンガ）になっている（図2-36、図2-37）。

　この時期のTAは、授業の課題などで

図2-34：小6「銀河鉄道の夜」

図2-35：中1「ルウ（家の飼い猫）」

〔第1部　理論編〕

課せられたりすれば、一般的な絵画形式の描画を描くことはもちろんできるが、自発的な活動としてそれを行う積極的な動因が存在していなかったと考えられる。

　自作したストーリー・マンガを学校で友人たちに見せれば当然面白がられ、喜ばれる。それはもっと描こうという強力な誘因となる。つまり、マンガを描くことは自己表現のためだけではなく、友人とのコミュニケーションを深める手段としても機能していたと考えられる。

　TAに限らず、思春期の子どもにとって、描画の存在意義が実感を伴って了解できる機会や場があるとすれば、おそらくそのような友人や

図2-36：小6（学級で発行されたマンガ通信）

図2-37：中2

親しい人間とのコミュニケーションに強く結び付いた場合ではなかろうか。TAをマンガの制作に強力に動機付けた理由の一つは恐らくそのような要因であろう。

4．動因または表現意図に基づく描画の発達区分の再検討

(1)動因または表現意図に基づく描画の発達区分の見直し

　従来の描画の発達段階説の多くは、「なぐり描き」「図式的表現」「知的リアリズム表現」「視覚的リアリズム表現」といった描画の形式面の変化に着目したものである。描画の形式面における発達上の変化は普遍的なものであり、研究者によって発達段階区分やそれに対応する年齢設定などに違いがあっても、その順序性は誰しもが認めるものである。しかし視点を変えて、一人の子ども

の描画の発達のプロセスをその動因や表現意図に着目して辿ってみると、前節で検証したように、形式面の変化とは異なる子どもの内的要因の変化が進行していることが明らかになる。ここで改めて、TAの描画の発達過程における六つの画期についての検討結果をふまえ、描画の動因または表現意図に着目して描画の発達過程の見直しを試みたい。

従来の描画の発達段階区分を、子どもを描画に駆り立てた動因または表現意図の視点から見直すと、表2-1のように対応付けることができる[17]。

表2-1 描画の動因または表現意図に基づく発達過程の見直し

TAの描画に見られる発達上の画期	従来の発達段階区分	動因・表現意図に基づく発達区分
①なぐり描きの始まり（1歳頃）	①なぐり描きの時期	①感覚運動的動因の時期
②閉じた形の出現と意味付けの始まり（1歳10ヵ月頃）	②なぐり描きへの意味付け期	②象徴的動因の時期
③人のイメージ（頭足人）の出現（3歳頃）	③前図式期	③叙述的表現主題の時期
④図式的表現様式の定着（3歳9ヵ月頃〜）	④図式期	
⑤対象の再現描写への関心の芽生え（6歳6ヵ月頃）	⑤前写実期	④擬似的表現主題の時期
⑥再現描写のスキルの高まりと自己表現の手段としての描画への関心の低下（小学校高学年頃）	⑥写実期	⑤造形的表現主題不在の時期

(2) 各発達区分とその特色

「動因・表現意図に基づく発達区分」の名称とそれぞれの時期における描画の特色について補足すると、以下のようである。

①、②を「○○的動因の時期」、③〜⑤を「○○的表現主題（不在）の時期」と名称を区別した理由は、前者は何かを描こうという意図が未だ明確でないのに対して、後者では〈描きたいものやこと〉が明確になり、言い換えれば、目的と手段とが分化し、表現主題が明瞭になっているためである。描画と事物の

名称との結び付け（マッピング）が行われる②を見ても、マッピングの内容は時々の思い付きに左右されやすく、表現主題といえるような持続性のある明確な意図が存在するとはいえない。

　さらに同じ動因の時期である①と②を「感覚運動的」と「象徴的」に区分したのは、例えば、感覚運動的動因については、なぐり描きの主要な動因が、手を動かすことに伴う感覚運動的な喜びと、その痕跡である描線に対する関心（線を見る喜び）にあると考えられるためである。通常、なぐり描きは家族などの身近な大人との交わりの中で行われることが多く、大人に褒められたり喜ばれたりすることによって、一層活動への意欲が高められる。こうした身近な人とのコミュニケーションも重要な誘因といえるが、ここではなぐり描きが成立するための内的要因（動因）に絞って命名した。

図2-38：01_03_09（感覚運動的なぐり描きの例）

　また、②の象徴的動因は、感覚運動的な喜びや視覚的な関心に加えて、自らが描いた痕跡に身近な人や物を対応付けようとする積極的な姿勢が見いだされること、線描が単なる線描にとどまらず、何かのイメージを喚起する象徴的な意味を持ち始める時期であることから、このように命名した。

図2-39：01_09_07c（パンダかく、ヒコーキかくと言いながら描いた）

　この時期にはことばの発達や盛んに行われるごっこ遊びに見られるように、象徴機能の発達が著しく、描画もことば（身近な事物の名称）との間を行き来しながら行われる。ちなみにTAの場合、文字らしき形

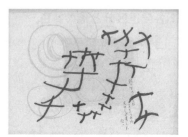
図2-40：02_09_00頃（「ナ」のような形はTAが創作した擬似的な文字）

象（擬似的な文字）は比較的早い時期から見られたが（図2-40）、画面に描画とそれを説明する擬似的な文字が一緒に描かれることが多くなるのはこの頃である[18]。

③の「叙述的表現主題の時期」は、一般的な発達段階区分では「前図式期」と「図式期」が対応する。両者を一つにまとめたのは、形式的な面から見ると、安定した図式的表現が定着する時期（図2-42）と、それ以前のさまざまな試みが見られ、表現形式上の変化の激しい時期（図2-41）とを区別できるが、何を描こうとしたのかという内容や意図の面から見ると、それほど大きな違いは見られない。いずれも描画の対象やモチーフは自分が見聞きした出来事や経験（ストーリー）であり、そのストーリーやストーリーの一部を絵によって物語るように描くことから、叙述的表現主題と名付けた。この時期の表現主題は、自分自身が直接関わった出来事や経験そのものに対する強い関心や感情、つまり子どもの生活実感に裏打ちされたものであり、多くの場合何らかの物語性を帯びている。このような関心は、大人であれば言語的な表現によって表明されるべきものであるが、言語の発達が未熟な幼児は文字どおり〈絵によって語る〉といえる。

図2-41：03_04_07 モノレールや海などお出かけして体験したことを手当たり次第描いている

④の擬似的表現主題の時期は、TAの場合、小学校入学前後から小学校中学年に当たる。この時期は、自分が見聞きした出来事や経験に対する関心や感情を表現する主要な手段は、既にかなりの発達レベルに達している言語に移行している。TAの場合、描画を促す動因の役割を果たしているのは、身近な対象を客観的に描くことに対する関心である

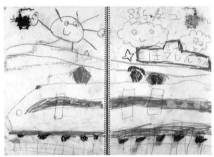

図2-42：04_11_17c 東北新幹線を開通の11ヵ月後に描いた絵。数字と平仮名が書き込まれている

〔第1部　理論編〕

（図 2-43、2-44）。その結果、描画は自分の目で見たものをできるだけ正確に記録（模写）しようとするものになる。

　図 2-43 は完全な描写に至らないある種の稚拙さが、表現としての面白さと魅力を維持している。そして図 2-44 は猫の後ろ姿をシンプルな線描で描いており、期せずして線描の美しさを実現している。これらの描画は、いずれも本人が自宅で自発的に描いたものであり、対象に対する親愛や愛着の念が、表現としての描画の成立要件として重要な役割を果たしている。しかしこの時期は、授業の課題として与えられ、表現に対するモチベーションが十分高まらないまま描画が行われたりすると、無味乾燥な機械的描写に終わってしまうことが多い。この時期の表現主題を「擬似的」としたのは、子ども自身はまだ意図的に造形表現上の美しさを追求しようとする意識は芽生えておらず、対象やテーマに対する主観的な感情が動因となり、表現意図の肩代わりをすることによって、表現としての描画が成り立つという事情を考慮したためである。

　なお TA は、この時期に対象をできるだけ正確に再現しようとする志向と併行して、マンガや絵本を制作することに興味・関心を示している。図 2-45 は身近な人をマンガ的なタッチで描いたり、一コママンガを制作したりしたものの一つである。

　擬似的表現主題の時期の特色は、その前の時期と比べ、対象の再現描写への

図2-43：07_06_29
「ピアノを弾く弟」

図2-44：09_02_12
「ルウ（家の飼い猫）」

図2-45：09_09_23b 小学校3年生の時期にこのような一コママンガを好んで描いた

関心やマンガなどさまざまな表現への関心の高まりとは裏腹に、自発的に描いた描画の数が次第に減少していることである。それでも低学年の内は母親が教える絵画教室で教室に通う近所の子どもたちと一緒に描いたものがある程度残されているが、中学年、それも4年生以降になると目立って減少している。放課後も小学校の気の合う友だちと一緒に遊ぶことが多くなり、互いの家を行き来するなど外遊びの範囲が広がるこの時期は、描画に対する関心が低下するのはごく自然な現象であろう。

　続く⑤は、「造形的表現主題不在の時期」とした。その理由は次のようである。TAの場合、中学校入学前後には、対象の描写力はかなり高いレベルに達している（p.65の図2-34、2-35）。それにもかかわらず、④のような対象そのものへの関心が、自発的な描画を促す動因として機能することはほとんどなくなっている。前の時期に引き続いて描画への関心そのものが低下していることもあるが、自発的に好んで描かれた描画は、対象の即物的な描写とは異なる、物語性に富んだストーリー・マンガである。マンガを描く上で、それまでに獲得した描画のスキルが役立っていることは間違いないが、単純化や強調（誇張）などを特色とするマンガ特有の表現の面白さと、物事の起承転結をコマ割りによって表現できる表現形式上の面白さに興味が移っている。ユーモアや諧謔の表現を通して、読み手である友だちを面白がらせることに喜びを感じたのであろう。

　近現代美術における絵画の表現主題を「造形的表現主題」と呼ぶとすれば、そうした表現主題を意識することなく、擬似的な表現主題からマンガの表現に方向転換したといえる。おそらくこの時期は、圧倒的に多くの子どもが、意図的に学習機会が用意されない限り、造形的な表現主題を意識することも、それに出会うこともないまま、絵を描くことそのものへの興味を失っていくと考えられる。「造形的表現主題不在の時期」としたのはこのような理由からである。

　もちろん、中には④の擬似的表現主題の時期がそのまま持続する子どももいる。描写力に秀でた子どもが、対象を再現的に描写することにある種の喜びを見いだし、それを続けるような場合である。ただそのような子どもは全体とし

〔第1部　理論編〕

て見れば少数であろう。言語の発達をはじめ、自己表現の手段が多様化し、選択の幅が広がる思春期において、描画に強い興味・関心を抱き続け、自己表現の主要な手段として維持していく子どもは、生まれながらに描画に対する何らかの資質や能力をもった子どもではないだろうか。筆者の限られた経験では、約1割程度の子どもは、教師の指導の有無とは無関係に、自分の力で一定水準の描画を描くことができた。しかしそのような場合でも、対象の直写的な再現とは質的に異なる表現としての描画に対して自覚的でないという点で、造形的表現主題が不在であることに変わりはない。

5．思春期における描画の危機とは何か

(1)自信喪失説から質的転換論へ

　前節では、描画の動因あるいは表現意図の観点から、子どもの描画の発達過程の見直しを行った。その結果、一般に思春期と呼ばれる時期が、描画の発達において非常に重要な質的変化が訪れる時期であることが改めて確認できた。それは一言でいえば、表現活動としての描画に対する関心・意欲そのものの低下であり、子どもを描画に方向付ける動因が形成されにくくなるということである。その原因の解釈として最も妥当性が高いと考えられるのは、ガードナーが指摘している、書字を含めた言語に対する運用能力が高まり、多くの子どもが表現の媒体として言語システムを選ぶようになることである。もちろんその背景には、書きことばを含めた言語（岡本夏木のいう「二次的ことば」）の運用能力が重視される社会的・文化的な圧力が働いている。

　ところで、前章で検討したように、ジョンストンやローウェンフェルドをはじめとする多くの美術教育者が、思春期における造形表現の危機の原因を批判的な意識の高まりによる自信の喪失に求めてきた。つまり思春期は、認知能力の発達によって物事を客観的に捉えるようになり、描画においても写実的な表現に憧れるようになるが、その技術を十分に身に付けていない子どもは、客観的な認識の能力の発達に起因する批判的意識の高まりによって、自らの描画の稚拙さを自覚することになり、その結果自信を喪失し、描画を放棄するという

ものである。それを第1章で、自信喪失説と名付けた。

　このような自信喪失説は、部分的には正しいが、それを主要な原因と考えるのは誤りである。つまり、批判的な意識の高まりが、時として自信の喪失をもたらすことがあるというのは間違いないことであろう。しかし、そもそもの議論の出発点に、「子どもは誰もが絵を描くはず」という仮定が無条件に前提されている点に問題がある。自信喪失以前に、思春期の子どもの多くは授業で課せられるような絵を描くことを好まない、言い換えれば、絵を描く必要性も必然性も感じていないという事実に向き合うところから議論を始める必要がある。

　言語の運用能力の飛躍的な発達によって、多くの子どもは自分の考えや感情の主要な伝達手段として言語を選択する。しかも、子どもたちの周りには、音楽や文学、スポーツなど、サブカルチャーを含めて、自己を表現したり、表出（あるいは放出）したりできる選択肢が数多く存在する。思春期の子どもたちの心情からすれば、他のジャンルと比べて描画は、自己表現（自己表出、自己放出）の手段として、内向きで抑制（禁欲）的過ぎるという印象を抱き、敬遠されてもおかしくはない。

　以上のように、自信の喪失は、思春期における描画の衰退の原因というよりも、結果と考えるべきである。最も本質な理由は、描画そのものへの興味・関心の低下である。言語の運用能力の発達や自己表現の手段の多様化に伴い、幼児期には絶対的な存在であった描画の地位が急速に下落する。興味・関心を抱けないまま、授業で描画を課せられたとき、「何を、どう描けばよいか分からない」「思うように描けない」といった悩みや不満が生じ、それが結果的に、原因は自分の技術不足にあると認識され、自信喪失に繋がるのである。もし「うまく描けない」と訴える子どもがいたとしても、それは技術的問題というよりも、子どもに積極的に描こうとする気持ちがなかったり、表現したいもの（表現意図）がはっきりしなかったりするためであることが多い。描くことはあくまでも何かを表現するための手段である。もし表したいという強い気持ちがあれば、その手段が唯一つしかないということはあり得ないが、対象を忠実に模写することが自己目的化することによって、当人には技術的な問題だけが必要以上に

[第1部　理論編]

クローズアップされてしまうのである。

(2)描画に対する興味・関心の低下と思春期の美術教育の課題

　思春期における描画の衰退あるいは停滞が、主として言語の運用能力の発達に伴って生じる描画に対する興味・関心の低下と、それがもたらす表現活動への動因や表現意図の形成のむずかしさに起因しているとすれば、それを改善するためにはどのような対応が考えられるであろうか。

①描画の指導に関わる課題として

　思春期の子どもが苦手意識を抱くのは、造形活動全般に対してではなく、主に絵画や彫刻などの心象表現と呼ばれるジャンルの表現活動である。先に、思春期は言語の運用能力が高まり、自己表現の選択肢が広がることによって、自己表現としての描画（心象表現）に対する関心・意欲が低下すると述べた。言い換えれば、わざわざ絵を描く意味も必要も感じられないという子どもが増えるということである。

　「叙述的表現主題の時期」と名付けた頃までは、描画は子どもにとってなくてはならない重要な表現手段であった。描画は表現形式の上から見れば造形表現に違いないが、子どもは造形表現を意識して絵を描くわけではなく、主観的な感覚や感情を丸ごと放り込める唯一の身近なメディアとして描画に取り組む。したがって、この時期の描画の動因や表現意図は、日々の生活の中で子どもの心に響いた出来事やそれにまつわる感情であり、描画にはそれらが丸ごと注ぎ込まれている。

　それに対して、「擬似的表現主題の時期」以降は、特に「造形的表現主題不在の時期」になると、少なくとも内発的な形では、描画を促す積極的な動因が生まれにくくなり、それに伴って描画によって何かを表現しようとする意図も生じにくくなる。この時期の子どもにとっては、表現手段としての描画が担う役割が、叙述的表現主題の時期とは決定的に異なってしまっているからである。したがって、思春期における美術教育について考える場合には、このような状況を前提にした上で、今何が求められ、何ができるのかを検討しなければならないということになろう。

②思春期の美術教育が目指すべき方向性

　思春期には、表現手段としての描画に大きな質的変化が生じていることを繰り返し述べてきたが、このような状況をふまえて、思春期の美術教育にはどのような対応が求められるのであろうか。私たちが進むべき道には大きく三つの選択肢があると思う。

　一つは、複雑な描画の問題は棚上げし、描画以外の領域や分野の活動に活路を見いだすことである。二つ目は、描画の問題に徹底的にこだわり、子どもたちが苦手意識を解消し、一定の技能を身に付けるようにすることである。そして三つ目は、描画の問題から目を背けはしないが、描画だけにこだわらず、他の領域や分野の活動とも関連付けながら、描画を含む造形的な表現や鑑賞について、子どもたちの認識や技能の向上を目指すことである。一つ目の選択肢は、問題の本質から目を背けてしまう後ろめたさが残る。二つ目の選択肢は、美術教育を狭く考え過ぎることになるだけでなく、多様な資質能力をもつ子どもたちの学習意欲を維持する点でも実現可能性は低い。最も望ましくかつ現実的なのは、三つ目の選択肢である。

　思春期は表現活動に対して意識的、自覚的になる時期である。「叙述的表現主題の時期」までは、いわば「成長のメカニズムとタイミング」（ガードナー）によってもたらされる発達過程である。しかし、その後の「擬似的表現主題の時期」以降は、自らの表現活動に対して意識的、自覚的になり、それまで無意識に行ってきた表現活動に改めて意識的、自覚的に向き合うことが求められるようになる。それは、「成長のメカニズムとタイミング」に委ねたままでは乗り越えることがむずかしいハードルである。

　しかし、見方を変えれば、子どもたちがその後、造形的な表現活動を自己表現の主要な手段として選択するかどうかは別として、子どもたちを苦手意識から解放し、生涯にわたって美術に親しむ資質や能力を育むチャンスでもある。そのチャンスを無駄にしてしまうのか、それとも生かそうとするのか、思春期の美術教育には大きく重い課題が突き付けられている。

〔第1部　理論編〕

◆第2章　註

1）心理学、特に認知発達心理学の観点から行われた描画の発達研究は必ずしも形式面のみに着目したわけではない。作者である子どもの描画に向かう動因や表現意図の問題などの内的要因に着目した研究も数は少ないが存在する（例えば、リュケ『子どもの絵』金子書房, 1979 ［原著1927］）。しかし、それらの研究が美術教育の世界に受け入れられ、共通認識として浸透しているとはいえない。

2）描画の際に口にした言葉などを記録できたものは限られており、縦断研究の基礎資料としては必ずしも十分なものとはいえないが、一人の子どもの描画を十数年間の時間軸の中に位置付け、その変化を具体的な事実に即して実証するための資料としては一定の研究的価値があると考える。

3）子どもの絵における「図式」(schema) は、一般的には単純な構成要素によって対象の姿や形を記号的（概略的）に表した絵や図を意味する用語として使われる。本書でもそのような意味で用いる。なお、ピアジェは、シェム (scheme) とシェマ (schema) を異なる概念として明瞭に区別している。シェムは操作性の活動を指し示す用語で、行為において繰り返され一般化されうるもの（たとえば何かを使って物を「押す」とき、押すという行為に共通するものを「押しのシェム」という）であるのに対し、シェマは単純化されたイメージ（たとえば街の地図）であり、思考の形象性の側面を表示しようとする試み（心像、知覚、及び記憶）を指し示す用語であるとしている（中垣啓訳『ピアジェに学ぶ認知発達の科学』北大路書房, 2007）。

4）描画の発達初期における運動機能の重要性については、尾崎康子（『幼児の筆記具操作と描画行動の発達』風間書房, 2008）と山形恭子（『初期描画発達における表象活動の研究』風間書房, 2000）の研究がある。

5）1歳頃とするものは、安斎千鶴子『子どもの絵はなぜ面白いか』（講談社, 1986）、新見俊昌『子どもの発達と描く活動』（かもがわ出版, 2010）。1歳半頃とするものはH. ガードナー（星三和子訳）『子どもの描画―なぐり描きから芸術まで―』（誠信書房, 1996 ［原著1980］）、東山明・東山直美『子どもの絵は何を語るか』（日本放送出版協会, 1999）であり、V. ローウェンフェルドはかなり遅く2歳前後としている（『美術による人間形成―創造的発達と精神的成長―』1963 ［原著1947］）。

6）保管されているスクリブルの内、日付が明らかでかつ最も早い時期に描かれたのは1歳1ヵ月頃のものである。長いストロークの渦巻きに近い形状から、既にいくらか経験を有していることが推測できる。このことから、なぐり描きの始まりを1歳頃と推定した。

7）図の番号の後に付された数字は生活年齢を示す。また小文字のアルファベットは同じ日に複数枚描かれたものを区別するための記号。例えば「01_05_13c」は1歳5ヵ月13日に描かれた内の1枚で分類番号cの描画を示す。

8）ヘルガ・エング（深田尚彦訳）『児童の描画心理学』ナカニシヤ出版, 1983（原著初版は1931）

9) G.H.リュケ（1927/1979）は、描画の表現意図を自生的なものとして位置付け、その出現を「偶然の写実性」に求める。それに対して、山形（2000）は幼児を対象とする実験や観察の結果から、幼児は既に1歳代の発達早期から、自力では対象を視覚的に描出できないものの、何かを描こうとする表現意図はもっていると指摘している。
10) 円が描けるようになってからも、しばらくの間併行して渦巻き型のなぐり描きを中心に、腕を上下、左右に動かしてできる線の重ね描きなどが描かれている。クレヨンなどで塗りつぶすような場面を除けば、腕の自動運動に基づくなぐり描きが見られなくなるのは2歳9ヵ月を過ぎる頃からである。
11) Rudolf Arnheim, *Art and Visual Perception*,The Regents of the University of California, 1954（本書ではFaber and Faber Limited,1972を参照した）pp.166-170，邦訳は波多野完治・関計夫訳『美術と視覚 上』美術出版社,1963.pp.220-225
12) 茂呂雄二『なぜ人は書くのか（認知科学選書16）』東京大学出版会，1988. pp.29-31
13) 描画の発達速度が、言語や象徴遊びよりも遅れるとする研究に、山形恭子「言語、象徴遊び、描画発達における象徴機能の発達水準に関する関係分析」（『金沢大学教養部論集 人文科学篇』第32巻第2号，1995. pp.43-60）がある。山形は、遅れの原因として、他の二つのシンボル体系に比べ、現前しない対象を心的表象によって変換して表示することという描画の性格上早くから脱文脈化が求められることや、多くの運動統制を必要とすることなどを挙げている。
14) 岡本夏木『子どもとことば』岩波書店（岩波新書），1982. pp.176-177
15) 岡本夏木『ことばと発達』岩波書店（岩波新書），1985
16) 安斎千鶴子『子どもの絵はなぜ面白いか』講談社, 1986
17) 筆者は「描画の発達と『主題』意識」（『美術教育学』第10号，1989）において、同様の視点から描画の発達過程の検討を行った。今回は、その後の研究成果をふまえて再検討を行った。基本的な考え方に変化はないが、画期の名称と動因や意図に基づく発達段階区分の名称を一部変更し、より実態に近いものになるように修正を加えた。発達区分の名称については、その時期の主要な動因や表現主題を象徴するものになるように配慮したが、必ずしも十分なものとはいえない。暫定的な名称としておきたい。
18) 描画と言葉の発達の関連については、註13でふれた山形恭子（1995）の他に 栗山誠「描画活動における幼児の思考とことばの関連」（『大阪総合保育大学紀要』第2号，2007. pp.117-135）、同「初期描画活動における幼児の思考とことばの関連」（『生活科学研究誌』Vol.7,2008. pp.191-205）がある。

〔第1部　理論編〕

第3章　心象表現としての描画の創作過程と表現意図

1．造形的な創造活動のプロセスと表現＝制作意図

⑴造形的な創造活動における「A型創造」と「R型創造」

　前章で検討したように、描画の発達過程における「擬似的表現主題の時期」とそれに続く「造形的表現主題不在の時期」は、発達上の「質的転換期」として位置付けることができる。このような造形表現における質的転換という現象は、描画だけに見られることなのであろうか。

　描画に対して苦手意識を抱く子どもたちに、工作やデザイン・工芸について聞くと得意とまではいえなくても嫌いではないと答える子どもが多い。もちろん全て苦手で嫌いだという子どももいないわけではないが、ごくわずかである。さらに突っ込んで描画が苦手な理由を聞くと、「何をどう描いてよいか分からないから」、「鉛筆で描くのはそれほど嫌いでもないが、水彩絵の具が苦手だから」といった答えが返ってくる。前者は、本人は意識していないだろうが、本質を突いた回答である。後者は、取り扱いがむずかしい水彩絵の具のせいにしているが、鉛筆による素描にも問題があるはずである。

　どうしてそういえるのかというと、苦手意識の原因は、描画や彫刻などの心象表現の創作過程に求められるからである。苦手意識の対象として描画を挙げる子どもが多く、彫刻を挙げる子どもがほとんどいないのは、幼い頃から描画に親しむ機会が多いのに対し、彫刻は経験そのものが乏しく子どもの意識にないためである。

　本章では、描画を中心に心象表現の創作過程の特質について検討することを通して、造形表現における質的転換の意味を明らかにしたいと思う。

第3章　心象表現としての描画の創作過程と表現意図

　松原郁二は、『新しい美術教育理論―人間性の表現と教育―』[1]の中で、造形的な創造活動を、「心象の自由表現」（A型創造＝affective thinkingを中心とする創作活動の意）と「生活造形の創造」（R型創造＝rational thinkingが主体となる創作活動の意）に区別し、それぞれの創造活動の特色とプロセスについて論述している。松原の議論を要約すれば、以下のようである。
　A型の要素が支配的な創造である「心象の自由表現」（本書では「心象表現」と呼ぶ）は、自然の観察や日常生活の体験から得た個人的な感動を、絵画や彫刻などの自己の創作に基づく心象美（感情のフォルム）として表現することである。自己にのみ基準があり、ある方向性の見通しはあるものの、創造のプロセスをはっきりつかみにくい点に特色がある。
　それに対して、R型の要素が支配的な「生活造形の創造」（本書では「適用表現」と呼ぶ）は、デザインや工芸などの生活造形の美（生活のフォルム）として創造することであり、動機が目的や条件に即して発動する目的的な創造である。創造のプロセスが比較的はっきりしており、直観と制作との間にデザイン過程がはっきり独立して存在している点に特色がある。なお松原は、A型とR型という創造のタイプの区別はあくまでも理念的なもので、実際には純粋なA型やR型は存在せず、二つのタイプを両極端とすれば、造形的な創造活動は両者の間のどこかに位置付くとしている。そしてまた、このような創造のタイプの違いを意識することに意味があるのは小学校高学年以降であるとしている。
　以上の点をふまえて、授業で行われる創作活動を念頭に、A型主導の絵画や彫刻などの心象表現とR型主導のデザインや工芸・工作などの適用表現の過程を、作者の表現意図や制作意図に焦点を当てて図式化すると、図3-1と図3-2のように表すことができよう。図3-1は、はじめに大まかな表現のイメージ（萌芽的表現主題）が生まれ、それを手がかりに表現主題の追求（試行錯誤、制作過程を通しての模索）が行われ、やがて作品の完成（制作活動の終息）に至る過程を示したものである（偶然の効果を生かした表現や抽象表現のような、材料や素材との直接的な応答の中から表現のイメージが芽生えてくる場合は着想の位置はもっと後方になる）。一方、図3-2は、題材として示された制作課

〔第1部　理論編〕

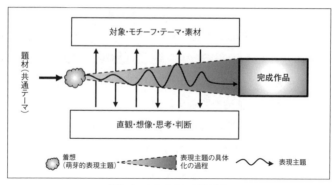

図3-1　心象表現の創作過程

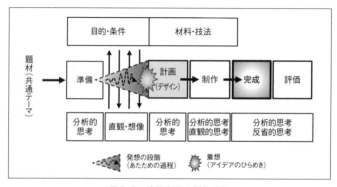

図3-2　適用表現の創作過程

題（目的や機能、内容、方法などの制作上の条件）を確認した後、調査や資料の収集を行いながら準備を整え、何をつくるかあれこれ思い悩む内に（あたための過程）、アイデアがひらめき（あるいは、思い付いたいくつかのアイデアの中から一つのアイデアが絞り込まれ）、それをもとに計画を立て、計画に沿って制作を進めながら完成に至る過程を示したものである。

(2) A型創造とR型創造における表現＝制作意図

　この二つの図を比較して明らかになることは、A型の創作過程における表現意図（表現主題）とR型の創作過程における制作意図（アイデア）の性格の違いである。

　両者とも、創作に伴う生みの苦しみの過程（発想や構想の段階）が存在する

第3章　心象表現としての描画の創作過程と表現意図

ことや、試行錯誤や模索、ひらめきといった、言葉では説明しきれない無意識的な思考が働いていることは共通している。

　しかし、A型では試行錯誤や模索の状態が最初から最後まで一貫して続くのに対し、R型では一旦アイデアが決まれば、その後は比較的合理的に、段階を追って制作が進められる点が大きく異なるところである。つまり、A型の創作活動は目標生成的であり、表現意図は出発点において漠然としたイメージとして方向目標的に設定されるが、制作活動全体を通じて不断に見直され、修正を加えながら、徐々に明確化されるという性格をもつ。そのため、制作過程全体が模索的、試行錯誤的になるのは避けられない。

　それに対して、R型の創作活動は目標志向的であり、その制作意図も制作活動の初期段階で決定され、図や模型などにより客観的に表示されるため、グループ内で制作意図を共有することも可能である。

　こうして見ると、R型の適用表現に比べ、A型の心象表現の表現意図（表現主題）が、作者自身からも外部からもきわめて捉えにくいものであることが理解できよう。図画工作や美術に苦手意識を抱く子どもたちが、教科全体に対してというよりも、心象表現としての描画に対してそう感じることが多いのは、A型の創作活動、とりわけ表現意図（表現主題）のもつ複雑な性格に起因しているといえる。

　また、表現活動における質的転換の問題については、松原もA型とR型の創造のタイプの違いが意味をもつのは小学校高学年以降であると指摘しているように、A型創造とR型創造との違いが明瞭になることが、造形表現の質的転換期の特色ということになる。つまり、質的転換は全ての造形活動に訪れる出来事であるが、質的転換に伴う矛盾が最も顕著な形で表れるのが心象表現の領域であり、その心象表現の中でも三次元の世界から二次元の世界への変換という高度な操作が必要になる描画において一層先鋭な形で表れるといえよう。

2．心象表現としての描画の表現意図をどう捉えるか
　　―「主題」概念の検討―

(1)心象表現における表現意図としての「主題」概念の検討
①学習指導要領及び指導書、美術教育関連文献における用法

　「主題」という語は、これまで美術や美術教育の世界でどのように用いられてきたのだろうか。はじめに、学習指導要領とそれに関連する指導書、解説書等における使用例を概観する。「主題」の語が確認できる最も早い例は、『小学校学習指導書図画工作編』（上巻, 1955）であり、概ね〈絵の中心となるもの〉の意味で使われている。また『小学校図画工作指導書』（1960）では、「題材」と同じ意味で両者が区別されずに使われている。学習指導要領本文に最初に「主題」の語が現れるのは、1968年及び69年の改訂からであり、その際はおおよそ〈構想表現における作者個人の「題」〉、あるいは〈題材という大テーマ（共通テーマ）に対する個々人の小テーマ〉の意味で使われている。

　さらに、1977年以降の改訂では、「児童が学習課題を受け、自己の主体的表現として、一層明確に表そうとする題のこと」（小図指導書, 1978）、「『主題を決める』というのは、生徒が絵にかき表したいものを決めること」（中美指導書, 1978）、「児童が表したいという主題」（小図指導書, 1989）、「[主題の決め方の]条件を満たすためには、何を表したいのか考えをよく練り、表現したい構想を鮮明にするための工夫をさせること」（中美指導書, 1989）、「表したいことなどその子らしい表現の主題」「表現したいことやつくりたいもののおよその目的や主題」（小図指導書, 1999）、「主題は、まず、様々なことを感じ取ったり想像したりするところから生まれてくる」（中美指導書, 1999）、「『主題を生み出す』とは、生徒自らが強く表したいことを心の中に思い描くこと」（中美解説, 2008）のような使われ方をしている。

　1978年の小学校指導書の「主題」は、68、69年の題材に対する個人の小テーマに近いが、それ以外は、概ね絵画や彫刻などの心象表現において、〈作者が表したいものやこと〉の意味で使われている。ただ、〈表そうとする題〉とされたり、「目的」と並列的に用いられるなど、語義を明確に規定しないまま使

用しているため、曖昧な印象は免れない[2]）。

②美術史・芸術学における用例

　一方、美術史や芸術学の分野では、「主題」はtheme、subject（sujet）、subject matter、topic等の訳語として用いられており、「主題」と「テーマ」を明確に区別せず同一文献の中で併用されることも少なくない。以下に、主な「主題」の用法を例示してみよう（傍点及び［　］内は引用者。〔　〕は訳註）。

a.「絵を描くとは、まずモデルなり主題［sujet］なりを長い間よく眺めて、全体的な色彩の大要をきめることです。このことを優先させるべきです。風景を描くときは、色彩の斑点とか構図の可能性とか——何らかの美しさをもとにして風景を選びます。目を閉じて絵を思い浮かべてみるのです。そのあとで、絵の主な眼目としてのこれらの特徴をいつも心に留めながら仕事にとりかかるのです。そして、完成された作品のなかに実現したいと思うことのすべてをすぐさま簡略に描くのです。」（マティス『画家のノート』みすず書房）[3]

b.「絵の主題［the subject-matter of paintings］といえば、従来はこういうものと決まっていた。（略）圧倒的に多いのは、もちろん、宗教的な主題［religious subjects］で、聖書の物語や聖者の伝説を描いたものだ。世俗的な主題にしてもごく限られていた。神々の恋や闘争を描くギリシャ神話の物語、勇気と自己犠牲の範例を示したローマの英雄譚、そして何らかの真理を擬人化した手法であらわした寓意的な主題［the allegorical subjects］、といったところだろうか。（略）事態が一変するのはフランス革命のさなかでのことだ。シェクスピア劇から時事的な話題にいたるまで、想像力を刺激し、興味をかき立てるものなら、何でも絵にしてかまわないと、画家たちが突如として思うようになったのだ。」（E. H.ゴンブリッチ『美術の物語』[4]）

c.「創造過程の起源は、それゆえ、感覚それ自体というよりは感覚的知覚に対する想像力の応答である。絵画の主題（sujet）［sujet en peinture］という両義的な概念〔題材と主観〕に関してそこから生じて来る諸々の帰結

〔第1部　理論編〕

のゆえに、この点は注意さるべきである。実際、感覚的知覚に対する芸術家の創造的想像力のこのような応答が、彼のタブローの主題そのものなのである〔絵画は、それゆえ、画かるべき題材と画く人の主観とによって、その主題が形成される〕」(E.ジルソン『絵画と現実』[5])

「a」はモデルと並記されているように「表現の対象」を意味していると考えられる。「b」は18世紀末に、描かれる内容が伝習的主題からそれにとらわれない多様なテーマやモチーフに変わったことを指摘したもので、「表現の内容」と解釈できる。「c」は、主題のもつ両義的な意味に言及しており、作者の主観によって捉えられた対象（題材）の像、つまり作者が対象（題材）との応答の中で、自らの造形的な感覚や直観を通して捉えた「対象（題材）の表現イメージ」と考えられる。

③「主題」の語義に見られる四つの類型

さて、以上の用例をふまえて主題の語義を整理すると、「（ア）表現の対象・モチーフ」、「（イ）表現の内容・意味」、「（ウ）［作者が造形的な感覚や直観を通して捉えた］対象（題材）の表現イメージ」、「（エ）共通テーマとしての題材に対する作者の個人テーマ（題）」の四つの類型に大別できる。

（ア）は描かれている人物や事物、風景などの具体的な対象やモデル、モチーフのことであり、（イ）は描かれた形象が表象する内容や意味のことで、パノフスキーのいう「第二段階・伝習的主題」が典型的なものである[6]。近現代の絵画作品でも、「この作品［ピカソの『ゲルニカ』のこと：引用者］の主題［theme］は、単にその形態的構造にあるのではなく、また動物と人間を描いていることにあるのでもない。この絵の主題は、戦争、人間、苦痛、残虐さである」(E.W.アイスナー)[7]という場合の主題に該当する。

（ウ）は、ゴンブリッチが主題の性格が大きく変化したと指摘している18世紀末以降の比較的新しい作品に当てはまる解釈である。そして（エ）は、学習指導要領や指導書などをはじめとする美術教育関係の文献に限られたやや特殊な用法である。

④ 「主題」の多義的な意味とその整理

「主題」がきわめて多義的な概念として用いられていることを確認した上で、ここで「主題」の語義の交通整理を試みる。念のため付言しておくと、本書で取り上げる「主題」は、絵画や彫刻などの心象表現に関わるものである。その理由は、前節で論じたように、絵画や彫刻などの心象表現と、創作上の目的や条件が明確なデザインや工芸などの適用表現とでは、創作活動のプロセスが異なるため、両者を一律に論じると混乱を招くからである。

語義の整理のために導入する視点は、「a．歴史的視点」「b．鑑賞・批評的視点」「c．発達的視点」「d．教育的視点」の四つである。これらの視点を設けることによって、「主題」のもつ複雑な意味の広がりに対して、一定の交通整理が可能になる。

a. 歴史的視点に基づく「主題」の意味

「主題」の概念は、ゴンブリッチも述べていたように、18世紀末を転換点として、性格や意味が大きく変化している。18世紀末まで（近代以前）の伝統的な主題は、「宗教的主題」「世俗的主題」「寓意的主題」のように、作者個人の意図を超えて存在し、作者の制作活動に絶対的な枠組みと方向性を与えるものである。しかし、ロマン主義の興隆を見る18世紀末から19世紀初頭になると、それまでの伝統的な価値観が大きく揺らぎ、作者個人が表したいと思うもの、つまり作者の創作意欲をかき立て、興味をそそるものなら何を描いてもかまわないということになる。これ以降、絵画のメインストリームは超越的な主題から離れ、絵画表現それ自体の実験や探究、画家自身の自己表現に「主題」を見いだしていくことになる。

このように見てくると、近代以前の「主題」は作者に対して超越的な存在であり（「超越的主題」と呼ぶ）、近代以降のそれは作者の個人的な表現意図と同義となる（「造形的表現主題」と呼ぶ）。

b. 鑑賞・批評的視点に基づく「主題」の意味

絵画作品は、表現の意図や動機などの制作に関わる作者の内的要因に目を向けるか（作家論的・制作論的な見方）、作者から自立しそれ自体で完結した形

[第1部　理論編]

や色からなる創造世界として捉えるか（作品論的な見方）によって、見る者に異なる相貌を見せる。実際の鑑賞や批評の場面では、両者は相互に関連し合うことによって、作品の豊かな享受が可能になるが、問題の所在をはっきりさせるために敢えて単純化すると、主題は作家論的・制作論的な見方では、近代以前は超越的主題に対する作者の解釈や表現上の創意工夫に、近代以降は表現の目的や意図になる。そして両者は広い意味での「作者の表現意図」として括ることができる。

一方、作品論的な見方では、近代以前は宗教的・世俗的・寓意的などの超越的なテーマを、近代以降は表現されたテーマや対象・モチーフそのものを指すものとなる。両者は広い意味での「表現の内容」として括ることができる。以上のような主題の語義を整理すると、図3-3のように図式化できよう。

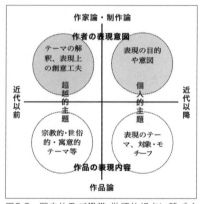

図3-3　歴史的及び鑑賞・批評的視点に基づく「主題」概念の構造

c. 発達的視点に基づく「主題」の意味

これまで見てきた「主題」の概念は職業画家の創作に見られるような、あくまでも成熟した表現活動の主題である。しかし、幼い子どもの描画と成熟した職業画家の描画との間には、質的に大きな違いがある。前章で確認したように、描画に向かう動因や動機、表現意図が、子どもの心身の発達とともに大きく変化するためである。美術教育において子どもの表現活動における「主題」（以下、「表現主題」）を問題にする場合には、このような発達的視点を加味しなければ、「表現主題」を子どもの発達に伴う変化のプロセスに即して把握することはできない。

d. 教育的視点から見る「主題」の意味

先に見たように、近代以降の職業画家は、「主題」に対して、作者の制作意欲をかき立て、興味をそそるものであるならば、「何を」「どのように」描いてもかまわないという、特権的な地位を与えられた存在である。したがって、「主

題」はあくまでも個人的なものでよく、限りなく作者の個人的な表現意図や動機に近似したもの（同義といってもよい）になる。それに対して、授業という制度化された時間と空間の中で行われる表現活動では、近代以降の職業画家がもつような特権は基本的に与えられていない。なぜなら、授業における表現活動では、共通の学習課題や諸々の条件が「題材」としてあらかじめ与えられ、その共通課題を、個人制作であれば、児童・生徒が個々に受け止め、独自の解釈や創意工夫を加えながら、自らの表現意図（個人の表現主題）を構想し、表現活動を行うことになるからである。つまり、授業における表現活動は、依頼者から与えられた超越的主題を制作者が解釈し、創意工夫して具体化する近代以前の制作活動にきわめて近い性格をもっているといえる。

　発達的視点と教育的視点に基づいて「主題」概念を図式化したものが図3-4である。横軸に、幼児の自然発生的な表現から専門家（成人）の成熟した表現への発達のプロセスを示し、上下に、自発的な表現（下）と授業などの場における課題として与えられる表現（上）を区別した。

　年齢の比較的低い子どもの場合には、自発的な表現も、保育や授業などの場で意識的にきっかけが与えられて行われる表現もそれほど大きな差が見られない。表現の動因が外部から与えられたものであれ内発的なものであれ、描くべき対象やモチーフとそれらをどう絵に表すかという表現意図との分化はまだ見られないからである。いわば、関心を抱く対象やモチーフのイメージを図式的、記号的に再現したいという欲求がそのまま未分化な動因＝表現意図として機能している段階である。

　それが大きく変わるのは小学

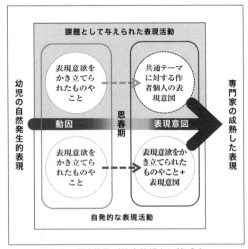

図3-4　発達的及び教育的視点に基づく「主題」概念の構造

〔第1部　理論編〕

校中学年後期から高学年の頃（10歳頃）である。この頃を境に無意識的な表現（正確には表出というべき）から、意識的、自覚的な表現へと質的な変化が生じる。

(2) 心象表現としての描画の表現意図（表現主題）
①表現主題とは

　これまでの検討をふまえると、授業における心象表現としての描画の表現意図（表現主題）は、図3-3では「テーマの解釈、表現上の創意工夫」に、図3-4では「共通テーマに対する作者個人の表現意図」に位置付けることができる。それは、「主題」の語義の4類型でいえば、「(ウ)［作者が造形的な感覚や直観を通して捉えた］対象（題材）の表現イメージ」に該当する。

　「表現主題」の概念をまとめると、表3-1のようになろう[8]。

表3-1　表現主題の概念規定

定　義	・絵や彫刻などの心象表現において作者が表そうとするものやことの視覚的イメージ。
性　格	・子どもの発達に即した質的変化が見られる（叙述的表現主題から造形的表現主題への発達的志向性を有する）。 ・視覚的なイメージとして内的に把握される。 ・表現主題は、着想段階の萌芽的イメージから、活動終了（作品完成）時の具体化に至る継続性と発展性を内在する。
構成要素	・絵に表してみたいという感情（表現の動因）と対象やテーマの視覚的イメージが統合されたものである。 ・観察による表現の場合の対象や想像による表現の場合のテーマが、作者の主観を通して再構成される、又は作者の主観が対象やモチーフを介して顕在化することによって形成される。したがって、表現主題は、対象やテーマの造形性と作者の主観によって構成される。
形成過程	・表現の動因を直接的な契機として着想され、創作過程（対象やテーマと作者の相互作用）を通して発展・深化し、作品の完成によって具体化される。
機　能	・表現活動を方向付け、統一する。

　いくつか補足しておきたい。「作者が表そうとするものやこと」としたのは、例えば、観察による表現の場合は、次章で取り上げる小泉淳作のように時間の

経過とともに生じる「もの」の変化を通して時間そのものを捉えようとしたり、野田弘志のように対象の存在そのものに迫ろうとする表現もあり、ものの働きや作用、所作、状態、様相、性質、関係などを表す「こと」だけではカバーしきれないためである。

　また「視覚的イメージ」としたのは、先にアイスナーの言葉として紹介した「この絵の主題は、戦争、人間、苦痛、残虐さである」という場合の「戦争、人間、苦痛、残虐さ」といった抽象的な概念やそれに対する作者の感情などと区別するためである。アイスナーのいう「主題」は『ゲルニカ』という作品の「テーマ」や「題材」であろう。また、作者の怒りや悲しみなどの感情が制作の重要な「動因」になったであろうことも想像できるが、現実の出来事や作者の感情がそのまま絵の表現主題になるわけではなく、それらが一旦作者の内部で発酵し、視覚的な表現イメージとして再構成されたものが表現主題である。『ゲルニカ』の「主題」を、単純に「戦争、人間、苦痛、残虐さ」といった抽象的な概念に還元してしまうと、『ゲルニカ』を単なるプロパガンダに矮小化してしまうことになりかねない。

　表現主題の性格の一つに、「子どもの発達に即した質的変化」を挙げたのは、第2章で確認し、また図3-4で「課題として与えられた表現活動」として示したように、授業で行われる描画の表現主題は、「表現意欲をかき立てられたものやこと」から「共通テーマに対する作者個人の表現意図」に至る質的な変化の下で捉える必要があるためである。つまり、表現主題は、表現に対して自覚的に向き合うようになってはじめて意識されるものであり、このことは表現主題という語の適用範囲が限定的であることを示している。

② 「表現主題」の適切な用法について

　結論的なことを先に述べれば、授業における表現活動では、多義的で曖昧な「主題」あるいは「表現主題」という語はできるだけ使わない方がよい、使うとしても限定的に使うべきであるというのが、筆者が主張したいことである。

　先にふれた「主題」の語義の4類型の内、「(ア) 表現の対象・モチーフ」については、観察による表現であれば「対象」あるいは「モチーフ」、想像によ

る表現であれば「テーマ」などの語で十分であり、敢えて「主題」あるいは「表現主題」を用いなければならない理由は見当たらない。同様に、「(エ)共通テーマとしての題材に対する作者の個人テーマ(題)」は、「個人テーマ」あるいは「題名(タイトル)」で十分であろう。さらに、「(イ)表現の内容・意味」については、それが「共通テーマ」のように個人に対して超越的な主題を意味する場合には「題材」、作者を表現に駆り立てたきっかけを意味する場合は「動因」、作者の創作上の意図を意味する場合は「表現意図」で使い分けることができる。

「(ウ)[作者が造形的な感覚や直観を通して捉えた]対象(題材)の表現イメージ」は、表現の対象や題材(対象やモチーフ、テーマ)に対する作者の主観的なイメージであり、(ア)と(イ)の要素が統合したものといえる。美術科教育において、「主題」あるいは「表現主題」という語を用いることに積極的な意味があるとすれば、類型(ウ)の語義として用いる場合である。なぜなら、この語義をカバーできる他の用語が見当たらないこと、そしてそれ以上に、心象表現における表現意図や創作過程の特質を児童・生徒に理解させる上で有効であると考えられるからである。そしてこの場合、語義の範囲をできるだけ限定するねらいから、単独の「主題」ではなく、表現を加えて「表現主題」とするのが適当であろう。

3．描画における表現意図の形成をめぐる先行研究の検討

ここでは、これまでの主題(表現主題)に対する検討をふまえて、描画の表現意図の形成に関する先行研究について検討する。

(1)1980年代後半における筆者の研究

筆者は1980年代後半に、思春期の子どもを対象とする描画教育について検討する過程で、表現意図としての「主題」の問題に遭遇し、集中的に考察を試みた[9]。詳細は省くが、第2章と本章2節は、当時の研究をもとにその後の研究成果をふまえて加筆修正したものである。80年代後半の研究は理論研究を中心に行ったが、その成果を実践に移し、実践研究として深めるまでには至らなかった。

「描画の動因形成を促すためには、対象やモチーフに対する子どもの直接的で感情的な関係性を保持しながら、なおかつ視覚的な興味・関心を喚起し得るという、異なる二つの条件を満たす題材を設定することが必要」(「描画の発達と『主題』意識」1989)であることを指摘し、思春期の子どもを対象とする描画指導における題材設定に関する基本的な考え方を提示するとともに、マリオン・リチャードソン(Marion Richardson, 1892-1946)、ウィリアム・ジョンストン、北川民次(1894-1989)などによる思春期の子どもを対象とする描画教育について、主題把握の視点から分析し、描画に対する動因形成や主題把握を促す指導について原理的な考察を行うにとどまった。

(2) 立原慶一の「主題」研究
① 立原による「主題」研究の特色

立原慶一(1950-)による一連の「絵画表現における『主題』の研究」は、1990年代以降に行われている[10]。立原は、最初に発表した「絵画表現における『主題』の研究」(1990)の冒頭部分で、研究の目的について、絵を描こうとするときには、「何を」「どのように」ということが定まらないと描けないので、教師は児童・生徒に対しどう誘導すれば、自発的に「何を」「どのように」表現しようという気持ちにさせることができるかが課題となるとし、「何を表現すればよいか分からない」という中学生が多い現状を改善するためには、「何を表現すべきか」の「何を」に相当する主題が検討されなければならないと述べている(p.9)。

このような問題意識は、教師の誘導に力点が置かれている点を除けば筆者の問題意識とも重なるが、立原の研究の独自性は、検討対象を、生活画を含めた「構想画」に絞り、題材提示の視点から、児童・生徒に主題を自発的に掘り起こさせる誘導方法を実践的に明らかにしようとしている点にある。

立原は、2003年にそれまでの研究成果を著書『題材による美術教育』[11](以下、著書と略記)に再編成している。ここでは、この著書を中心に立原の主題研究を概観する。

〔第1部　理論編〕

②立原の研究における「主題」概念
　立原は、表現対象としての素材が「題材」であり、作中に描かれる人物、風景、行為、事件などがそれであるとした上で、次のように述べている。

「これに対し『主題』とは、制作者本人が『題材』や『媒材』などの『素材』と関わり、作品に表そうとする本質的な思想を指示し、造形的には形式や様式などによって内容に移し変えられる。しかしその後は『主題が感じられる』『主題がはっきりと分かる』など、完成作品をめぐって記述的にではなく、評価的に使用されるのである。」（著書, p.8）

　以上の定義に、立原の主題観がよく示されているが、研究対象を構想画に限定していることも含めてその特色を箇条書きにすると、以下のようになる。
　a．作者が作品に表そうとする本質的な思想（を指示するもの）
　b．造形的な形式や様式によって内容に移し変えられるもの
　c．作品完成後に、批評の対象として取り上げられるもの
　d．構想的表現にのみ適用されるもの
　前節でふれた主題の4類型に照らせば、「（エ）共通テーマとしての題材に対する作者の個人テーマ（題）」に該当するが、立原は、表現の形式や様式によって内容に移し変えられる「思想」（イデー）としている。さらに著書では、「主題表現」と「主題形成」を区別し、次のように説明している（語句に関するカッコ書きの説明は省略）。

「この過程［作品生成の過程のこと：引用者註］において『主題表現』は、題材によって触発された『絵画的イメージ』の『造形表現』化を意味することになる。したがってそれはまた、『造形的組み立て』と呼び変えられる。／また『主題形成』は、（略）教師の指導性が有効に作用して制作者本人の意図通り、絵画的イメージを造形表現化すること、すなわち媒材や表現技法、表現技術による実在化に成功し、作品から感じ取られるべきものと見なすこ

とができよう。そして主題形成の中でも共感度、説得力の高い場合に観取されるリアリティ感に媒介されて生じる、美的内容をも意味させることとする。」(著書, p.10)

　上の説明を図式化すると、図3-5のようになる。ちなみに、立原によれば、「主題」を「表現したいこと」と「表現したいことが造形化されたもの」の二つの意味に区別した場合、「絵画的イメージ」は前者(「絵画的胚胎のイメージ」の略称＝「表現したいこと」)に対応し、「主題形成」は後者に対応する。図式化したことによって改めて明らかになることは、創作の進展に伴う主題の発展や深化の過程を、創作活動を一貫する連続的な変化として捉える視点が欠けているのではないかということである。

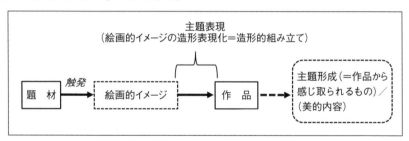

図3-5　立原による描画の創作過程と主題の関連

　本章の第１節で取り上げた創作過程に当てはめれば、心象表現としての描画をR型主導に近いイメージで捉えているように感じられる。このような印象は、立原の主題の捉え方そのものに起因している。立原は、主題を表現の内容に移し変えられる前の、作者が「作品に表そうとする本質的な思想」と定義しているが、字義どおりに解釈すれば、主題は、創作行為から独立した超越的な観念ということになる。そのため、主題を「掘り起こす」ことと掘り起こされた主題を「造形表現化」することとは、明確に異なる別の工程となる。
　しかし、心象表現としての描画の特色はA型の創造に主導される点にあり、表現意図(主題あるいは表現主題)もその創作過程に強く規定される。立原のように、描画の主題を創作活動に対して超越的な観念として位置付けてしまう

〔第1部　理論編〕

と、描画の主題と心象表現としての創作過程を統一的に捉える視点を見失うことになろう。

③立原の「主題」に関する指導

　立原の「主題」指導の方法は、大きく二つに分けられる。一つは、「絵画的イメージ」が湧きやすい題材を用意して児童・生徒に示すための工夫（主題の掘り起こし）であり、もう一つは、「制作者の表現意図」を教師が的確に把握し、それをより効果的に表現させるための画面構成や描写方法、彩色などに関する種々のアドバイス（主題表現、絵画的イメージの造形表現化）である。前者は、どのような題材名にすれば、児童・生徒の豊かな「絵画的イメージ」を触発できるかということである。例えば、「窓から見た風景」では観察画的なイメージしか刺激できず、生徒の生活心情が表現に現れにくかったが、「寒い風景」にしたところ、生徒の想像力を大いに刺激したという。

　それに対して、後者は、題材から触発された「絵画的イメージ」を造形表現化する過程における、表現方法や技法に関する教師のアドバイスである。立原は、「寒い朝」の指導を例に、次のように記している。

「《寒い朝》なる題材を与えられて、多くの者は通常の目線の高さから捉えたロング・ショットの空間構成を選択したが、情景の全貌を描写しただけで、造形的魅力や絵画的な面白さを追求させる姿勢を見せることなく、ラフ・スケッチを終えた。そのため挿絵風、説明性の高い作風の絵が、数多く生み出される結果になってしまった。その対策法として、各学生のラフ・スケッチの傾向を見て、空間構成の創意・工夫をこうしてみてはどうか、しかもその方式で一通りラフ・スケッチを描いてみたらどうか、というアドバイスを送ってみた。／たとえばそれは、時空間が一重構造の写真的画像を追求する観察画的制作法にとらわれ、その枠内で空間構成を考えるだけでなく、代表的な想像画的制作法としてのダブル・イメージ法（画像合成法）を採用してみてはどうかという助言であった。」（著書, p.116）

これまで見てきたように、立原の描画指導では、題材名を工夫することによって児童・生徒の「絵画的イメージ」を触発することと、題材から触発された絵画的イメージを「造形表現化」するための指導とは、異なる工程に属する指導ということになる。描画指導の目的が造形表現として優れた作品の制作にあるのならば、教師が創作過程に介入し、細かな助言を与えることによって、その目的を高いレベルで達成することができよう。しかし、描画指導の目的を、描画の創作過程や方法に対するメタ的理解に置く筆者のような立場からは、上の助言はメタ的理解の機会を損なう過剰な介入と感じられる。

　もっとも立原の授業は、大学における教職課程の授業を中心に、2、3の中・高校への出張授業によって行われた研究のための実験授業である点を考慮する必要があろう。通常の図画工作や美術の授業で描画を扱う場合、共通テーマだけを示し、後は自由にという展開は考えにくい。題材として示される共通テーマに加え、題材の学習目標に応じた造形表現上の課題や材料・技法などの条件が示され、それに沿った導入が行われる。立原が創作過程に過剰に介入せざるを得なかったのも、通常の授業の組み立てに必要不可欠な部分を欠いていることに理由があるのかもしれない。

(3)金子一夫の「主題（表現主題）」研究
①金子一夫の「主題（表現主題）」研究の特色

　金子一夫（1950-　）は、1990年代末以降、筆者や立原の「主題」に関する研究を批判的に検討した上で、美術科教育の方法論の体系化の一環として、「主題（表現主題）」の理論化と実践化を試みている[12]。金子が「主題」について最も早い時期に論じた著書に『美術科教育の方法論と歴史』（1998）がある。

　「題材が単語（名詞）で示される客観的事象であるのに対して、『主題は作品の内容に方向性と統一性を与える主観的な表現目標』である。（略）
　　絵画や彫刻の主題の実質は、造形的な対象印象と気分が入り交じった、自己表出性の高い内的イメージとしてある。それゆえ単語よりは文の方が明確に示せる。例えば、単に『樫の木』よりは『青空に樫の木が、濃緑の葉をぎっ

[第1部　理論編]

しりつけて立っている』の方が明確になる。語順を変えるとイメージが微妙に変わる。（後略）／以上から、『主題は文かそれに近い形で作成し、語順まで意識して慎重に作成すべきである』」[13]（p.53, 傍点引用者）。

　傍点部分は、筆者の「主題」の形成過程及び機能についての考え方とほぼ重なるが、主題は言語によって示すことができるとしているところは異なる点である。また、金子が「主題」を〈表現活動の目標として構想される作品（完成形）のイメージ〉として捉えられている点に留意しておきたい。さらに10年あまり後に執筆された「表現主題を感情と像の言葉で分析・構成させる美術教育方法論」（2010）では、前掲の自著に言及しながら、「表現主題」（「主題」と同義）について以下のように述べている（傍点引用者）。

「そこでの『造形的な対象印象と気分』『自己表出性の強い内的イメージ』という文言が示しているように、表現主題は感情（の表出）と像（対象の指示）とから成っている。（後略）／ここで表現主題が先の美的諸概念の一つに似ていることに気づく。すなわち、筆者が『感情的イメージ意識』と定義した、あるいは美学概論が美的感情と美的直観の融合したと説明する『美的体験』に似た構造になっている。（略）それゆえ、表現主題を思い浮かべることは、あるいは表現主題が湧いてくることは、美的体験を予行的にしていることと言えよう。このおぼろげな予行的美的体験を外部の形あるものにすることが、表現であるということになる。（略）仮象と感情が融合した感情的仮象、換言すれば『感情像』の体験が美的体験の本質である。美学者の言う仮象は、感情と区別されるからとはいえ論理的に意味内容に近いと捉え、既に感情によって引き上げられた吉本のいう対象像を、さらに感情が高く引き上げた『感情像』と捉えるべきであろう。結局、対象像が題材の意味内容であり、感情像が美的体験の内容と言える。そして、表現主題は表現という目的の下に得られる感情像であると定義できる。」（pp.49-50, 傍点引用者）

ここでは、構成要素の観点から捉えた「表現主題」の特質が述べられているが、「表現主題」は〈表現活動の目標（ゴール）として構想される作品（完成形）のイメージ〉として捉えられている。「表現主題」が、表現活動の目標として構想される作品（完成形）のイメージであるとすれば、それを浮かべることやそれが湧いてくることは、完成形に至る創作（美的体験）のプロセスに思いを致すことになるからである。

以上から、金子の「主題（表現主題）」概念は、以下のように整理できよう。
a. 作品の内容に方向性と統一性を与える主観的な表現目標
b. 感情（の表出）と像（対象の指示）とから成る
c. 文またはそれに近い言語によって示せる
d. 表現活動の目標（ゴール）として構想される作品（完成形）のイメージ

②金子一夫の「表現主題」を言語化によって意識させる指導

金子の「表現主題」の指導に見られる大きな特色は、言語が重視されていることである。金子は言語によって表現主題を意識させる指導の教育的意義を、以下のように述べている。

「…、美術教育の具体的な表現指導においては、最初に自己表出語と指示表出語で感情と像を児童生徒に意識させることに教育方法的意味がある。どのように表現してよいかわからないと言う児童生徒が、自然状態ではかなりの割合でいる。言語で二つが定着されていれば、何を描いてよいか分からないということはなくなる。教師が各児童生徒の制作途中の画面で判断したため表現主題を誤解し的外れな指導をしてしまう危険も避けられよう。児童生徒が表現主題を制作途中で見失って迷ったときは、言語化された表現主題に戻って考えさせることもできる。」（前掲論文, p.52）

「何を描いてよいか分からない」という児童・生徒に対する指導は、描画の指導において教師を悩ませる最も一般的な問題で、対応に苦慮させられるものである。言語を介して自らの表現活動のゴールをイメージさせることは、その

[第1部 理論編]

ような問題の解決に一定の効果をもたらすことが期待できる。その一方で、行き過ぎると肝心の「見ること」そのものが軽視される恐れがある。金子自身は、表現主題の言語化が硬直な方法になっては逆効果であり、表現主題の言語化と実現化とは全く別のものであることに注意を促しているが、方法が独り歩きし、「見ること」がおろそかになる恐れがないとはいえない。

　しかし、それ以上に筆者の立場から気になることは、先に金子の「表現主題」は、表現活動のゴールとしての作品（完成形）のイメージとして想定されていると述べたが、完成形のイメージを言語によって示すことによって、心象表現としての描画の創作過程の理解、つまり絵を描くことそのものに対するメタ的理解が可能になるかという問題がある。やはり、心象表現（A型主導）としての描画の創作過程の理解を容易にするためには、表現主題を、萌芽的なイメージからイメージの具体化（作品の完成＝制作の終了）に至る変化を内在した動的イメージとして捉える必要があるのではないだろうか[14]。

　もちろん、金子が指摘するような何を描いてよいか分からないという子どもへの対応の問題や、教師が子どもの表現意図をどのように把握するかという課題も厳として存在する。現在の小学校高学年以上の図画工作や美術の授業は、週当たり1～1.4単位時間であり、それが1週間毎に行われる（学校行事などで数週間中断することもある）。その時間に感じたことや考えたことを次の週に繋げるには、言語の力を借りることは不可欠である。表現主題についても、表現活動を円滑に進める上で、萌芽的な表現主題（表現のイメージ）を何らかの形で言語化し、残しておくことも必要な手立てである。問題は、萌芽的な表現イメージから、制作という試行錯誤を経て具体化（作品の完成＝制作の終了）に至る表現主題を、動的な様態を保持したままどのように言語化するかということにあると思う。

　前章で描画の発達について検討した際、幼児期において「一次的ことば」（主として小学校入学以前の幼児が用いることば。子どもが現実的な生活場面で、具体的な状況と関連して用いることばで、その意味は状況的文脈や行動文脈に大きく依存する）は、描画の発達を促進する重要な役割を果たすが、「二次的

ことば」(学童期に入って新たに獲得することが求められることばで、特定の状況的文脈や行動文脈に依存しない。不特定多数の人に向けて一般的、概念的意味を伝えることができるが、文法的規則や論理的規則に制約される)は、描画の抑制や衰退の大きな要因になっていることを指摘した(第2章第3節p.60)。

表現主題を言語によって示す場合には、子どもが今、その場で感じ、考えていることを、状況的文脈を脱落させずにすくい取るような言語表現を工夫する必要があるのではないだろうか。

4．表現意図の形成（表現主題の把握）を促す指導のあり方

これまでの考察をふまえて、造形表現の質的転換期における描画指導の課題について、表現意図の観点から問題点を整理しておく。

(1)造形表現の質的転換期における描画の課題

造形表現の質的転換期の子どもの描画が置かれた状況を改めて要約すると、おおよそ以下のようになろう。

a．子どもを描画に促す積極的な動因が生まれにくい。

b．「擬似的表現主題の時期」以降、認知能力の発達に伴い、対象の客観的な描写に対する関心が強まり、対象の視覚像の模写にとらわれやすい。

c．対象の客観的な描写への関心といっても、子どもは〈概念的な見方〉や〈習慣的な見方（視覚の恒常性を含む）〉に強く制約されており、対象の視覚像の擬似的な模写にとどまる。

d．この時期に表現としての描画が成り立つためには、〈概念的な見方〉や〈習慣的な見方（視覚の恒常性を含む）〉とは異なる〈造形的な見方〉を身に付け（意識し）、造形的な美に裏付けられた表現主題（「造形的表現主題」）を把握し、それをもとに描画のイメージを構成する必要がある。

e．しかし、ほとんどの子どもは、〈造形的な見方〉を自力で身に付けることはむずかしく、「造形的表現主題」を意識することもできない。

造形表現の質的転換期における描画の指導は、これらの状況をふまえた上で、造形的な見方を意識させるとともに、それをもとに表現意図の形成（表現主題

〔第1部　理論編〕

の把握）を促すように進めなければならないということになる。

　これだけマイナスの要因や困難が重なる状況を前に、描画の指導に対して消極的にならざるを得ないのはある意味で当然である。しかし、このような問題にこそ、造形表現の本質が先鋭な形で現れていることも否定できない。子どもたちが美術の本質にふれ、生涯にわたってその世界に親しみ、積極的に関われる力を養うためには、このような困難な問題から目を背けず、むしろ積極的に引き受け、少しでも前進できるようにすることが必要ではないだろうか。

　ここではその指摘だけにとどめ、表現意図の形成（表現主題の把握）を促す指導のあり方について、さらに考察を続けることにする。

⑵表現意図の形成（表現主題の把握）を促す指導の可能性

　金子が指摘しているように、「造形的表現主題」を意識できるようになるには一定の創作経験が必要であり、経験の乏しい造形表現の質的転換期の子どもにそれを求めるのは非現実的であろう。したがって、それ以前にできることや行うべきことを明らかにしておく必要がある。そしてそれらは、以下のような三つの課題に整理できると思われる。

①「表現意図」に対する関心や意識を高めること

　a．表現や鑑賞の活動を通して、繰り返し作者の表現意図に対する関心や意識を高める

　対象やモデルに似ているか似ていないかを気にしてしまう子どもは、作者の表現意図に対する関心や意識が希薄である。まず、表現活動には必ず作者の意図や目的があるということに目を向けられるようにする必要がある。それには、表現や鑑賞の授業で心象表現を取り上げる際、繰り返し作者の視点に立ち返り、「自分は今何を感じ、それをどう表現しようとするのか」とか、「作者はなぜこのように表現したのか」といった問題意識を明確にして活動に取り組めるようにすることが重要になる。

　b．あらかじめ表現意図をもたず表現活動を行うことを通して、心象表現における表現意図の特質を体験的に理解できるようにする

　第1章で取り上げたW．ジョンストンのスクリブルからの発展やデカルコマ

ニーやフロッタージュ、コラージュ、フォトモンタージュなどの技法を生かした表現は、あらかじめ意図をもたずに材料や技法に関わり、偶然生まれた形や色などから着想して表現のイメージを発展させる表現方法である。こうした方法は、表現の萌芽的なイメージが造形行為の中から生まれ、壊したり組み立て直したりを繰り返す過程で徐々に明確になり、具体化していく創作活動のプロセスを身をもって体験することになり、心象表現における表現意図（表現主題）の特質を理解するきっかけになり得る。その際、指導上特に留意しなければならないことは、偶然の効果を元にした表現イメージの着想からその後に続くイメージの解体や再構成のプロセスを、作品づくりの単なる手続きに終わらせないようにすることである。そのためには、表現活動の一義的な目的を、作品づくりから創作活動そのもののメタ的理解へと転換する必要がある。

②表現活動としての描画に対する理解を促すこと─「表現」の意味の自覚─

　表現意図に対する関心を高めることと合わせて、表現することの意味について目を向け、意識化できるようにする必要がある。苦手意識を抱く子どもは、表現としての描画が、対象の視覚像を機械的に模写することと本質的に異なることを認識していない。そのため対象との類似性にばかり目を奪われ、肝心の「何を」表現しようとするのかという問題に目が向かない。その結果、描写技術だけが必要以上にクローズアップされ、描画を経験する度に苦手意識を高める悪循環に陥ることになる。

　描画を表現活動として認識することによって、技術的な巧拙に還元できない表現として描画の意義や表現の多様性などに対する理解が可能になろう。そのための方法は、①の表現意図に関する指導と合わせて、表現や鑑賞の活動を通して行うことが考えられる。デザインや工芸の制作や鑑賞と関連付けて、A型創造とR型創造における意図の性格の違いへの理解を促す指導に発展させることも考えられよう。

③造形的な見方について学び、意識できるようにすること

　（1）でもふれたように、私たちの日常生活におけるものの見方や捉え方は、習慣的な見方や概念的な見方に基礎付けられている。普段何気なく目にしてい

〔第1部　理論編〕

るものは、いちいち意識しているわけではなく、見慣れているものであればそのまま見過ごしてしまう。また、私たちの視知覚には、視覚の恒常性と呼ばれる自動修正機能が備わっている。例えば、近くの人と距離の離れた人を同時に目にしたとき、一方を巨人のように感じ、他方を小人のようには感じることはない。同じように、私たちは縦や横の傾きを自動的に修正して知覚している。次章で紹介する玉ねぎを観察して描く授業でも、ほとんどの受講生は傾きを無意識の内に修正し、直立した玉ねぎを描いた。

美術を学び始めると最初に課題として与えられることが多いデッサンは、一般には写実的な描写の技術を学ぶ訓練と思われがちであるが、実際は、習慣的な見方や概念的な見方にとらわれずに、対象をあるがままに捉えるための、ものの見方や捉え方のトレーニングとして理解すべきだし、指導する側もそれをしっかり伝えるべきである[15]。

もちろん造形的なものの見方や捉え方は、写実的表現を目的とするものだけでなく、線で捉えたり、面や色彩で捉えるなど、多様な見方や捉え方がある。いずれも、習慣的な見方や概念的な見方をコントロールし、造形的な要素に還元する点に共通点があろう。対象の再現描写へのこだわりから子どもの意識を本当の意味で解放し、美術やデザインに対する視野を拡げるためには、造形表現の本質にふれる学習の機会を設ける必要がある。

◆第3章　註

1）松原郁二『新しい美術教育理論―人間性の表現と教育―』東洋館出版社，1975（三版）．初版は1972．三版では図等に修正が加えられている。
2）2017年3月に告示された学習指導要領の「図画工作」「美術」では、「主題」が心象表現にも適用表現にも使われており、「主題」とは何かが曖昧なまま、拡大適用された例といえる。
3）マティス（二見史郎訳）『画家のノート』みすず書房，1978．pp.75-76
4）E.H.ゴンブリッチ（天野衛他訳）『美術の物語』ファイドン，2007．p.481
5）E.ジルソン（佐々木健一・谷川渥・山縣熙訳）『絵画と現実』岩波書店，1985．p.242
6）E.パノフスキー（浅野徹・阿天坊耀・塚田孝雄・永澤峻・福部信敏訳）『イコノロジー研究 上』ちくま学芸文庫，2002．pp.32-56

第3章 心象表現としての描画の創作過程と表現意図

7）E.W.アイスナー（仲瀬律久他訳）『美術教育と子どもの知的発達』黎明書房, 1986. p.135
8）表3-1の概念規定は、以前試みた「主題」の概念規定（真鍋一男・宮脇理監修『造形教育事典』建帛社, 1991. pp.292-293）を見直し、修正したものである。
9）新井哲夫「絵画表現における『主題』についての一考察」『美術教育学』第9号,1987. pp.99-109
　同「子どもの造形表現と主題性―造形表現における『主題』概念の変遷と描画の発達」藤島清雄編著『現代造形美術実践指導全集 6 乗り物編』日本教育図書センター, 1988. pp.161-168
　同「M.リチャードソンとW.ジョンストンにおける『主題』の指導について」『日本美術教育研究紀要』第21号, 1988. pp.13-16
　同「絵画表現とその『主題』」, 横浜市教育センター『教育の課題と教師の実践』1988. pp.44-55
　同「表現活動と子どもの意思決定―描画における表現意図の形成をめぐって―」『アートエデュケーション』Vol.1, No.1, 1989. pp.64-73
　同「描画の発達と『主題』意識―『主題』意識に基づく描画発達の検討―」『美術教育学』第10号, 1989. pp.175-185
　同「様式の不在としての描画の危機―思春期における描画の危機をめぐって―」『美術教育学』第11号, 1990. pp.167-176
　同「主題と表現」「表現主題と画面構成」, 真鍋一男・宮脇理監修『造形教育事典』建帛社, 1991. pp.288-291, pp.292-295
　同「北川民次と思春期の美術教育―野外美術学校における『主題』指導をめぐって―」, 真鍋一男退官記念論集刊行会編『現代造形・美術教育の展望』新曜社, 1992. pp.196-201
10）立原慶一「絵画表現における『主題』の研究」『高知大学教育学部研究報告 第１部』第42号, 1990. pp.9-22
　同「絵画表現における『主題』の研究（Ⅱ）」『美術教育学』第13号, 1991. pp.163-176
　同「絵画表現における『主題』の研究（Ⅲ）」『美術教育学』第14号, 1993. pp.213-227
　同「絵画表現における『主題』の研究（Ⅳ）―題材『海へ』を中心として―」『高知大学教育学部研究報告　第１部』第45号, 1993. pp.1-16
　同「絵画表現における『主題』の研究（Ⅴ）―題材『寒い風景』を中心として―」『美術教育学』第15号, 1994. pp.217-231
　同「絵画表現における『主題』の研究（Ⅵ）―題材『顔のない自画像』を中心として―」『美術教育学』第16号, 1995. pp.227-237
　同「絵画表現における『主題』の研究（Ⅶ）―題材『マイ・スペース～家での私～』（中学２年生）を中心として―」『美術教育学』第17号, 1996. pp.155-166
　同「絵画表現における『主題』の研究（Ⅷ）～『主題』論の系譜とその構造～」『美術教育学』第18号, 1997. pp.153-163

〔第1部 理論編〕

　　　同「情報化社会に視線を届かせるような『主題』の研究―題材『電話のある風景』を中心として―」『美術教育学』第19号, 1998. pp.183-195　等
11) 立原慶一『題材による美術教育』中央公論美術出版, 2003
12) 金子一夫『美術科教育の方法論と歴史〔新訂増補〕』中央公論美術出版, 2003. p.53
　　　同「表現主題を感情と像の言葉で分析・構成させる美術教育方法論」『茨城大学教育学部紀要（教育科学）』59号, 2010. pp.47-64
　　　同「フェノロサと岡倉覚三の絵画指導方法論の違いについて―表現主題形成の指導方法を中心に―」『Lotus』第31号, 2011. pp.29-41
　　　金子一夫・小口あや・角谷由美・鈴木敦子「美術教育における言語的方法の展開―表現内容に関わる言語の機能―」『茨城大学教育実践研究』第31号, 2012. pp.75-89
　　　金子一夫・中川知子・有田洋子「美術教育における言語的方法の精緻化―感情像の言語化による表現主題の把握―」『茨城大学教育実践研究』第31号, 2012. pp.91-104など。
13) 金子一夫『美術科教育の方法論と歴史〔新訂増補〕』1998年発行の初版本にも同様の記述がある。
14) 金子も、前掲論文（2010）の中で、表現過程の概念図を示し、発想段階での「表現主題」の着想から具体的なイメージの創出（制作）に至る過程で、「どのような」美術の方法論が選択され、構成・統合されるかに言及している。しかし、図を見る限りでは、発想段階でまず「表現主題」が思い浮かべられ、それを具体化するために構想段階と制作段階を通して「内容的要素」「形式的要素」「技法・材料的要素」に分類された表現の方法論が選択、構成、統合されるというように解釈できる。つまり、筆者の「造形的表現主題」は、金子の表現過程では「構想段階」に位置付けられていることになる。確かに、R型の創造のように、「着想」（表現のイメージを必須としない）と「構想」（表現のためのイメージ形成）が区別しやすい創作もある。筆者としては、A型主導の創造活動のメカニズムとその意図の性格に対するメタ的理解を促すねらいから、表現主題は表現活動を通底する発展的なものとして扱いたい。
15) 齋藤亜矢『ヒトはなぜ絵を描くのか―芸術認知科学への招待』（岩波書店, 2014）にも同様の指摘がある（p.57）。

第4章 描画の質的転換期における
リアリズムの問題をめぐって

1．認知発達の到達点としての視覚的リアリズムと表現としてのリアリズム

⑴ 美術教育にリアリズムは不要か

　現行（平成27年度版）の図画工作科教科書を見ると、観察による描画は数が少ない[1]。『5・6年上』『5・6年下』で、各社それぞれ1題材ずつ取り上げているが、写実性は強調されていない。小学校と比べると、中学校の美術科教科書（平成28年度版）では観察による描画はかなり重視されており、各社ともそれぞれの分冊に立体（彫刻）も含めて2、3題材ずつ掲載されている[2]。

　ただ実際の授業では、苦手意識を抱く児童・生徒が多く関心・意欲が低いことや、授業時数が少ないこともあって、観察による描画の指導は減少傾向にある。実施されても短時間題材として扱われることが多い。

　このように全体的に見ると、小・中学校の美術教育では、近年対象をじっくり観察して表現する機会が減少しているといえる。

　児童・生徒の側に目を向けてみると、彼らは大学生になっても、描画に対して、「まるで写真みたいですごい」とか、「私は写実的に描けないから絵が苦手」といった発言が日常的に交わされる状況がある。義務教育段階で全員が図画工作と美術の授業を受けているにもかかわらず、描画に対する適切な認識を得られないまま、成長していることになる。これは決して一部の学生に限られた話ではなく、知識も良識も備えているように見える学生の多くが、こと絵や彫刻に関しては同様の反応を示すのである。このような状況の背景には、美術教育を通してリアリズム（写実的表現）の問題にきちんと向き合う機会がなく、写真のように対象を忠実に再現した絵や彫刻が優れた作品であるとする偏った見

〔第1部　理論編〕

方や考え方を修正できないでいる実態がある。

　リアリズムは、既に歴史的役割を終えた過去の表現様式であり、21世紀の社会を生きる子どもたちが学ぶ必要のないものなのであれば、乏しい授業時数を割いてわざわざ取り上げる必要はない。しかし、先に挙げた大学生のような例が、9年間の美術教育を受けた人々の間にごく当たり前のように見受けられる現状を顧みると、このまま黙殺することはできない。

　美術教育がこれからも学校教育において教科教育として存続することを願うのであれば、これ以上リアリズムの問題から目を背け続けることは許されないのではないだろうか。そして、そうだとすれば、何をどうするのがよりよい解決につながるのか、真剣に考える必要がある。

　本章では、小・中学校の美術教育におけるリアリズム（写実的表現）の問題を取り上げ、教科教育としてそれをどのように捉え、教育内容として位置付けるべきかを検討する。

(2)表現教育としての描画指導のゴールをどこに置くか

　従来の描画の発達研究では、暗黙の内に視覚的な再現描写を発達のゴールとする考え方が前提とされてきた。認知発達の面から見れば、対象を客観的に捉えようとする志向が強まり、目で捉えたものをできるだけ正確に記録しようとするのは自然の流れである。したがって、認知発達のゴールとしての描画を、視覚的な再現描写に置くことには合理的な理由がある。しかし、改めて表現の動因や意図の視点から描画の発達プロセスを捉え直してみると、表現としての描画のゴールと認知発達のゴールを同一視することには大きな問題があることは明らかである。

　「叙述的表現主題の時期」（図式期、知的リアリズムの時期）までの描画は、表現を意識して行われるわけではなく、言葉（語り）と一体化した一種の表出行為である。そこでは認知発達の成果としての描画が展開されるだけであり、表現としての描画をことさら問題にする必要はない。というよりも、問題にしようにもできない未分化な段階にある。しかし、筆者が「擬似的表現主題の時期」と名付けた児童期後期以降になると、認知発達の必然的な結果として、次

第4章　描画の質的転換期におけるリアリズムの問題をめぐって

第に視覚的な再現描写に対する関心が強まる。すると、それまでの自発的な描画には当たり前に見られた対象に対する関心や愛着などの感情的要素は置き忘れられ、対象をできるだけ忠実に模写することに重きが置かれるようになる。その結果、表現としての描画が成立するために不可欠な感情的要素が欠けた（乏しい）、対象の視覚像をただなぞろうとしただけの描画が生まれることになる。しかも、ほとんどの子どもはその模写そのものが十分にできないため、描けば描くほど描画に対する苦手意識を強める悪循環に陥るのである。

このような事態が示唆することは、認知発達のゴールとして視覚的な再現描写への志向が強まる時期にこそ、対象の機械的な再現とは本質的に異なる表現としての描画に対する自覚を促す学習機会を用意する必要があるということである。

それでは、どのような学習機会を用意すればよいのだろうか。まずは、この時期の子どもたちは視覚的再現描写へのこだわりが強いことを考慮し、思い込みや誤解に基づくこだわりから解放する必要がある。そして、表現としての描画における写実的表現に対する理解を得られるようにする必要がある。そのためには、視覚的再現描写へのこだわりは認知発達の面から見る限り自然な感情であること、しかし美術の表現が多様化している今日では、対象を正確に描写する技術は、描画が表現として成り立つための必要不可欠な条件ではなくなっていること、それよりも描画が表現として成立するためには、対象をどのように観察し、何を感じ取るかが大事であることなどを、具体的な体験を通して理解できるような学習機会が必要になる。

また併せて、模写（コピー）としての再現描写とは本質的に異なる表現としてのリアリズムについても、一定の理解が得られるような学習機会が必要であろう。次節で改めてふれるが、リアリズムを、対象をあるがままに写し取るという狭い意味ではなく、造形的な感覚や判断力を働かせて対象の本質に迫ろうとする態度や方法という広い意味で捉えるならば、リアリズムの問題は美術教育において決して時代遅れなものではなく、造形表現の質的転換期において、それまでの自然発生的な描画から意識的な描画が分化し、表現としての描画が

〔第1部　理論編〕

成立するプロセスにおいて、避けては通れないきわめて重要な課題である。
　ただし実際問題として、もともと授業時数が限られている中で、上に挙げたような学習機会をどのように用意するのかという問題がある。写実的な描写力を身に付けさせるには、後にふれる「新しい絵の会」の試みに見られるように、多くの時間とエネルギーが必要である。そして大きな労力をつぎ込んだとしても、興味や関心を抱く子どもは限られており、目標を達成できる子どもはさらに少ない。写真や映像によって目に見える記録を気軽に残せる今日、写実的な描写力を身に付ける学習機会を、他の領域や分野の学習を押し退けてまで設けなければならない根拠はきわめて乏しい。
　このように考えると、写実的な描写力の育成を表現学習としての描画の指導の目標とすることは、現実的なこととは思えない。しかしその一方で、子どもたちを描画に対する誤解や偏見から解放するためには、リアリズム（写実的な表現）の問題から目を背けることもできない。
　こうしたジレンマを解消するために考えられる方法は、表現としての描画指導のゴールを、描画が表現として成り立つための基本的なメカニズム（造形表現のメカニズム）を理解すること、つまり表現としての描画に対するメタ的理解に置くことである。
　例えば、リアリズム（写実的な表現）についていえば、平面上に立体感や遠近感を表すにはどのような方法があるのか、表現と鑑賞の活動を連動させながら、基礎的な技法を体験する機会を設ける。その際、写実的な表現の考え方や基礎的な方法を理解することを目的とし、技術的な習熟は求めない。何かの機会に写実的に表現したいと思ったとき、それにはどんな技術が必要かが分かり、誰かに尋ねたり自分で調べたりできればよいからである。写実的に描けないことに対する苦手意識は、技術的な問題ということよりも、その仕組みや方法を知らないことによることが多い。写実的に描くことができなくても、何をどうすれば描けるかを理解していれば、無用な苦手意識をもたずに済む。
　造形表現における質的転換期は、自然発生的な条件の下では描画に対する積極的な関心・意欲が生じにくい時期である。描画によって何かを表現したいと

いう積極的な気持ちをもち合わせていない子どもに対して、しかも授業という公的な場で、高度な自己表現を期待すること自体非現実的ではないだろうか。むしろ、この時期に高まる子どもの知的好奇心を刺激しながら、A型の創作活動（心象表現）としての描画の表現のメカニズムを、体験的に理解できるようにする方が現実的である。その経験は、生涯にわたって美術に親しむ重要な力となるはずである。

(3)視覚的リアリズムへのこだわりと表現としてのリアリズム

　これまで「再現描写」「写実的」「リアリズム」という言葉を、厳密に定義せずに使ってきた。ここで、改めて言葉の意味を確認しておきたい。

　リアリズム[realism（英），réalisme（仏），Realismus（独）]は、一般に「写実」「写実主義」と訳されることが多い。しかし、原語には「写す」という意味は含まれていない。『新潮世界美術辞典』では、そのことを「写実というと客観的現実をあるがまま写しとる意が強いが、原語には『写す』の意は含まれず、むしろ現実主義とか実在主義といった訳語の方が適切な場合も多い」と説明している[3]。

　描画の発達研究においても、G.H.リュケの"le réalisme intellectual"（知的レアリスム）、"le réalisme visual"（視覚的レアリスム）は、「知的写実性」、「視覚的写実性」と訳されてきた。前述したように、「写実」という語は対象の再現描写を連想させるイメージが強い。しかし、リュケ自身は"réalisme"の語を、再現描写の意味では使っていない。そのことは、以下の文からも明らかである（傍点は引用者）。

「子どもの絵の全体的特徴を一言で表わすとすれば写実性（réalisme）という言葉が最もふさわしい。児童画はモチーフから言っても、表現しようとする主題の性格から言っても、写実的なもの（réaliste）である。絵はたくさんの線を集めて全体としてまとまった形をつくり出すものと言えようが、この形をつくり出す人の意図については二つの異なった方向が認められる。一つは、単に視覚的印象を楽しむための形であり、もう一つは、実在するさま

〔第1部　理論編〕

ざまなものを表現するための形である。フレーベル派の筆法を模して言えば、『美しい形』と『生きた形』の差である。もっと砕いて言えば、一つは非写生的ないし幾何学的な絵であり、他の一つは写生画である。」[4]

　ここでリュケは、「視覚的印象を楽しむための形」と「実在するさまざまなものを表現するための形」とを対比させ、後者の意味で"réalisme"を用いている。この場合、前者は抽象形あるいは非具象形を意味しており、リュケの言わんとすることは、子どもの絵は、単に目を楽しませる抽象形や幾何学形を描くことを目的としたものではなく、常に人も含めた実在物を描くことを目的としている、ということである。したがって、この場合の"réalisme"は、先の辞典の説明にあったように、実在性とか具象性と訳した方が誤解を招きにくい。
　ちなみに、「非写生的」「写生画」と訳されている語は、"non-figuré"と"le dessin figuré"である。"figuré"に「写生的」の意味はなく、語の本来の意味からすれば「非具象的」「具象画」と訳すべきであろう[5]。
　このように、リアリズムを単純に「写実」「写実主義」と解釈すると思わぬ落とし穴があるということになる。しかも「写実主義」について、先の辞典では「客観的現実を尊重して、それをあるがままに描写しようとする芸術制作の態度ないしは方法。いわゆるリアリズム」と定義した上で、客観的現実の尊重はその本質的特徴の把握に向かうため理想化が入り込むことになり、かなり幅広い表現方法が含まれるとしている。
　以上から、「リアリズム」という語は、単純に〈客観的現実をあるがままに写し取ること〉といった狭い意味に限定せず、〈対象の本質に迫ろうとする態度や方法〉という広い意味で捉える必要があることが分かる。このような態度や表現については、再現描写としての「写実」をイメージしやすい「写実主義」ではなく、「リアリズム」をそのまま用いることにする。また、客観的現実のあるがままの描写（対象の再現描写）を重視した表現については、「写実的」という語を用いる。
　それでは、10歳頃から徐々にその傾向が強まる対象の再現描写へのこだわり

はどのように理解すべきであろうか。これまでにもふれたように、この時期の再現描写へのこだわりは、認知能力の発達によって、周囲の世界を客観的に捉えようとする意識がもたらすものであり、表現活動としての意図に裏付けられたものではない。したがって、この時期の子どもはリアリズムを志向しているのではなく、H.ガードナーの用語を借りれば、リテラリズム（literalism＝直写主義）に陥っているといえる。

　問題は、そこに「表現」の契機が不在であるという点にある。必要なのは、描画を表現活動として捉え直すことであるが、認知能力の発達に起因する対象の再現描写への関心は、そのままでは表現としての描画に結び付くものではない。対象の再現描写への関心と表現としての描画を結び付けるには、どうしたらよいだろうか。ここではじめて、表現としてのリアリズムの問題が大きく浮上することになる。

2．リアリズムはどのように指導されてきたか
　　―「新しい絵の会」の取り組みを中心に―

(1)「新しい絵の会」の美術教育とリアリズム

　本節では、戦後の美術教育において、リアリズムの美術教育に精力的に取り組んだ「新しい絵の会」の活動を取り上げ、表現としてのリアリズムの問題について考える際の示唆を得たいと思う。

　「新しい絵の会」（「絵の会」と略記）は、「創造美育協会」（「創美」と略記）や「造形教育センター」（「造形センター」と略記）とともに、戦後の美術教育に重要な影響を与えた民間美術教育団体である。この会は、1952年に少人数の研究団体「新しい画の会」として発足し、創美の主張に近い目標を掲げて活動していたが、1954年に井手則雄（1916-86）、1955年に箕田源二郎（1918-2000）、湯川尚文（1904-68）らが入会したことをきっかけに、会の目標が「子どもたちの社会的現実とのきりむすびを深め、新しい生活画を育てること」に変わり、活動方針が大きく転換する。その後は、各地の美術教育サークルと連携しながら生活画運動に取り組み、1959年8月に画の会を発展的に解消し、全国組織の

[第1部　理論編]

民間教育研究団体「新しい絵の会」として再出発している[6]。「絵の会」の活動を、井手と箕田の記述を中心に整理すると、以下のようになる[7]。

〔第一期：1952年〜56年夏頃〕
　　会としての基礎固めの時期（55年頃から活動方針を大きく転換する）
〔第二期：1956年末〜59年夏頃〕
　　美術教育全国協議会に世話人として参加し、生活画の実践研究を推進した時期
〔第三期：1959年夏頃〜67年〕
　　全国組織として再出発し、領域別の指導の体系化を通して独自の教科論を追求した時期
〔第四期：1968年〜80年代初め〕
　　領域による体系化と教科構造の再検討を進めた時期（70年代後半から新しい生活画の提唱が見られる）

この間、重点の置き方に変化が見られるが、描画の表現方法として一貫して重視されているのはリアリズムである。

(2)「新しい絵の会」におけるリアリズムの美術教育の特色
① 「絵の会」におけるリアリズム

「絵の会」では、リアリズムをどのように捉えていたのか、箕田と井手の50年代半ばの発言から探ってみたい。

箕田は「児童画のレアリティ」の中で、「表現のレアリティということを、本当らしさ、現実の正しい反映」とした上で、次のように述べている（傍点引用者）。

「現実を正しく反映するという場合、形の上であるとともに、その内容の上でも正しくなければならないからである。／すぐれた画家と、その追従者とのちがいは、このような点にかかわっているのだと大ざっぱにいってもいいように思う。／このことは、子どもの絵についてもいえることで、かき方を教えられて、そのやり方にしたがって、いかにも本当らしくあらわしていて

も、ものと自分とのかかわり方、内容についてのとらえ方の自主的な深まりがなければ私たちはそこに技法の巧みさはあるいはみることはできたとしても、到底、レアリティを感じとることはできないのである。」(『形』1号, 1956.6)

また井手は、「美術教育と言語の必要」のなかで、次のように述べている（傍点引用者）。

「子どもがある主題をえらんで、自分はここで『こういうことを描きたい』ということが、視覚的にも造形的にもはっきりイメージできるようになるためには、事物の外形の写生的な観察だけではたりないことが、高学年になってくるにしたがってわかってくる。事物の観察は子どもたちの知識、経験の話合いの交換の中で深められる。この子どもたち同志の話合いを教師は授業のコースの中に作らなければならない。こうして一般的な事物や場面からその主題をつよめるものを選び強調し、不要なものを省略していく造形操作が行われることによって、今後のリアリズムの表現は、これまでの自然や偶然を絶対視してそのまま写生していくアカデミックな写生教育と質の違った、子どもの主体を軸にした観察画の教育として成長してゆくだろう。」(『教育』第63号, 1956.9)

いずれも、描写の正確さや適切さ以上に、対象や主題（表現の内容やテーマ）[8]に対する作者の認識がリアリティの表現、つまりリアリズムの重要な条件として捉えていることが確認できる。

これらの記述から推測できるように、「絵の会」におけるリアリズムは、「現実を正しく反映」しようとする態度やそのような態度から生まれる表現ということができる。そしてその表現は、対象や主題に対する作者の認識が、写実的な方法によって表現され、具体化されたものである。つまり、「絵の会」が追求するリアリズムは、現実を正しく反映した（＝現実に対する正しい認識に基

[第1部　理論編]

づいた）主題を、適切な造形操作によって写実的に表現しようとする態度や方法を意味しているといえる。

　このようなリアリズムを基本とする「絵の会」の美術教育は、時期によって、認識を重視するのか主題の表現を重視するのかという点で、力点の置き方に変化が見られる。ここでは、第二期と第三期の美術教育を取り上げる。

②第二期のリアリズム教育

　第二期に区分される1950年代後半は、生活画を中心に実践研究が進められた時期である。この時期の活動をうかがい知る資料に、『教師の実践記録—図画教育—』（1956）がある[9]。この中には、幼稚園から中学校まで8名の教師による9編の実践記録が収録されている（内訳は、幼稚園1、小学校

図4-1　中2（『教師の実践記録』より）

6、中学校2）。この実践記録を手がかりに、この時期にどのようなリアリズムの美術教育が行われていたかを見てみることにする。

　9編の描画指導の実践記録全てに共通していることは、一つには、主題（表現の内容やテーマ）の意識化や明確化が重視されていることである。この点について、福島勲は「集団画の実践—なかま意識を育てながら—」の中で、「描くという仕事を通して、子どもたちが表面的に把握しているものを一層深くとらえたり、描かれているものから正しいものを読みとる力をつけるためには、自分が描く前に、何を考え、何をこそ表現しなければならないのかを意識して、それから描くようにすることは大切なこと」と述べている。つまり、主題の意識化や明確化には、身近な生活や物事に対する子どもたちの理解を深め、認識をより確かなものにするねらいがある。

　二つ目に、主題の決定や構想の段階で、必ず話し合い（集団討議、相互批評）の場が設けられていることである。話し合いを通して、主題の意識化や明確化を促し、主題をより効果的に表現するための課題や方法などに気付くことが期待されている。福島は先の実践記録の中で、「多くの話し合いや相互の批判が

行われるなかで、物と物との関係や、人と物との関係とか、人物のかっこうや表情、構図、明暗、色の出し方やぬり方など、個人表現では得られないような、あらわし方のやくそくのようなものを発見していくことは見逃してはならない」と述べ、話し合いによる気付きの効果を指摘している。

　三つ目に、いずれの実践でも、活動の中心に「共同制作（集団画、集団制作）」が位置付けられていることである。複数の人間が共同で制作するためには、話し合いが欠かせない、また話し合いを深めるためには、個人制作よりも共同制作の方が適している。共同制作は、話し合いによる指導の効果と、仲間づくりの手段としての役割を期待したものである。

　その他の特徴的な点は、多くの実践が、仲間づくりや地域社会に対する認識を深めることに重点を置いており、描画はそのための手段として位置付けられていることである。今日的な言い方をすれば、総合学習に近い視点から描画の実践が行われている。

　9編の実践記録には以上のような特色が見られるが、主題の選択や決定に関わる指導について積極的であるのに対し、主題の表現方法に関する指導はどちらかといえば消極的であり、課題の解決は子ども同士の話し合いに委ねられているように感じられる。

　以上の点から推察すると、この時期の「絵の会」のリアリズム教育は、写実的な描写力を育成することよりも、主題に対する子どもの認識を深めることに重点が置かれているといえる。このことは、収録されている実践が主に生活画か物語の絵であることによく表れている。校庭を均すローラーを握る手の表現（君島主一）や、道路工事を題材とした描画（原田肇, 図4-1）、幼稚園で飼育する山羊をモチーフにした紙芝居づくり（大淵栄子）のように、観察が表現活動の一部に取り入れられている例もあるが、観察はあくまでも補助的な位置にとどまっている。

③第三期のリアリズム教育

　1950年代末になると生活画を中心としたこれまでの実践に対する反省も出始め、60年代に入る頃から体系化を目指した教科論の追求に重点が置かれるよう

〔第1部　理論編〕

になる。その間の事情については、後年次のように総括されている。

　「生活画の運動は、それまで無策だった美術教育に、認識と表現の関係、描写とリアリズムの方法というレールを敷いたので、方法を模索していた良心的な教師をとらえ、たちまち全国にひろがり、日本の児童画の質を変えてしまったということができます。／しかし生活をみつめてえがくという柱は、子どものくらしを丸抱えにしたまま、教育論としてはあまりに未分化であったため、一方に題材だけを重くみたり、描写のくわしさだけに頼るといった経験主義的なパターンを生む弊害もでてきました。地域の現実から入っていくわけなので、少数の名人芸的な教師や実践者は生れましたが、一般化することのできる教育の方法をつくり出すには至らなかった。
　1962年には、この反省にたって、どの教師がやってもでき、どの子にも等しく力をつけていける、美術教育のすじみちをつくっていくことにもっと努力をかたむけて、園や教室で授業として行える教科の体系を考えていこうという声が、支配的になりました。」(1969年の「よびかけ」より)[10]

　このように「教科としての美術教育」の視点から、指導内容や方法の体系化を目指したのが第三期の特色である。それは、写実的な描写力とそれを使って主題を表現する能力を育てるための描画指導の内容や方法について、共同研究を通して確かめ、体系化しようとする試みである。
　第三期のリアリズム教育がどのようなものであったか、1967年に出版された『美術の授業（1〜3）』[11]をもとに分析する。美術教育の体系化は、主として「a. 領域区分に基づく指導の役割分担と指導目標の明確化」「b. 指導過程の体系化」「c. 題材の系統化」として試みられている。

a. 領域区分に基づく指導の役割分担と指導目標の明確化
　これは、領域を観察による表現（以下、観察画）と主題による表現（以下、主題画）に分け、それぞれの役割と目標を明確にした上で、分担して指導しようというものである。領域区分と題材の関係を、『美術の授業（1〜3）』に収

録されている題材をもとにまとめると表4-1のようになる。

　観察画の領域は、「認識力と描写力を育てる部門」[12]とされ、対象の見方や捉え方（読み取り方のスキル＝認識力）、及び表し方のスキル（描写力）を身に付けることが目的とされている。主題画の領域は、観察画を通して身に付けた認識力や描写力を使って、表現したい思想や感情（主題）を形象化する力（美術的表現の能力）を養うことが目的とされている[13]。

表4-1 『美術の授業（1～3）』に収録されている題材一覧
（題材名の表記は原文のまま）

	観察による表現			主題による表現 くらしの絵			主題による表現 物語の絵			鑑賞		
小学校低学年	するめ	1年	70分	道路	1年	6時間	「てぶくろを買いに」	1年	150分	「しろいうさぎとくろいうさぎ」	1年	1時間
	ひまわりの花	1年	4時間	火をたこうーストーブ当番ー	2年	4時間	「おむすびころりん」	1年	5時間	伝鳥羽僧正覚猷筆鳥獣戯画巻	1年	1時間
	シャベル	2年	125分	雨の日、学校の帰り道	2年	不明	「大きなかぶ」	2年	5時間			
	じぶんの顔	2年	2時間				「かにむかし」	2年	4時間			
	だいこんとにんじん	3年	150分									
小学校高学年	フライパン	4年	4時間	ふろたき	5年	12時間	民話「かにむかし」	4年	6時間	「みぞれ」佐藤哲三・画	5年	1時間
	自分の顔	4年	2時間	先生とわたし	5年	4時間	「ごんぎつね」	4年	9時間	「鳥獣戯画」	6年	1時間
	やぎ	4年	6時間	冬じたく	5年	8時間	「かもとりごんべえ」	4年	10時間	北斎「神奈川沖浪裏」	6年	1時間
	牛の写生	6年	6時間	感動したいい話	6年	13時間	「残雪」	5年	14-16時間			
				ごみ船	6年	13時間	「たけのこのぼり」	5年	10時間			
							「おじいさんのランプ」（版画）	6年	15時間			
中学校	校舎	1年	9時間	くらしのなかから（木版画単色）	1年	10時間	大きな白樺（アルチューホワ作）	1年	9時間	「一休像」（画稿）	1年	1時間
	樹木	2年	(不明)	～している人たち（ドライポイント）	2年	不明	「なめとこ山の熊」	2年	13時間	「信貴山縁起」	2年	4時間？
	読書する人	3年	10時間	「家族」や「友だち」をかく 生活画誕生＊	1-2年	18時間	「夕鶴」	3年	8時間	靉光の「自画像」	3年	2時間

（＊「生活画誕生」は、自らの生活画指導を回顧したもので、一つ一つの題材に対する具体的な記述はない。）

（ア）観察による表現

　観察画における特色の一つは、主題（表現の内容やテーマ）は主題画のみで扱われており、筆者の表現主題の概念に倣えば、観察画の表現主題になるはず

〔第1部　理論編〕

の対象に対する作者の感情的要素は、池田栄や久保島信保ら少数の例外はあるが、問題にされていないことである[14]。それは、主題画は表現活動ではなく、それ以前のトレーニングとして位置付けられていることによる。

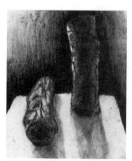

図4-2　中1「まき」(久保島信保『絵をかく・美術の授業を創る』1975より)

二つ目の特色は、対象の正確な観察とそれに基づく客観的な描写の力を、小学校低学年から段階的に高めようとしていることである(『美術教育大系　第3巻　観察画』には、さらに年少の5、6歳児を対象とする指導例が掲載されている)。箕田は、年少の子どもに観察画を課すことについて、「わたしたちが観察してかかせることを低学年のときから大切にするのは、子どもたちの認識能力の発達にそいながら、現実の解釈の方法を身につけさせていかせたいとねがうからなのである。そのことをとおして、子どもたちに現実についてのたしかな表象

図4-3　小2「だいこんとにんじん」(山梨新しい絵の会『低学年の美術教育』1973より)

をもたせていきたいとねがうからなのである」、「わたしたちも、絵は心に映った像をかかせることだと思っている。ただ、心に映った不正確でゆがんだ像を、もっと、正しい像にしていかなければならないと考えている」と述べている[15]。このことから「絵の会」では、描画は子どもが現実を「正しく」認識するための手段であり、年少の子どもであっても、「不正確で歪んだ像」を正すためには観察画を課す必要があると考えられていたことが分かる。

(註：図4-2、4-3は『美術の授業（1〜3）』にトレーニングを目的とした観察画の適切な図版がなかったため、比較的発行年の近い別の書籍から引用した。図4-3は、学年が異なるが『美術の授業1』に掲載されている実践「だいこんとにんじん」と同一の題材であり、同じ指導者によるものと推測される。)

（イ）主題による表現

　箕田は、主題画の課題について「このしごとの基本的な課題は、社会について、人間について、生活についての、生徒の目を深いものにし、たしかなものにしていくことであり、そこに美しさを見いだしていくことができるようにしてやることであり、主題をどう画面のなかに構築していったらいいかの方法を学ぶことである」としている（『美術の授業 3』）。つまり、人間や社会など客観的な現実に対する認識を深めることと、主題を形象化する表現力を身に付けることが目的になっている。

図4-4　中２「村のぼんおどり」（『美術の授業３』より）

図4-5　中３「夕鶴」（『美術の授業３』より）

　主題画は、「生活画（くらしの絵）」と「物語の絵」からなるが、生活画は50年代後半の生活画運動に直接繋がるものである。地方の農山村と都市部の実践記録を比べると、総じて地方の実践の方が題材のリアリティにおいても、表現の充実度においても優っている。

　一方の「物語の絵」は、第二期に比べると全体に占める割合が高まっており、表現の面でも水準が高い。おそらく、生活画が地域の実態に大きく依存するのに対し、物語の絵は全国どこでも実施できることや、この分野の指導方法の体系化が進んでいたためであろう。

　なお、主題画の領域では、画面を構成する個々の要素の描写において観察に基づくスケッチが重視されており、対象の認識の正しさや描写の正確さが細かく指導されている。

（ウ）「絵による対話」としての鑑賞指導への着目

　第三期には、主題の読み取りに重点を置いた鑑賞が重視され始めている。鑑賞指導でリーダー的な役割を担った田島一彦は、教師の道案内（設問）による集団討議を通して作品の造形性に着目しながら、主題の読み取りを深める鑑賞

指導を行っている[16]。当時は、鑑賞といっても講義形式で美術史や文化史の知識を伝達する授業が多かった中で、田島らの実践は先駆的なものであるが、「絵の会」全体としては、鑑賞指導の広がりは限られた範囲にとどまった[17]。

b. 指導過程の体系化

　表現活動の指導過程には、さまざまなバリエーションが見られるが、基本的な流れは以下のように定式化できる。

　観察画では、対象の見方や捉え方、その表し方について、また主題画では、題材の読み取りや主題の把握、主題の形象化の方法について、前半の集団討議で徹底した共通理解を図り、何をどう描くかを明確にした上で、個人の制作に移る。作品完成後は再び集団討議により、最初の意図がどのように具体化できたか、残された課題は何かを検証するというのが、基本的な描画の指導過程である。

　一例を挙げると、久保島信保は、中学校1年を対象とした「校舎」（観察画）の授業を次のように行っている[18]。

〈第1次〉対象に対して、条件（対象に正対して対象をできるだけ正確に画面の中に入れること）を与え、自由にかかせる。（2時間）

〈第2次〉対象と作品をくらべて、違いを話し合う。（1時間）

〈第3次〉どのようにしたら正確にかけるか、方法を考える。（1時間）

〈第4次〉色について表し方を考える。（1時間）

〈第5次〉制作・相互批判。（4時間）

　全9時間の授業の内、前半の5時間は、最初に自由に描かせたスケッチをもとに、教師主導の集団討議が行われ、対象の見方や捉え方を確認し、より正確な描写を行う上での課題やポイントを把握させるための事前指導に当てられており、後半の4時間が完成後の相互批判を含めて本制作に当てられている。このように入念に事前指導を行った上で、本制作に移るという流れは、描画に共通する典型的な指導過程といえる。

　なお、集団討議や相互批判は第二期でも盛んに行われているが、第二期では造形的な問題以上に、テーマや主題に関わる認識を深めることに重点が置かれ

ており、総合学習的な色合いが強かったのに対し、第三期では対象やテーマ・主題に対する認識を深めることに加え、それをどう形象化するかという表現上の問題が重視されている点に特色がある。

　鑑賞の指導では、「作品の形象に即した読み取り」を基本原理とし、小学校高学年以上の指導では、概ね、作品との出会い・最初の感情体験→細部の読み取りやことがらの把握→全体的な捉え・主題への接近、といった流れが想定されている。ただ、鑑賞指導については題材の開発や実践の蓄積という点でまだ十分ではないため、定式化には至っていない。

　以上のように、いずれの領域でも、「創美」の子どもの自発性に任せた消極的な指導とは対極的な、教師主導による意図的・計画的な指導と集団討議による子ども同士の学び合いを重要な要素とする積極的な指導が試みられている。『美術の授業（1～3）』に収録された実践は、そうした積極的な指導の試みを、結果の成功不成功にかかわらず記録したものであり、美術の授業を科学的に分析して何らかの法則性を見いだし、一般化しようとする意図が強く感じられる。

c. 題材の系統化

　これは、子どもの発達段階をふまえて対象や題材の難易度を検討し、配列のルールを見いだそうとする試みである。表4-1の観察画の題材を、学年を追って見ると、単純なものから複雑なものへ、平面的なものから立体的なものへといった順序性が考慮されていることが読み取れる。

　観察画では、対象の構造や描写の技術的な難易度などをもとに順序性や系統性を考えやすいが、主題画では共通の基準を設けることはむずかしい。題材の系統化の試みは、第三期に緒に就いたところと見るべきであろう。

(3)「新しい絵の会」のリアリズムの美術教育が示唆するもの

　「絵の会」におけるリアリズムの美術教育から、私たちは何を学ぶことができるであろうか。評価できる点と見直しが必要な点、そして継承すべき点について私見をまとめておきたい。

①評価できる点

　a.　美術教育を、個々の教師の名人芸から一般の教師が共有できるものに体

〔第1部　理論編〕

　　　系化することによって、教科教育としての美術教育の確立を目指したこ
　　　と
　　b.　写実的な表現としてのリアリズムを、単なる技法上の問題にとどめずに、
　　　ものの見かたや捉え方の問題として重視したこと
　　c.　描画における表現意図の問題を重視したこと
　「a」は、「創美」の美術教育が子どもの自発性に委ねた消極的な教育であり、教科としての認識が乏しい自由な自己表現を重んじる芸術教育であったことに対し、それを批判的に乗り越えようとしたものである。そして、1958年の学習指導要領改訂によって教科の教育が国家基準として示されたことに対する危機意識がそれを後押ししたといえる。今日なお教科教育として美術教育が確立されているとはいえない現状を顧みれば、「絵の会」の問題提起の重要性は失われていない。

　「b」の美術教育におけるリアリズムの問題も、本章冒頭で述べたように、未だに美術教育の世界では十分な合意形成がなされていない。「絵の会」が共同研究を通して、写実的な描写力や表現力の育成に取り組んだことは、貴重な取り組みといえる。ただし、何のためのリアリズムかという点については、多分に課題を残している。

　「c」は、「絵の会」のリアリズム教育の重要な特色である。写実的な描写はあくまでも何かを表現するための方法であり、目的ではないことを示すものが表現意図である。しかし、「b」とも関連するが、描画の表現意図とは何かという点については、生活画と物語の絵を主題画として位置付ける一方、観察画の表現意図についてはほとんど問題にしていない点など、主題の解釈や描画の表現意図の捉え方について不明瞭な点が残されている。

②見直しが必要な点
　　d.　教科教育として美術教育を強調するあまり、教師の指導（何をどう教え
　　　るかの問題）が優先され、子どもの関心や意欲が二の次にされやすいこ
　　　と。また、教師の積極的な指導と集団思考を重視する結果、活動の画一
　　　化の傾向が見られること

e. 技法としてのリアリズムを、写実的な描写力として狭く捉え過ぎており、リアリズム以外の表現を自然主義や形式主義、モダニズムとして排除していること。しかも、狭い意味のリアリズムを幼児や小学校低学年の子どもにまで適用していること
f. 表現意図が重視されているが、主題の概念規定が曖昧であること。また、テーマや主題の選択時に、特定の価値感への偏りが見られること
g. 写実的な描写が唯一の正しい現実認識の方法とされ、現実をどれだけ正確に反映（描写）しているかが判断基準となるため、正しいかそれとも誤りかといった硬直的な評価に傾きやすいこと

「d」は、「a」のマイナス面である。指導方法の体系化を追求すればするほど、硬直化を招きやすい。事前指導に何時間もかけることによって、多くの内容を盛り込める反面、子どもの関心や意欲が失われやすい。集団討議を通して表現活動に共通の枠がはめられるため、活動が画一化しやすい。

「e」は、技法としてのリアリズムに対する解釈の幅が狭く、観察画では、対象をより深く観察し、正確に描写することが求められるため、結果的に直写主義（literalism）に傾きやすい。

小学校低学年では、観察したことを記憶にとどめ、記憶をもとに表現する方法も奨励されているが、対象を客観的に捉えることができない幼い子どもに観察画を求めることには無理がある。また、それを敢えて経験させなければならない理由も理解しにくい。

「f」は、主題や表現意図に関わる問題である。「絵の会」では主題を主題画に特有のものとしている。具体例を挙げれば、「自然と人間のたたかい、人間のしあわせを求める生活技術の創造」（「冬じたく」小5）、「自然の広大な空間の中で繰り広げられるドラマ」（「残雪」小5）、「封建的な社会の中で、村人には相手にもされず、殺したくない熊を殺さざるを得ない小十郎の心情」（「なめとこ山の熊」中1）などがある。つまり主題は、抽象的な観念や思想、感情であり、いわば作品の表現内容としての「超越的な主題」である。

観察画でも、対象との感情的な関わりを重視しようとしている例がわずかに

〔第1部　理論編〕

あるが、表現主題としては認識されずに終わっている。
　「g」は、描写力の評価基準が外部の現実との一致度に置かれていることに起因する問題である。表現意図を重視するのであれば、意図の達成度が評価の基準になるべきであるが、観察画では表現意図という視点が欠けており、対象との一致度や類似度によって評価されることになる。

③ **継承すべき点**
　「絵の会」のリアリズムの教育から、私たちは何を学ぶことができるだろうか。ここでは、批判的な継承も含めて、引き継ぐべき点を挙げておく。
　議論の前提として、義務教育段階における美術教育の最終目的を、優れた作品を制作することやそのための知識や技術を身に付けることにではなく、生涯にわたって美術に親しむことのできる知識や認識を得ること、つまり造形表現に対するメタ的理解に置く。
　この前提をふまえて、継承すべき点としてまず最初に挙げたいことは、授業の中でリアリズムの問題にきちんと向き合うことである。ただしその際、リアリズムを柔軟なものとして捉え直す必要がある。「絵の会」のリアリズムは、当時の時代背景もあって、社会主義リアリズム以外は自然主義や形式主義、近代主義として斥けるものであった。しかし、〈対象の本質に迫ろうとする態度や方法〉という広義のリアリズムの語義をふまえるならば、対象の本質への迫り方は決して一つでないことは明らかである。多様なリアリズムの作品の鑑賞も含めて、対象の本質に迫ろうとするさまざまな試みに出会うことは、複雑な創作過程をもつ心象表現としての描画への認識を深め、メタ的理解を促す絶好の機会となり得る（その一例を第3節で紹介する）。
　二つ目は、表現意図に関わる問題である。「絵の会」の主題は十分に検討がなされなかったためか、解釈にばらつきが見られ、表現意図との関係も曖昧である。しかし、不十分な点があるとはいえ、主題や表現意図の問題をこれだけ重視した取り組みは他には見られない。心象表現のもつ表現意図の特質について十分理解を深めた上で、表現意図の形成や発展・深化に着目した描画指導のあり方を追求する必要がある。

三つ目は、教科教育としての美術教育の体系化の試みである。「絵の会」が目指した美術教育の体系化は、第三期の段階では未完に終わっているが、個人の勘と経験に頼った美術教育を、理論に裏付けられた体系的なものにすることによって、共有できるものにしようとする試みとして評価できる[19]。今日の学校現場の条件を十分に考慮しながら、教育内容などの核となるものを押さえた上で、より緩やかな体系化を図ることによって、目的や条件に応じて柔軟にアレンジできるモデルを構築できるとよい。

3．表現としての描画へのメタ的理解を促す指導の試み

(1)表現としての描画に対するメタ的理解を促す試み

対象をただ機械的に模写することと、対象から感じ取った何かを写実的な方法で表現しようとすることの違いを、「擬似的表現主題の時期」以降の子どもに理解させるには、どのような手立てが考えられるであろうか。対象の機械的な模写にとらわれる子どもは、描かれたものがその対象とどれだけ似ているかにこだわる。それは、作者が何を表現しようとしたのかという表現意図に対する意識が欠けているためである。このような状況を打開するには、作者の表現意図に対する関心を引き出す必要がある。

以下、筆者がそうしたねらいの下に、初等教育の教員養成を目的とする教科専門科目「図画工作」で実施した指導の一例を紹介する。描画に対するメタ的理解を促す絵画演習の試みである。

(2)小学校教科専門科目「図画工作」における絵画演習

この授業の対象は学部1年生である。高等学校で美術を選択した学生は僅かであり、描画経験は中学生とそれほど変わらない。最初の授業で行った調査では、図画工作や美術が「苦手」「嫌い」と答えた受講生は約半数に上る。この比率は例年ほぼ一定している。

①本演習に対する留意点など

本演習で描画の対象に玉ねぎを選んだ理由の一つは、形や色そのものに造形的な美しさがあり適度に変化もあること、ツヤのある半透明な表皮の質感を表

現するには、水彩絵の具の重色の効果を工夫する必要があることである。もう一つは、一年中どこにでもある身近な野菜であり、学生が用意しやすいことと、数週間にわたってほぼ同じ状態を維持できることである。

描画や水彩絵の具に対する苦手意識をもつ受講生が多いことを考慮し、事前に水彩絵の具の材料・技法研究を行う。また、難易度を上げないことと時間を節約するねらいから、背景は省略し、玉ねぎのみを描くこととする。

②目　標
◎表現と鑑賞を一体化した演習を通じて、写実的表現に対する誤解や偏見を解消し、描画に対するメタ的理解を促す。
〇写実的に表現することの意味について理解を深める。
〇造形的な見方の一例を体験し、技法以上にものの見方や捉え方が重要であることを理解する。
〇表現としての描画には必ず表現上の意図があり、その意図に応じて表現の方法が異なることを理解する。

③準　備
【教師】参考作品、鑑賞用画像、鑑賞用資料（作者の言葉）、筆洗
【学生】スケッチブックF6号、鉛筆（2B以上）、水彩絵の具一式、玉ねぎ

④展　開―玉ねぎの素描から彩画へ―

流れ（分）	主な活動	指示内容等
ⓐ-1：自分の描き方で描く（30）	〇鉛筆を使い、玉ねぎを自分の描き方で描く。	＊事前の説明はせず、スケッチブックの上半分に自由に描かせる。
ⓐ-2：中心軸の傾きや立体としての形を意識して描く（40）	〇玉ねぎの重さや丸み、手触り、匂いなどを五感を働かせて確かめる。〇位置や向きを決め、中心軸の傾きや見えない向こう側を意識しながら描く。	＊掌に乗せたり、触ったり、鼻に近づけたりして、玉ねぎを実感させる。＊スケッチブックの下半分に、輪郭に近い部分の形や線の変化に注意して描くように指示する。
ⓐ-3：前後の素描を比較する（20）	〇二つの素描を比較する。	＊意識して見るだけで絵が変わることを確かめ、造形的な見方や捉え方の重要性に気付かせる。

ⓑ-1：玉ねぎを水彩で描く（135）	○玉ねぎをスケッチブックに下描きする。 ○タッチや重色の効果を考えながら彩色する。 ○全体の効果を確かめながら、完成させる。	＊前時の反復にならないように、気持ちを新たに観察するように促す。 ＊似ることよりも、感じが伝わることが大事と伝える。 ＊全体の感じを確認しながら仕上げさせる。
ⓑ-2：完成作品を相互鑑賞する（45）	○表現の意図や工夫、成功したこと等を発表する。 ○友人の講評を聞く。	＊表現意図と表現上の工夫などを関連付けて発表させる。 ＊作者の制作意図をふまえ、意図の達成度や表現のよさについて講評させる。決してけなさない。
ⓒ-1：作家作品を鑑賞する「見ることと描くこと」（45）	○小泉淳作「蕪」、野田弘志「ピーナッツ」「キャマンベール」、ゴッホ「洋梨のある静物」を鑑賞する。 ○マティス「ルーマニアのブラウス」を鑑賞する。	＊作品について、感じたことや気付いたことを発表させる。 ＊作者が何にリアリティを感じ、表現しようとしたか考えさせる。 ＊他の作品とは異なる表現の特色を感じ取らせた後、それぞれの作者の言葉を紹介する。 ＊マティスの作品に対しては、制作過程を記録した写真を示して変化の大きさに注目させ、絵を描くことの意味を考えさせる。

⑤絵画演習の成果と課題

a. 素　描

　前後の素描を比較すると、描画を苦手とする人ほど著しい変化が見られる。2度目の素描では、最初に玉ねぎを五感で感じさせ、重さや固さなどを実感させた。対象の見方や捉え方について、中心軸の傾きと立体としての形に絞って意識して見るように指示した。また向こう側に回り込む面を意識させるために、輪郭に近い部分、特に表皮の筋の見え方に注目させた。

　また、2度目の素描に当たっては、中心軸の傾きを示す補助線を引いておくと描きやすいことなどのヒントを与えた以外、具体的な描画法の説明は全くしなかった。

　それにもかかわらず、最初の概念的な素描から、実在の玉ねぎの特徴を捉えようとする意識が明瞭な表現に変化した。もともと図画工作や美術が好き（得

[第1部　理論編]

意）な学生にも、前後の素描に造形的な見方や捉え方に対する意識の違いが現れている。

図4-6　学生A（工作は好きだが絵は苦手）

図4-7　学生B（絵は好きだが彩色が少し苦手）

図4-8　学生C（工作は好きだが絵はあまり得意ではない）

b. 彩色画

　水彩絵の具が苦手という学生が多いため、本演習に先立って、別メニューで水彩絵の具の材料・技法研究を行い、点描、ドライブラシ、にじみ、ぼかし、洗い出し、混色、重色を経験させた。また、作業を通じて最も扱いやすい水の量を把握できるように意識させた。

　表現の段階（ⓑ-1）では、最初に「見た目が似ているかどうかではなく、自分が感じた玉ねぎらしさが、絵を見る人にも伝わるように表現しよう」と呼びかけた。また、材料や技法に関する注意事項として、（ⅰ）パレットには白と黒以外の色を全て出しておくと、複雑な色調や深みのある色調を表現できること、（ⅱ）玉ねぎの微妙な色合いを表現するには、混色の際、筆をぐるぐる回して均一の色にしてしまわずに、筆先で少しずつ混ぜながら表したい感じにマッチする色合いを見付けること、（ⅲ）〈色を塗る〉のではなく、表したい形の構造を意識し、〈色で描く〉気持ちで彩色すること、（ⅳ）表したい色調は一度に出そうとせず、色を重ねて少しずつ近づける気持ちで彩色することを伝えた。

　作品完成後、相互鑑賞を行った。当初抵抗を感じていた学生もいたが、他の

第4章　描画の質的転換期におけるリアリズムの問題をめぐって

学生から自分の表現意図や工夫を受容的に受け止められ、優れた点や努力した点などを認めてもらうことによって、自分の作品を肯定的に受け止められるようになり、相互批評の大切さを実感していた。

図4-9　学生Aの彩色画

図4-10　学生Bの彩色画

図4-11　学生Cの彩色画

c．鑑　賞

　相互鑑賞の後、作家作品の鑑賞を行った。小泉淳作（1924-2012）の「蕪」（1996頃）の画面一杯に描かれた迫力ある表現や、野田弘志（1936-　）の「ピーナッツ」（1985）と「キャマンベール」（1988）の細密描写には驚きの声を上げる学生が多かった。また、ゴッホ（1853-90）の「洋梨のある静物」（1887-88）に対しては、洋梨の強調された立体感や布や壁のゴツゴツしたタッチなどに、小泉や野田のリアリズムとは異なる触覚に訴えるような力強さを指摘する声が多かった。それらを鑑賞した後のマティス（1869-1954）の「ルーマニアのブラウス」に対しては、戸惑いの声を挙げる学生もいた。ゴッホの作品までは、「写実」や「リアリズム」の表現として許容できるが、マティスに至っては全く方向性の異なる表現だったからであろう[20]。

　マティスの作品に対するある種の分かりにくさを抱かせたまま、小泉、野田、マティスの言葉を紹介した。小泉は、その刹那のかたちを捉えるのではなく、時間の経過による観察の映像を脳裏に刻んで、そのイメージをダブらせて一枚の絵に描くという（『アトリエの窓から』[21]）。また野田は、写実の絵は、対象をどのように見るかが重要で、リンゴ一つに宇宙を見ることも可能であるという（『写実照応』[22]）。それに対して、マティスは、自分には自然を忠実に写し取ることはできない、自分が目指すのは「均衡と純粋さと静謐の芸術」であり、人が疲れを癒やす肘掛け椅子のような芸術であるという（『画家のノート』）[23]。

〔第1部　理論編〕

　対象を直接観察して描く絵でも、作者によってさまざまな意図や目的があることを実感するとともに、小泉の「蕪」が採れたてのものか少し時間がたったものか、意見が分かれた理由も納得できたようである。また、マティスのように最初から写実的な表現とは別の方向を目指している画家もおり、作者の意図やねらい、制作に対する姿勢によって多様な表現が生まれること、そして何よりも、似ているか否かで絵を判断することの誤りにも気付いてくれたようである。

(3) **メタ的理解を促すための美術教育の体系化を目指して**

　上記のような絵画演習をたった一度経験しただけで、学生たちが描画に対するメタ的理解を得られるとはもちろん考えていない。演習で取り上げた描画は、比較的単純な形態を背景を付けずに描いただけであり、「絵の会」のリアリズム教育で重視されているような画面構成を伴う「美術的表現」の問題にまで立ち入っていないからである。ここでは、メタ的理解を促すための表現と鑑賞を連動させた指導について、具体的なイメージをもっていただくために紹介したまでである。

　実際には、このような活動が、「擬似的表現主題の時期」以降の子どもたちに継続的に行われ、学年を追って学習経験が積み重なることによって、より深いメタ的理解が可能になろう。その意味からも、美術教育の学習経験を単発的な作品づくりで終わらせずに、描画（美術）の本質にふれるメタ的理解にまで高める美術教育の体系化が必要になるのである。

◆第4章　註

1) 日本文教出版、開隆堂出版の検定教科書を参照。
2) 日本文教出版、開隆堂出版、光村図書出版の検定教科書を参照。
3) 『新潮世界美術辞典』新潮社, 1985
4) G.H.リュケ（須賀哲夫監訳）『子どもの絵』金子書房, 1979. p.137
5) 邦訳の定本は原著の第3版であるが、第4版（G.H.Luquet, *Le Dessin Enfantin*, 4e édition, Delachaux & Niestlé Éditeurs,1984）を参照した。
6) 1950年代半ばを境に、その前後で活動方針に大きな相違があるため、「画の会」を名のっていた1950年代後半の活動についても、「新しい絵の会」（「絵の会」と略記）と総称する。

7) 井手則雄「新しい絵の会」(井手則雄編『美術教育大系 1 美術教育原理』學藝書林,1972. pp.71-78)、箕田源二郎「新しい絵の会」(日本美術教育連合編『日本美術教育総覧 戦後編』日本文教出版, 1966. pp.324-329)。山田康彦は「戦後美術教育論の検討―イメージと感情の発達研究へ―」(『東京大学教育学部紀要』第20巻, 1980. pp.245-257)の中で、1970年代後半から、「新しい生活画」が提唱されたことを指摘している。
8) 絵の会の「主題」については、会員によって解釈に幅があるが、第3章の主題の類型に当てはめると、「(イ) 表現の内容・意味」に該当する。
9) 箕田源二郎編, 三一書房,1956. 編者の箕田を含めて執筆者は池田栄をはじめ10名に上る。実践記録の執筆者の構成は、千葉を中心に福島、静岡、愛知、大阪に広がっていることから、美術教育全国協議会での実践研究の交流が背景にあったと推測される。この内、「絵の会」の会員であることが確認できる著者は6名である。
10) 井手則雄「新しい絵の会」同註7. p.77
11) 新しい絵の会監修,箕田源二郎・鈴木五郎編『美術の授業(1～3)』百合出版,1967
12) 井手「観察画の教育とは何か」,湯川尚文・井手則雄・熊本高工編『美術教育大系 第3巻 観察画』學藝書林, 1969. p.13
13) 箕田は「描写力と造型的感性の問題」(『教育』No.159, 1963年7月増刊号)の中で、対象を正しく描き表すことはまだ美術ではない、美術は造形諸要素の中に新しい現実を創造することであり、造形諸要素をどう使いこなすかが美術の教育としての要求であると述べている。
14) 観察表現における主題について自覚的であったのは久保島信保である。「『校舎』と『樹木』」(『美術の授業3』)や「指導論」(『美術教育大系 第3巻 観察画』)では、目の前にあるものから感じる何か、といった意味で主題が使われている(後者には「ものの主題」という表現がある)。また久保島が執筆したと思われる『低学年の美術教育』(百合出版,1973)では、作者が表現したい対象をどう表現するかというイメージを「表現意図」とし、作品が完成して初めて明確になるものを「主題」として区別している。
15) 箕田源二郎「低学年における美術教育の課題」『美術の授業 1』所収, pp.20-22
16) 「特集 美術教育の授業過程 美術の鑑賞―靉光の「自画像」をめぐって―」『教育』第15巻第9号, 1965.9. pp.45-93
17) 『美術の授業(1～3)』(1967)、山梨新しい絵の会『低学年の美術教育』(百合出版,1973)同『高学年の美術教育』(1982), 新しい絵の会編『新美術の授業1～4』(駒草出版, 1979-82)に収録されている鑑賞の実践報告から推測すると、数の上からも実践者の拡大の点からも広がりが見られず、時代が下がるにつれて、実践者が絞られていく傾向が見られる。
18) 久保島信保「『校舎』と『樹木』」, 新しい絵の会監修『美術の授業3』pp.40-58
19) 70年代後半になると、池田栄が系統的指導を重視した『年齢別・系統的指導画集 池田栄の幼児画指導』黎明書房, 1976、『幼児の絵の読みとり方・育て方』百合出版, 1978、『低学年の絵の読みとり方・育て方』百合出版, 1979を出版している。また新しい絵の会編

〔第1部　理論編〕

としても、『新美術の授業（1〜4）』（駒草出版,1979〜82）を出版し、指導の体系化を試みている。
20) 一般に表現主義的な傾向の画家と見られているゴッホの作品を、リアリズムの範疇に加えることについては補足が必要であろう。ここでは「リアリズム」を広義に解釈し、対象の実在性や現実性を重視し、対象の本質に迫ろうとする表現の傾向として捉えた。
21) 小泉淳作『アトリエの窓から』講談社, 1998
22) 野田弘志『写実照応』求龍堂, 1994
23) マティス（二見史郎訳）『画家のノート』みすず書房, 1978. ゴッホについては、当該作品に関連する作者の言葉は見付からなかった。

第5章 思春期における美術教育の課題と展望

1．造形表現の質的転換期における描画教育の課題

　これまで思春期を造形表現の質的転換期として捉え、描画の問題を中心に、思春期の美術教育をめぐる課題を検討してきた。ここで改めて思春期の子どもが直面している描画の問題について総括しておきたい。

⑴ **思春期における描画をめぐる課題**
　これまでの議論を通して明らかになった思春期における描画の課題を列挙すると、以下のようになる。

　a. 言語の運用能力等の発達や自己表現の手段の多様化に伴い、描画に対する関心・意欲が低下する。
　b. 対象の再現描写（視覚的リアリズム）への関心が高まるが、直写主義（literalism）と表現としてのリアリズムの区別はできない。
　c. その結果、機械的な再現描写（直写主義）に陥り、描写力に欠ける子どもは自信を喪失する。
　d. 描写力を身に付けた子どもでも、それだけで描画に対する関心・意欲を持続できるとは限らない。
　e. 描画に対する関心・意欲を持続できるようにするには、描画のメカニズムに対する理解を促す「美術の教育」が必要になる。

　一言でいえば、一部の子どもを除いて、外からの働きかけがなければ、描画が成立しないというのが、思春期における描画が抱える課題である。
　幼い子どもが自発的に行う描画は、子どもの心を占めているものやことを、最も身近な表現手段である描画によって表出したものである。それは内発的な

[第1部　理論編]

力がなせる表出行為であり、意識的、自覚的な行為ではないという点からいえば、芸術的な表現とはいえない。大人の目から見てどんなに魅力に富んでいても、それは偶然の結果であり、芸術的な努力の成果ではないからである[1]。

　一方、「擬似的表現主題の時期」になると、子どもは自分の心を占めているものやことの多くを言語によって表出したり、表現したりできるようになる。その結果、自発的な描画は目に見えて減少する。実際、「擬似的表現主題の時期」以降、特別に描画を好む一部の子どもを除けば、マンガの模写や落書き以外に自発的に絵を描くことはほとんどなくなる。授業で描画を課せられれば、それなりに努力し課題を果たそうとするが、絵で何かを表現したい積極的な気持ちがあるわけではない。

　これが、造形表現の質的転換期としての思春期における子どもの描画に対する一般的な心情である。本心では「絵なんか描きたくない」と思っている子どもを対象とするのが、思春期の美術教育なのである。

　そんなに大変であれば、敢えて思春期の子どもに描画指導を行う必要はないのではないかという声が聞こえてきそうであるが、課題に困難が伴うことと、課題そのものの意義とは全く別の話である。それまで成長の力（内発的な力）に支えられていた描画に対する関心・意欲が失われ、子どもが描画に意識的、自覚的に向き合わざるを得ないときだからこそ、意識的な「美術の教育」が必要になり、また可能にもなるのである。それは、北川民次が真の美術教育が可能になるのは10歳以後と考えて、メキシコの野外美術学校で美術の教育を行い、W.ジョンストンが、「適切な配慮と理解ある指導がなされるならば」という条件付きではあるが、「思春期は創造の能力が芽生える時期である」と指摘している（『思春期の美術』pp.5-6/邦訳pp.28-29）ことによく表れている。

(2) **思春期における描画の課題を解決するために何が必要か**

　それでは、思春期における描画の課題に対して、私たちは何ができ、そして何をなすべきなのであろうか。

① **現実を直視し、問題の本質に向き合う**

　この問題を考える前提として、素朴な児童中心主義の幻想を捨て、思春期の

子どもたちが置かれている状況を直視することが必要である。素朴な児童中心主義というのは、「子どもは生まれながらの芸術家であり、創作のためにはただ材料さえあたえてやれば他には何もいらない」といった、教師の指導を否定する極端な児童中心主義の考え方である。児童中心主義の美術教育者であるV.ローウェンフェルド自身が、70年も前にそうした極論を「理想主義（観念論）的な考え方 idealistic concept」と呼び、それが子どもの創造力を無視するのと同様に美術教育に弊害をもたらしてきたと批判している[2]。

　我が国では、今日なお素朴な児童中心主義の考え方が情緒的なレベルで浸透しており、現実を見据えた地に足の着いた議論を阻害している。それはおそらく、年少の子どもの美術教育と思春期のような年長の子どもの美術教育が区別されることなく、一律に論じられてきたためである。目の前の現実を冷静に観察し、問題の本質を見極める中から、解決の手がかりを探る他に道はないであろう。

②思春期における描画指導の意味や目的を再確認する

　描画に対して積極的な関心も意欲も乏しい子どもを対象に、描画の指導を行う意味や根拠を明確にしておく必要がある。そうでなければ、わざわざ困難を押して描画を指導しようとする熱意は生まれないからである。思春期における描画指導について、筆者は次のような重要な意味があると考えている。

a.　描画に対する苦手意識を払拭し、表現としての描画に対する誤解や偏見を正す最後のチャンスである

　第4章の冒頭でふれたように、大学生になっても描画に対して苦手意識を抱き、誤解や偏見をもっている人が少なくない。小・中学校の9年間にわたり必修教科として全員が履修してきた図画工作・美術が、美術に対する興味・関心を高め、理解を深めるどころか、誤解や偏見を再生産してしまっているとすれば、教科としての存在意義が疑われることになる。思春期は、美術に対する誤解や偏見を取り除き、苦手意識を解消できる義務教育段階最後のチャンスである。

b.　心象表現としての描画の特質を理解できるようになる時期であること

　思春期は、対象の再現描写への関心が高まる時期である。しかし図式的な描

〔第1部　理論編〕

画から写実的な描画への移行は、誰もが自力でできることではない。アンドレ・マルロー（1901-76）が述べているように[3]、子どもの描画と成熟した大人の描画（＝芸術表現としての描画）の間に連続性はなく、断絶していると考えた方が実態に即している。

　ただ、ここで留意すべき点は、図式的な描画から写実的な描画への移行は、単なる表現形式上の問題にとどまらないことである。それ以上に重要なことは、図式的な表現では描画と渾然一体となっていた感情的な要素が、子どもの関心が視覚的なものに特化することによって、切り捨てられてしまうことである。その結果、機械的な再現描写（直写主義）に陥ることになる。

　したがって、この時期の指導では、意識的に描写に感情を絡ませることが必要になる。描写の対象（客観）と子どもの感情的要素（主観）とが統合されることによって成り立つのが、心象表現としての描画のリアリズムだからである。このような心象表現としての描画の複雑なメカニズムについて学べるのは、描画に対して意識的、自覚的になる思春期を措いて他にない。

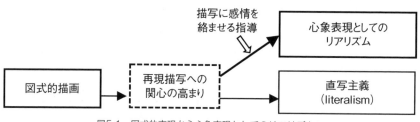

図5-1　図式的表現から心象表現としてのリアリズムへ

(3)表現教育としての描画指導のゴールをどこに置くか
①写実的表現（リアリズム）の問題をどう扱うか

　この問題については、改めて後述するが、写実的な表現の初歩的な技法を体験し、基礎的な考え方や方法について理解すること、そして描画そのものの表現のメカニズムに対するメタ的理解を促すことを目的として、リアリズムを題材として明確に位置付けるべきであるというのが、筆者の主張である。

　小学校教科専門科目の「図画工作」の授業で、これまで描き方を教わったこ

とがないと訴える学生が多い。確かに、自由な自己表現をさせることが描画教育の目的ならば、画一的に技法を教えることは、目的に反することになる。しかし現実には、子どもたちは本人が意識するしないにかかわらず、周囲のさまざまなものから影響を受けており、描き方を真似たり、手本にしたりする子どもも決して少なくない。マンガやアニメーションの人気キャラクターを描ける子どもが、級友から一目置かれるのはどこでも見られる光景である。写実的な描写力を自力で身に付けている子どもは、本人にとってそれが遊びだったとしても、トレーニングになっているはずである。

金子一夫が端的に指摘しているように、「誰もが学ぶべき、なおかつ自然放置のままでは一部の児童・生徒にしか修得できない内容を、全児童・生徒に修得させようというのが普通教育である」[4]とすれば、授業で教えないということは、子どもを自然のまま放置することであり、普通教育としての図画工作・美術科教育の責任を放棄することになる。

認知発達の結果、写実的な描写へのこだわりが強まる思春期には、写実的な表現の問題から目をそらさずに、正面から向き合うことが必要である。しかしこれまで、写実的な表現の扱い方に対するオープンな議論が欠けていたため、教育現場に混乱が生じている。小学校の図画工作では、何となく教えてはいけないのではないかといった空気がある。中学校の美術では、そういう空気はないまでも、何をどこまで教えるのか、自信をもって自分の方針を説明できる教師は少ない。

教えるべきではないというのであれば、それはどのような根拠からなのか、教えるべきだとするならば、どのような理由や目的で、何をどこまで教える必要があるのか、オープンな議論が必要である。

②表現教育としての描画指導のゴールをどこに置くか

認知発達の結果としての視覚的リアリズム（再現描写）と心象表現としてのリアリズムが、似て非なるものであるとすれば、表現教育としての描画指導の目標はどこに置くべきであろうか。従来、両者のリアリズムが明確に区別されず混乱していたため、写実的な描写力を身に付けさせることが、美術教育にお

〔第1部　理論編〕

ける描画指導のゴールであるかのような錯覚を人々に与えてきた。
　しかし、両者が表面上酷似しているとしても、表現に対して意識的、自覚的になる発達段階の子どもにとって、全く異なる意味をもつことが明らかであるからには、表現教育としての描画指導のゴールをどこに定めるかが改めて問題となる。

a. 描けるようにすることではなく、描くことの意味を理解できるようにすることを目標とする

　筆者が考える表現教育としての描画指導の第一の目標は、写実的な表現ができるようにすることではなく、造形的なものの見方や捉え方、写実的な表現の基礎的な技法について、初歩的な理解が得られるようにすることである。そして併せて写実以外の表現様式についても、初歩的な理解が得られるようにすることである。
　全員に写実的な描写力を身に付けさせることは、現実的に考えて不可能なだけでなく、その必要性も乏しい。しかし一方で、思春期の子どもが写実的表現に強いこだわりをもつという現実からも目を背けることはできない。それでは、子どもたちが、描画に対して抱く誤解や偏見を修正するチャンスを奪うことになるからである。
　この問題を解く鍵は、写実的な表現の基礎的な原理や方法について理解を得させることである。ローウェンフェルドが人間の創造のタイプの違いとそれぞれのタイプに適した教育が必要であることを訴えたように、もともと写実的に描くことに不向きなタイプの子どももいる。写実的な表現の原理や方法に関する初歩的な知識や技能を、体験を通して得られるようにし、さらにその他の多様な表現様式に視野を拡げることができれば、描画に対する誤解や偏見を払拭し、特定の表現だけを絶対視することも抑止できる。そしてそれは、描画の創作のメカニズムに対するメタ的理解を促すことにも繋がることになろう。

b. 表現と鑑賞を連動させ、描画に対するメタ的理解を促す
　しかし、認知発達の結果としての視覚的リアリズム（再現描写）と心象表現としてのリアリズムの違いに気付かせ、描画に対するメタ的理解を促すには、

年間を通じて1、2回描画を経験するだけでは限界がある。その上さらに、写実的な表現以外の多様な表現様式を体験的に学ぶのは到底困難である。したがって、表現と鑑賞を連動させ、限られた制作体験を鑑賞活動で補うことによって、描画に対するメタ的理解を促す必要がある。

第4章第3節で、写実的な表現に関する初歩的な理解を目的とした、表現と鑑賞を関連付けた絵画演習を紹介したが、ここでは表現様式に対する理解を目的とした、鑑賞と表現を連動させた指導事例を紹介する。この授業は、前任の群馬大学で行った、小学校教科専門科目「初等科図画工作」の絵画演習「季節の風景―印象派の手法を使って光や大気を表現する―」である[5]。

事前の授業「印象派の魅力―モネの風景画―」で、モネの風景作品の鑑賞を行い、モネをはじめとする印象派の画家たちが、「固有色にとらわれずに描いたこと」、「鮮やかな色彩を、細かいタッチに分割して用い、光や大気などの自然の一瞬の変化をとらえようとしたこと」、「影も色彩としてとらえ、明るい光を表現するために、パレットから黒の絵の具を取り除いたこと」などを説明し、印象派の表現方法に注意を喚起した。

その上で、制作課題として「印象派の筆触分割の方法を使って光や大気を捉え、季節感を表現すること」を提示した。理科専攻及び数学専攻を中心とする約110名の受講生は、それぞれ大学構内で課題にふさわしい場所を選び、制作を進めた。図5-2と図5-3は完成作品の例である。

図5-2　学生作品D「季節の風景」

図5-3　学生作品E「季節の風景」

〔第1部　理論編〕

　この授業のポイントは、描画を描こうとする積極的な気持ちをもたない学生でも困らないように、あらかじめ制作の課題として、「何を」(目的)と「どう描くか」(方法)を提示したことである。このようなテーマと方法を規定した制作活動に対して、学生の主体性や自主性が損なわれるのではないかといった疑問を抱く向きもあるかもしれない。しかし、受講生の多くは、もともと絵など描きたくないと思っている人たちである。無条件に主体性を尊重できるのは、授業のような強制的な要素を伴う学習の場ではなく、絵を描きたい人が自発的に集まるサークルなどでの活動であろう(そのような活動でさえ、基礎的なトレーニングは必要であるが)。

　授業では、積極的な動機をもたない人に対して、特別に表現欲求がなくても、一つ一つ課題を果たしていけば一定の成果が生まれ、そこから何かを学び取れるように、活動の枠組みを明示することが必要になる。しかも、授業における制作活動は、漠然とした芸術表現を目的としているわけでも、コンクールに出品する作品の制作を目指しているわけでもないということである。もともと授業は何かを学ぶためにあるが、今回の授業の目的は、〈表現としての描画は、目に見える対象の形や色をただ機械的に模写(直写)することではなく、風景の中に身を置き、空気の流れや香り、風の動き、降り注ぐ光など、五感を通して感じた感覚や印象(作者の主観)を、ある表現方法(今回は印象派の表現様式)を使って、目に見えるようにすることである〉ということを学ぶことにある。

　このような活動を通して、表現することの意味や見て感じたことが描画として具体化されるメカニズムを理解することができれば、心象表現としての描画に対するメタ的理解が得られることになる。

(4)思春期の描画教育ではどのような配慮が必要か
①思春期の子どもの心理的・認知的特質への配慮

　一般的傾向として、児童期の子どもが「外向的・合理的・社交的」であるのに対し、思春期になると、「内向的・思索的・非社交的」な方向に傾くようになる[6]。思春期の子どもは、心を許せるごく限られた人間関係の外では、あり

のままの自分を見せることに用心深くなる。そして、家族や教師などの身近な人間であっても、あるいは身近であればあるほど、自分の内面に踏み込まれることを嫌うようになる。

　このような傾向は、授業という公の場での表現活動では、成績評価に対する不安もあってさらに増幅され、自分を率直に表現することをむずかしくする。指導の際には、無闇に子どもの内面に踏み込まずに、適度な距離を保って接する配慮も必要になる。

　その一方で、認知能力の発達は目覚ましく、知的好奇心が旺盛な時期でもある。教師は、こうした特質をふまえて、題材設定の際に知的好奇心やチャレンジ精神を刺激するような要素を積極的に取り入れ、子どもの関心や意欲を引き出すさまざまな工夫を凝らして授業を行っている。

②授業の特殊性に対する配慮

　小学校低学年や中学年頃までは、授業であることを特別に意識することは少ないが、高学年頃になると授業に対して意識的になり、中学生ともなると成績評価が進路選択に直結することもあって、授業に対する意識は格段に強まる。しかも、学校は子どもたちが集団生活を送る小社会であり、そこで行われる授業も、必然的に公的な性格を強く帯びたものになる。

　そうした授業という特殊な場で行われる表現活動は、思春期の子どもにかなり大きなプレッシャーを与えるものとなる。もともと表現は自分を外に出すことであり、教師や級友の前に生の自分をさらけ出すことに繋がるからである。

　私たち美術教師は無意識の内に、表現活動のイメージとして、画家が自分のアトリエで、時間が経つのも忘れて制作に没頭する姿を思い描きがちである。授業における表現活動の特性を考えると、画家をモデルとした表現イメージが、いかに現実離れしたものであるか明らかである。

　思春期の美術教育では、授業で行われる表現活動において、子どもたちに何をどこまで求めることができるのか、改めて考えてみる必要がある。

〔第1部　理論編〕

(5)「表現様式不在の時期」としての思春期への配慮
①思春期と描画の表現様式

　造形表現上の発達特性としてまず挙げなければならないことは、思春期が造形表現の質的転換期であり、描画に関しては「表現様式不在の時期」であることである[7]。思春期の描画の指導では、関心・意欲が低下している子どもたちに、活動に対するモチベーションを高めるための導入の工夫が重要であるが、それと併せて、多くの子どもは描くための手段（表現様式）をもたないということにも配慮が必要である。

　ここで改めて「表現様式」について、ふれておきたい。佐々木健一によれば、様式の概念は、時代様式（ゴチック、バロックなど）、民族様式（フランス様式、ジャポニスムなど）、流派の様式（立体派の様式、バウハウスの様式など）、個人様式、ジャンルの様式など、もともと多義的・多層的であるが[8]、筆者が想定しているのはこの中の個人様式である。例えば、ゴッホとゴーギャンの作品はそれぞれ全体の雰囲気も形や色の表現も異なっており、両者を混同する心配はない。このように個人様式としての表現様式は、ある一人の芸術家に見られる「一定の持続的特徴」[9]（竹内敏雄）であり、一般的な言葉では「作風」に当たるものである。

　本書で用いる「表現様式」は、次に引用するE.H.ゴンブリッチの「形式の語彙」やA.マルローの「《省略》の方式（システム）」とほぼ同義である（傍点引用者）。

「物が再現される方法と、物が『見られる』方法とを等式で結んだ方程式は、間違いなく人を誤らせるものだ。子供は、自分の描くあの未熟な図柄によって母親を見ているのではない。…、あらゆる様式において、美術家は形式の語彙に頼らねばならなかったし、また熟達した美術家と未熟な美術家とを区別するのは、物についての知識というよりも、この語彙についての知識なのだ。」[10]（ゴンブリッチ）

「およそ、何かを表象しようとする一切の芸術は、必ず一つの《省略》の方

式(システム)を具えているものだ。画家は一切のフォルムをキャンバスの二つの次元におさめこめてしまうし、彫刻家は一切の仮の運動或いは表象された運動を不動、制止におさめこまねばならぬ。こうした省略から芸術がはじまるのである。」[11](マルロー)

子どもは、叙述的表現主題の時期までは、自力で身に付けた図式的な表現様式を用いて、描きたいものはたいてい描くことができる。しかし、対象の再現描写への関心が高まり、図式的な表現を放棄する「擬似的表現主題の時期」になると、描けなくなる子どもが急激に増える。それは、図式的な表現方法を放棄しても、それに代わる再現描写の方法が自動的に手に入るわけではないからである。不完全ながら再現描写の技法を自力で身に付ける子どももいるが、そこからさらに先に進むには意識的な指導や学習が必要になる。

②描画の表現プロセス

観察に基づく描画を例に、写実的な表現のプロセスを図式にしたものが図5-4である[12]。もし、全く既成概念にとらわれずにものを見ることができれば(無垢の目)、現実の対象をそのまま生の形で捉えることができるはずである。しかし、習慣的なものの見方は、視覚の恒常性や既成概念によって、自らの意志が働かないところで修正されたり、歪められたりした対象像である(概念的な対象像)。

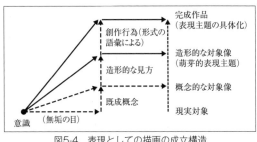

図5-4 表現としての描画の成立構造

それに対して、表現としての描画を描くために対象を観察することは、既成概念に縛られ習慣化した見方を意識的に抑制し、対象を「絵を描く目」(造形的な見方)で捉え直すことである。そして、造形的な見方で捉えた対象像(造形的な対象像)は、ゴンブリッチのいう「形式の語彙」によって画面に再構築される。さらに正確にいえば、熟達した画家が、造形的な見方によって現実の

対象を捉えようとする際には、先人から学び、身体化しているさまざまな「形式の語彙」の中から、表現意図の具体化にふさわしい語彙を直観的に選択しているはずである。

このように考えると、描画を学ぶ目的は、単に描写の技術を習得すること以上に、対象を造形的に把握する見方や捉え方（造形的な見方）を身に付けることにあることが分かる。

「形式の語彙」は、多くの場合、先行する表現から学び取られる。その例は、画家の修業時代の習作にいくらでも見ることができる。師匠や先人画家から影響を受け、それを消化吸収しながら、自らの個人様式を確立していく画家としての成長過程は、描画のメカニズムや表現様式の意味について貴重なヒントを与える。描画に対するメタ的理解を促すための鑑賞活動のテーマとしても重要である。

③表現手段の多様化と拡張

子どもたちが幼い頃から親しんできた描画といえば、絵本や雑誌のイラストレーション（イラスト）、マンガ、挿絵、テレビを通して接するアニメーション（アニメ）の絵である。またそれ以上に、写真やビデオなどの映像は生まれたときから身近に接しているある種の絵（画像）である。

中学校の美術には、そうした多様な表現媒体が、1998年の学習指導要領改訂から取り入れられている。それから20年近くになるが、教育現場にはそれほど浸透していない。

しかし、例えば、マンガには単純化や強調（誇張）、デフォルメ、構図といった造形表現のさまざまな要素が豊富に含まれている。また、写真については、画像や動画を記録できるデジタル機器が普及し、画像の加工や編集を行うフリーソフトも簡単に手に入る。こうした状況を考えると、スナップショット的な画像だけでなく、照明やトリミングの工夫、パソコン上での加工まで含めた、表現としての写真の可能性が大きく広がっている。

マンガやイラスト、写真などによる表現は、心象表現としての描画とは創作過程などで異なる点があるが、現代の子どもの感覚により近い、広い意味の描

画として捉えれば、思春期の子どもの描画に対する関心・意欲を喚起するきっかけとなる可能性がある。

2. 教科としての思春期の美術教育の課題

これまでは描画の問題を中心に考察してきたが、これ以降、思春期の美術教育全体に関わる課題について検討する。

(1) 美術教育はどのような状況に置かれているのか

小・中学校における美術教育をめぐる現実的な条件としてきわめて深刻なのは、授業時数の問題である。1998年の学習指導要領改訂以降、小学校の図画工作と中学校の美術の授業時数は、表5-1のように定められている。この時数が具体的にどのような意味をもつのか、学校教育の事情に不案内な方のために簡単に補足しておきたい。

図画工作や美術は実技教科としての性格が強く、表現や制作の授業では、授業の始めと終わりに材料・用具などの準備や片付けの時間が必要になる。例えば、週当たりの授業時数が1単位時間（50分）と最も短い中学校2・3学年の場合、準備・片付けの他に、導入やまとめの時間も加えれば、実質的に生徒が活動に取り組める時間は最大限に見積もっても35分程度になる[13]。ようやく調子が上がり、集中力も高まってきた頃には、後片付けの時間になる。このように授業時数の問題は、子どもたちが活動に集中したり、考えを練り上げたりす

表5-1 小学校図画工作と中学校美術の授業時数

	小学校図画工作			中学校美術	
	低学年	中学年	高学年	1学年	2・3学年
年間授業時数 (単位時間)	70 [68]	60	50	45	35
週当たりの時数 (単位時間)	2 (90分)	約1.7 (約77分)	約1.4 (約64分)	約1.3 (約64分)	1 (50分)

（註1）学校の年間授業週数は35週を基準とする。週当たりの時数は、年間授業時数を35週で割ったもの。ただし、小学校1学年は年間授業週数が34週のため、年間授業時数も68単位時間となる。
（註2）小学校の1単位時間は45分、中学校の単位時間は50分

ることを妨げる要因となる。もちろん、思春期の美術教育の課題は、授業時数の問題だけに限られるわけではないが、実技教科としての図画工作・美術の授業を支える最も重要な基盤が活動時間であることは誰しも否定できないであろう。ここでは詳細にはふれないが、授業時数の問題は授業に直接影響を与えるだけではなく、小規模校では専任教師の配置が困難になる、一人の美術教師が担当する学級数や生徒数が増え、週当たり700名を超えることも珍しくないなど、さまざまなマイナスの影響を与えている。

このような厳しい状況の下で、教育現場の教師が実際にどのような工夫を凝らして日々の授業を行っているか、第2部実践編をお読みいただきたい。ここでは、現実的な条件をふまえて、思春期の美術教育を前進させるために何ができるのか、何をする必要があるのかを考えてみたい。

(2)現実的条件をふまえた美術教育の課題
①「作品づくりの授業」から「美術への理解を深める授業」への転換を図る

図画工作や美術の授業は、子どもたちが何かを学ぶための場であり、作品の制作はその手段である。したがって、描画に限らず表現題材は、原則全て演習であり、作品づくりはあくまでも仮想の目標ということになる。まず、この原則を再確認することが、現実的な条件をふまえた上で美術教育を行うための前提となる。

これまでの美術教育は、表現や制作活動（作品づくり）を中心に行われてきた。その理由の一つは、以前はそれなりに時間的な裏付けがあったことである。第4章で「新しい絵の会」の実践を取り上げたが、その中には、一題材に10時間以上かけている表現題材が36題材中11題材あり、最長18時間という題材もある（p.117の表4-1参照）。当時の授業時数は、いずれの校種・学年でも週2単位時間に定められていた。長時間題材が設定された背景には、一つの題材にじっくり取り組む中で経験が深まり、それが美術全体の理解へも波及することが期待できたのであろう（実際に波及できたかどうかは疑問であるが）。

しかし、今日のように授業時数が限られる中では、直接経験に頼るだけでは限界がある。限られた授業時数の中で、少しでも子どもたちに充実した学習機

会を提供し、教育効果を上げるには、直接的な経験に加えて鑑賞活動などの間接的な経験も活用する必要がある。思春期の子どもにはそれが可能であり、直接的な経験に間接的な経験を通して得られる知的理解が伴うことによって、活動の意味や目的がより明瞭になる。実技に苦手意識をもつ子どものモチベーションが高まることも期待できる。

②授業では活動の結果ではなく過程を重視する

　一般に、思春期の子どもの表現や制作活動に対する達成感や充実感は、完成作品に左右されやすい。特に、作品づくりが目的化した授業ではそうである。しかし、現実的な条件を考えた場合、結果を重視し過ぎると教師も子どもともに挫折感を味わうことになりやすい。結果だけに偏らずに、課題追求の過程で達成感や充実感を味わえるようにする必要がある。

　それには、①で述べた「美術への理解を深める授業」への転換を図るべきである。そして、活動の過程を重視するには、過程を目に見える形で記録することが重要になる。図画工作や美術の授業では、作品以外にも、アイデア・スケッチや下描き、ワークシート、振り返りカードなどの物的資料が活動の途中で生み出される。それらをポートフォリオにまとめさせることによって、結果重視から過程重視への意識の転換も可能になる。

(3)コンクール評価から教育評価へ

　過程を重視した「美術への理解を深める授業」を行うには、教育評価のあり方が非常に重要になる。

　描画が苦手だという学生に理由を聞くと、決まって「上手・下手で評価されるから」という回答が返ってくる。これは、自分の表現活動やその成果物が、技術的な巧拙によって評定されることに対する不満を述べたものである。このような不満は決して特殊な例ではなく、筆者がコンクール評価と呼ぶ本来の教育評価から逸脱した評価には必ず付随するものである。

　コンクール評価と教育評価の違いは表5-2のようである。コンクール評価は文字どおり、作品展などで入選・落選を決めたり、受賞者を選んだりする際に用いられる評価方法である。教育評価は通常の教育活動で用いられている評

〔第1部　理論編〕

価方法である。

　実技教科でも、音楽や体育の評価は、演奏や実技はすぐに消えてしまうため、その場で目の前の子どもの活動を観察し、学習目標に基づいてその達成度を評価する。体育の短距離走の授業を例に挙げれば、その時間の学習目標が走りの基本フォームを学ぶことにあり、フォームに気を付けながら軽く流して走る練習を行う場合、教師は基本フォームに気を付けて走っているかどうかを評価する。その際、走る速さを評価するような誤りは起こり得ない。

　しかし、図画工作・美術の表現活動では、結果として作品が残り、それが評価の主たる対象とされることが多い。その際、描写力に優れ、完成度の高い作品に目を奪われて、知らず知らずの内にコンクール評価に傾くということが起こり得る。とりわけ、題材の学習課題があいまいなまま授業が進められた場合、子どもの意識も漫然と作品づくりに向けられ、教師の評価もコンクール評価に陥りやすいのである。

　このような問題を防ぐには、題材の目標を絞り込み、学習の課題や条件などを、子どもに対して、明確な形で具体的に示すことが大切である。その上で、下描きやアイデア・スケッチ、ワークシート、振り返りカードなどの活動の過程で産出される資料を、ポートフォリオとしてまとめさせておくと、学習過程の評価の資料として活用でき、結果の評価のみに偏らずに済む。子どもにとっ

表5-2　コンクール評価と教育評価

	コンクール評価	教育評価
目的	＊優劣や序列の判定	＊学習課題の達成度の判定 ＊学習上及び指導上の課題の把握、次の活動へのフィードバック
対象	＊完成作品	＊完成作品、制作途中の取り組み、活動状況を示す記録（ラフスケッチ、構想メモ、学習カードなど）
観点	＊作品を構成する全ての要素：形や色の美しさ、構図の的確さ、完成度、表現力、新奇性・独創性	＊学習課題に基づく限定的評価
方法	＊作品間の相対評価	＊目標に準拠した評価 ＊進歩や向上を見る個人内評価

ても、自分の活動の軌跡が手元にきちんと可視化された形で残ることになり、結果の善し悪しだけに過剰にこだわることを抑止することができる。授業時数が限られた教科であるからこそ、一つ一つの授業を大切にする仕組みをつくっておく必要がある。

(4)デザイン教育の改善と鑑賞教育の充実に向けて
①思春期におけるデザイン教育の意義

思春期は、物事を客観的に捉え、分析的で論理的な思考ができるようになる時期であるが、このような思春期の子どもの発達特性は、デザインや工芸などのR型創造に適応的である。

実際、描画のような心象表現に比べ、工作やデザイン・工芸に対して苦手意識を抱く子どもは少なく、取り組みも積極的である。R型創造を中心とする工作やデザイン・工芸は創作のプロセスが比較的明瞭であり、創作過程を分節化して捉えやすい。何を、どうすればよいのかを段階的に把握しやすいことが、子どもが工作やデザイン・工芸を好む大きな理由と考えられる。

a.「デザインの教育」の重要性

しかし、実際の学校教育におけるデザイン教育の実情に目を向けると、制作（製作）活動は活発であっても、「デザインの教育」、つまりデザインそのものに対するメタ的理解を促す学習には至っていない現状がある[14]。小学校の工作指導が、作品製作に終始しやすいのは、もともと工作をデザインとして捉える視点が希薄であることに原因があろう。A型創造とR型創造の違いが意味をもつようになるのが高学年以降であることも、それを助長している。中学年までは、子どもの意識としては立体も工作もほとんど変わらないため、教師の側もデザインの問題を意識する必要感が乏しいことが考えられる。

一方、中学校の場合は、やや事情が異なる。1958年の学習指導要領改訂時に技術科が新設され、科学性、合理性、技術性を主体とした表現に関する内容（工作や図法製図）が技術科に移され、美術科には芸術性創造性を主体とした表現や鑑賞に関する内容が残された。それがその後の教科イメージ（教科観）に影響を残している可能性がある。

〔第1部　理論編〕

　さらに、私たちが日常ふれているデザイン製品の多くが工場での大量生産品であるのに対し、授業で行われる制作はデザインにしろ工芸にしろ、主に手づくりによる一品制作であり、手工芸的なイメージが強いことも、デザイン一般の問題として包括的に捉えにくい原因であろう。

b. 鑑賞（批評）活動を通した「デザインの教育」の可能性

　しかし、思春期の子どもの発達特性や、子どもたちの美意識や選択眼を養うことは今後彼らが社会で生きていく上で必要不可欠であることを考えると、制作と鑑賞（批評）を通じて、デザインに対するメタ的理解を促すことはきわめて重要な課題となる。

　そうした「デザインの教育」を現実的な条件の下で行う際、実現性が高いのは、授業に積極的に鑑賞・批評活動を取り入れることであろう。筆者も、デザインの鑑賞題材として、子どもたちが日常接している工業製品（ペットボトルや醬油差し）を使った比較鑑賞を考えたことがある。目的や機能が類似した複数の商品を対象に、造形美、視認性、機能性、堅牢性、安全性、資源や環境保全への配慮といった観点に基づいてグループで評価し合い、制作者（デザイナーや企業）の意図やねらいを読み解くものである。このような活動を通して、デザインの意味や優れたデザインの条件などに対する関心を高め、デザインに対するメタ的理解を深めることが期待できる。

②鑑賞教育の見直し―美術作品の鑑賞力を育てる鑑賞指導―

　表現活動へのフィードバックを目的とした鑑賞は、表現のメカニズムを体験的に理解できるという点でメリットがあるが、対象として取り上げられる作品や作者は限られざるを得ない。美術に対する視野を広げ、美術に対するメタ的理解を深めるには、独立した鑑賞が必要である。

　しかし実際には、鑑賞教育は全体に低調である。その最大の理由は、鑑賞教育そのものの歴史が浅く、ノウハウの蓄積が乏しいことである。学習指導要領の文言を見る限り、戦後の美術教育において鑑賞が軽視されたことは一度もない。しかし、1970年代半ば頃までは、鑑賞といってもその多くは美術史に関する概念的な知識理解が中心であった。1977年の学習指導要領改訂によって、感

覚や直感を重視した鑑賞が奨励されたが、作品に対する印象や思い付きの感想を発表し合うといった底の浅いものにとどまりがちで、事後の達成感や充実感に乏しいものであった。1980年代後半以降、理論研究を中心に鑑賞教育に対する研究が進んだが、授業における具体的な方法論の開発や蓄積は依然として十分ではなく、鑑賞教育に関心をもつ一部の教師の実践にとどまっている。一般の教師が広く活用できる鑑賞題材や指導モデルの開発と鑑賞教材の整備が求められる[15]。

またそれ以外にも、図画工作・美術を指導する教師側の理由や事情もある。主なものを挙げれば、以下のようである。

a. 鑑賞活動の教材や資料が十分ではなく、自分で用意したり、作成したりする余裕がない。
b. 授業時数が限られているため、表現活動を優先させたい。
c. 自分自身が充実した興味深い鑑賞の授業を受けたことがないため、授業展開をイメージしにくい。

「a」は、表現活動に比べ、鑑賞活動に関する教材の整備が遅れていることの反映である。「b」の授業時数が限られているので、実技教科らしく表現や制作活動を優先したいという気持ちは、多くの教師に共通するものであろう。決定的なのは、「c」の教師自身がこれまで達成感や充実感を感じる鑑賞の授業を経験したことがないことである。

このように、鑑賞教育に対してはマイナス要因が多いことは否定できない。しかし、子どもたちを美術に対する誤解や偏見から解放し、生涯にわたって関心を抱き、親しめるようにするには、表現や制作だけでは不十分であり、鑑賞を通じて美術に対する視野を広げ、理解を深める働きかけが必要になる。

繰り返し述べてきたように、思春期は、描画についていえば、多くの子どもが図式的な表現様式を放棄したまま、それに代わる表現の方法をもたない表現様式不在の時期である。外部の優れた表現にふれて刺激を受け、多様な表現の語彙や語法を意識できるようにすることが必要である。それが、表現活動へのフィードバックを主目的とする鑑賞の役割である。

一方、子どもたちの多くは、将来、制作者としてよりも享受者として美術に関わることを考えると、小・中学校の美術教育において、美術作品の見方や味わい方を学ぶことは、生涯にわたって美術文化に親しむ基礎を養う意味できわめて重要なことである。

とりわけ、自己表現の手段が分化し、多様化する思春期には、描画を通して自分を表現することに積極的になれない子どもが増える。自我の確立期にあって、それぞれの個性の違いがより明確になる思春期に、自己表現の手段が分化し多様化するのは自然のことである。問題なのは、描画に対する苦手意識が、美術そのものに対する興味・関心の喪失に繋がってしまうことである。小・中学校の美術教育で、鑑賞の魅力や醍醐味を味わう経験を得られなかったことが、美術そのものへの興味・関心の低下を助長している可能性がある。

美術の世界への入口は、自ら表現し制作することによってだけでなく、鑑賞というより身近な手段によっても開かれている。子どもたちが生涯にわたって美術への興味・関心をもち続けられるようにするには、思春期の美術教育において、鑑賞の魅力や醍醐味を実感できるようにすることが必要である。

(5)制度的条件下での授業展開とカリキュラムの課題
①授業時数の取り扱い

どんなに理想的な美術教育であっても、現実的な条件の下で実施できなければ絵に描いた餅である。ここでは、授業時数の問題に対する対応策について考えてみたい。

授業時数対策として、最も単純な方法は材料の大きさを縮小することやセット教材を利用することである。ただし、時間の節約が優先され、その活動を通して子どもたちに何を経験させ、学ばせるのかという根本的な問題が曖昧になってしまっては本末転倒になる。

もう少し積極的な対応策として、先にもふれた「作品づくりの授業」を「美術への理解を深める授業」に転換することが考えられる。例えば、完成作品のみを学習の成果とするのではなく、スケッチやメモ、技法演習などの活動の過程で生み出されるさまざまなものの集積全体を成果物として捉え直せば、比較

的短い時間でできる活動を一つのユニットとして構成し、それらを組み合わせて大きなまとまりのある活動とするような展開も考えられる。ユニット毎に一つの活動が完結するように設定すれば、子どもはスモールステップで達成感を感じながら、次の活動へと移行することができる。細切れの時間が何週間も続くような題材では、作品の完成だけを目標とした授業展開では、子どもたちのモチベーションを維持することはむずかしい。

　また、年間授業時数の柔軟な取り扱いも、試みるべき対応策である。1989年の改訂以来、年間授業時数の取り扱いが柔軟になっており、年間授業時数を下回らなければ、教科の特質から見て効果的な場合は、隔週、月毎、学期毎等にまとめ、2単位時間続きの授業にすることができる。細切れの授業では効果に支障が生じる中学校の美術は、授業時数の取り扱いについて、従来の慣例にとらわれない柔軟な発想が必要になろう。時間割の編成など複雑になることが予想されるが、何が最も優先されるべきかを考えれば、自ずから答えは明らかなのではないだろうか。

②思春期の美術教育における教育内容とカリキュラム

　図画工作・美術のカリキュラム編成に関する問題は、教育内容（何を教えるか）についての共通理解がなされていないことである。

　学校がカリキュラム（教育課程）の作成に際して準拠する基準として定められている学習指導要領でも、図画工作や美術の目標はあくまでも方向目標であり、内容として示されている事項も、教育内容（何を教えるか）ではなく、活動内容（何をさせるか）である。この事情は、育成を目指す資質・能力を明確化したとする新しい学習指導要領（2017年3月に告示）でも同様であり、図画工作・美術を見ると、目標と内容構成の観点は変わっているが、方向目標と活動内容で構成されている点は従来と同じである。

　なぜ、このようになるのかといえば、図画工作・美術が、自由な自己表現を重視する表現教科として位置付けられてきたことによると考えられる。自由な自己表現であれば、何をどう表現するかは作者に委ねられており、一律に何かを指導しようという意識も必要も生まれない。環境を整え、必要な材料・用具

〔第1部　理論編〕

を用意し、表現活動に対する動機付けを与えれば、自然に子どもの活動が始まる（はずだ）からである。

　教科の学習を通して子どもに身に付けさせるべき知識・技能（あるいは資質・能力）を到達目標として明示できなければ、それに付随する具体的な教育内容も示せない。しかし、思春期の子どもの発達特性を考えた場合、内発的な表現欲求を前提とした、自由な自己表現を目指す美術教育のプログラムが非現実的であることは、これまでの考察から明らかである。物事に自覚的になる思春期の子どもは、授業に対しても、自分なりにその意味や意義を理解し納得できなければ、義務的で消極的な取り組みで終わってしまう。活動を通して何を学び、何を身に付けようとするのかを明らかにすることが、教師だけでなく、子どもにも必要なのである。思春期の美術教育では、好むと好まざるとにかかわらず、教育内容（何を教えるか）を考えなければならない理由がここにある。

　美術科教育における教育内容について考察したものに、これまでにも何度かふれている金子一夫の『美術科教育の方法論と歴史〔新訂増補〕』（2003）がある[16]。金子は、美術科教育が児童・生徒の表現を主たる教育内容としているため、何が教育内容なのかが曖昧であることを指摘した上で（同書, p.31）、「美術の方法論（イメージの方法）」を教育内容とする内容構成論を提案している（同書, p.51,60）。ここではその詳細にふれる余裕はないが、金子の指摘から既に14年余（1998年の初版からは20年近く）が過ぎているにもかかわらず、教育内容の再編はもとより、見直しもほとんど行われていない現状を顧みると、美術教育に携わる一人として、忸怩たる思いを禁じ得ない。

　筆者も鑑賞教育については、不十分ながら、小・中学校9年間の子どもの発達特性をふまえた鑑賞教育の目標レベルと活動例を試案としてまとめたことがある[17]。こうした作業は、教育現場の多忙さを考えると、美術科教育を担当する大学教員が、教育現場の意向を汲み上げながら進める以外にないであろう。しかし、個人的な取り組みだけでは限界がある。美術教育に関わる学会などの学術団体が組織的に進めることが望まれる。

3. 思春期の美術教育のこれから

(1)思春期の美術教育の役割とは

　最近はあまり見かけなくなったが、街を歩いていると小さくなった制服を窮屈そうに着て歩く中学生に出会うことがある。上着の袖やズボンの裾から手足が伸びている様は、彼が今まさに成長の大きな節目にいることを実感させ、少しばかりまぶしく見える。私たち大人は、その子どもがこれから切り拓いていく未来が、まだ形を成さずに広がっている様子を想像してしまうからである。

　本書で、造形表現（描画）の質的転換期として位置付けた思春期も、たとえてみれば、身の丈に合わなくなった古い衣服を脱ぎ捨て、新しい衣服に着替えることが求められる時期である。ところが、古い衣服を脱ぎ去るのは比較的簡単であるが、それに代わる新しい衣服を身に付けるのは容易ではない。これまでのように内発的な力が後押しをしてくれるわけではなく、自らの手で新しい衣服を探すことが求められるからである。しかしこれまで、多くの子どもたちが、新しい衣服を見付けられずに諦めたり、古い衣服で一時しのぎをしたものの、やがて通用しなくなる事態に遭遇してきた。

　思春期に、意識的な美術教育が行われなければならない理由もここにある。新しい表現手段を探すことが求められながら、ほとんどの子どもは自力で探し出すことができず、外からのサポートを必要としているからである。

　思春期の限られた時期だけで、子どもが新しい衣服を身に付けるところまで期待するのは、もちろん楽観的に過ぎるだろう。しかし、新しい衣服を手に入れるための術を学ぶことはできるはずである。

(2)意識的な美術教育をどう進めるか

　思春期は、さまざまな世界との新たな出会い直しの時期である。図画工作・美術の授業で、教師から与えられた課題に素直に取り組んでいた子どもが、やがてなぜそれをする必要があるのか、それにどのような意味があるのか気にするようになり、時には素直に教師の指示に従えない子どもも現れる。このような現象は、授業で課せられた課題についても、その意味を理解し、納得した上

[第1部　理論編]

で取り組みたいという願望の表れである。

　表現や鑑賞の活動についても、年少の子どものように単に楽しいからとか面白いからといった理由だけでは、活動に対するモチベーションを維持することはむずかしい。逆にいえば、十分に意味を理解し、納得できる活動については、成人に近い水準に達している認知能力を発揮し、相当に質の高い活動ができることを示している。意識的な美術教育とは、まずはそうした活動に対する子ども自身の理解や納得をベースにした美術教育ということができる。

　また、さらに別の視点からいえば、「美術の教育」を意識した美術教育ということになる。第1章で取り上げた先行研究は、そのいずれもが何らかの形での「美術の教育」の必要性を指摘していた。「美術の教育」を進めるためには、表現や鑑賞の活動を通して、美術に関する何を学ぶのかを明確にしておく必要がある。早急に教育内容に対する検討が求められる所以である。

　ただし、教育内容が体系化されていなければ、意識的な美術教育ができないということではない。むしろ、多様な視点から、美術に対するメタ的理解を目指すさまざまな「美術の教育」が試みられることが、教育内容の見直しへの関心を高め、教育内容の体系化に向けた議論を生み出す前提となろう。

(3) 授業だからこそできること

　造形的な表現活動に対して積極的な関心・意欲をもたない子どもを対象とするのが、思春期の美術教育であると述べた。しかし、そのこと自体は決して悲観すべきことではなく、当たり前の事実に過ぎない。むしろ、思春期の子どもたちが、小学校低学年の子どもたちのように、一斉に目を輝かせて美術の授業に取り組む方が異常な事態というべきであろう。

　しかしまた、授業だからこそ、子どもは気が向かなくても教師が用意した題材に取り組むこともまた一つの事実である。教育の世界では、子どもの自主性や自発性が強調されるが、私たちは自分の知らないものを求めることはできない。未だ見たことも出会ったこともないものは存在しないに等しく、意識にも上らないからである。学校は、子どもたちがこれまで知らなかったことや経験したことのないこと（テレビで見たことがあっても、本当に知っているとはい

えないことも含む）に出会わせ、子どもたちに自らの世界を拡げることを促すところである。子どもの自主性や自発性が問題になるのは、その出会わせ方においてであろう。

　教師は、〈授業は子どもに活動を強いるものである〉ということを了解しているからこそ、子どもに対して、「最初はあまり気が向かなかったけれど、やってよかった」という満足感を与え、「もっとやりたい」「新しい課題にチャレンジしてみたい」という新しい学びへの要求を引き出したいと願うのではないだろうか。何を教えるのかについては議論が必要であるが、思春期の美術教育では、教えるということに対して教師はもっと前向きになるべきだと思う。そうすることによってこそ、何をどこまで教えるのかがより一層リアルな課題として認識され、教育内容に関する議論が活発化することが期待できる。

(4)思春期の美術教育の可能性

　これまで見てきたように、思春期の美術教育は素朴な児童中心主義の理念や方法が通用しない世界である。近代の美術教育において、一貫して思春期の美術教育が難問とされてきた理由もそこにある。表現活動に対して積極的な関心・意欲を示さない思春期の子どもに対して、素朴な児童中心主義の美術教育ではなす術がないからである。

　逆にいえば、思春期の美術教育には、素朴な児童中心主義の矛盾と同時に、その矛盾を乗り越える可能性が伏在しているともいえる。思春期の美術教育について考えることは、結果的に素朴な児童中心主義の限界を乗り越える手がかりを明らかにすることにも繋がるからである。

　教師は、子どもが造形活動に対して積極的な関心・意欲を示さないと、自分の指導に原因があると考えがちである。もちろん指導の仕方にも改善の余地は少なからずあるであろう（完璧な授業はないのだから）。しかしそれよりも、関心・意欲が高まりにくいのは、思春期の子どもの発達特性そのものに起因しているということを認識すれば、いたずらに自らの指導力に失望することなく、造形表現の質的転換期にある子どもにふさわしい独自のアプローチを考えることに積極的になれるのではないだろうか。

〔第1部　理論編〕

　小・中学校の美術教育は、小学校中学年までの前半と小学校高学年以降中学校までの後半とでは、それぞれ異なる性格をもち、固有の役割を担っている。本書で取り上げた思春期の美術教育の役割は、子どもたちがはじめて意識的に美術と出会う（美術と出会い直す）場を用意し、サポートすることである。成長の力に育まれた子どもの美術から、芸術としての美術への橋渡しができるのは、まさにこの時期をおいて他にない。

　全ての子どもがこの橋を渡り切り、生涯にわたって美術に親しめるようにする重要な役割を担うのが思春期の美術教育である。その意義は、きわめて大きいといわなければならない。

◆第5章　註

1) H.ガードナーは、芸術家であるかどうかは、自分の制作方法や作品が与える効果や影響について自覚的であるかどうかによって決まるとし（*Artful Scribbles*, p.16/邦訳『子どもの描画』p.19）、また、子どもの絵のもつ特別の力と魅力は、目標を達成することにこだわらず、逸脱も気にしない逆説的であいまいな性質によるものであり、子どもの絵の芸術性は、芸術性の最初の下絵という表現がふさわしいと結論付けている（同上 p.142/邦訳 pp.173-174）。
2) V.ローウェンフェルド「初版序」『美術による人間形成』p.ⅴ/邦訳p.1
3) アンドレ・マルロオ（小松清訳）『東西美術論2―芸術的創造―』新潮社, 1957. マルローは、「児童画の領域から芸術の領域に至る継続continuitéというものはない、あるものは変貌métamorphoseである。児童芸術は少年期とともに滅びる」（p.117）と述べ、子どもの描画と大人の芸術としての描画の間に連続的なつながりがないことを端的な表現で指摘している。
4) 金子一夫『美術科教育の方法論と歴史〔新訂増補〕』中央公論美術出版, 2003. p.38
5) 詳細は、新井哲夫「美術への理解を深める鑑賞と制作―『初等科図画工作』における授業改善の試み―」『群馬大学教育実践研究』第17号, 2000. pp.121-144を参照。
6) 岡本夏木・清水御代明・村井潤一監修『発達心理学辞典』ミネルヴァ書房, 1995. p.264
7) 新井哲夫「様式の不在としての描画の危機―思春期における描画の危機をめぐって―」『美術教育学』第11号, 1990. pp.167-176
8) 佐々木健一『美学辞典』東京大学出版会, 1995. p.128
9) 竹内敏雄『美学総論』弘文堂, 1979. p.732
10) E.H.ゴンブリッチ（瀬戸慶久訳）『芸術と幻影―絵画的表現の心理学的研究―』岩崎美術社, 1979. p.395

11) A.マルロオ, 前掲書, p.103
12) 作図に際しては、吉本隆明の言語の成立を示した構造図を参考にした（吉本隆明『定本言語にとって美とはなにかⅠ』角川学芸出版, 2001. p.47）。
13) 中学校1学年のように35週で割り切れない時数は、2時間続きの授業と1時間授業を隔週で行っている例もある。小学校で学級担任が担当している場合、柔軟な時数の取り扱いが可能であるが、専科担任が指導する中学校では、時間割編成の都合上、柔軟な取り扱いは困難である。
14) 大泉義一『子どものデザイン　その原理と実践』日本文教出版, 2017. pp.19-22及び小泉薫「中学校美術科におけるデザイン教育の歴史と方法論に関する研究」群馬大学大学院教育学研究科修士論文, 2007
15) 筆者は科学研究費補助金を受け、鑑賞教育に関する以下の研究を行った。
　○平成8-10年度科学研究費補助金　基盤研究（C）（2）研究成果報告書『造形活動における子どもの発達的特性をふまえた鑑賞教育の方法論に関する研究』（研究代表者　新井哲夫）1999.3
　○平成12-14年度科学研究費補助金　基盤研究（C）（2）研究成果報告書『図画工作・美術科における鑑賞授業モデル及びプログラムの開発に関する研究』（研究代表者　新井哲夫）2003.3
　後者は、鑑賞題材の開発と小・中学校でのその実践の成果をまとめたものである。こうした試みがさらに行われ、蓄積されることが望まれる。
16) 金子一夫『美術科教育の方法論と歴史〔新訂増補〕』中央公論美術出版, 2003. p.51
17) 平成12-14年度科学研究費補助金　基盤研究（C）（2）研究成果報告書『図画工作・美術科における鑑賞授業モデル及びプログラムの開発に関する研究』（研究代表者　新井哲夫）2003.3

[第1部　理論編]

結　び

　思春期の美術教育は、筆者にとって30年来こだわり続けてきたライフワークである。大学を卒業後16年間横浜市立中学校の美術教師として、思春期真っ只中の子どもたちと関わったことが、筆者の教師としての原点であるとともに、その間に抱いた疑問や課題がその後の美術教育研究の主要なテーマとなってきたからである。

　大学で絵画（油画）を専攻した人間として、授業でも描画の指導に関心を抱いてきた。そしてなぜ描画に苦手意識を抱く子どもが多いのか、常々疑問を抱きながら美術の授業を行っていた。教師になって10年ほど経った頃、横浜市教育委員会の教育課程研究協力校（中学校美術）の指定を受け、2年間にわたり子どもの表現意欲を高める指導法に関する研究を行う機会があった。具体的には、描画に対する苦手意識の原因は描写力が十分に身に付いていないことや材料・技法に習熟していないことにあると考え、写実的な表現技法や水彩絵の具の使い方などをきめ細かく指導するというようなものであった。まさに筆者自身が、この理論編において批判の対象としているような授業を行っていたことになる。そうした指導を続けても、子どもたちの苦手意識が解消され、描画に対する表現意欲が高まるようには見えなかった。むしろ教師が熱心に指導すればするほど、意欲は低下していくようにさえ感じられた。

　教師には、目の前の子どもたちが本当に興味・関心を抱いているか、それともある種の義務感で取り組んでいるかは容易に分かるものである。子どもたちは協力的であり、彼らなりに一生懸命取り組んでくれたが、描画に対する関心や意欲が高まっているとは思えなかった。外部からの参観者を迎えて行われる研究授業で、教師の顔を立てようと一生懸命付き合ってくれたのであろう。教

結び

育課程研究協力校としての役割は何とか果たしたが、子どもたちに対する申し訳ない気持ちが強く残った。研究を通じて、描画指導のあり方を抜本的に見直さなければならないことを改めて痛感させられた。

その後、大学院での研修の機会に恵まれ、描画指導について考え直す時間が与えられた。大学院で描画指導について研究を進める中で、着目したのが表現意図の問題である。研究協力校としての実践研究では、表現の方法の問題にばかり目が向いており、何を表現しようとするのかという子どもの表現意図に対する意識が希薄であったことに気付いたためである。大学院での研究成果は、修士論文「美術教育における『主題』とその指導—絵画表現の活性化とその指導法の確立をめざして—」にまとめた[1]。

理論編の第2章、第3章のベースは、30年近く前に書いた修士論文である。修士論文の一部は、学会誌等で発表した[2]が、時間が限られていたことや調査不足などにより、十分に検討できなかった課題も数多く残された。特に実践上の課題は、中学校の現場に復帰後授業を通して追求する心づもりでいたため、基本的な指導のモデルを試案として提示するにとどまった。

しかし、中学校に復帰後2年で大学に転出することになり、実践研究にはほとんど手を付けられないまま終わってしまった。大学に移ってからは、中学校の現場から離れたため、思春期の美術教育について別の角度から研究を進める必要に迫られることになった。その際、研究対象として取り上げたのは児童中心主義の美術教育の日本的展開としての創造美育運動である。それは、思春期の美術教育に対する一般の関心が低く、研究も低調であることの理由を探る中で、私たちに通念として刷り込まれている創造主義の美術教育の影響が大きいのではないかと思い至ったことによる。まずは、その創造主義の美術教育そのものの妥当性や適用可能性などについて検証することが必要であると考えた。またそれに加えて、思春期の美術教育の改善を図るには、表現活動だけでなく、鑑賞活動も含めて検討する必要があると考え、鑑賞教育の方法論についても検討することにした。

こうして、思春期の美術教育に関する実践的な研究は一時中断する形になっ

〔第1部　理論編〕

てしまったが、その間も、群馬県内を中心とする小・中学校の教師の方々と美術教育研究会（美術教育ぐんま塾）をつくり、教育現場の美術教育に継続的に関わってきた[3]。研究会のメンバーにとっては、日々の授業改善が最もリアルな課題であり、研究会の活動も自ずから、小学校低学年から中学校（時には高校）に至る幅広い実践を持ち寄り、ディスカッションする授業研究が中心となった。思春期の美術教育については該当学年が狭められるため、研究会全体のテーマとして取り上げにくく、手を付けることができなかった。

　そのような中、2011年度から3年間にわたり思春期の美術教育をテーマにした「思春期における造形表現の質的変化をふまえた美術教育の方法論に関する研究」に対して科学研究費補助金（科研費）を受けられることになり、旧知の美術教育ぐんま塾のメンバーと滋賀県中学校美術教育連盟の方々に研究協力を依頼し、授業実践をふまえた思春期の美術教育の研究を進めることにした。また幸いにも、継続研究として申請した「思春期における造形表現の質的変化をふまえた美術教育の方法論に関する実践的研究」も、2014年度から3年間にわたる科研費を受けられることになったため、本書の実現に至った次第である。多忙な中、研究協力者として6年間にわたり研究に協力いただいた方々に改めて心より感謝申し上げたい。

　また、今回の研究によって、修士論文としてまとめた研究の主要部分を、30年近くの年月を経てようやく更新することができた。例えば、理論編の「第2章　動因または表現意図に基づく描画の発達過程の再検討」は、修士論文の「第2章　子どもの発達と『主題』意識」を全面的に改稿したものである。修士論文では文献研究に基づく考察にとどまったが、今回は一人の子どもの1歳から15歳までの描画約700枚（描いた日付が明らかなもの）を縦断的に辿ることにより、子どもの描画の発達の詳細を明らかにすることができた。もちろん、一人の子どもの事例から全てが明らかになるわけではない。また、それを一般化することについては十分に慎重でなければならないが、横断的な研究では捉えにくい事象、例えばある発達段階から次の発達段階への移行のプロセスをいわばアナログで捉えられたことは大きな収穫であった。言語が描画の発達に与え

結　び

る影響といっても、発達の時期によって、促進と抑制という相反する作用をもたらすことを確認できたことはその一つである。

　同様に、第3章も修士論文の「第1章　『主題』概念の検討」の全面的な改稿である。今回、筆者の研究以後に発表された主題に関するまとまった研究として、立原慶一と金子一夫の論考を取り上げて検討した。立原の主題論は、第4章で取り上げた「新しい絵の会」の主題の考え方と重なるものであり、また、金子の表現主題の研究は、美術教育の方法論の体系化を目指すスケールの大きい研究の一部をなすものである。主題あるいは表現主題に関する両者の研究の検討を通して、筆者が構想する心象表現における表現意図としての主題（表現主題）の意味をより鮮明にすることができたと思われる。

　第1章及び第4章は、筆者の近年の研究の成果をふまえて、新たに執筆したものである。そして第5章は、第4章までの検討結果をふまえて、思春期の美術教育に対する筆者の考えをまとめたものである。

　こうして思春期の美術教育に関する研究を振り返ってみると、基本的な部分では30年近く前の主張とあまり変わっていない。その間ほとんど進歩や成長がなかったということにもなるが、本書をまとめられたことにより、横浜市教育委員会の教育課程研究協力校の委嘱がきっかけとなって始まった描画指導に関する研究が、自分自身の中でようやく完結できそうな手応えを感じている。もちろん、本書によって思春期の美術教育の課題が解決できたなどという大それた考えは微塵もないが、本書が思春期の美術教育に対する関心を高め、議論を活性化する一助となり、課題解決に向けた取り組みが若い世代に引き継がれることを期待したいと思う。

　また先に、30年ほど前の描画指導について、子どもたちに対して申し訳ない気持ちを抱き、自分の描画指導のあり方を抜本的に見直さなければならないことを痛感したと述べた。それ以来今日まで、そのことを心の片隅に置きながら教育や研究の仕事を続けてきた。本書が30年前の子どもたちへのささやかな贖罪になれば幸いである。

〔第 1 部　理論編〕

◆註

1) 新井哲夫「美術教育における『主題』とその指導—絵画表現の活性化とその指導法の確立をめざして—」昭和62年度横浜国立大学大学院教育学研究科修士論文. 1988. 1
2) 第 3 章　註 9 ）を参照のこと。
3) 「美術教育ぐんま塾」は、1994年 4 月から2015年 3 月まで、群馬県内の小・中学校教師を主なメンバーとして、延べ20年間にわたり活動を行った民間の美術教育研究グループである。マンネリ化を防ぐため 5 年間の時限研究会とし、4 期20年にわたって活動を行った（通算すると21年になるが、1 期と 2 期の間に 1 年のブランクがある）。隔月（偶数月）に例会を開催し、実践事例の発表とそれに対するディスカッションを行い、授業の振り返りと成果や課題の共有を図ることにより、図工・美術教師としての専門的力量の向上を目指した。また夏季休暇には、県外の会員や会員外の一般教師も参加して 1 泊 2 日の合宿を行った。例会のない奇数月には会報を、年度末には年報を編集・発行し、活動の記録に努めた。2015年 2 月28日に閉塾記念シンポジウムを開催し、同年 3 月31日をもって20年間の活動に幕を降ろした。詳細は『第四次 美術教育ぐんま塾年報2014 閉塾記念号』（2015. 4.30発行）を参照のこと。

第2部 実践編

〔第2部　実践編〕

序　文

新井哲夫

　授業は、教師の側からいえば、計画的、継続的、意図的な営みであり、子どもの側から見れば、新しい知識や経験に出会い、組織的に知識や技能を身に付けることのできる場である。しかし一方、授業は子どもにとって、気が進まなくても参加しなければならない強制的なものであり、多くの約束事に縛られた窮屈なものである。思春期は、それまで無条件に受け入れてきた周囲の世界を、批判的な目で眺めるようになる時期であり、授業についてもプラスの側面よりも、マイナスの側面に目が向きやすいことは避けがたい。したがって、思春期の子どもたちに関わる教師には、授業のもつ強制的な要素を極力抑え、子どもたちが新鮮な気持ちで緊張感をもって、前向きな気持ちで取り組めるように授業を計画し、実施することが求められる。

　実践編に集録した12件の報告は、上記のような授業の特質を十分にふまえた上で、思春期の子どもの発達特性や図画工作・美術という教科が置かれた現実的条件を考慮しつつ実施された取り組みである。そこでは、自然発生的な表現欲求に委ねたままでは発動しにくい思春期における造形的な表現や鑑賞の活動が、少しでも能動的で積極的なものとなり、豊かな学習が成立するように、さまざまな配慮や工夫が試みられている。それらの配慮や工夫は、一人一人の実践者の人間性に裏付けられた独自なものであるが、共通する点も数多く見られる。以下に、その主なものを取り上げてみたい。

(1)思春期の子どもの心理に対する理解と信頼関係の構築

　最初に取り上げたいことは、思春期の子どもの心理に対する理解と配慮、そしてそれをふまえた信頼関係の構築という問題である。いずれの報告からも、思春期の子どもたちの心情を共感的に受け止め、寄り添いながら、信頼関係を

確かなものにしようとする教師の姿勢が強く感じられる。

　表現や鑑賞の活動を中心とする図画工作や美術では、理性の働きとともに感情の働きが不可欠である。感情が働かなければ、表現も鑑賞も単なる作業で終わってしまう。強制性や拘束性、あるいは成績評価といった抑制的な条件に縛られやすい授業という場で、表現や鑑賞の活動が成立するためには、子どもたちが萎縮せずに自分の感情を表現できる環境や雰囲気が不可欠である。それを可能にするのは、教師と子どもたちとの間に築かれる信頼関係である。

(2)活動に対する興味・関心の喚起

　授業には、子どもの側からすれば、やりたくなくてもやらなければならない、教師の側から見れば、やりたくない子どもにもやらせなければならないという矛盾がつきまとう。そうした矛盾をふまえて、報告には動機付けのためのさまざまな配慮や工夫が見られる。

　それはたとえば、子どもたちの知的好奇心やチャレンジ精神を刺激する材料・技法の選択や未経験の活動の題材化のような、子どものやる気を引き出す題材の工夫である。また、長期的な取り組みとして、一つ一つの題材の学習を通して、自分が成長していることを実感させることで、次の活動への期待感を引き出している例もある。

　その他、再現描写に対するこだわりを抱く子どもたちに対して、描写力に左右されにくい題材を設け、造形的な表現活動本来の面白さを実感させる試みや、校内展示による学校全体の環境づくりを通して、これから取り組む活動に対する関心・意欲を引き出している例もある。また、偶然に生まれた形や色から連想したり、自律訓練法の手法（暗示や連想）を取り入れたりして表現させる活動は、あらかじめ意図を決めずに行為から入る表現活動であり、活動に対するハードルを大きく下げる効果がある。

(3)活動の過程における配慮

　表現や鑑賞が苦手な子どもたちが異口同音に、「何を、どう表現したらよいか分からない」、「何を、どう見たらよいか分からない」という言葉を口にする。授業では、そうした苦手意識をもつ子どもたちに対する対応をはじめとして、

〔第2部　実践編〕

子どもたちが学習の目標や内容を的確に把握できるようにする必要がある。
　報告では、発想・構想段階の指導の手立てとして、あらかじめ必要な知識や技法、枠組みなどを明示して目標を把握しやすくしたり、試作や練習の機会を設けて活動に対する見通しをもてるようにするなどして、失敗を恐れずに活動に取り組めるような配慮がされている。
　また、(2)でもふれた偶然の効果を生かした表現は、前もって表現のイメージを組み立てる必要がなく、発想・構想段階のハードルを取り除く効果がある。五感を重視した表現も、視覚にとらわれがちな子どもたちのこだわりを軽減する効果がある。
　制作段階で見られる指導上の配慮や工夫としては、つまずきが予想される場面に対する一人一人に即したきめ細かい指導や、小さな達成感を積み重ねながら目標に近づけるような段階的指導、対面やカードによるコミュニケーションの重視、結果の善し悪しよりも活動の過程を重視した指導の展開などが挙げられよう。

(4)鑑賞活動の重視

　また多くの授業で重視されているものに鑑賞活動がある。それは大きく、表現と関連付けた鑑賞と独立した鑑賞の二つに分けられる。前者は、表現と鑑賞を関連付けることによって、事前に表現活動に対するイメージを抱きやすくしたり、事後に関連する鑑賞を行うことによって達成感を味わう場を設けたり、学習した内容を一層深めたりするものである。なお、長期的なものとして、3年間のカリキュラムを表現と鑑賞を関連付けて編成し、以前の経験が後の学習に繋がるように配慮している例もある。また、一つの題材の中で、下描きから彩色に進む際、事前に配色や彩色方法に絞った鑑賞を行い、自分の表現意図に即した彩色をイメージできるようにしている例もある。
　一方、独立した鑑賞活動の指導では、小学校高学年から中学校に至る長いスパンで捉えて実施している例が報告されている。思春期の子どもたちの美術に対する視野を拡げ、美術の世界の豊かさを享受できる力を育むには、表現活動だけでなく鑑賞活動にも大いに目を向け、両者の関連を図る必要がある。

その他、(2)でふれた校内展示による学校全体の環境づくりは鑑賞のもつ教育的効果を授業の枠を超えて引き出している例である。

(5)学習内容の系統性・発展性に対する配慮

授業は、一つ一つの学習経験が重なり合い、繋がり合ってはじめて、子どもの資質や能力の育成に結び付くものである。実践報告の性格上、カリキュラムの問題を直接取り上げた事例は限られるが、いずれの実践も、学年の発達特性や学習の順序性をふまえて、内容の系統性や発展性を考慮した題材設定やカリキュラム編成がなされていることを指摘しておきたい。

以上、実践編への導入として、12編の報告に共通して見られる指導上の主な特色をまとめてみた。

図画工作・美術は正解のない、もっと正確にいえば、子どもの数だけ解が存在する教科である。このことは指導に関しても同様であり、誰にでも役に立つ万能の方法というものも存在しない。ここに掲載した実践報告も、これまでの教職経験を通じて形成された教育観や指導観に基づくものであり、よりよい授業とは何かを自問しながら、日々取り組んでいる実践の中間的な報告である。なお、執筆に当たっては、単なる指導事例の紹介にとどまらず、実践者自身の教育観や指導観にまで踏み込んで論じていただいたことも付記しておきたい。

これらの報告を通して、思春期の美術教育の現場の様子を実感していただき、思春期の子どもたちの成長・発達に関わる美術教育の役割や可能性について理解を深めていただければ幸いである。また現在、思春期の美術教育に関わっておられる先生方には、これからの教育実践の参考にしていただければ幸いである。

〔第2部　実践編〕

「見る」「試す」「生かす」活動を通して自分のよさを見付けさせる図画工作の授業

黒澤　馨（群馬県高崎市立桜山小学校）

1．図画工作の授業に関する児童の実態と教師の願いや期待

(1)思春期の子どもの実態（小学校6年生）

　小学校6年生は、思春期の入口に足を踏み入れた時期と言える。その6年生たちは、図画工作の時間にどんな題材をやってみたいと思っているのだろうか。6年生になった1学期の終わり、本校の6年生89名を対象に以下のような質問項目によるアンケートを行った。

> 【質問1】教科書『図画工作5・6下　見つめて　広げて』（日本文教出版）の中から、やってみたい題材を三つまで選んでください。また、やりたい順に①～③を書いてください。
> 【質問2】教科書の中の作品で、「これは好きだな」と思った作品はどれでしたか。三つまで選んでください。載っているページ、作品の題名、作者名を書いてください。
> 【質問3】教科書の中の作品で、「これは上手だな」と思った作品はどれでしたか。三つまで選んでください。載っているページ、作品の題名、作者名を書いてください。

① 「質問1」について

　表1を見ると、上位を立体や工作が独占しており、絵は18題材中、5位に「墨で表す」が入っているが、ものを見たり想像したりして絵の具を使って描く題材「わたしの大切な風景」（絵）は10位だ。しかも、積極的にやりたいと思っている児童は8人しかいなかった。この結果から、6年生は絵よりも立体や工作をもっとやりたいのだということが想像できる。6年生は絵を描くことが嫌いということなのだろうか。

②「質問2」について

好きな作品の載っているページで集計したところ、表のような結果になった。2位の「筆あと研究所」の中にあった参考作品の中で人気が高かったのは、スーラの『グランド・ジャット島の日曜日の午後』やゴッホの『星月夜』であった。

表1　教科書の題材に対するアンケート

	題材名など	分野	質問1	質問2	質問3
題材	想像のつばさを広げて	絵	7	12	6
	動きをとらえて　形を見つけて	造形遊び	3	1	0
	水の流れのように	立体	25	23	8
	わたしの大切な風景	絵	8	8	20
	くるくるクランク	工作	11	6	6
	光の形	立体	68	40	12
	アミアミアミーゴ	工作	26	21	26
	墨で表す	絵	16	10	9
	ひらいてみると	造形遊び	10	4	2
	物語から広がる世界	絵	5	22	17
	いっしゅんの形から	立体	3	3	3
	筆あと研究所	鑑賞	6	36	40
	感じて考えて	絵	0	1	3
	1まいの板から	工作	52	33	32
	味わってみよう和の形	鑑賞	3	4	4
	版から広がる世界	絵	2	17	25
	ドリームプラン	工作	9	4	7
	12年後のわたし	立体	13	6	7
資料	教科書美術館			2	2
	図画工作の広がり　未来を見つめて			0	0
	図画工作の広がり　表現にこめた思い			4	4
	図画工作の広がり　中学校へ向かって			4	16
	ぞうけいのもり			0	0
	使ってみよう　材料と用具			0	0
他	表紙の絵「始まる一日」			1	2

〔第2部　実践編〕

　5位の「物語から広がる世界」では、児童作品の『飛び立つツル』や『やまなしの思い出』が多かった。7位の「版から広がる世界」は、やりたいランキングでは17位だったが、児童作品の『宮沢賢治と話して』や『速いぞ、ペンギン』はたくさんの票が集まった。
　この結果からは、6年生は絵が嫌いになったわけではないことが想像できる。絵は好きだけど、自分がやるのであれば、なるべく絵じゃなくて立体や工作がいいということだろうか。それは、自分の描く絵に自信がもてなくて、絵を描くことを楽しめていないためではないだろうか。

③「質問3」について
　「好き」の中には「自分と同じ」「自分に合っている」とか、「自分もまねしてやってみたい」「自分にもできそう」というニュアンスが含まれている。それに対して、「上手」の中には「すごいけど自分には無理」とか、「自分の力ではとてもまねできない」というニュアンスが含まれていると思う。教師も図画工作で作品を褒めるときは"すごいね"とか"いいね"とは言うが"上手だね"という言葉の表現はあまり使わない。"上手だね"は、習字や理科の観察画のようにお手本や実物をどれだけ模倣できたかに価値が置かれたときに使う言葉のように思えるからだ。
　「6年生の子どもたちは、実物そっくりに描くことに価値を置いていて、自分ではそれができないことが分かっているので絵を選ばないのではないだろうか」という仮説を基に、あえて"上手"という言葉を使ったのが「質問3」である。
　結果は、「上手」というくくりで選んだ場合は、「好き」というくくりで選んだときよりも、もっと絵が上位に上がってきていた。
　このことから、6年生は絵に対して、「絵は好きだけれど、本物に似せて描くのは難しい。自分にはできない」というイメージを強くもっているということが言えそうだ。しかし、アンケートの中の「上手だと思った」理由を書く欄に記されていたことをまとめると、「本物と同じようにリアルに見えること」のほかに、「一つ一つ細かく丁寧に描かれていること」、「カラフルで色鮮やか

な色使いをしていること」、「いろいろな形や色の違いや変化があること」、「場面の様子や感じが分かりやすく描かれていること」、「面白いアイデアや表現の工夫があること」、「実用性があること（立体・工作）」などいろいろあり、本物に似ていることだけが"上手"の理由ではないことが分かる。

　この上手だと思った理由を見て、子どもたちが価値を置いているのはリアルさだけではないことが分かった。多くの子どもたちが「本物と同じようにリアルに見える」ことに価値を置いているが、「丁寧さ、色使い、変化、分かりやすさ、表現の工夫」などにもちゃんと価値を置いているのだ。子どもはいろいろな表現のよさを感じ取ることができているのである。

　本物そっくりに描く写実的な表現ができるようになるためにはそれなりの訓練が必要である。とても小学校の図画工作の時間で達成できるようなことではないし、する必要もないと思う。それに対して「丁寧さ、色使い、変化、分かりやすさ、表現の工夫」などを追求していくことは、図画工作科の目標、造形的な創造活動の基礎的な能力を培うことであり、豊かな情操を養うことである。それゆえどんな題材でも大切にしていかなければならないことなのだ。教師は日々の授業で、図画工作はリアルさだけが重要なのではなく、自分なりに表し方を工夫したり、どの作品からもよさや美しさを感じ取ったりすることが重要なのだということをしっかりと伝えていかなければならないと改めて思った。

　思春期の入口に入った今、「リアルに描くこと」に価値を置いている子どもが大勢いて、「丁寧さ、色使い、変化、分かりやすさ、表現の工夫」に価値を置いている子どもはまだ少ない。このまま放っておいたら中学生になってほとんどの子どもが思春期を迎えたとき、もっとこの差は大きくなってしまうだろう。しかし、小学校のうちにこのバランスを逆転させるか、もしくは同じくらいにすることができたら、もしかしたら思春期の子どもたちをリアルに描くことに自信がなくて絵が描けなくなることから解放させることができるのではないかと思った。

(2)思春期の子どもに対する図画工作科教師としての願いや期待

　6年生くらいになると、挨拶や返事の声、人前で話す声がとても小さくなっ

〔第2部　実践編〕

たり、答えが分かっていても手を挙げなかったりなど、図画工作の時間だけでなくても、自分を表に出すことができなくなる児童が増えてくる。図画工作の時間も、自分で決められないで教師に一つ一つ聞かないと製作を進められない児童も出てくる。思春期とは、人生の中でいちばん自分を表現することに適さない時期なのかもしれない。図画工作は自分を表現することで成り立っている。しかし、全てが思春期のせいではなく、当然のことながら思春期以前からつくりだす喜びを味わえていない子どもたちもいる。上述の教科書についてのアンケートに続けて、自分で製作した作品を家の人に見せているかどうか質問してみた。結果は表2のようだった。

表2　作品を家の人に見せるか

必ず見せている	70%	「ほめてもらえるから、家にかざってくれるから」「学校でどんな物を作ったのかみせてあげたいから」「ここをもっと……上手だね……など、いろいろアドバイスをもらうから」など
よくできた作品だけ	14%	「へただと言われるから」「ばかにされたり笑われるから」「へたな作品を見られると恥ずかしいから」など
見せていない	8%	「見せても何も言われないから」「へただから」「ケチつけられたことがあったから」「1年生の時、1回見せたらすぐ捨てられたから、もうみせていない」など
その他	8%	「ときどき見せる」「お母さんに見せてと言われたら見せる」など

家の人に作品を見てもらって、褒めてもらったり、アドバイスしてもらったり、家に飾ってもらったりなど、作品を通した幸せな会話が聞こえてくる一方、心ない応対や言葉で寂しい思いをしている児童がいることが残念でならない。

子どもは誰でも図画工作が好きで、どんな題材でもみんな喜んで取り組む、ということはないのだ。このような児童は、思春期になれば、さらに自己の表現活動に喜びを見いだせなくなってしまうのではないだろうか。

続いて、幼稚園・保育園から現在まで、それぞれの時期に「絵を描く」「工作する」「作品を見る」のどれが好きだったか答えてもらった。どれも好きではない場合は「好きではない」を選ぶように指示した。

結果は表3のようである（複数回答あり）。

表3　図画工作で好きな活動の学年別児童数（人）（複数回答はそのまま集計）

	絵も工作も好き	絵の方が好き	工作の方が好き	見るのが好き	好きではない
幼稚園・保育園	26	25	23	6	11
1年生	22	23	28	9	9
2年生	19	25	29	11	9
3年生	19	25	26	13	11
4年生	18	23	26	**29**	8
5年生	19	22	23	**25**	16
6年生	22	**30**	14	**29**	9

　この表を見て気付いたことが三つある。一つめは、6年生で絵が好きな児童が増えていることである。最初の質問で絵はやってみたい題材としては上位ではなかったが、思春期の入口に入っても、絵が嫌いになったわけではないということが分かった。二つめは、作品を見るのが好きな児童が4年生から急に増えていることである。作品を見ることが好きになったということは、自分と違ういろいろな表現に興味をもつことができるようになったということである。それは、心の成長に伴ったものと考えられる。三つめは、どの学年でも1割程度は好きではない児童がいるということである。3クラスで考えれば1クラスに3～4人はスタートの段階から不安に思っている児童がいるということになる。指導者としては、思春期に限らず、どの年代、どの題材にも、製作に不安をもっている児童が必ずいると思って必要な配慮をしていかなければならないことに間違いはない。

　思春期は、図画工作や美術といった造形活動の観点から見ると、自分の理想と自分の力量のバランスが取れずに、自分を表現することに躊躇してしまう時期であると言える。このことは人によっては思春期に入る前からそうであったりするし、もしかしたらあまり感じずに通り過ぎてしまう場合もあるかもしれない。

　では、もしその時期に入り込んだとき、どう向き合っていけばいいのだろうか。自分に自信がなくなったとき、少しでも支えになることは、他の人と違う自分のよさを知ることではないかと思う。「ちょっと待って、自分のよさが見

〔第2部 実践編〕

付けられないのが思春期だろう」と、言われてしまうかもしれないが、よさは自分では見付からないが、教師であったり、友だちであったり、家族であったり、周りの人間には見付けられるものである。作者が悩んだり試行錯誤したりして、題材に真剣に取り組んで生まれてきたものは、作者の思いの塊であり、分身である。それは、本人が満足しようがしまいが、世界で一つだけの尊いものとして扱われるべきものであるはずだ。

　世の中にはいろいろなよいもの、価値のあるものがある。一つには決められないはずだ。だが、なぜか誰かがそれがいいと言うとそれ一つがいいものになり、みんなそれを目指そうとする。製作する児童も、それを見る友だちや親、評価する教師たちも、自分自身でよさを判断できず、よく分からないから他の人の言ったとおりにする。だが、実際よいもの、価値のあるものが一つしかないなんてあり得ない。そんな窮屈な環境では、自分らしい豊かな表現などできっこない。

　いろいろなもののよさを実感すること。そして他の人とは違う自分のよさを知ること。自分に合った表現を追求すればいいと思うこと。そして、失敗を恐れず自信をもって表現活動に熱中できること。それが当たり前にできるようになり、思春期を迎えても、しっかり自分と向き合って前向きに表現していけること。子どもたちにはそのように育ってもらいたい。これが図画工作科教師としての私の願いである。

2．章のタイトルについて

　この章のタイトル「『見る』『試す』『生かす』活動を通して自分のよさを見付けさせる図画工作の授業」は、思春期の入口に立った児童が、参考作品を鑑賞する（見る）ことでいろいろな表現のよさと出会い、それをワークシートで追体験したり、自分らしい表現を試行錯誤したりして（試す）見通しをもち、最後に体験したことを自分の製作に生かす（生かす）ことで、自分の表現の幅を広げ、自分に合った表現を見付け、自分の表現に自信をもてるようになることを目指している。

3．児童の積極的な取り組みを促す手立てや工夫

　ここで紹介する児童の積極的な取り組みを促す手立ては、次の二つである。

　一つめは、鑑賞で得た知識を表現に生かすことである。鑑賞の活動には、作品の世界そのものを味わうものや、作品が生み出されたときの作者の心情や時代背景などを推察しながら味わうものもあるが、ここでは、参考作品の造形的なよさや個性的な表現方法について知り、自分に合った表現を見付け、表現方法の幅を広げるためという視点で鑑賞を行う。

　二つめは、製作に入る前に、表現のポイントとなる技法などを試してみる試行機会を設けることである。目で見て、話を聞いて分かっても、実際に自分自身が絵の具を出して手を動かしてみなければ、それを自分の絵に使おうとするところまでは行かない。鉛筆の線は消しゴムで消せばきれいに消えるが、絵の具は消せない。失敗しても何度でもやり直せるワークシートで試すことは、新しいことを身に付け、見通しをもって製作するのに適していると思う。

　なお、さらにもう一つ、上記のような授業内の手立てとは異なるが、子どもたちの積極的な取り組みを支える活動がある。それは、学校全体で朝行事として実施している「展示見学」である。「展示見学」とは、各クラスで製作した作品を廊下やオープンスペースに展示し、6年生の作品を5年生が、1年生

図1　展示見学の様子

の作品を6年生が鑑賞するといったように、学年ごとにローテーションしながら鑑賞し合い、好きな作品やすごくいいと思った作品に対して、思ったことを書いてコメントを交換し合うという活動である。本校では毎年3回（学期に1回）、朝行事の15分を使い、鑑賞する時間とコメントを書く時間が十分取れるように2日間かけて行っている。

　基本的には、どの作品を選んで感想を書くかは本人が決めていいことになっている。そのため、一つの作品にコメントが集中したり、選んでもらえない作

〔第2部　実践編〕

品があったりするということも起きる。しかし、選ぶ側が自分の好きな作品を選ぶということも勉強なので、選ばれなかった子に特に配慮はしていないが、低学年の子には全員コメントがもらえるように配慮している。

　この活動のよいところは、作品を見る機会が増えるというだけでなく、作品を見て思ったことをその作品の作者に向けて書くことによって、よい部分を見付けようという見方が知らず知らずの内にできるようになることである。

　今の6年生は、1年生のときから数えると、16回経験している。低学年の頃はお兄さんお姉さんたちの難しそうな作品を、高学年になってからは下級生たちのかわいらしい作品を見て、そのよいところを見付けてコメントしてきたのである。もし、この経験がなければ、本物と同じようにリアルに見えることに価値を置き、他の価値を考えられない子どもがもっと増えていたかもしれない。

4．実践事例の紹介

(1)着彩方法についての鑑賞と事前体験を取り入れた指導

題材名	修学旅行の絵	学年	小学6年	時間	10時間

①題材の概要

　本校の児童は6月初め、修学旅行で鎌倉の街巡りと鴨川シーワールドに行ってきた。そして、2日間でたくさんのものを見て、たくさんの思い出をつくることができた。本題材は、修学旅行で初めて見たもの、見た景色、乗ったもの、食べたもの、買ったものなどの中から、描きたいものを複数選び、一つの画面に構成し、2日間のいろいろな楽しい思い出が見る人に伝わるように、絵に表してみようという内容である。

　本題材の学習の課題は大きく二つある。一つは、複数の表したい場面や物を選び、組み合わせ方や並べ方を考えたり、何を大きくし何を小さくするかなどを工夫したりして画面を構成することである。そしてもう一つは、その構成を引き立てるような着彩の仕方を工夫することである。

②学習目標・評価規準

・画面の構成や着彩の効果などに興味をもち、表現する活動を楽しもうとして

いる。
・描くものの組み合わせや着彩の方法を試しながら、表現したいイメージや自分らしい表し方を思い付く。
・自分らしい画面の構成や着彩の方法を工夫して、表現したいイメージを絵に表す。
・それぞれの作品のよさや面白さ、その人らしい表現の工夫などを感じ取る。

③**準備**
　教師：参考作品の拡大図、技法のサンプル、水彩絵の具セット、サインペン、クレヨン、新聞紙、予備のワークシート、スパッタリングセット、ストロー等、技法で使えそうなもの
　児童：教科書、水彩絵の具セット、サインペン、クレヨン、新聞紙、自分の表現で使いたいもの

④**授業の展開**

	学習活動	指導上の留意点
導入 (5分)	○修学旅行で印象に残っていることを思い出す。	＊修学旅行の思い出を発表させ、楽しかった修学旅行を絵に表そうと呼びかける。
発想・構想 (40分)	○描くものを決め、一つの画面にまとめる。	＊修学旅行のしおりや自分で撮った写真などを見ながら、登場させるものや中心にするもの、切り取り方などを考えて構成させる。
表現Ⅰ (45分)	○下絵を描く。	＊アイデアスケッチを基に、もう一度物と物の大きさや重なり方などを注意して画用紙に描かせる。
鑑賞と体験 (90分)	○着彩方法の異なる作品を鑑賞する。 ○異なる着彩方法を試してみる。	＊異なる着彩方法の作品を鑑賞させ、いろいろな着彩の方法があることを知らせる。 ＊ワークシートを用いて、着彩を試しながら、それぞれの方法の特徴や感じの違いなどを感じ取れるようにする。
表現Ⅱ (225分)	○表したいイメージに合った方法で着彩する。	＊物の固有色にとらわれず、自分の表したいイメージに合った色使いや着彩の仕方を選ぶようにさせる。
まとめ (45分)	○完成した作品を鑑賞する。	＊構図や色使い、着彩の方法など、友だちの工夫しているところや自分と違うよさを中心に鑑賞カードに書かせる。

〔第2部　実践編〕

⑤授業の実際

　導入では、最初に今回の題材は修学旅行の絵であるが、運動会の絵や校外学習の絵のようにある場面を描くのではなく、楽しかった2日間の思い出を家族や下級生たちに分かるように描くことがねらいで、その方法として、映画のポスターや旅行のパンフレットの表紙のようにいろいろな見どころを構成して描く

図2　いろいろな着彩方法の例示

ことを伝えた。児童はこのような製作は初めてだったが、毎年6年生が描いていたのを見ているので、すんなりと取り組むことができた。

　発想・構想の段階では、自分が最も表したい中心的なイメージは何かを考えさせるようにした。そして、描きたいものを並列的に置いただけでは、中心となるイメージが何なのかが分からなくなってしまうため、物の大きさに変化を付けたり、物だけでなく背景ごと切り取ったりして構成することにより、表したいイメージが強調されることなどを指導した。また、物と物との接し方なども、重ねてもよいことや画面からはみ出してもよいことなどを指導した。

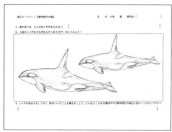
図3　シャチのワークシート

図4　着彩方法の試行

　着彩の段階では、下絵に色を付ける前に、鑑賞（図2）と試行（図4）の時間を入れ、いろいろな表現方法について知った上で、ワークシート（図3）で試してみる時間を取った。ワークシートのシャチを様々な方法で塗ってみた結果、それぞれの印象が異なるものになり、児童もそれぞれの目的に応じて、いろいろな着彩の仕方があってよいことに気付いたようである（図5、6）。そ

の結果、下絵に色を付ける着彩の段階では、それまでの"色を付ければ完成"という描き方ではなく、"さらに絵の具で描き足していく"という描き方をするようになった。

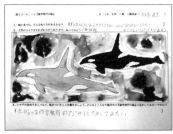
図5 いろいろな色を試している（男子）

図6 点描を試している（女子）

完成作品の鑑賞の場面では、まず、自分の作品に対して、工夫したところやよくできたところを書かせた。次に、展示されている全員の作品の中から気に入った作品を自由に選び、構図や色使い、着彩の方法など、友だちの工夫しているところや自分と違うよさを中心に、鑑賞カードに書かせた。「シャチの色が黒ではなくて水色で塗っているところがいいと思いました」、「たくさん点描を使っていてとてもきれいでした」など、どの児童も友だちの作品のよいところを探すことを楽しみながら鑑賞することができた。

⑥ 完成作品

図7「鎌倉めぐり」（女子）

図8「みんなでやった寺めぐり」（男子）

図9「いろんな所をめぐった修学旅行」（男子）

〔第2部　実践編〕

(2)画面の組み立てと着彩方法についての鑑賞と事前体験を取り入れた指導

| 題材名 | 物語の世界（金色のキャベツ） | 学年 | 小学4年 | 時間 | 11時間 |

①題材の概要

　読書感想画は、物語を読んだ児童が、自分の想像した世界を自分らしい形や色、表し方で表現する題材である。想像した世界であるので、児童の個性が特に発揮される題材であり、想像したり表現したりする能力を伸ばすことができる題材である。そして、読書感想画は、想像で描く絵ではあるが、物語の場面という制約がある。そこで、自分の読み取った場面の雰囲気を画用紙の上に再現するためには、より計画的な製作が必要になる。

　題材の価値を生かす具体的なポイントとして、着彩の手立てに焦点を当てた。一般的な製作過程は、着想、下描き、着彩となる。しかし、ここでは、着彩の前に一斉指導で、場面の雰囲気を大事にした色使いや着彩の方法を体験させ、自分の下絵をよりイメージどおりに自分らしく着彩し、表現することに生かそうと考えた。

　今後の製作で、一人一人が個性を発揮し、自分らしい表現に自信をもって製作できる手助けになればよいと考える。

②学習目標・評価規準

・物語の場面を想像し、それを絵に表す活動に楽しみながら取り組んでいる。
・想像した場面を絵に表すために、何を、どう描くか考える。
・材料や用具の特色を生かし、表し方を工夫して、考えたことを絵に表す。
・作者が表したかったことや表し方の工夫などを感じ取りながら、それぞれのよさを味わう。

③準備

　教師：参考作品の拡大図、技法のサンプル、水彩絵の具セット、サインペン、クレヨン、新聞紙、予備のワークシート、スパッタリングセット、ストロー等、技法で使えそうなもの

　児童：教科書、水彩絵の具セット、サインペン、クレヨン、新聞紙、自分の表現で使いたいもの

④授業の展開

	学習活動	指導上の留意点
導入 (5分)	○物語を思い出し、場面を思い浮かべる。	＊教師が児童にところどころ質問しながら、大まかなあらすじを話して思い出させる。
発想・構想 (40分)	○アイデアスケッチを描く。	＊描きたい場面を選び、それをどう表すかアイデアスケッチを描きながら考えさせる。
鑑賞と体験Ⅰ (45分)	○参考作品を構図に着目して鑑賞する。 ○鑑賞で学んだことを基に、アイデアスケッチの構図を修正する。	＊異なる構図の作品を比較させ、画面の組み立て方によって異なる効果が生まれることに気付かせる。 ＊描くものの大きさや組み合わせ、位置などに目を向けさせ、自分が表したい場面のイメージが明確になるようにアイデアスケッチを修正させる。
表現Ⅰ (45分)	○下描きをする。	＊構図を確かめながら画用紙に描く。
鑑賞と体験Ⅱ (90分)	○着彩方法の異なる作品を鑑賞し、それぞれの技法を試みる。	＊比較鑑賞を通して、着彩の効果について気付かせる。 ＊鑑賞を生かして、ワークシートでいろいろな着彩方法を試行させ、自分の着彩に見通しをもてるようにする。
表現Ⅱ (225分)	○自分が表したいイメージを確かめながら着彩する。	＊計画的に下描きに着彩する。
まとめ (45分)	○完成作品を相互鑑賞する。	＊友だちと完成した作品を鑑賞し合い、表したかったことや工夫したことなどを確かめ合いながら、それぞれのよさを味わえるようにする。

⑤授業の実際

　導入では、物語の登場人物や、季節や場所などについて、児童に質問しながら簡単に振り返らせ、これからこの物語を読んで感じ取った世界を自分らしい絵で表すことを伝えた。

　発想・構想の段階で、まず、どの場面を絵にするかは、基本的に自由に選ばせたいと思っているが、児童によっては、場面を選ぶ基準を簡単に描けそうかどうかに置いてしまう心配があるので、下記のような表をつくり、拡大したものを掲示して参考にさせた。

〔第2部　実践編〕

○絵になりそうな場面	○使えそうな技法	○本文から[1]
①夜明け、金色に輝くキャベツ畑	＊夜明けの空・朝日の光 （にじみ・ぼかし・スパッタリング） ＊土・キャベツ （クレヨン・バチック・スタンピング）	＊朝の光が、キャベツ畑を刻々と金色にそめていく。（p.120.l.1）畑の中で働くみんなも、トラクターも、そして自分の体まで、金色の光につつまれていく。（p.120.l.3）
②朝、みんながキャベツ畑で食事	＊昼間の空・青い空と白い雲 （にじみ・ぼかし・スパッタリング） ＊土・キャベツ （クレヨン・バチック・スタンピング）	＊「おまたせ！朝ごはんですよ！」穂波さんのひと声で、仁ちゃんたちがぞろぞろと集まってきた。キャベツ畑に腰をおろし、バスケットを開けると、おいしそうなおにぎりが顔を出した。（p.92.l.8）
③午後、キャベツ畑で仕事	＊昼間の空・青い空と白い雲 （にじみ・ぼかし・スパッタリング） ＊土・キャベツ （クレヨン・バチック・スタンピング）	＊白い雲のうかぶ青空の下に、くりかえしあらわれる丘陵は、一面びっしりと青緑色のキャベツでおおわれている（p.35.l.7）（どこまでも広い畑に、キャベツ、キャベツ、キャベツ！まるでキャベツの海だ。）（p.36.l.1）
④夜、夕食の後、外で見た星空	＊夜空・満天の星 （にじみ・ぼかし・スパッタリング・クレヨン・バチック） ＊土・キャベツ （クレヨン・バチック・スタンピング）	＊「うわあ…。」外に出たとたん、風香は口を開けたままその場に立ちつくした。（星ぼしが、あたしにむかって降りそそいでくる！）（p.84.l.1）
⑤拓也と風香がコールスローをつくっているところ	＊部屋の中の背景・風香の思い （にじみ・ぼかし・スパッタリング・クレヨン・バチック・スタンピング） ＊キャベツの千切り （コラージュ）	＊「わあ、すごい…。」風香は、拓也のリズミカルな包丁づかいに見とれた。ボウルにはった冷水に千切りをひたし、ニンジンも同じように千切りにして、キャベツとあわせる。（p.76.l.11）

⑥風香がお別れのピアノを弾いているところ	＊部屋の中の背景・風香の思い （にじみ・ぼかし・スパッタリング・クレヨン・バチック・スタンピング）	＊ときどき指がもつれそうになったが、演奏に耳をかたむけるみんなからは、リラックスした雰囲気が伝わってくる。(p.129.l.6)
⑦その他		

　この表は①～⑦まであり、⑦はその他として、自分で選んだ場面でよいという余地を残した。実際の児童の作品を見ると、ほとんどが表で提示した①～⑥に当てはまるものであった。アイデアスケッチでは、どんな場面を描くか、描きたい場面の構想を言葉と絵でワークシートに３種類描かせた。児童は、自分で用意してきたキャベツ畑の資料などを見ながら進んで描いていた。

図10　場面をどう表現するか構想を練る

　鑑賞と体験Ⅰでは、構図について見るときのポイントを示しながら、教科書の参考作品を鑑賞させ、自分のアイデアスケッチを見直させた。ポイントは、①どこから見ている感じがするか、②物の大きさの違いはどうか、③物を描く位置はどうか、④物の並び方や様子はどうか、である。

図11　アイデアスケッチを見直す

　表現Ⅰでは、ワークシートの小さな画面から大きな画面に拡大するので、それぞれの大きさに気を付けさせながら丁寧に描かせた。

　児童にとって、同じ絵でもバランスを考えて拡大するということが意外と難しいことのようで苦労している様子が見られた。

図12　大きさに気を付けながら画用紙に下絵を描く

〔第2部　実践編〕

　鑑賞と体験Ⅱでは、まず、教科書の参考作品から着彩についての工夫を見付ける活動を行った。どんな色使いや表現技法が使われているか、それによってどんな感じが伝わってくるか班で話し合わせたり、発表させたりした。その後、自分の着彩計画を立てさせた。

図13　班で教科書の参考作品を鑑賞して表現の工夫を見付ける

　着彩を試す下絵にはあまり時間をかけたくなかったので、簡単に描くように指示したが、どうしても細かく描いてしまう児童がいて心配になった。しかし、予定していた時間内には終わらせることができた。次の時間、着彩の試行を行った。ここで児童は、自分の試してみたい色使いや表現技法を自由に試し、本番の着彩に生かせることを意欲的に見付け出そうとしていた。

図14　着彩計画を立てる

　表現Ⅱでは、前時の着彩計画や実際に技法を試してみた経験を生かして、進んで取り組むことができた。課題としては、ワークシートの小さな画面では簡単にできた技法も、四つ切り画用紙の大きくなった画面では簡単にはいかず、苦労している児童がいたので、色を付ける順番なども一言アドバイスしてあげればよかったと思う。

図15　いろいろな材料や技法を使って表したいイメージを表現する

　まとめでは、座席の班（4人）ごとに相互鑑賞した。自分の作品の場面や工夫したところを紹介し、友だちからよくできたところや自分と違うよさなどについて伝えてもらうようにした。作者の気付かなかったよさを友だちに教えてもらったり、自信がなかったところもよい方に認めてもらったりして、どの班も和やかな雰囲気で鑑賞することができた。

(3)異なる作者の表現方法の違いに着目した鑑賞

| 題材名 | みんなアーティスト（鑑賞） | 学年 | 小学6年 | 時間 | 1時間 |

①題材の概要

　スーラ、ゴッホ、ピカソなどの作品をしっかり鑑賞したことのある児童は、これらの画家たちの作品を見れば作者が誰かすぐに分かるであろう。同じ人物画や風景画であっても、作者によって表現方法が大きく異なる。それらは、鑑賞する側の好き嫌いはあるが、どれも世の中に価値を認められているもので、私たちに他人と違うことのよさ、自分らしい表現のよさを教えてくれている。

　この題材は、前半で同じ作者のいくつかの作品を鑑賞し、その特徴を知ることで、その作者らしい表現はどんなところなのかを考える。そして、後半では自分の作品を見て、自分の作品の特徴、自分らしさはどんなところなのか、自分で考えたり、友だちに考えてもらったりして、自分のよさを見付けさせていくというものである。

　思春期に入り製作に不安をもつ児童に、「見てごらん、人それぞれみんな違うね、いろいろあっていいよね」というメッセージを伝えていきたい。

②学習目標・評価規準

・表し方の違いに関心をもち、いろいろな表し方があることに気付く。
・その人らしい表現の工夫などを感じ取りながら、それぞれの作品のよさや面白さを味わう。
・作品を見て感じ取ったことを言葉にして伝え合う。

③準備

　教師：名画のカード（このカードは、『週刊西洋絵画の巨匠』〈小学館〉の図版を基に教材として自作した。10枚組、8セット）、ワークシート1（班用）、ワークシート2（個人用）
　児童：筆記用具、自分が描いた修学旅行の絵

〔第2部　実践編〕

【註】名画カードの構成は、ⓐフェルメール「デルフトの眺望」1660-61／ⓑスーラ「グランド・ジャット島の日曜日の午後」1884-86／ⓒルソー「眠るボヘミアンヌ」1897／ⓓピカソ「泣く女」1937／ⓔルソー「蛇使いの女」1907／ⓕフェルメール「真珠の耳飾りの女」1665-67／ⓖゴッホ「星月夜」1889／ⓗピカソ「鏡の前の少女」1932／ⓘスーラ「グランカンの干潮」1885／ⓙゴッホ「アルルの跳ね橋」1888　の10点

図16　名画のカード

④授業の展開

	学習活動	指導上の留意点
導入 (10分)	○10枚の絵から同じ作家の作品を2枚ずつ選ぶ。 ○答え合わせをする。	＊4人1組の班を構成する。 ＊この中に同じ作者の絵が2枚ずつあることを伝え、5組に分類させる。 ＊教師が黒板で答え合わせをし、もし違っていたら直させる。
鑑賞と体験Ⅰ (15分)	○選んだ作品をよく見て、分類の根拠となった作者の個性（作品の雰囲気や表現方法など）を考える。 ○自分のいちばん興味をもった作品を選び、理由を書く。	＊班でよく話し合って協力して書かせる。各班から発表させる。 ＊自分で理由が思い付かない場合には、前の活動で書いた作者の個性を参考にさせる。
鑑賞と体験Ⅱ (15分)	○自分の班の人の作品を見て作者の個性を感じ取り、ワークシートに記入する。	＊見るポイントを提示する。 (i)パッと見ていいと思うところ。 (ii)作者の工夫しているところ。 (iii)自分の作品や名画と比べて、違うところや共通するところ。
まとめ (5分)	○本時の活動を通して考えたことを振り返り、ワークシートにまとめる。	＊どの作品にも作者の個性が表現されており、その個性が作品のよさとなっていること、そして、一人一人違う個性を大切にすることが大事であることを押さえる。

⑤授業の実際

　導入では、まず児童を4人1組の班にし、班ごとに10枚の名画カードを配布した。「この中には同じ人が描いた絵が2枚ずつあります。同じ人が描いたと思う作品を2枚ずつ選び、5組に分類してください」と言うと、みんな喜んで取りかかった。児童にとっては題名も作者名も知らない作品であったが、作品

の特徴からほとんどの班はヒントなしで迷わずに分類することができた。どの班も、仲よく話し合いながら楽しそうに選んでいた。

　鑑賞と体験Ⅰでは、最初にワークシート1を配布し、作者の個性（この活動では、作品は作者によっていろいろな違いがあり、その違いにこそ価値があるということを意識させるために、作品の雰囲気や表現方法などを作者の個性として考えた）を班で話し合って書かせた。そして、書けたことを順番に班の代表に発表させ、どんな個性か確認させた。ピカソには、「自由でカラフルに描いてあって、描き方にとても個性がある。いろいろな形で描いてある」、フェルメールには、「影の部分をうまく使っている。背景を暗くして少女に向けて光を当てているように描いている」など、簡単に書いているが、どの班も作品の特徴を言い表すことができていた。次に、個人用のワークシート2を配布し、10枚の名画のカードの中から自分がいちばん興味をもった作品を選ばせ、理由を書かせた。

　鑑賞と体験Ⅱでは、自分の班の人が描いた修学旅行の絵を鑑賞し、作者の個性をワークシートに記入する活動を行った。時間がかかって書けない子どももいると思い、鑑賞のポイントを板書し、参考にさせた。「ほとんどの色が点描で塗られていて、スーラさんの作品みたいだった。けど、U君の作品は、色を塗った上に点を打っているから、それもU

図17　鑑賞と体験Ⅱ　班の友だちの個性を見付ける

君の個性だと思う」、「ソフトクリームが真ん中なので少し驚きました。鳩サブレーやアジサイの花が点や線なので、ゴッホみたいですね。とても色がきれいだと思います。木の塗り方も面白かったです」など、作家の個性と重ね合わせてメッセージを書いている児童も多かった。

　まとめでは、ワークシートにこの授業の感想を書かせた。「いろいろな作家は、一人一人違う個性で絵を描いていた。作家だけでなくグループのみんなの絵も他の人と違ったいいところがたくさんありました」、「今日の授業を通して、絵

〔第2部　実践編〕

が上手とか下手とか関係ないということが分かりました。個性を生かしてこれからも絵を描いていきたいです」、「みんな一人一人個性があり、どの絵にもすてきなところがたくさんあるということが今日の授業で分かりました。みんなの絵は全員100点満点を付けられるほどすごいんだなと思いました」など、その人らしい表現の価値に気付くことができたという内容のものが多く見られた。

5．成果と課題

　小学校高学年の子どもたちは、実際の形や色に近づけることに価値を置き過ぎる傾向があるように見られる。しかし、表現活動で最も大事にしなければならないのは、自分らしい表現ができるかどうかである。実物に似せて描くことは、いろいろある表現の様式の一つと考えるべきだろう。もっといろいろな表現の仕方を知り、身に付けることができれば、伸び伸びと自分に合った表現ができるようになるはずである。このような思いでこれまでに紹介したような指導を行ってきた。

　その成果としては、教科書の参考作品をじっくり鑑賞したことで、子どもたちは場面の雰囲気を表現するために作者はどんな工夫をしているのかを探ることができた。そして、製作に先立って見通しをもたせることで、計画的に製作に入ることができた。子どもたちはこのような活動を通して、絵の製作とは下描きに色が付けば完成というものではなく、自分のもっているイメージに近づけるために、色使いや表現方法を工夫しながら、丁寧に仕上げていくものだということを実感することができたようである。

　子どもたちは、参考作品を鑑賞したことと、実際に試してみたことで、それまでの自分の製作イメージを変え、今までより自分らしい表現を大事にした製作が体験できたのではないかと思う。そして、リアルさ（実物に似ていること）だけが作品の魅力ではなく、色使いや表現の工夫などの魅力に気付くことができたのではないかと思う。

　課題としては、事前に試行したことをスムーズに製作に移せない子どもがいたことである。たとえば、本番の製作で、広い面積をいきなりスパッタリング

で着彩を始めた児童がいた。なかなか色が付かずかなり苦労していた。ワークシートの小さい画面ではうまくいっても、四つ切りの画用紙では勝手が違い、戸惑いが見られた。経験として身に付けていくことだと思うが、着彩の順番なども見通しをもたせた方がよかったかもしれない。限られた経験の中では「見る・試す・生かす」の"生かす"の段階でも、もう少し積極的な支援があってもよかったと思った。

　計画的に見通しをもって製作することは大事である。一方、製作中のひらめきや、予期せぬ偶然によって生まれたものも大事にしたい。何にあこがれ、何を面白いと思うか、それは本人の感性が決めることである。感性は日常生活の中でも磨かれるし、他の授業中でも磨かれる。でも、いちばんは図画工作の授業でいろいろな鑑賞や製作を通して磨かれていくものである。図画工作では作品をつくることも大事だが、本当は子どもたちが感性を磨き、多様なもののよさを感じ取れるようになることがいちばん大事なことであると思う。もし、直感的に善し悪しを判断してしまうのではなく、いろいろなものを幅広く鑑賞して、どんなものにもそれぞれのよさがあることを感じ取ることができれば、誰もがみんなもっと安心して表現することができるような気がしてならない。小学校のうちから、いろいろなものを見せ、誰もがいろいろなもののよさを感じ取れるようになっておくこと、それが思春期の表現への不安を少なくする下地になるのではないかと思う。

◆註

1）堀米 薫『金色のキャベツ』そうえん社，2014

〔第2部　実践編〕

美術の授業をリフレイミングする
―生徒の心と向き合うコミュニケーション―

上林忠夫（元群馬県高崎市立群馬南中学校）

1．思春期の心と向き合って

　初めて出会う生徒の中には、美術の時間が好きでない生徒がいる。しかし、美術は苦しいが面白いものだと感じてほしいと、私は思う。どうも、私が教えたい美術と生徒が思い描く美術との間にギャップがあるように思える。

　今日、美術の扱う領域は多様化している。絵画、デザイン、工芸、写真、動画、建築など形や色を伴う様々な表現、鑑賞と広い意味で美術が使われている。しかし、生徒は美術とは鉛筆や絵の具で上手に絵を描くことだと思い込んでいる。上手に描けない生徒は、美術は「嫌いだ」と決める傾向がある。しかし、このような生徒も幼いとき絵を描くことは好きだったし、物をつくることも楽しかったに違いない。いつ頃からか、その感覚を体の中にしまい込んでしまったようだ。美術が嫌いだと思う生徒と話をしてみると、そもそも自分が嫌いだとか、自分と向き合いたくないなど自分自身を否定的に捉える感情に出会う。それは、授業に積極的に取り組めていない生徒ばかりか、思春期特有の心のありように思える。

2．既成概念を捨て、新たな美術や自分を知ってほしい

　美術の授業や自分自身に対して抱く否定的な概念を捨て、とらわれのない素直な気持ちで、表現や鑑賞の活動に取り組んでほしいと願う。そもそも美術は楽しいものであり、美術の核は、生徒自身を肯定的に見つめる視線であると思う。教師が設定する課題の正解を求めていくと、教師は正解が生徒の一人一人の心の中にあることに気付かされる。生徒自身が感じたこと、思いなどを他者

に伝えるために表現したり、他者が感じたこと、思いなどを共有するために鑑賞したりすることが美術である。生徒の多くはそのことに気付いていない。この心の中にある正解は、生徒のよさや感性、あるいは個性という言葉で言い換えることができるだろう。生徒のよさや感性が十分に反映された表現や鑑賞こそ教師が望んでいるものである。教師である私は美術教育を通して、生徒が自分を受け入れ、肯定的に理解し、自分を表現してほしい、と願う。そして、よりよい生活の実現や自分を取り巻く環境づくりなどの生き方まで、美術を通して考えてほしいと思っている。授業では、生徒の自尊心、感受性、不安、動揺、優越感などの複雑な思春期の「心のうごき」を尊重し、生徒が自分と向き合える学習環境を用意することから出発したいと考えた。

3．生徒が「心のうごき」と向き合うためのコミュニケーション

　生徒が意欲的に活動するには、魅力的な題材を用意することはもちろんだ。しかし、万人にとっての魅力的な題材を用意することは難しいのも事実だ。この節では、生徒が自分の「心のうごき」と向き合える学習環境づくりとして、授業でのコミュニケーションに注目する。

　つまり、生徒が自分と向き合い、自分を見つめ、受け入れ、自己を肯定的に理解し、自分の中の正解に気付き、表現したり、鑑賞したりしていく「心のうごき」を尊重したコミュニケーションの工夫である。工夫には、生徒の活動を促すための教師の使う言葉、言葉がけのタイミング、身振りや手振り、態度（心構え）、授業展開などがある。さらに、工夫には、生徒が自分の感じたことや考えたことを伝えやすく、活動しやすい学習形態や過度の緊張感を軽減する学習の雰囲気などが含まれる。コミュニケーションの工夫として参考となったのが、私が学んでいるナラティブ・セラピーであった。

　この心理療法は、コミュニケーションを通して、患者（クライエント）が自分を「語ること」(narrative) を促し、固定的、否定的に捉えていた自己の物語を肯定的に語り直し、クライエントに変化をもたらすものである。そのために、支援者（セラピスト）は、患者が自分の中にあるリソース（能力、性格、

環境など）に気付き、それを自己の課題解決に生かしていくことを支援するものである。そこでの課題解決の方法や中身は、その患者自身の個性が表れた独自のものである。今、患者を生徒に、支援者を教師に置き換えると、授業は、生徒が教師の支援を得て、自分のリソースを生かしながら課題解決（学習目標）に向かって取り組む活動の場であると言える。生徒が自分を肯定的に見つめながら行う表現や鑑賞は、他の生徒とは違う、その生徒が輝く独自なものとなる。このセラピーの手法を授業で生かした考え方・技法は以下のものである。

(1)「リフレイミング」で多面的な視点を提供する

「リフレイミング」とは、当たり前のように思っている常識的な考えや見方を、別の枠組み（視点）からもう一度見直そうとすることである。つまり、今まで考えていた美術や自分自身を別の枠組みで捉え直そうとするものである。たとえば、授業では教科書のページに鼻を付けて嗅ぐ、目で匂いを嗅ぐ、目を閉じてイメージする、なぐり描きをする、単純に直線を引くなどの活動を展開の中に入れる。また、協働学習で自分の意見を交換し合う、グループ内で発想や表現の工夫をオープンにして学び合う、自分を認めてもらう体験をするなどである。制作中に、J. S. バッハなどのBGMを流した学習環境を用意する。リフレイミングすることで、生徒に「面白いかも」「自分のことを好きかも」という期待感を高めることができる。

(2)指示ではなく「質問」で、自然な形で、活動への参加を促す

生徒がもっているリソースに気付かせたり、リフレイミングや活動を促したりするために用いた問いかけである。授業では、「しなさい」「しましょう」「感想を言いなさい」という教師の一方的な指示ではなく、「でしょうか」「どんなふうに見えますか」など、生徒の応答に自由度を高める質問によって、生徒の考えや行動を引き出すことができる。また「絵を見てください」ではなく、「目で匂いを嗅ぐと、どんな匂いがしますか？」などのメタファを使った質問によって、生徒の意識を教師の意図する方向に、自然な形で向けさせることが可能となる。

(3)「ワンダウン・ポジション」で、気持ちを言いやすくする

その場の人間関係で聞き手（教師や他の生徒）が話し手（生徒）よりワンダウン（一段下）の位置に立つことで、話し手を尊重する姿勢となる。たとえば、生徒に向かって、教師は上から目線で「答えなさい」ではなく、「君が感じていることを知りたいので、教えてほしい」となる。

(4)「肯定的意味付け」によって、相手を認める

話し手（生徒）が語ったものを否定せず、課題解決にとって意味のあるものとして、聞き手（教師）が認めることで、話し手は語ったことの意義を知ることができる。たとえば「なるほど、そういう意味があるのだね」、「その考えを生かすには、こんな表現方法があるかもしれないね」と教師が生徒に伝える。

(5)「問題の外在化」で、主体的な行動を促す

課題解決に進まないという問題をその人の中に問題があるからだとしないで、その人の外に置くことである。たとえば、目の前の靴を思うように表現できないという問題（課題）は、生徒の中に問題があるとしないで、外に置くことである。外に置くことで、教師は、生徒がまじめに技術を学んでこなかったことや努力が足りないことなどで、生徒を責めることがなくなる。生徒にとっても、自分が悪いから仕方ないと、自分を責めたり卑下したりすることから解放される。生徒が自分に向けた否定的な感情は薄らぎ、教師と一緒に問題を克服していこうという主体的な行動に変わる。教師は、靴の捉え方、構図、描き方などのヒントを提案したり、指導したりする場面が生まれる。そして、教師は生徒の前向きな気持ちや努力に共感したり、「いいね」と支持をしたりする協働支援者となることができる。

(6)「他者との共有」によって、自己肯定感は強化される

その人の変化や努力は、他者に認められ共有されると、強化される。たとえば、生徒が自分に対し気付いた肯定的な感情を定着させるためには、表現や鑑賞の中で、自分の変化や努力がその生徒のよさとして、教師はもちろん学級や班などの集団で共感され、共有されることが必要である。

〔第2部　実践編〕

4．実践事例の紹介

(1)美術をリフレイミングし、心の中の思いを絵にする授業

題材名	私の花を描こう（絵画）	学年	中学3年	時間	9時間

①題材の概要

　この題材は、心の中の漠然とした思いやイメージを、花の姿に託して、「空想の世界」として表現していく活動である。心に浮かぶ花や色、自分の姿の漠然としたイメージを、分析し、アイデアスケッチに構成し、自分に合った技法を用いながら制作していく。ここでは、生徒は両腕を垂らし背筋を伸ばした姿勢で目を閉じて想像する、モダンテクニックを活用できる、BGMを聞く、教師と話し合いをもつなど、今までとは違った視点で美術の授業をリフレイミングする体験をもつことができる。

　心の中を表現する活動は、美術の授業で教師から求められている正解が生徒の一人一人の中にあることに気付かせやすい。また、求められている正解が一人一人異なるため、生徒の表現活動には教師と一人一人の生徒とのコミュニケーションが不可欠で、目標を共通化しやすい。生徒にとって、この題材は、自分のユニークさを受け入れやすく、他者にも認められやすい。花言葉があるように、花にはメッセージ性があり、花を描くことで自分の思いが語りやすくなる。また、「ひと花咲かせる」「百花繚乱」など花のもつイメージは、期待や明るい未来、希望、夢の実現とつながっている。

　この活動は、生徒が自分に合った進路を見つめざるを得ない3学年という時期に設定したことで、自分についての理解、見直しの過程ともなり、未来への期待感をもつきっかけにもなった。

②学習目標・評価規準

・心に浮かんだイメージを基に想像を広げ、表現することを通して、積極的に自分の心と向き合う。

・心に浮かんだイメージを効果的に表現するために、画面の構成や配色などを工夫する。

・構想を基に、材料や用具、技法などの特徴を生かして、表したいイメージを美しく効果的に表現する。
・作品鑑賞を通して、画面構成や配色などの工夫、材料や用具や技法などの効果的な生かし方の観点から相互鑑賞し、それぞれの作品のよさや美しさを認め合い、共有する。

③ **準備**

教師：朗読テープ（谷川俊太郎『谷川俊太郎、自作を読む3―［録音資料］生きる／選詩集』草思社, 1988）、NHKビデオ教材『美術鑑賞4　空想の世界』、卒業生が描いた作品の実物やカラーコピー、マグリット、ダリなどシュルレアリストの画集、導入ワークシート、鑑賞ワークシート、毎時間の振り返りシート、まとめシート、BGM（バッハのピアノ曲）

生徒：教科書、美術資料、鉛筆、水彩絵の具一式、コラージュ用の布、紙など

④ **授業の展開**

ここでは、この題材で最も重要な、生徒が自然に自分と向き合えるようにする導入から、表現のイメージを明確にする発想・構想の段階までの授業展開を紹介する。なお、指導の性格上、表では細かい展開を記すことが難しいため、文章により説明する。

a．導入：自分と向き合う［50分］

自分の心の中を想像して絵にすることを生徒に伝えてから、次の活動を始めた。

（ア）詩「生きる」を聴いて、生きることを考える

「普段、みんなはどんなことを考えて生活しているのかな？」と生徒に語りかけて、詩の朗読を聴かせた。この詩から、自分に向き合いたくないと思ったり、生きることに疑問をもったりしがちな思春期の生徒は、日々の生活をリフレイミングする視点を得ることができ、元気付けられると考えられる。

〔第2部　実践編〕

（イ）花を思い浮かべる

「今日は、頭の中にいろいろなことが浮かんできます。それをキャッチしてこのワークシートに書いていってください」と、これからの活動を説明した。浮かぶはずがない、と思う生徒がもつ否定的な考えを打ち消すために、いつもは取らない姿勢や言葉を教師が使った。

ここでは、J. H. シュルツの自律訓練法[1]で用いた暗示を参考にした。「それでは始めます」と言ってから、「背筋を伸ばし、重力に逆らわずに腕をだらりと垂らし、両足の距離は肩幅の半分で、ゆっくりと軽く目を閉じて、ゆっくり呼吸をします」などと細かな指示を行った。「はい、息を吸って、吐いて」、「頭の中に、花が浮かんできます。最初はぽやっとしていますが、だんだん見えてきます」、このように暗示することで、向き合いたくない意識を排除し、自然にイメージが浮かび上がるようにした。

「その花が、最初に見えた花です。覚えておいてください。次に違う花が見えてきます」と3回繰り返し、「それでは、目を開けて、三つ花の名前を書いてください」と言うと、忘れまいとして生徒は花の名前を導入ワークシートに書き始めた。桜、タンポポ、チューリップ、ガーベラなど様々な花の名前が書かれた。

（ウ）色を浮かべる

教師は机間巡視しながら生徒が花を書き終えたことを確認してから、今度は花を浮かべたと同じ手続きで、色を浮かべさせた。導入ワークシートには、オレンジ、黄、薄い青、暗い青、銀、黒など多様で微妙な色までが書かれた。

（エ）自分の姿を思い起こす

「今度はやや難しいけれど、花や色を浮かべることができたので、きっとできます」と励ましてから進めた。「自分の姿が浮かんできます。最初はぽやっとしていますが、だんだん自分の姿が見えてきます。自分は何をしていますか？そして自分はどこにいますか？　服装は？」というように、問題の外在化をさせた。歩いている、ボーと立っている、家で勉強している、ゲームをしているなど様々な姿が導入ワークシートに書かれた。生徒は、浮かんできた自分自身

と距離を置いて、冷静に見つめる体験をしていた。

（オ）連想から始まり、次第に自分を見つめていく

　次は、浮かんだ花から自由に連想したものを導入ワークシートに書かせた。記入方法は生徒の連想に影響を与えないように鳩を例に挙げ、「鳩から、何を連想しますかと聞かれれば、私は、公園、糞、平和などかな」と体験を交えて説明した。生徒は、タンポポからは「太陽、リボン、公園」。また、ひまわりからは、「太陽、ラジオ、顔、暑い、夏」などを連想し、ワークシートに記入した。生徒の連想は、一般的なものから、個人的なものまであった。

　また、浮かべた色からは、感情を連想するように話した。喜怒哀楽や激しい、熱い、むなしいなど感情を表現する言葉と色彩との関連を考えるきっかけをつかませた。自分の感情を見つめる行為に、色を介在させたことで、感情を連想するクイズ感覚から、生徒は自然と自分の心の感情に注意を向けていった。

　次に、浮かべた自分の姿からは、なぜそのような自分の姿を浮かべたのかという理由を考えて、導入ワークシートに書かせた。「歩いているのは、散歩が好きだから」、「デザイナーでばりばり働いているのは、将来なりたいと思っているから」、「家の中のこたつに座ってボーとしているのは、のんびりした時間が好きだから」などが書かれ、自分の生活や自分自身に意識が向いていた。

（カ）心の中をのぞき、自分自身を語る（記述する）

　導入ワークシートの最後の部分で、この時間を振り返り、自分について考える時間をつくった。自分に問いかけ、自分と対話する時間とした。導入ワークシートは、教師である私だけが見ることを伝え、気持ちを大事にしたいと話してから記入させた。そして、次の時間から、今日の体験を手がかりにして、花の姿を借りて、自分の心の中を表現することを伝えた。

《生徒の導入ワークシートから感想》

○私って、花を見て喜んだり、人に優しい言葉をかけられたりするだけでうれしい気持ちになる人間で、自由が好きなことが分かった。自分が少し分かった。

○自分では楽しいけれど、もう少し勉強したり苦労したりした方がいい。遊び

〔第 2 部　実践編〕

過ぎ。よく分からなかったけれど、いろいろと頭の中に浮かんできたので面白かった。

b．展開 1（発想・構想）：思いを形にする［150分］

　導入ワークシートを基に、生徒はアイデアスケッチに入った。生徒の表現したい思いの多様性に応えるために、生徒から個々に相談を受けたり、戸惑っている生徒に話しかけたりした。生徒の相談では、表現したいイメージをより明確化したい、イメージをより美しく効果的に表現するために何をどのように画面に配置するか、配色をどうするかなど、造形表現上の検討や創意工夫が話された。そこでは、花の相対的な大きさ、配置、階段や窓、ガラス、砂時計、鎖など象徴的な小道具、水彩かコラージュかなどの表現方法、暖色や寒色などの配色などで様々だった。

　1時間アイデアスケッチをした次時に、NHKの『美術鑑賞4　空想の世界』というビデオ教材を見せた。フロイトの研究やルソー、ボッス（ヒエロニムス・ボス）、ゴヤ、ルドン、ダリ、マグリットなどの作品を取り上げているこのビデオを見ることで、心の底の思いや未来、幻想の世界を美術は表現する力をもっていることを生徒は知ることができた。また、写実表現に支配されている生徒を解放し、美術の新たな捉え方を示し、美術表現をリフレイミングするのに役立つと考えた。また、アイデアスケッチの2時間目にビデオを見ることで、生徒は単に作品を鑑賞し味わうだけでなく、作品の制作者の立場に意識を向け、さらに、今取り組んでいるアイデアスケッチのヒントを得ようとするのではないかと考えた。鑑賞ワークシートを用意して、教師は解説や制作のヒントなど生徒に問いかけながら、40分間を用いた。

《生徒のワークシートの感想》

○絵は現実の世界にはなく、自分の奥底で思っている「もう一つの世界」を自分の方法で表現できるものだと思った。

　アイデアスケッチがどうにかまとまり、生徒は材料、

図1-a アイデアスケッチ

塗り方などについての制作の見通しを教師に伝え、話し合いの結果、教師から合格が出ると、画用紙を受け取り、制作に移った。

以下は、導入ワークシートを基に行った生徒と教師の話し合いの例である（図1-a、図1-bはその生徒のアイデアスケッチと完成作品）。

《生徒と教師の会話》

　T（教師）：勉強のこと考えなくてはいけないけれど、今は……。
　S（生徒）：勉強が嫌、好きなことをしたい。
　T：クッキーをつくったりとか。平和に寝ていたりとか……。
　S：そう、でも高校に行くために勉強をしなくてはだめなんです。
　T：どんなふうに勉強している？
　S：教科書をノートにまとめて……。教科書を積み重ねていくと、合格に近づくかな……。受験のとき先生はどうだった？

………… 略 …………

このような教師と生徒とのやり取りは、画用紙に制作する展開2でも行われた。

　T：今の辛い気持ちは形にすると？
　S：先のとがったもので突かれている感じ。
　T：下から、突かれている。それで？
　S：そして、勉強をして高校に入る。
　T：高校に入った喜びは、何を見たとき感じる？
　S：やっぱり桜かな。

図1-b 完成作品

そこでは、より具体的に参考となる図版などを用いて、表現方法、構図、色彩配置などについて話し合った。

（c．展開2［200分］、d．まとめ［50分］は省略）

〔第2部　実践編〕

【その他の生徒作品】

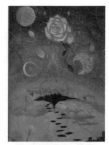

図2「進化論」　　　　図3「嫉妬」　　　　図4「Moon　城塞」

(2)写実的に描けない意識から解放し、個人差が強調される授業

| 題材名 | スクリブルから点描へ（絵画） | 学年 | 中学2年 | 時間 | 7時間 |

①題材の概要

　写実的表現にあこがれながら、写実的表現ができずにいる思春期の生徒が、美術を嫌いになっていく現実がある。本題材は、写実的なイメージを排除するために、スクリブルによって生まれる偶然の描線を手がかりにイメージを広げ、点描を用いた抽象絵画へと発展させるものである。

　スクリブルについて新井は、「スクリブルは幼い子どもが行う『なぐり描き』のことであるが、ジョンストンは、それを『子どもの芸術感覚が育つ助けとなる基礎』として位置づけ」と述べ、さらに「この方法は、スクリブルを意識的に思春期の子どもの表現活動に取り入れることによって、描画やデザインに対する自信を取り戻させようとするものである」と指摘している[2]。

　この題材では、W.ジョンストンのスクリブルの発展の方法を基に、生徒の実態に合わせてアレンジした。つまり、描写のトレーニングではなく、スクリブルによって生まれた偶然の線から、半具象的なフォルムや面白いフォルムを見つけ出し、明暗を構成し、図柄をつくりだすことで、生徒の中に、抽象の不思議さ、個性の豊かさ、イメージの喚起、驚き、発見、愉快、自信などの美術に対する感情が生まれることを期待した。これらの感情は、生徒の美術に対する既成概念をリフレイミングしやすくすると考えたからである。W.ジョンストンはスクリブルに、正方形の用紙を用いたが、本題材では、生徒にとってな

じみのある長方形の画用紙を用いた。またそのことで、点描による表現の発想のきっかけとしてのスクリブルを生徒は意識しやすくなった。

表現方法として点描の技法を用いることにした理由は、以下のようである。点描は、制作する際に生じるタッチのスピード感や潔さはないが、描画速度が遅いため、じっくり考えながら次の点を打つことができる。点をいくつか打っても、画面全体に及ぼす影響が少なく、描画が苦手な生徒でも、多少誤った点を打っても失敗感がなく、安心して画面にかかわることができる。

② **学習目標・評価規準**

・偶然に生まれる線や面の面白さを基にイメージを広げ、絵に表す楽しさを味わう。

・偶然に生まれる線や面の面白さに気付き、線を加えたり消したりしながら、表したいイメージを明確にする。

・構想を基に画面の構成を工夫し、点描による表現の効果を確かめながら、表したいイメージを表現する。

・完成作品を発想の面白さ、画面構成や点描による表現の工夫などの観点から相互鑑賞し、それぞれの作品のよさや美しさを認め合い、共有する。

③ **準備**

教師：更紙（12cmの正方形とB6判）、画用紙（A4判）、点描画、ワークシート、BGMなど

生徒：鉛筆、ネームペン、教科書、資料集

④ **授業の展開**

a．導入：導入に布石を打つ［50分］

（ア）導入1：線には個人差が出ることに気付く

生徒は、B6判の用紙（更紙）を横長に置き、教師の一つ一つの指示に従って、横の2分の1に横に定規で引いたような直線をフリーハンドで引く。さらにその2分の1に直線を引くことを繰り返し、7本の直線を書く。次に、用紙を縦にして、

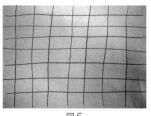

図5

〔第2部　実践編〕

同じように2分の1に直線を引かせて、繰り返し、7本の直線を入れる。これにより、64個の長方形ができる（図5）。

（イ）導入2：縦横に引かれた線から個人的イメージが見える

　単純なものからイメージが広がる。直線によってできた64個のマス（長方形）を見て、具体的なものをイメージさせた。生徒は、直線書きもイメージも教師の指示に従うことに抵抗はなく自然と行っていた。イメージしたものをこの用紙の裏面に忘れないように題名として記入させた。曖昧であったイメージは、文字にすることで確定される。「チョコレート」「窓」「田んぼ」など生徒の経験から生まれたイメージが裏に書かれた。教師は、巡視しながら、「なるほど」と感心しながら、「チョコレートね、いいね」や「田んぼね……」と肯定しながら生徒に小さく言葉をかけていく。小さな声であるが、周囲の生徒には自然と聞こえるようにした。言葉をかけられた生徒は一様に、笑顔で得意そうであり、周囲の生徒にとっては、自分との比較を試みることができた。具体的イメージは、生徒の個人的経験の中にあり、正解として肯定的意味付けを行った。

（ウ）導入3：見えたイメージを発表し、共有する

　生徒は教師とのコミュニケーションの後に、書かれた文字を発表する。他の生徒が気付かないことを発想した自分を発表することは、恥ずかしさを超えるときがある。発表されたものが自分と同じイメージであった場合、書かれた文字を○で囲うようにさせた。○で囲むことにより、生徒は自分と他が同じイメージをもったかどうかを判断し、自他の相違を意識することができた。生徒は自分と異なる発想に、驚きや発見をし、個性の豊かさを感じていた。また、逆に、同じ発想をしたことには、共通するものを有するもの同士といった親密感をもったようだ。

《生徒の感想》

○人によって見方が違って面白かった。

○人によって、思うものが違うということが分かりました。

○同じ線を引いてもそっくりでなかった。

(エ) 導入4：マスに線を入れて、イメージの展開を図る

　何か具体的な形を表現しようという自分の意識が介入していない直線書きによって生じた64分割されたマスに、今度は意図的にイメージをもって、線を入れていった。生徒は、一マスに線を入れて、イメージを浮かべ、浮かばなければ、もう一つ入れて、そこからイメージをつく

図6

り、少しでもイメージが浮かべば、後はイメージに沿って線を入れていった（図6）。そして最後に、題名を付けてイメージを確定し、終えた。

b． 展開1：スクリブルを描いて、構成する［50分］

(ア) 教師の手本を見る［10分］

　初めてのことには、戸惑いや抵抗を抱く。しかし、手本があれば抵抗は軽減でき、先へ行こうとする。教師が、黒板にチョークで正方形の枠を書き、その中にスクリブルを描き、こう生徒に言った。「適当に描いてみました。これはなぐり描きで、スクリブルと言います。これは何に見えますか？」と言って、生徒からの反応を待ち、手が挙がる。ある線を強くなぞる。「これでは何に見えますか？」と尋ねると、生徒からの反応がある。さらに、その反応を受けて、「こんな線を付け加えてみました。だんだんはっきりと見えてきたでしょう」スクリブルからの発展のプロセスを実演してみせた。

(イ) 12cm四方の紙（更紙）5枚以上にスクリブルをする［10分］

　1枚では緊張感があり、大きい紙でも抵抗がある。5枚配り、必要であればさらに紙を渡した。生徒は、一斉に描き始めた。目を閉じて描く生徒もいれば、上を向いて描く生徒もいた。

(ウ) スクリブルを一つ選び、新たな線を入れ、構成する［20分］

　机に5枚のスクリブルを並べ、用紙の上下を変えてフォルムを見付けながら、イメージしやすいものや気に入ったものの1枚を選ばせた。ある形を強調するために、線を強くなぞり、新たに線を加えさせた。この作業をしながらイメージが途中で膨らまない場合は、他のスクリブルを選び、再び線を入れるなどの

〔第2部　実践編〕

作業をさせた（図7）。

　また、上下を反転すると絵の印象が違って見えることを、カンディンスキーのエピソード（ある日アトリエにたまたま上下反転して置いた自分の作品を見て、その絵の美しさに驚き、抽象絵画に向かっていった）などを交えて説明した。

（エ）新たな絵となったスクリブルに題名を付ける［10分］

図7

　命名は自分のものにする行為である。題名は作品の説明となるが、その作品の総体として確定され、表現してきた自分の気持ちにピリオドを打つ行為でもある。ある生徒は悩みながら、ある生徒はさらに新たな線を入れながら題名を付けた。図7は「音符」と名付けられ、さらに図8「音楽」となった。

c．展開2：スクリブルから発展させたイメージを点描で表現する［200分］

図8「音楽」

　生徒は絵を描きたいと思っている。だから、教師は絵を描くための手がかりを与える。スクリブルに新たな線を入れ、題名を付けたことで、遠くに見えていたゴール（絵を完成させる）が到達可能な距離になってきた。

　スクリブルでは正方形の用紙を用いたが、ここではA4判の長方形の画用紙を渡した。そうすることで、生徒の意識がスクリブルにとらわれ、スクリブルを模して作品にするのではなく、新たな気持ちで制作に向かうと考えた。また、普段はA3判の画用紙だが、小さくし、画面に集中できるようにした。生徒は題名を付けたスクリブルを手がかりとして、画用紙に輪郭線を鉛筆で描いていった。描きたいものが効果的に表現できるように、バランスやリズムや動きなどを考えて画面の構成を考えさせた。輪郭線は、ネームペンによる点がハッキリ表現できるように薄い輪郭線にさせた。また、画用紙に新たにスクリブルをしたいという生徒もいたので許可をした。

スクリブルの形を手がかりにして制作したのは、あるクラスでは全体28人中19人、新たにスクリブルを直接画用紙にして手がかりを得ようとした生徒は9人であった。点描が始まると全体指導や個別指導の中で、生徒の表現意図に合わせて、明度によるバランスや動き、遠近感などにも注意が向くようにした。

　描画に自信のない生徒の心理は、運転未熟で自信のないドライバーが、高速運転に恐怖感を覚え、運転しようとしない心理に似ていた。ゆっくりしたスピードであれば、状況を慎重に見極めながら運転ができる。それと同じように画面全体を見渡しながら、全体にとって必要な点を見極め、生徒は点を打っていった。

　生徒は作品に題名を付け、絵が完成した。絵を見て題名を付ける作業は、この題材で3度目である。ここでは、「時計」「キツネ」などの物の名前ではなく、作品を見る人の想像力を刺激し、豊かなイメージが広がるような言葉を用いるように、生徒にお願いした。たとえば、「仮面」「光と闇をつなぐ空間」などの題名は見る人のイメージを刺激することを話した。

d．まとめ：発想の面白さ、画面構成や点描による表現の工夫など、
　　それぞれの作品のよさを認め合い、共有する［50分］

　作品を台紙に貼り、発想の面白さ、画面構成や点描による表現の工夫などの観点から、みんなで鑑賞し合った。自己評価や相互評価の結果をワークシートにまとめた。作品とともに感想を職員室横の廊下に展示した。

《生徒のワークシートの感想》

○スクリブルは面白かった。はじめに描いた落書きから、こんなすごいものが描けるのかと、思いました。絵と題名がとっても合っている人がいて、絵だけだと何だか分からなかったけど、題名を見るとしっくりしました。

○無意識に描いた線から想像力が膨らんで、いろいろなものが見えてきた。そして、ちょっと線を付け足しただけで、絵になってしまったので驚いた。

○点描は、どんなものを描こうか、ここからどういうふうに変えようかと考えながら打つことが、とても面白かった。友だちの絵を見て、点の細かさや発想のすごさを感じることができた。

〔第2部　実践編〕

【その他の生徒作品】

図9「頭の中」

図10「白昼夢」

図11「大小遠近」

(3) メタファなどの修辞法を用いて、五感を手がかりにした鑑賞の授業

| 題材名 | 美術との出会い（鑑賞） | 学年 | 中学全学年（特に1年） | 時間 | 2時間 |

①題材の概要

　この題材は、1年間の最初の授業として設定する。美術の授業は教科書との出会いから始まる。美術の教科書には有名な芸術家とともに、無名な生徒の作品が同じ扱いで掲載されているページがある。セザンヌの作品は超一流で、有名でない作品や生徒作品は三流であるかのような社会的基準（商品価値や専門家の評価価値、文化価値）から離れ、生徒自身が自分にとって価値のある作品とは何かを見てほしいという教師の願いが込められる。美術をリフレイミングすることを生徒に導くことを目的とするこの題材は、4月の最初の時間に設定し、オリエンテーションの役割を果たしている。また、事前に教科書の中身を見ないように指導しておく。

　生徒一人一人の中に教師の問う正解があることを印象付けるために、生徒が自分の感覚や経験したイメージを手がかりにし、自分自身の想像力を発揮して作品にかかわらせるように意図した。鑑賞は有名な作品の情報を得るだけでなく、自分の見方や感じ方を基準とする積極的活動であり、自分とは違う友だちの見方や感じ方を知る活動でもある。教科書に載っている作品を自分の目で「みる」だけでなく、目で「きく」、目で「かぐ」などのメタファをもち込むことで、生徒は、予想を超えた授業展開に驚き、美術の授業をリフレイミングす

ることができる。常識にとらわれずに、自分の経験から生まれた想像力を駆使し、自分なりに解釈し、発表し、作品のよさや美しさを生徒が楽しむ活動である。教師がワンダウン・ポジションを取り、生徒とのコミュニケーション（やり取り）によって、授業は展開していく。

②**学習目標・評価規準**
・教科書の図版の中から、自らの感覚や判断力を働かせて最も気に入った作品を見付ける。
・作品の印象や雰囲気を感じ取り、作者の表現意図などを想像しながら、作品のよさや美しさを味わい、独自の物語を創作する。
・鑑賞活動を通して、作品に対する見方や感じ方の違いやそれぞれのよさに気付く。

③**準備**
　教師：教科書、鑑賞ワークシート
　生徒：教科書、筆記用具

④**授業の展開**
a．導入：美術の扉を開く［5分］
　教師が簡単な自己紹介をする。「これからある音を聞いてもらいます。それでは、全員立ってください」と、お願いする教師は、ワンダウン・ポジションを取る。「耳を澄ましてください。何か聞こえてきませんか？気付いた人から座ってください」と言って、蛍光灯の音に気付かせる。同じように立たせ、教師がモデルを示しながら、教科書を耳元に持っていかせ、ゆっくり扉（表紙）を開けさせた。音が聞こえた生徒から静かに座ってもらった。生徒は、何が始まるのか、予想した授業とはまったく異なるため、ためらいと不安をもちながら、指示に従って、教師の質問に楽しそうに応えていった。表紙を扉というメタファをここでも使って示し、想像力を喚起した。

b．展開1：作品から匂い、音、季節などを感じる［25分］
　教師がモデルを示しながら、「こんなふうに教科書を開きながら、ページごとに鼻をくっ付けて、匂いを嗅いでみてください。いい匂いのするページを探

〔第2部　実践編〕

してください」と、言う。生徒は不審そうな表情で教師に従った。素直な生徒から、「どこも同じ匂いだ」「インクの匂いだ」というつぶやきが出る。「そのとおりだね。でも残念だね」と教師は受け止めてから、「それでは目で匂いを嗅いでみよう」と投げかけて、「目で匂いを嗅ぐ方法は、目から30cmほど離して、見るといい。いい匂いや気になる匂いがするのは、絵でなくても、彫刻でも、建物でもいい。有名な画家や彫刻家のものでも、生徒作品でもいい」と話す。

　生徒は不審そうな表情となる。そこで「目で匂いを嗅ぐということはどういうことだと思いますか？」と問いかけ、「心で見ることだ」という生徒からの気付きを待つ。

c．展開2：作品と対峙し、物語を書く［20分］

　「選んだ作品が語りかけてくるものをキャッチして、物語を書いてください。そうですね。匂いがあったり、音がしたり、季節を感じたり、場所を想像したり、時間も、どんな作者なのかも想像を巡らせてください」

　こんなことを、教師はワンダウン・ポジションで、生徒にお願いして、鑑賞用ワークシートを配った。生徒が物語を書いているとき、教師は机間巡視をしながら、「なるほどね」とか「いいね」などと小声でその生徒につぶやき、書かれている文章を支持する。

d．創作した物語を発表し、それぞれの見方や感じ方の違いやよさを知る［50分］

　「さて、ずいぶん素晴らしい感想を書いた人がいました」と言って、発表を促したり、指名したりした。発表を聞いて、「なるほど、すごいですね。この作品を選んだ人はほかにもいましたね。手を挙げてください」と言って、発表者を募り、発表をしてもらう。2から3人発表してもらい、「ほかにも、発表してもらいたい人がいますが、申し訳ありませんが、次に移ります」。教師は発表に対して、常に驚きと感心と賛同をもって受け入れる。

《生徒が創作した物語》

○上田薫（1928〜　）「アイスクリームB」アクリル、227×182cm

　昔、そのアイスクリームは、ある人へとわたった。その人がアイスクリーム

を開けると、それはバニラの匂いがし、でも少し冷たい空気もあった。まだ、2時半だ。少しおやつの時間より早い。とっておこうか迷った。でも、外では、ミーン、ミーンとセミの声がする。すると、アイスクリームが少しずつ溶けていく。あ〜。そして我慢できず、お気に入りのスプーンですくった。アイスクリームは少し溶けていたせいか、スプーンですくうと、どんどん溶けていった。早く食べて、と言っているようだ。ところどころ穴もあいている。アイスクリームってこんなんだったっけ？ あ〜！ アイスクリームが溶ける！ そして、大きな口でパクリ。ほのかなバニラの味。作者は、「食べ物でも、普通と何かが違う何かがある。よく見ると、何かが違っているはずだ」と言っている。

○フィンセント・ファン・ゴッホ（1853〜1890）「洋梨のある静物」油彩、46×59.5cm

　ある秋の昼に、森の中で旅をしている人が道に迷ってしまいました。もう昼どきだ。朝から森に入っているのに、全然森から出られません。お腹も減ってきました。すると、木の下から甘い匂いがしてきました。見ると洋梨がたくさん置いてありました。毒があるかもしれない、でも食べてみました。毒はありませんでした。お腹がいっぱいになりました。歩き出すと森の外へ出られました。作者はお腹いっぱいに果物を食べられないほど貧乏だったと思います。

○速水御舟（1894〜1935）「炎舞」絹本着彩、120.4×53.8cm

　ある日の夜、炎の周りに何匹かの蛾が集まってきました。蛾たちはどんな会話をしているのでしょうか。そして、なぜ炎の周りに集まるのでしょうか。きっと珍しいと思って集まったのでしょう。蛾たちはとても嬉しそうです。炎に近寄り過ぎて燃えてしまいそうなくらい炎に近寄っています。熱くないのでしょうか。蛾は熱いとか、寒いとか、感じることはないのでしょうか……。きっとそんなことを忘れてしまうくらい楽しいのでしょうね。

5．生徒は、新たな美術を語り始めた

　成績の記入が終わった3月の最後の授業で、1年間のまとめを行っている。生徒から「美術の授業に対する生徒の評価」をワークシートに記入してもらう。

[第2部　実践編]

項目は、①「上林の授業は分かりやすかったか」②「上林の授業は楽しみだったか」③「3年間の授業で自分に合った題材　ベスト3」④自由記述の項目で、①と②は通知表と同じようにそれぞれ5段階で評価してもらった。ここでは、①と②の項目について3年生の2クラスの評価結果を紹介する（表1）。

表1　美術の授業に対する生徒の評価

評価（5段階）	Aクラス（34人）の評価					Bクラス（34人）の評価				
項目（人）	5	4	3	2	1	5	4	3	2	1
① 分かりやすい授業	21	10	3	0	0	26	8	0	0	0
② 楽しみな授業	26	6	2	0	0	28	6	0	0	0

また、自由記述の質問「上林から何を学んだか」には、「美術の楽しさを学んだ」という趣旨の回答が圧倒的に多かった。次に多かったのは、「自分が描いた絵を先生が気に入ってくれて、自分に自信がもてるようになった」などの、自分の作品が認められたことやそれによって自信が生まれたことに関するコメントが多かった。その他、「美術についてたくさんの発見があってとても楽しかった」といった回答もあり、生徒にとって新たな美術がここにあった。

授業をリフレイミングする手がかりを用意し、生徒が自分の「心のうごき」と向き合えるような環境づくりとして、コミュニケーションを工夫したことによって、美術は「楽しみなもの」と捉える生徒が多かった。このことから、美術は「嫌なもの」から「好きなもの」へと、意識の書き換えができた生徒が少なくなかったと考えられる。誰しも、嫌いなものから多くを学ぶことは期待できないが、楽しいものや好きなものからは自然にいろいろなことを積極的に学ぼうとする態度や姿勢が生まれる。一方私自身も、コミュニケーションを工夫して授業に取り組んだことにより、自分自身を肯定的に受け入れ、自分を表現することに意欲的な多くの生徒と出会うことができ、美術教師としての喜びを味わうことができた。

課題としては、美術は苦しいが面白いものだと感じてほしいと私は思っているが、果たして、教師は生徒にどこまで要求したらよいのだろうか、という点である。教師の要求が高ければ、生徒の苦しみは強く、場合によってはあきら

め、美術は嫌いだということになりかねない。生徒との会話やワークシートの記述内容から、生徒はアイデアを絞り出したり、工夫したり、制作の悩みを克服したりしてきたことは分かった。しかし、教師はどこにその上限を設定し、生徒を励ましたらいいのか分からずに悩む私がいる。それは、表現や鑑賞における活動の質と、教師や生徒の満足感、納得という心情の間での揺れである。しかし、結局は生徒とのコミュニケーションによって、生徒の心のうごきを教師が見極めていくしかないのだろう。

◆註

1) ドイツの精神医学者J.H.シュルツが開発した方法である。不安や緊張に起因する障害の治療などに用いられるが、最近ではストレス解消や疲労回復、リラクセーションの手段として、さらには学校教育の場における緊張緩和や持続力、集中力の養成などにも活用されるようになった。標準練習は「気持ちが落ち着いている」「両腕両脚が重たい」などの公式化された語句(言語公式)を反復暗唱しながら弛緩状態が得られるように工夫された7段階の練習を行う。練習中に浮かぶ雑念の中には、自己発見のヒントが含まれているものとされている。授業では外部からの視覚的刺激を減じるために両眼を閉じさせた。また、受動的注意集中(意図ではなく、さりげない態度で、身体部位に生じる変化を漠然と感じ取り、眺めるような注意の向け方)ができるように、重力を感じられる姿勢をとらせ、教師が言葉がけをして注意のきっかけをつくった。
2) 新井哲夫「ウィリアム・ジョンストンと思春期の美術教育―我が国における児童中心主義の美術教育に関する研究(2)―」『群馬大学教育学部紀要 芸術・技術・体育・生活科学編』第42巻,2007.pp.21-42

参考文献
・野口裕二『物語としてのケア ナラティヴ・アプローチの世界へ』医学書院,2002
・松原達哉(編集代表)『カウンセリング実践ハンドブック』丸善出版,2011

[第2部 実践編]

「やってみたい」を刺激する美術教育の試み

飯塚清美（群馬県高崎市立佐野中学校）

1. 中学生との触れ合いを通して感じること

　22年間、美術の授業を通して中学生と触れ合ってきた。その経験から、自分を表現するということに対して抵抗感をもつ中学生は多いということを実感している。才能がないから……、描けないから……、どうせ……、など彼らが自分の表現活動に対して抱くマイナスイメージはなかなか根深い。そんな生徒たちと日々授業をする中で、どうしたら少しでも美術の授業で学ぶことを楽しんでくれるだろうかと考え、実践してきたことをまとめてみたい。

　私が授業実践において重視していることは、生徒の「やってみたい」という気持ちを刺激するような題材の設定である。授業のスタート時点から、「できない」「やりたくない」という気持ちで始まるよりも、少しでもいいから「やってみたい」という気持ち、「やってみよう」という気持ちをもつことが、まずは美術に向き合う姿勢につながるはずである。題材を生徒に提示するときに、ちょっとやってみようかな、挑戦してみようかなという気持ちをもってもらえるような授業を展開したいと常々考えている。そこで、今回は生徒の「やってみたい」を刺激する私なりの動機付けの工夫についてまとめてみる。

2.「やってみたい」を刺激する題材の選定とは

　1で触れたとおり、中学生は表現することに対して抵抗感をもっている。しかし、全ての表現活動に対して抵抗感があるかというと、そんなことはない。この時期の生徒は知的好奇心が高まっており、新しい知識を得ることに対しては関心を示す。できなかったことができるようになる喜び、新しく学んだこと

を活用する喜び、そうした実感を抱けるような題材の選定をしたいと考えた。
　また、純粋な絵画、彫刻などの分野よりも、自己の内面には直接触れずに、知的な遊びやチャレンジを楽しめるような課題解決的な創作活動の方が、中学生の「やってみたい」という気持ちを刺激することにつながると考えた。
　これらのことを踏まえて題材を選定していった結果、デザインや工芸系統の題材が中学生の「やってみたい」気持ちを刺激するには適していると考えた。もちろん、学習指導要領において各分野をバランスよく扱うことが指示されているが、中学生の発達的特質を考慮し、絵画や彫刻であっても課題解決的な要素を重視し、必要以上に思春期の生徒の内面に介入しないような配慮をしながら、題材を選定することとした。

3．動機付けのための具体的手立て

(ア) 動きや仕掛け、仕組みの面白さが知的好奇心を刺激する
　最初に参考作品を提示したとき、生徒が興味をもつような「仕組み」のある題材である。デザインや工芸などの題材では、引っ張ると何かが動くプルタブのような仕組みや、動かすとデザインが変化するような仕組み、継手のような構造を利用して組み立てる仕組みなど、仕組みの面白さを提示する場合がある。このような題材では、普段は美術への意欲の低い男子が興味をもって取り組める場合が多い。仕組みがうまく機能したときの充実感が期待できる。

(イ) どうやったらできるのか、不思議さが興味をかき立てる
　一見するとどうやってできているのか分からない、しかし、その方法を学ぶとしっかりつくることができる、そんな題材である。一見すると難しそうに見えても、基本さえ押さえればつくることができる題材は、自分でもやればできるという満足感を与えてくれる。また、どうやったらできるのか理解した上で、その方法を活用しながら工夫していくことにより、さらに充実した制作につなげることもできる。

(ウ) 少し高難度、あこがれがやる気につながる
　苦手意識をもつ生徒にとって、少し高難度な題材は意欲をそぐと思われるか

〔第2部　実践編〕

もしれないが、あまりにも簡単で容易にできるような題材ばかりでは満足感は生まれないのではないかと考える。中学生のプライドを刺激し、こんな作品ができたらうれしいというあこがれや自分でもやればここまでできるという満足感を抱けるような題材を、学年が上がるにつれて増やしていくようにしている。こうした題材を実践する場合には、技術的な指導にも力を入れ、より多くの生徒が自分の作品に満足感を抱けるよう配慮している。

(エ) 友だちからの刺激が、意欲の継続につながる

　長い時間をかけて制作する場合、そのやる気を継続することが難しいことがある。そんなとき、相互鑑賞をして友だちのよいところから自分なりの目標を設定させる。また、友だち同士アドバイスをし合って、これからどうしたらよいのかを考えさせる。こうした活動は、様々な題材の中で繰り返し取り入れている。

4．実践事例の紹介
4-1．3年間のカリキュラムにおける「やってみたい」を刺激する題材の系統

1年	2年	3年
文字コレクション・鑑	文字の結晶・デ (イ)(エ)	仏像の不思議・鑑
文字で遊ぼう・デ	異文化の交流・鑑	レリーフアート・エ (イ)(ウ)(エ)
色の不思議・絵・デ	点描で描く／浮世絵をリスペクト・絵（年度により選択）	アールヌーヴォーの世界・鑑
吹きゴマ・デ (ア)(エ)	プルタブカード・デ (ア)(エ)	アートグラスでアールヌーヴォーに迫る・絵・エ (ウ)(エ)
染色に挑戦・鑑・エ (イ)	いろいろな文房具・鑑	
友だちを描こう・絵	木製スタンド・エ (ア)(ウ)(エ)	
ここちよい形・彫		

216

「やってみたい」を刺激する美術教育の試み

(1) (ア)の系統について

(ア) 動きや仕掛け、仕組みの面白さが知的好奇心を刺激する
→学年が進むごとに仕組みが複雑になり、選択肢も増えていくように配置した。

「吹きゴマ」(1年)ではコマが回転するための構造は全員共通であり、生徒が工夫することができるのは、そこに描く模様と色合いのみである。単純な構造だが、小さな試作ゴマをつくってお互いに回し合う活動では、楽しく盛り上がった(図1)。

図1「吹きゴマ」(1年)

図2「プルタブカード」(2年)

「プルタブカード」(2年)ではいくつかの仕組みをみんなで試作し、その中から自分のアイデアに生かすことができる仕組みを選択するという形を取った。選択肢が増えることによって、その仕組みを生かすためのアイデアの種類も増えてくるため、生徒自身が考え工夫する部分が増えてきた。吹きゴマに比べ仕組みも複雑で難易度は上がるが、うまく動いたときの喜びは大きかった(図2)。

「木製スタンド」(2年)ではスタンドとして成り立たせるための仕組みをいくつか紹介したが、自分で工夫できる人は仕組みそのものを自分で考えてよいものとした。思い付いた構造が本当に実現可能かどうかは、厚紙を使って試作した。構造そのものを自分で考えてもよいとしたため、それまで以上にオリジナリティのある作品ができ上がった。また、木の板を使っての構造では、板の厚みを計算して制作していかなければならないため、見通しを立てて制作する力も身に付いた(図3)。

図3「木製スタンド」(2年)

〔第2部　実践編〕

(2) (イ)の系統について

> **(イ) どうやったらできるのか、不思議さが興味をかき立てる**
> →学年が進むごとに応用が利くように配置した。

図4「染色に挑戦」（1年）

「染色に挑戦」（1年）でははじめにいろいろな染め物を鑑賞し、どうやって染めているのかを予想した。染め物の経験がある生徒は少なく、染め方を予想できない生徒もたくさんいた。その後、絞り染めと板じめの二つの技法を学び、どちらかを選択して実践した。絞り染めも板じめも、圧力を加えた部分は布が密着するために染まらないというのがポイントである。その点を押さえて模様づくりにチャレンジした。くしゃくしゃになった布や小さくたたまれた布を染めて、開くと模様が浮かび上がるという不思議さを体験することができた（図4）。

「文字の結晶」（2年）では基本の折り方を使って全員で試作した。切り抜いた紙を開いてきれいにつながった模様ができると、もっとやってみたいという反応が見られた。その後、別の折り方の工夫や文字の書き方の工夫を紹介してもう一度試作した。本番では、いろいろな折

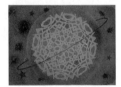

図5「文字の結晶」（2年）

図6「レリーフアート」（3年）

り方や文字の書き方に挑戦している作品があった。どうやれば結晶のような模様ができるのかというポイントを明確に示し、それさえ守れば後は本人の工夫次第で様々な模様ができるということを、試作を通して学ぶことができた（図5）。

「レリーフアート」（3年）では、金属製に見えるレリーフが実は厚紙でできているということに生徒は驚いていた。また、厚紙だけを使って模様を浮かび上がらせるためには、1枚の絵から何枚もの層に

なるように部品をつくりだして重ねる必要があり、色や線を用いずに厚みの違いだけで模様を生み出すことができるというところに、手応えと満足感を感じていたようだ。同じ絵からも、重ね方の工夫によって違ったレリーフの効果が生まれるという点を押さえて部品づくりに取り組んだ（図6）。

(3) (ウ)の系統について

> **(ウ) 少し高難度、あこがれがやる気につながる**
> →学年が進むごとに難易度が上がり、できたときの満足感につながるように配置した。

　1年生では比較的短時間でできる題材をたくさん入れているが、2年、3年と学年が進むに従って、やや難しいができたらうれしいと感じられるような少し高難度の題材を入れるように配置している。

　2年生の「木製スタンド」は、釘や接着剤を使わなくても自立して立つ構造で、なおかつ物が掛けられるような形に仕上げなくてはならず、立体的な構造をどのように成り立たせるかが難しい。しかし、全員がやる気をもって取り組み、私が例示した立つ構造以外の構造を考え出した生徒も多数いた。

　3年生の「レリーフアート」では1枚のアイデアスケッチから何枚もの部品をつくりだし、それらを重ね合わせることによって凹凸のみで形を浮かび上がらせるため、どのように部品に分解して考えるかが難しい。しかし、多い生徒は6層7層もの重なりを表現することができた。また、凸で表現するだけでなく、うまく凹を活用して表現する生徒もいた。

　3年生の「アートグラスでアールヌーヴォーに迫る」では、卒業制作という意味も込めて卒業後も自宅に飾れるような作品をつくろうと呼びかけた（題材化に当たっては、岡田博監修『衝撃的美術教育のすすめ』三晃書房，1997を参照）。黒の画面の中に線描だけで絵を浮かび上がらせ、しかも削ることによって描くためやり直しができないというのは、緊張感のある作業で難易度が高い。しかしアールヌーヴォー的な様式美を取り入れるこ

図7「アートグラスでアールヌーヴォーに迫る」（3年）

〔第2部　実践編〕

とにより画面構成を工夫できる生徒は多かった。また、黒をいかに残すかということを意識して白黒のみでしっかりと削り出すことにより、完成度の高い作品を生み出すことができた（図7）。

(4) (エ)について

> （エ）友だちからの刺激が、意欲の継続につながる
>   →相互鑑賞の様々な方法を工夫して実践した。

　仕組みの面白さを利用した制作では、試作品を実際に動かすような体験型の鑑賞方法を用いることによって、楽しみながらも大きな刺激を受け、各自の制作に生かすことができた。また、アイデアスケッチや下描きの段階で付箋を使って、友だちのよいところを見付けたり、アドバイスしたりする鑑賞方法も多くの題材で有効であった。そのほかにも様々な段階において、その時間の授業のねらいに合った生徒作品を取り上げ鑑賞する機会を設けた。鑑賞を行ってから生徒に本時の目標を立てさせると、より具体的な目標をもって制作に向かうことができた。

(5) 生徒の学びについて

　美術を学ぶことは、自分たちの生活を豊かなものにしてくれると考えられる。美しいものを美しいと感じる感性や美しいものを見て心安らぐ感性は、生活を楽しむ豊かな心を育んでくれる。また美的感覚を磨いていくことは、身近なところでは自分たちの住環境を美しく暮らしやすく整えることにもつながっていき、発展すれば社会や環境をよりよいものにすることにもつながっていく。ただ生きればよいのではなく、より豊かに生きるための基礎となる部分にかかわるのが美術だと考えている。それを踏まえて、今回紹介したカリキュラムを通して、私が生徒に身に付けてほしいと考えていることは次のとおりである。

①美術の基礎的な能力

　それぞれの課題のねらいに合った形や色を選択し、それらを的確に配置するなど、生徒は常に美的感覚を働かせて判断している。また、自分の意図を作品に反映するためには、意図に合った形を描いたり色をつくったり塗ったりする

技能が必要であり、制作を通してそうした技能も高めていくことになる。これらは、単純に色塗りが上手にできるというような技能が身に付くだけでなく、造形的な感覚や判断力を磨き、高めていくことにつながる。また、次第に課題の難度が上がっていくことによって、様々な美的感覚を統合的に活用することも必要になってくる。

②美術文化についての理解

　鑑賞で日本や外国の美術文化に関する題材を取り入れること以外に、１年の「染色に挑戦」や２年の「浮世絵をリスペクト」３年の「アートグラスでアールヌーヴォーに迫る」によって、制作を通して伝統文化を体験したり日本や外国の美術文化に触れたりする機会を設けている。自分も体験してみることによって、より深く美術文化を理解することにつながると考えた。

③試行錯誤する中から、自分の目的に合った方法を選択する力

　今回示したカリキュラムでは、課題解決的な題材が多く取り入れられている。与えられた課題に対し、生徒はどのような方法がベストなのか考えながら取り組んでいく。初めは、限られた選択肢の中から方法を選ぶような題材が多いが、次第に選択肢の幅が広がっていき、自分でも工夫していけるようなカリキュラムになっている。こうした活動を通して、自分の目的に合った方法を見付け出すことができるようになってほしいと考えた。

④制作を通して得られる満足感と、そこから生まれる自己肯定感

　美術の制作活動では、何かをつくり上げたときに感じる「頑張った」という実感を得ることができる。これはものづくりの教科の大きな魅力である。そして、どうせつくり上げるならば「自分でもここまでできる」という満足感をもってほしいと考えている。そのため、少しずつ難易度の高い題材が増えていくようカリキュラムを編成した。また、それぞれの題材においてどのように工夫すればよいのかというポイントは常に示し、生徒が工夫できる環境を整えた。

⑤自分なりのねらいや意図をもって制作する姿勢

　どんなものでもつくればよいということではなく、「こういうものをつくろう」というねらいをもって、それを達成するべく努力する姿勢を身に付けてほ

しいと考えている。そのため、教師もそれぞれの題材におけるねらいを明確に示すことを心がけている。また、しばしば相互鑑賞などを取り入れ、友だちの制作を参考にしながら自分が目標とすることは何なのかを確認する場面を設けている。

4-2．㋐の系統の題材例
⑴吹きゴマ【(ア)、(エ)】

| 題材名 | 吹きゴマ（デザイン） | 学年 | 中学1年 | 時間 | 4時間 |

①題材の概要

　真上から強く息を吹きかけると回転するコマを吹きゴマと言う。その吹きゴマの表面に模様を描いて回すと、模様がつながって見えたり、色が混ざって見えたりする。そうした形や色のミックスを楽しむ題材である（題材化に際しては、以下のサイト：http://www.postcardtoy.com/lineup/detail001-1.htmlを参照した）。年間のカリキュラムでは色の学習の次に実践することによって、色の性質について学んだことを活用することができ、なおかつデザインセットの使い方もマスターできる題材として考えた。

　小さな試作品づくりを通して模様や色が変化する様子を体験し、さらに友だちの試作品を回してみることで色と模様の様々な変化のパターンを学ぶことができるような流れとなっている。

②学習目標・評価規準
・吹きゴマの動きや模様の変化に興味をもち、意欲的に制作することができる。
・形と色の変化を意識してデザインを考えることができる。
・羽根の角度に注意し、彩色の効果を考えて制作することができる。
・制作途中で友だちのアイデアの面白さに気付くとともに、完成作品の変化する模様や色彩の美しさを感じ取ることができる。

③準備
　　教師：型紙、掲示用つくり方手順、シール、書画カメラ、プロジェクター、スクリーン
　　生徒：はさみ、色鉛筆、色ペン、デザインセット、教科書、美術資料

④授業の展開

	学習活動	指導上の留意点
導入 (50分)	○吹きゴマの仕組みを理解する。 ○コマの試作をする。 ○鑑賞し、本番へのヒントを見付ける。	＊書画カメラを使って、コマが回っている様子をスクリーンに映し出して見せる。 ＊つくり方の手順を、図解で段階を追って説明する。 ＊試作品にペンやシール、色鉛筆等で模様を描き込ませる。 ＊友だちのコマを回しながら鑑賞させ、自分にとって参考になるところを見付けさせる。
展開 (120分)	○本番用のコマを切り抜き、模様を描く。 ○ポスターカラーを使って、コマに彩色をする。	＊コマの型紙はケント紙に印刷しておく。 ＊前回の活動を参考に、形と色の変化を考えながら、模様を描くようアドバイスする。 ＊最初に、ポスターカラーの濃度、平塗りの仕方、はみ出さないための方法、試し塗り等の彩色のコツを確認する。
まとめ (30分)	○友だちの作品を鑑賞する。	＊色合いを工夫している作品や、模様の変化が面白い作品などを見付けさせ、発表させる。

⑤指導上の配慮と工夫

a．回転する動きを楽しんで

　スクリーンに映し出される直径10cmほどの小さなコマ。このコマに赤くて丸いシールをいくつか貼り、再び回すと赤い点がつながって円形の模様になって見えてくる。こんな場面からスタートした授業である。コマが回る様子を書画カメラでスクリーンに映し出すと、生徒は興味津々の表情を見せた。仕組みの面白さが生徒の気持ちをつかんだ瞬間である。

図8　吹きゴマの試作品の型紙

　全員で同じ仕組みのコマをつくる題材なので、初めに試作品としてミニコマをつくりながらつくり方をマスターした。つくったミニコマに息を吹きかけて、勢いよく回ったときは「おおーっ」という声が上がった。このミニコマに色ペンや色鉛筆、シールなどを使って簡単な模様をつくり、描いた模様が回転することによってどんな変化をするのか、その様子を楽しんだ。各自ができたところで、クラスを巡って友だちの作成したミニコマに息を

〔第2部　実践編〕

吹きかける。面白い模様の変化が現れると自然と笑顔があふれてきた。

b．色の学習を生かして

　本題材の直前に、「色の不思議」という題材で色の性質について学んでいる。そこで、色について学習したことを生かして、色の組み合わせを考えた。補色を使って印象的な色合いの作品をつくったり、白を混ぜた色を使って明るい調子の作品をつくったりと、それぞれに工夫していた（図9）。

図9　配色の効果を考えて彩色された吹きゴマ

　また、デザインセットを使った本格的な制作を行うのも初めてなので、基本的な彩色方法も合わせて学習することとした。「色の不思議」では絵の具の濃度、平塗りの仕方について学んでいる。今回は、それに加えて、はみ出さないように塗る方法や試し塗りのポイントなどを学んだ。

　最初に面相筆で輪郭をなぞるとはみ出しにくくなること、塗りやすい方向を考えて紙の向きを変えながら塗ること、広い面積を塗るときは太い筆で一気に塗った方がきれいに仕上がること、など実際に作品として仕上げていくためのポイントを示して集中して彩色した。

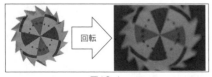
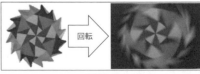

図10-1　　　　　　　　　　　図10-2
図柄や配色の異なる吹きゴマの回転による変化

(2)プルタブカード【(ア)、(エ)】

題材名	プルタブカード（デザイン）	学年	中学2年	時間	8時間

①題材の概要

　広辞苑によると、「プルタブ」とは「缶の蓋についている、指を掛けて引き開けるつまみ」とある。つまりプルタブカードとは「つまみを引いて」動く仕組みを利用したカードということになる。本題材の魅力は何といっても仕組みを動かすことによって生まれるユーモアのある動きである。1枚の紙という平

面から立体的に動くカードや、一瞬でガラリと絵柄が変わるカードができ上がることの驚きや面白さを味わうことを目指した。

　つまみを引いて動くという仕組みは、誰もが想像できるような単純なものから、「えっ?!　こんな動き方をするの！」と驚くようなものまである。複雑な動きの仕組みはつくるのも難しくなるが、選択肢が増えることによって、生徒の発想は広がりやすくなる。そのため自分が使ってみたい仕組みを選択できるような展開を考えた（題材化に際しては、こづま美千子・わくはじめ著『しかけ絵本の基礎知識　プルタブ　基本と応用』大日本絵画, 2006 を参照）。

②**学習目標・評価規準**

・プルタブカードの仕組みや動きに興味をもち、意欲的に制作することができる。
・試作を通して基本的な仕組みを理解し、動きの特性を生かしたアイデアを考えることができる。
・構想に基づいて動く仕組みをつくり、アイデアにふさわしい彩色を工夫して制作することができる。
・制作途中で友だちのアイデアの面白さに気付くとともに、完成作品の動きの面白さや彩色の効果を感じ取ることができる。

③**準備**

　教師：練習用プリント、型紙用プリント、参考作品プリント、ケント紙、色画用紙、カッターマット
　生徒：鉛筆、カッターナイフ、はさみ、のり、定規、スケッチブック、ボールペンまたはシャープペン、彩色道具（各自選択）

〔第2部　実践編〕

④**授業の展開**

	学習活動	指導上の留意点
導入 （150分）	○仕組みをつくってみる。	＊プリントに型紙を印刷しておき、直接切り取ってつくらせる。 ＊全部で五つの仕組みを、簡単なものからつくらせる。
展開 （200分）	○つくった仕組みにアイデアを描き込む。 ○友だちのアイデアを鑑賞する。 ○カードをつくる。	＊直接描いたり、絵を貼り付けさせて、動かしながらアイデアを練らせる。 ＊工夫したアイデアを集めておき、各クラスで鑑賞する。 ＊ケント紙、色画用紙、画用紙などを用意し、選択させる。 ＊型紙を本番用紙の上に重ねてボールペンでなぞらせ、切るところと折るところに溝をつくらせる。 ＊制作の手順や彩色の道具なども工夫させる。
まとめ （50分）	○友だちの作品を鑑賞する。	＊班ごとに鑑賞させる。班の一押しの作品をクラス全体の前で発表させる。

⑤**指導上の配慮と工夫**

a．どんな仕組みがあるのか―仕組みの理解

（ア）つまみを引くと、ドアが開く仕組み　（イ）つまみを引くと、物陰から出てくる仕組み　（ウ）つまみを引くと、立体的に左右に揺れる仕組み　（エ）つまみを引くと、物陰から出てきた絵が反転する仕組み　（オ）つまみを引くと、物陰の左右から絵が出てきて、それぞれ反転する仕組み

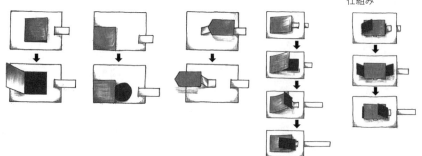

b．アイデアの生み出し方

　試作は、プリントに型紙を印刷しておいたものを使用した。いろいろ試してみるのは時間的に厳しい場合もあるが、実際につくってみることによってその

過程で発想が広がっていく様子が見られた。

特に、このような動きを利用した題材では、実際に動かしてみるからこそアイデアが生まれてくる場合が多い。そのため、今回は試作を行った後プリントにアイデアスケッチをするという方法は取らなかった。自分が試作したプルタブカードに思い付いた絵を直接描き込んでいったのだ。

何かと言うと「アイデアスケッチ」という手法を用いがちだが、発想を広げるためにはもっと様々な方法を模索していく必要がある。

c．友だちからの刺激

友だちの試作カードを動かしながら鑑賞する時間を取った。これもまた、実際に動かしてみることによって面白さが一層伝わってくる。そして、友だちから受ける刺激は、時に教師からのアドバイス以上に生徒に影響するものである。友だちのアイデアを見てよいと思うところがあったら、参考にしてみようという途中鑑賞は、様々な題材で用いることができる。

d．仕組みの特徴を生かして

それぞれの仕組みの特徴を生かした作品ができ上がった。

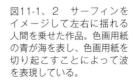

図11-1、2　サーフィンをイメージして左右に揺れる人間を乗せた作品。色画用紙の青が海を表し、色画用紙を切り起こすことによって波を表現している。

図12-1、2　左右から出てくる絵が反転する仕組みを利用して、必死で走るウサギが思い切り腕振りをしている様子を表現した作品。腕のところに描き込まれた効果線がスピード感を強調している。

〔第2部　実践編〕

(3)木製スタンド【(ア)、(ウ)、(エ)】

| 題材名 | 木製スタンド（工芸） | 学年 | 中学2年 | 時間 | 10時間 |

①題材の概要

　木の風合いを生かした、自宅で使えるようなものづくりを目指した題材である。2枚の板材を用いて釘や接着剤を使わなくても自立する仕組みをつくり、さらにキーホルダーやアクセサリー、腕時計などを掛けることができる「木製スタンド」をつくろうというものである。

　2枚の板材を組み合わせて立つ構造をつくるためには、木造建築の伝統的な技術である継手のような方法を用いるなど、板材に切り込みを入れてかみ合わせる構造を工夫する必要がある。さらに、そこに物を掛けられるようにするためには、形の角度などを工夫する必要もある。そうした構造上の条件を満たした上で、飾って楽しい形、見て美しい形、魅力的な作品を目指した。

　部屋の机の上に飾るとしたら……、玄関に飾るとしたら……、そんな想定をしながら挑んだ題材である。

②学習目標・評価規準

・構造や機能に興味をもち、意欲的に制作することができる。
・厚紙での試作を通して、釘や接着剤なしで自立する形を工夫し、強度を考えながら、物が掛けられるような形をデザインすることができる。
・電動糸のこぎりややすりの使い方を理解し、安全かつ丁寧に、仕上げの美しさにもこだわりながら、制作することができる。
・友だちのアイデアの面白さに気付き自分の制作に生かすことができる。

③準備

　教師：発想用プリント、厚紙、コピー用紙、板材、電動糸のこぎり、ドリル、木工用やすり、紙やすり、ワックス
　生徒：鉛筆、レジ袋、教科書、美術資料、布、彫刻刀（必要な人）

「やってみたい」を刺激する美術教育の試み

④ 授業の展開

	学習活動	指導上の留意点
導入 (100分)	○参考作品を見て、イメージを膨らませる。 ○厚紙を使って、試作する。 ○友だちのアイデアを鑑賞する。	＊制作の条件を伝え、考えさせる。 　(i)接着剤なしで自立して立つ。 　(ii)キーホルダーなどを掛けられる。 　(iii)自宅に飾って使える。 ＊構造を確認するために、厚紙で試作させる。 ＊いろいろなアイデアを紹介し、自分の制作の参考にさせる。
展開 (370分)	○実物大の下絵を描き、板に写す。 ○電動糸のこぎり、ドリルの使い方を知る。 ○自分の進度に合わせて制作する。 ○ワックスをかけ、磨く。	＊左右対称の形にする生徒には、半分だけ描いた絵を対称に写す方法をアドバイスする。 ＊下絵を描いた面を板に付けて爪でこするという方法を用いる。 ＊電動糸のこぎりの周辺に生徒を集めて、実際に切って見せながら説明する。 ＊電動糸のこぎりは予約制とする。順番待ちの間は、他の部分（やすりがけ、ドリル、彫刻）を進めるようアドバイスし、時間を有効に使わせる。 ＊電動糸のこぎりが苦手な生徒には、近くでアドバイスする。 ＊布にワックスを取り全体に塗り広げさせる。 ＊乾燥後ワックスを拭き取り磨き上げさせる。
まとめ (30分)	○友だちの作品を鑑賞する。	

⑤ 指導上の配慮と工夫

a．参考作品の魅力

　題材を開発するときは、自分でつくってみることが大切である。本題材も、思い付いてから実践するまで私自身が何度も紙や板で試作を繰り返した。そのときにつくった作品を参考作品として生徒に提示したところ、生徒は強い興味を示した。実物の力は大きいと感じた。（図13、図14）

図13　教師が試作した参考作品

図14　同左

〔第 2 部　実践編〕

b．試作することで発想が広がる

　生徒がアイデアを生み出すに当たって、試作用の厚みのある紙を用意した。実際に切り込みを入れて組み合わせたときに立つかどうかを確認するためである。立体作品を制作する際には、それぞれの作品に合った試作方法を工夫するとよい。

c．道具の使い方指導は具体的に

　今回の制作では、電動糸のこぎり、ドリル、やすりなど様々な道具を用いた。基本的に道具の使い方指導は実際にやって見せながら行っている。特に、電動糸のこぎりは半数近くの生徒が初めて使うという状況だったため、10人程度ずつに分けて指導した。その際次の点を特に強調して指導した。

・板を押すスピードで切れるので、速く押し過ぎないこと。
・曲がり角は、電源を切らずにその場で足踏みをするようなイメージで向きだけを回転させること。
・電動糸のこぎりの刃の厚みやその後のやすりがけのことを計算して、組み立てる部分の切り込みはやや狭めに切ること。

⑥完成作品―オリジナリティあふれる作品―

図15　自分で構造を考えた作品。1枚の板から前脚、後ろ脚の二つの部品をつくり組み立てた。角をデフォルメしたことで、物を掛けられる部分を増やしている。

図16　自分で構造を考えた作品。剣と盾を表した。両方に切り込みを入れ、かみ合わせることによって支え合っている。

図17　例示した構造を使った作品。木をイメージしてたくさんの物を掛けられるようなデザインになっている。

図18　自分で構造を考えた作品。家の形の板に、HOMEという文字を描いた板を差し込むことによってできている。

4-3.「やってみたい」を刺激する絵画分野の題材例
(1)点描で描く―不思議な世界

題材名	点描で描く―不思議な世界（絵画）	学年	中学2年	時間	9時間

①題材の概要
　点描の粗密によって、幻想的で不思議な場面が浮かび上がる。そんな絵画題材である。点描技法には色を用いるものと白黒のみのものがあるが、今回は幻想的な雰囲気を生み出しやすい白黒のみの技法を用いることとした。

　空想画を描くのは初めての生徒たちだったため、何をどのように描くかという構想を練る段階に特に力を入れ、魅力的な画面をつくるにはどうしたらよいかを考えさせた。

②学習目標・評価規準
・点描による表現に関心を抱き、意欲的に制作に取り組むことができる。
・モチーフの組み合わせや配置などを考えながら想像を広げ、表したいイメージをアイデアスケッチにまとめることができる。
・構想を基に、モチーフの配置や明暗、白と黒のバランスなどの表現効果を考えながら、不思議な世界を表現することができる。
・参考作品や完成作品を鑑賞し、現実にはない世界の不思議さや面白さ、作者の表現の工夫などを感じ取ることができる。

③準備
　教師：ケント紙、プリント、美術制作表、画集
　生徒：鉛筆、ネームペンまたはゲルタイプボールペン、図鑑などの参考資料、教科書、美術資料

〔第2部　実践編〕

④授業の展開

	学習活動	指導上の留意点
導入 (50分)	○点描画について知り、点描技法の練習をする。	＊今回は白黒の点描画に挑戦することを伝える。 ＊プリントの図形に実際に点描で描かせる。 　(ⅰ)光の方向を決める。 　(ⅱ)点の量をだんだん変化させる。
展開 (350分)	○不思議な世界を描いた絵を鑑賞する。 ○案を考える。 ○案を基に、アイデアスケッチを描く。 ○下絵を描く。 ○点描の描き方を知る。 ○点描を描く。	＊マグリット、ダリ、エッシャーなどの不思議な雰囲気をもつ絵を選び、鑑賞させる。 ＊不思議な世界を生み出す方法を例示し、言葉で考えさせる。 ＊図鑑等を用意させ、参考にしながら描かせる。 ＊物を描く位置、大きさ、角度などに気を付けさせ、構図を考えて描くようアドバイスする。 ＊ケント紙に下絵を描かせる。大きさはＡ４を基本とし、もっと大きくしてもよいこととする。 ＊白黒のバランスを考えて描くことを心がけさせる。 ＊作品の雰囲気に合わせてペンを選択させる。
まとめ (50分)	○絵に合った物語を考え、発表する。	＊絵の不思議な雰囲気に合わせて短い物語を考えさせる。

⑤指導上の配慮と工夫

a．新しく触れる技法は魅力的

　点描は初めてだったため、新しい技法に魅力を感じている生徒は多かった。点描で描かれた作品は幻想的な雰囲気をもっており、シュルレアリスムのような不思議な絵画を描くには適している。細かく点描で描くことは根気のいる活動だが、生徒は思った以上に集中して制作に取り組んだ。

b．不思議さをどう生み出すか

　現実にはあり得ない不思議な場面をどのようにつくっていくかは、本題材において重要な部分である。そのため、不思議さを表現するにはどんな方法があるかを示したプリントを使って発想させた。

　(ア) 大きさの不思議、(イ) 組み合わせの不思議、(ウ) 素材の不思議、(エ) 空間の不思議、(オ) その他という例を示し、自分はどの方向で描くかをまず言葉で表現させた。「大きさの不思議」とは、巨大な昆虫がビルにとまっているなど、現実世界の常識とは異なる大きさのものを描くことで不思議な世界を

「やってみたい」を刺激する美術教育の試み

表現するという方法である。こうした具体例を示すことによって、生徒が考える上でのヒントとなるようにした。

⑥**完成作品―達成感のある仕上がり―**

　細かな点描で表現された空間は、幻想的な空気感や雰囲気を生み出してくれる。また、点の量を変化させていくことによって、立体感のある表現もできてくる。生徒はこちらが想像した以上に、真剣に点描を打っていた。

図19　クジラがゆったりと空を泳ぐ姿が美しい。明るい空の空気感を感じる作品。

図20　荒れ地にたたずむ、現実にはあり得ない小さな少女。物語が生まれそうな作品。

図21　薔薇と蝶という組み合わせが、幻想的で美しい作品。

図22　本が鳥のように羽ばたいている。ペンギンが空想の中で空を飛ぶのだろうか、と想像させる作品。

(2)浮世絵をリスペクト

題材名	浮世絵をリスペクト（絵画）	学年	中学2年	時間	8時間

①**題材の概要**

　本題材は浮世絵の構図や色などの特徴を生かしながら、どこかを現代風に置き換えるなどして新しい作品を生み出そうというものである。

　本題材の前には、浮世絵が印象派に与えた影響について鑑賞を通して学び、本題材の導入では、浮世絵が現代の日本美術に与えた影響についても学んだ。鑑賞を通して浮世絵の魅力を学んだ上で表現活動に結び付けた題材である。

233

〔第2部　実践編〕

　本当の浮世絵のように版画で表現するのは難しいが、浮世絵らしい雰囲気を残そうと色合いを工夫したり、線描をペンで表現したりして取り組んだ。

②**学習目標・評価規準**

・浮世絵の魅力や面白さに関心を抱き、その表現の特色を生かして制作することができる。
・元絵のよさや面白さを生かしながら、今の時代にふさわしいユーモアに富んだ浮世絵のアイデアを考えることができる。
・元絵の特色を生かし、今の時代にふさわしいユーモアに富んだ浮世絵を表現することができる。
・参考作品を鑑賞し、浮世絵の魅力や表現の特色に気付くとともに、完成作品の発想の面白さなどを感じ取ることができる。

③**準備**

　教師：プリント、画用紙、浮世絵図版、現代作家図版
　生徒：鉛筆、ネームペン、ポスターカラー、水彩絵の具、教科書、美術資料

④**授業の展開**

	学習活動	指導上の留意点
導入 (25分)	○浮世絵とそれに影響を受けた現代作家の作品を鑑賞する。	＊町田久美、及川正通、森村泰昌、奈良美智の作品を浮世絵と一緒に並べて鑑賞させる。 ＊いろいろな種類の浮世絵の図版を用意し、自分が参考にしたい作品を決める。
展開 (325分)	○アイデアスケッチを描く。 ○下絵を描く。 ○彩色をする。	＊浮世絵らしさをどこかに残すようアドバイスする。 ＊浮世絵の縦横の比率に注意して、同じような比率で描かせる。 ＊線描の美しさを意識して線を描かせる。 ＊浮世絵らしい雰囲気の彩色についてアドバイスをする。 ・水分量を調節して、ぼかしの効果を出す。 ・少し彩度を低くした色調を使う。 ・ペンまたは絵の具で、輪郭線を描くことにより、木版画の雰囲気を出す。
まとめ (50分)	○友だちの作品を鑑賞し、よいところを見付ける。	＊基となった浮世絵図版と並べた状態で鑑賞会を行う。

⑤指導上の配慮と工夫

a．鑑賞と合わせることで知的好奇心を刺激

　本題材の直前に、「異文化の交流」という鑑賞題材を実践している。その中で、モネの絵画が日本の浮世絵の影響を強く受けており、大胆な構図を浮世絵から取り入れているということを学んだ。さらに、本題材の導入では、現代の日本美術の中にも浮世絵からインスピレーションを得ている作品が多数あるという鑑賞を行っている。中学生の中には、日本よりも西洋の美術の方が優れているという認識をもっている生徒も多いが、これらの鑑賞を通して日本の浮世絵は素晴らしいものだということを実感できる導入となっている。こうした鑑賞は生徒の知的好奇心を刺激することができると考える。

b．ユーモア心をくすぐる

　ユーモアのある作品に対して中学生は意欲的である。浮世絵の世界を現代風に置き換えたらどんな作品になるかなどユーモアたっぷりに考えている。森村泰昌が役者絵になり切った作品からインスピレーションを得た男子生徒は、美人画の顔だけを自画像にするという作品に挑戦した。周囲から「面白い」と言われ、満足そうな表情を見せていた。また、同じ美人画を基にして、いかにも今時風の雰囲気に仕上げた生徒もいた。同じ浮世絵を基にしても、発想によってまったく違った作品が生まれてくる。そんなところも、本題材の魅力である。

c．資料はたっぷり用意

　今回はＡ４判の資料図版をカラーで用意した。教科書や資料集に載っている図版を基にしてもよいが、図版が小さいと、いざ自分が制作するときに細部が見えなくて難しい。そのため、人物、風景、植物など様々な図版をそれぞれ5～10枚程度用意して貸し出すこととした。また、白黒で印刷したものは貸し出しではなく、生徒個人で使用できるようにした。アイデアを考えたり、下絵を描いたりするときには白黒図版を、彩色するときにはカラー図版を使えるように準備した。

〔第2部　実践編〕

⑥完成作品—中学生らしいユーモアにあふれる表現—

図23　顔だけ自画像の美人画

図24　今時ギャルの美人画

図25　宿場をジャングルに置き換えた作品

図26　全てを新鮮野菜に置き換えた「神奈川沖浪裏」

5．まとめ

　美術によって自分を表現したくない、表現することに抵抗があるという多くの生徒たちと向き合いながら、「やってみたい」を刺激する美術教育を行ってきた。もちろん生徒全員が美術の授業を好きになったと断言することはできないが、私の実感としては、美術を楽しみながら活動している生徒は多いと思う。
　改めて感じることは、美術好きと言えば女子というイメージが一般的だが、

こうした「やってみたい」を刺激する題材においては、男子の取り組みが非常によいということである。特に、㈎系統の「仕組みの面白さが知的好奇心を刺激する」題材では、積極的に試作に取り組むのは男子の方が多い。「吹きゴマ」や「プルタブカード」の試作に成功したときに、男子は積極的にどんどん動かし、その活動を楽しみながらいろいろなアイデアを生み出していた。また、「木製スタンド」を制作したときに、教師が例示した方法とは違う立て方を考えて実践した生徒の多くは男子であった。

　また、㈏系統の「不思議さが興味をかき立てる」題材では、男女問わず、どんな作品になるか楽しみながら取り組む様子が見られた。特に「染色に挑戦」や「文字の結晶」の練習において、作品を開くときのワクワク感は見ている私にも伝わってきた。「レリーフアート」を磨いて層が浮かび上がってくる段階では、制作の喜びを味わうことができた。

　㈐系統の「少し高難度」な題材（「木製スタンド」「レリーフアート」「アートグラスでアールヌーヴォーに迫る」）では、実施学年の生徒だけでなく、下級生たちがあこがれを抱くという効果もあった。積極的に掲示し作品を見る機会を増やすことにより、自分たちもやってみたいという気持ちが高まったことが感じられた。それまで様々な創作活動を体験してきた生徒たちは、多少高難度であっても粘り強く制作に取り組むことができていた。男女ともによく取り組んでいたが、特に女子はよりよい作品をつくろうという様子が顕著に見られた。

　最後に絵画系統の題材例（「点描で描く―不思議な世界」「浮世絵をリスペクト」）では、自分の内面や気持ちの表現を求めるのではなく、発想の奇抜さや想像の面白さを追求するような課題を提示した結果、生徒のやる気は下がることなく積極的に絵画表現に挑戦することができていた。

　こうした生徒の反応から、アプローチの仕方によっては思春期の子どもたちでも表現活動を十分楽しむことができるのではないかと感じた。どうせやるなら楽しい方がよいと日頃から考えている私としては、「楽しみながら学べる」授業をこれからもつくっていきたい。

[第2部 実践編]

子どもの発達特性に寄り添った授業づくり
―美術ぎらいをなくすための試み―

堤　祥晃（滋賀県大津市立志賀中学校）

1．中学校美術の現状と課題

　絵画表現において、小学校中学年～高学年の時期に図式的表現から写実的表現への移行が始まり、写実的にリアルに描くことに淡いあこがれを抱いている中学生の時期は、「絵を上手に描く」＝「実物そっくりに描く」という価値観を強くもっている。しかし、ほとんどの生徒が写実的表現の技術を十分に習得していないため、「自分は絵が描けない」と苦手意識をもってしまったり、得意不得意がハッキリしてくることで他人の目が気になったりして、制作意欲が低下してしまう生徒が多く現れる。

　また、立体表現やデザインの領域では、頭の中で完成イメージを描くことが難しかったり、イメージを具体化させる表現技術をもっていなかったりといった理由から制作が行き詰まってしまう生徒も数多くいる。

　自分なりの価値観をもち、ある程度のクオリティーがないと満足できなくなってくる時期でもあり、稚拙だと感じるような作品や自分の思いと異なる作品を制作したくないという抵抗感も強い。

　そのため、主題の生成から表現活動まで、指導方法に思春期特有の特性を踏まえた工夫を加えないとスムーズに題材に取り組めない生徒が多く、特に生徒指導上の課題を多く抱えている学校ほどその傾向は強い。

2．美術ぎらいをなくすための試み

　小学校高学年から中学校にかけて、図画工作・美術の授業が好きだと答える生徒の比率が低下していく傾向があり、特に中学校ではその傾向が顕著に表れ

る（ベネッセ教育総合研究所の『小中学生の学びに関する調査報告書』2015によると、小学校6年生で図画工作がとても好きと答えている児童が44.8％なのに対し、中学校1年生の美術では27.3％と大きく下落している）。

　中学校で美術ぎらいの生徒を増やさないために、苦手意識から意欲をなくしたり、友だちの目を気にしてのびのびと制作できなかったりする子どもが増えてくる要因を探り、中学生の発達特性を踏まえて、有効な美術教育のあり方や方法を、理論と実践の両面から研究する必要性を強く感じている。特に、この時期の美術教育では「ほとんどの生徒が写実的に絵を描けない」ことを前提とした指導が必要ではないかと考えている。また、発想・構想の段階では、頭の中だけで考えることや、アイデアスケッチを描くことが苦手な生徒も多いため、そのような生徒がスムーズに取り組めるような工夫も必要である。まずは、造形的な体験や物を観察することから主題を生み出す題材や、課題解決的な手法の題材に取り組ませるなど、生徒の実態に合わせてカリキュラムを組むことが重要である。

3．発達特性に寄り添った授業づくりの基本的な考え方

(1)体験を基にした表現や課題解決的な表現を重視する

　生徒の発達特性を三つのステップで捉え、学年の区切りを目安に段階的、発展的にカリキュラムを組んでいる。

　1年生では、単なる視覚だけに偏らずに五感を働かせて体全体で感じ取る活動を重視し、実物に触れて「見る」「触れる」「香りを嗅ぐ」「音を聞く」といった体験を基に主題を生み出したり、まず素材に触れて造形的な活動を体験し、そこから主題を生成したりするような活動を取り入れている。

　2年生では、題材設定に際して課題解決的な方法を取り入れることにより、活動の目標や方法を明確にしている。こちらがある程度の条件設定をすることで生徒は思考が拡散せず、目の前の目標に集中できるため、今何をするのかが明確になり安心して制作に取り組むことができる。

　3年生では、多様な表現のよさや美しさを感じ取れる視野の広さや柔軟性を

〔第2部　実践編〕

育むという視点から、写真やコラージュなど様々な表現方法を幅広く体験させる。また、自分の心の中を表現する題材など、精神的な成長に合わせて「自己を見つめ」そこから主題を生み出すような活動にも取り組ませる。

(2) 表現に対する新しい価値観を育む

　子どもっぽい表現では満足できず、視覚的な写実表現に対する漠然としたあこがれの念を抱いている生徒に必要なのは、写実表現以外の様々な技法や描き方を知り、写実に偏らない幅広い表現を経験することではないだろうか。認知的な発達に伴う自然な流れとして写実的表現への欲求が高まってくる時期であるが、美術科の授業時数は限られており、また個々の能力の個人差も大きい現状を考えると、全ての生徒に写実的表現の技能を獲得させることは容易ではない。またそれ以上に、写真や映像が身近な記録の手段として存在する今日、写実的な表現技術を獲得させることにどのような意味があるのか、誰もが納得できるような答えを見いだすことは難しい。

　そこで、制作、鑑賞の活動の中で様々な「造形的なものの見方や捉え方」に気付かせ、幅広い造形表現を体験させる。それにより、写実的であることは造形表現において必須の条件ではないことを理解し、多様な造形表現のよさや美しさ、面白さを感じることができる「新しい価値観」（多様な表現のよさや美しさを感じ取れる視野の広さや柔軟性）を育み、自分なりの表現に自信をもち、お互いの表現のよさを認め合える関係を育てたいと考える。

(3) 「美術の教育」を意識した指導内容を授業づくりの重要な柱とする

　普通教育における美術教育を「美術による教育」として位置付け、専門教育における美術教育を「美術の教育」として対立的に位置付ける考え方があるが、新井哲夫が指摘するように、両者は決して二項対立的な関係にあるものではなく、どのような美術教育においても二つの要素が混じり合って成り立っている。普通教育と専門教育との違いは、どちらの比重が高いかというだけである。美術教育では、対象となる子どもの発達特性に応じた「美術の教育」と「美術による教育」のバランスが重要である（2011.12.24の全体研究会における新井のプレゼンテーションより）。

思春期の美術教育では、幼児期や小学校低学年のように、元々造形的な表現活動に対する興味・関心が高く、適切なきっかけを用意すれば自然に積極的な活動が始まるといった展開はあまり期待できない。そのため、造形的な表現にかかわる基礎的な知識や技能を学ぶこと（＝美術の教育）を授業づくりの重要な柱とし、「技能が身に付いた」という実感や、「満足のいく表現ができた」という達成感をもたせる必要がある。また、思春期は単なる好き嫌いでなく、物事の意味や価値について深く考え始める時期でもあるため、単に思いのままに表現して終わりではなく、この授業は「何のために」行われ、自分たちには「何を」「どうすること」が求められているのかを理解させた上で、納得して授業に参加できるようにする必要がある。

4．子どもの発達特性に寄り添った題材や指導の工夫

(1) 五感を働かせて、造形表現の原点を実感する場や機会の設定

誰でも幼い頃には表現することそのものを無心に楽しむことができたが、年齢が上がるにつれて結果の善し悪しや人の評価が気になるようになり、表現活動本来の楽しさを味わうことができにくくなる。1年生の題材設定に当たっては、結果の善し悪しや人の評価を気にせずに、表現するこ

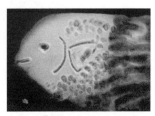

図1「食塩から生まれた魚」

との楽しさを味わい、造形表現の原点を再確認する場や機会を積極的に設けるようにした（「私の木」「ソルトアート」など）。

「私の木」は、「5．実践事例の紹介」で詳述する。「ソルトアート」は、トレーに入れた食塩を揺すってできる偶然の形から発想を広げ、そこから主題を生み出す題材であり、塩のもっているザラザラ感と指や棒などで描いた際にできる凹凸によって独特の面白い表情が生まれ、表現することの楽しさを素直に味わうことができる。

(2) 課題解決的な活動を体験する場や機会の設定

中学校で授業をしていると、「美術を学習することにどんな意味があるの

〔第2部　実践編〕

か？」という質問を受けることがある。学ぶことの意義や目的を探り始める中学生が、「今、何を学習するのか」を理解しやすく、また、思考が拡散せずに集中して制作に取り組みやすくするため、2年生では課題解決的な活動を体験する場や機会を積極的に設けるようにした（「目指せ、遊具設計士！」「学校生活を楽しく安全にするピクトくんをつくろう！」など）。

図2「授業中の私語禁止」

「目指せ、遊具設計士！」は、「5．実践事例の紹介」で詳述する。「学校生活を楽しく安全にするピクトくんをつくろう！」では、与えられたテーマ（指令書）に書かれてある内容（授業中の私語禁止、スリップ注意！など）の看板を考え、ピクトグラムを使って表現する。生徒は限定された条件をクリアするために知恵を絞り、見る者へ情報を伝えるために何とか工夫して表現しようとするため、より発想・構想の能力を高めることができる。

(3)造形表現の基礎を体験的に学ぶ場や機会の設定

誰もが自分の表現にある程度の満足感を感じ、自分なりの表現に自信をもつためには、幅広く造形表現の手法を学ぶ必要がある。知識や技能が表現と一体化して自然と身に付くようにするために、全ての学年で造形表現の基礎を体験的に学ぶ場や機会を設定している（「みんなでつくる虹」「アボリジニーアートに挑戦！」「もしも私の中学校にこんな妖怪がいたら」など）。

図3　色水で色相環が生まれる

「もしも私の中学校にこんな妖怪がいたら」は「5．実践事例の紹介」で詳述する。色の学習の一環として、プリンタ用の三原色インクを混ぜて12色の色水をつくる「みんなでつくる虹」では、

図4　点描の魅力を利用して表現

発色がよく、インクを混ぜると色がどんどん変化していくのを目の当たりにすることで、体験的に色の性質や色相環を理解することができる。また、綿棒を

242

使って点描で描く「アボリジニーアートに挑戦！」では、点々のもつ独特の魅力を利用して、構図や色使いを工夫することで魅力的な作品に仕上げることができる。

5．実践事例の紹介

(1)五感を働かせて表現活動の原点を実感することを重視した実践

題材名	私の木（絵画）	学年	中学1年	時間	9時間

①題材の概要

　校庭から自分のお気に入りの木を見付け、選んだ木の一部分を拡大してポスターカラーでケント紙に描くという題材で、美術が得意な生徒も得意でない生徒も、楽しく制作する中で「表現する喜び」を取り戻させることをねらいとしている。本題材では、生徒が苦手意識から意欲をなくさないような様々な工夫を試みている。

　この題材で特に大切にしているのは、作品を制作させる際に、五感を使って自分が感じたことや考えたことを素直に表現するということに重点を置くことで、見たものの再現ではなく、感じたことの表現に意識が向くようにしているという点である。それにより、より写実的に描くことがよいことであるという価値観を崩し、それぞれの個性的な表現をお互いに面白いと感じ合えるような授業を目指している。

　技法的な面では、光と陰（明るい部分と暗い部分）を意識して描くという造形的なものの見方や捉え方を提示したり、混色や筆のタッチを生かした多様な描き方があることを例示したりすることで、見たものの再現にとらわれずに、自分の実感に基づいた素直な表現ができるようにしている。

　また、特に細かい表現が苦手な生徒には、大きな画面に下描きをせずに直接絵の具で描くようなダイナミックな表現に取り組ませている。この描画方法では、多少のはみ出しなどはまったく気にならないため、不器用な生徒でも失敗を恐れずに制作することができる。

　この題材全体を通して、これまでの経験を通して生徒の中に定着している

〔第2部　実践編〕

「絵の具＝塗るもの」という考えから脱却させ、タッチを生かしながら「筆で描く」という感覚をつかませて、絵の具の表現力や描画方法の多様性を感じさせたいと考えている。

②学習目標・評価規準
- 自らの五感を通して樹木の存在感や生命感を感じ取ることや、それを絵に表すことに関心を抱き、意欲的に活動に取り組む。
- 自分が感じた樹木の存在感や生命感を絵に表すために、画面への取り入れ方、形や色の表し方などの構想を練る。
- 構想を基に、材料や技法の特色を生かして、自分が感じた樹木の存在感や生命感を表現する。
- 描かれた樹木を相互鑑賞し、作者の表現意図や工夫などを感じ取りながら、それぞれのよさや美しさを味わう。

③準備
　教師：ワークシート、木炭、ケント紙、プロジェクター、実物投影機、コンピュータ、樹木の写真、刷毛、絵本（佐藤忠良 画・木島始 文『木』福音館書店，2001）
　生徒：ポスターカラー、パレット、筆、鉛筆、教科書、資料集

④授業の展開

	学習活動	指導上の留意点
導入 (100分)	○校庭にある身近な樹木を観察し、気に入った部分に着目してスケッチする。	＊見たものを模写するのではなく、自分が木から受けた印象や感じたことを表現することを伝える。 ＊木の一部分に着目させることで作者の表現意図がはっきりするようにする。
展開Ⅰ (50分)	○グループで協力し、混色によって幹の色や葉の色をつくる方法を考える。	＊緑、黄緑、茶色、黒以外の色で、幹と葉の光が当たっている部分と陰になっている部分の色をつくらせ、混色で微妙な色がつくれることを実感させる。
展開Ⅱ (50分)	○水彩絵の具の様々な技法を知る。	＊水の量や筆の使い方を変えた彩色方法や、鉛筆で下描きをせずに直接絵の具で描く方法を体験させる。

展開Ⅲ (200分)	○自分が感じた樹木の印象や感じが表れるように、ケント紙にポスターカラーで描く。	＊表現意図に合わせて、画用紙のサイズを選ばせる。 ＊試し描きの用紙を用意し、色やタッチを試しながら描くようにさせる。 ＊光と陰を意識させ、全体の色調が平坦にならないようにさせる。
まとめ (50分)	○完成した作品を相互鑑賞し、それぞれのよさや美しさを味わう。	＊クラス全員の作品を床に並べて、ギャラリートークを行い、表現の意図や工夫を確かめ合いながら鑑賞できるようにする。 ＊その後、自分の気に入った作品を3点選ばせ、その理由や感想を書かせる。

⑤授業の実際

a. 導入

　全ての題材に共通して、最初に授業のねらいを生徒に「学習の目標」として分かりやすい言葉で伝えている。また、ワークシートにも題材の目標を記載しておき、題材終了後に各項目で目標が達成できたかを振り返らせている。

　最初に、今回は木を描くということを伝えると、描くことが苦手な生徒を中心に「えっ、嫌だー」という反応が返ってきた。そこで、参考作品や絵本『木』を使い、一部分に着目して描くこと、見たものの再現ではなく感じたことの表現を重視することを丁寧に説明すると、少し「面白そう」「これならできるかも」という思いをもった様子であった。

図5　幹に耳を当てて音を聞く

図6　実際に触って観察する

　木を観察してスケッチをする活動では、まず五感を使って木を感じる活動をたっぷりさせた。生徒は、実際に触れたり、幹に耳を当てたりしながら、次第に樹木に対する興味を深めていった。スケッチでは、表現力をもたせるために木炭を使用させたが、生徒にとっては新鮮な画材であったようで、予想以上に楽しんでスケッチをしていた。

〔第 2 部　実践編〕

　また、後で絵を描くときの手がかりになるように、言葉で木の印象や気に入った部分の説明をワークシートに記入させた。しかし、（よい意味で）スケッチに夢中になってしまい、しっかりと記入できている生徒はごくわずかであった。

b. 展開Ⅰ―グループによる混色の工夫―

　緑、黄緑、茶色、黒の絵の具を使用しないで、幹の色、葉の色をつくると伝えると、最初は「そんなの無理だ」という反応だったが、4人グループで試行錯誤しながら、次第に楽しんで取り組んでいた。最終的には、ほとんどの班がそれなりに近い色をつくることができた。中には、納得がいくまでつくりたいので、もう少し時間がほしいと言ってきた班もあった。

図7　スケッチには木炭を使用

図8　混色を体験的に学ぶ

c. 展開Ⅱ―水彩技法演習―

　授業の最初に点描、ぼかし、にじみ、ドライブラシの技法を、実物投影機を使って簡単に実演したところ、予想以上に発見や驚きがあったようで、やってみたい、試してみたいという反応が多かった。その後、印刷した木のスケッチに自由に彩色する活動を行ったところ、ほとんどの生徒が夢中になって様々な技法を試していた。

図9　大きな画用紙に描く

d. 展開Ⅲ―制作―

　最初に、表現意図に応じて画用紙のサイズを選ばせたところ、大きな画用紙に描くことに対して抵抗感があるのか、こちらの予想以上に小さな画用紙を選んでいる生徒が多かった。そこで、個別に声をかけ、特に細かい表現が苦手な生徒には大

図10　タッチを生かして描く

きな画用紙に描くよう促すと、やってみようとサイズを変更する生徒も多かった。その際、必要な生徒には刷毛を貸し出した。

制作が始まると、行き詰まって作業が止まっている生徒はほとんどおらず、とにかくどんどん描いていくという雰囲気になった。新しい画用紙でやり直したいという生徒が3分の1ぐらいおり、試行錯誤しながら制作している様子であった。

失敗例としては、筆で何回もこすってしまい、せっかくのタッチや塗り重ねが消えてしまうケースが見られた。

e. まとめ―鑑賞―

クラス全員分の作品を床に並べて、ギャラリートークを行った。休み時間に全員分の作品を床に並べていると、興味を示して作品を手に取ったり、裏を見て作者を確かめたりする生徒もいた。

ギャラリートークの後、自分の気に入った作品を3点選ばせて理由や感想を書かせると、友だちと意見を交わしながらじっくり

図11　作品を並べてギャラリートーク

りと鑑賞している姿が見られ、大部分の生徒が多様な表現の面白さを味わっていた。

⑥ **完成作品**

図12　点描で描いた作品

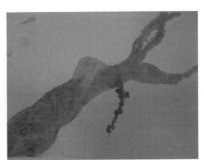

図13　にじみ、ぼかしを生かした作品

〔第2部　実践編〕

図14　明暗を強調した作品

図15　タッチを生かした作品

(2)課題解決的な活動を中心とした実践

| 題材名 | 目指せ、遊具設計士！（デザイン） | 学年 | 中学2年 | 時間 | 11時間 |

①題材の概要

　本題材は、生徒が遊具設計士になったつもりでプランを考え、公園の遊具（滑り台）を設計するものである。単に自分が面白いと思ったものをつくるのではなく、楽しさや機能性、安全性といった実際に使用する者の視点を大切にしながらプランを考えさせるなど、実際のデザイナーの仕事により近い形で構想を練らせ、用途や機能、使用者の気持ちを考えて制作することをねらいとしている。

　使用者の視点に立って制作することで、遊具に限らず、デザインにとって大切な要素とは何かを考えさせるきっかけになっている。また、滑り台以外の遊具も含めて複合的に遊具を組み合わせたり、ベンチや木、川などを一緒につくったりすることで、公園という「空間」をデザインする活動へもつながる。

　実際のデザインの現場では、デザイナー一人が全ての仕事を行うといったケースはまれで、様々な立場や役割の人がかかわり合いながらプランをつくり上げていくという形態が一般的である。そこで今回は4人グループで班をつく

り、話し合いを重ねながらグループで作品の制作を進めることにした。メンバーそれぞれの長所を生かしながら役割を分担し、協力して一つのものをつくり上げる喜びを感じさせるとともに、グループでアイデアを出し合いながら話し合いを進めることで、発想・構想の能力や鑑賞の能力を高め合うことができる。

②学習目標・評価規準
・野外に設置された子どもを対象とする遊具の役割や機能に関心をもち、使用者の立場に立って、より公共性の高い遊具を制作する。
・対象年齢や安全性などを十分に考慮しながら、見て楽しく遊んで面白い野外遊具のデザインを考える。
・プランを基に制作の手順や分担を決め、互いに協力しながら、材料や用具の特性を生かして制作する。
・優れたデザインに必要とされる条件や要素を基に完成した遊具（模型）を批評し合い、デザインとしてのよさや制作上の創意や工夫を味わう。

③準備
　教師：野外遊具の写真（鑑賞用）、参考作品、紙粘土、スチレンボード、木材、木工用接着剤、粘土べら、ニス、グルーガン、ポリ袋、ワークシート、プロジェクター、実物投影機、コンピュータ
　生徒：教科書、資料集、筆記用具、ポスターカラー、パレット、筆など

④授業の展開

	学習活動	指導上の留意点
導入 (50分)	○公園の滑り台に関心をもち、その役割や機能について理解する。	＊身近な公園の滑り台を紹介し、自分が遊んで楽しかった思い出などを発表させる。 ＊過年度の作品を鑑賞させ、滑り台のデザインに対する関心を高める。
展開Ⅰ (50分)	○各自、思い付いたことをスケッチに描いたり、言葉で記録したりしながら、構想を練る。	＊安全性や機能性を意識し、見て楽しく遊んで面白い滑り台にするためのアイデアを考えさせる。 ＊目指す遊具の条件や対象年齢を示し、デザインの条件や使用者の視点を意識させる。

〔第2部 実践編〕

展開Ⅱ (100分)	○それぞれのアイデアを基にグループで話し合い、班としてのプランをまとめる。	＊安易に一人のアイデアに任せたり、寄せ集めに終わったりしないように、デザインの基本となるコンセプトを話し合わせる。 ＊使用する子どもたちが安全に楽しく遊べるようにするには、どのような形態や構造、配色がよいか考えさせる。
展開Ⅲ (300分)	○プランを基に、協力しながら制作する。 ○遊具のイメージや周囲との調和を考えて着色する。	＊仕事のない生徒が出ないように、制作の手順と分担を決めさせる。 ＊材料や用具の特性を考え、目的に合った材料を選択するように助言する。 ＊公共のデザインであることを考え、遊具のイメージとともに、周囲の景観との調和にも配慮させる。
まとめ (50分)	○完成した遊具（模型）を相互鑑賞する。	＊評価の観点を記したレーダーチャートを使い、遊具のデザインを分析し評価させる。 ＊レーダーチャートによる評価の結果について、理由を自分なりの言葉で説明させる。

⑤**授業の実際**

a. 導入

導入の授業では、まず校区にある身近な遊具の写真を見せ、自身が遊んで楽しかった思い出やエピソードを発表させた。そこから発展して全国にある様々な滑り台を紹介することで、生徒は自身の体験を基に、使用者の視点から「楽しくするための工夫」や「安全に遊べるための工夫」などについて考えていくことができた。

図16 実際に公園に設置されている遊具を鑑賞

最後に、安全性と楽しさを兼ね備えた「究極の滑り台」をデザインしようと投げかけた。

b. 展開Ⅰ―個人で滑り台のプランを考える―

グループで話し合う前に個々に「究極の滑り台」のアイデアを練る活動を行った。その理由は、グループで充実した話し合いをするためには、まずそれぞれが思いや意見をしっかりもっていることが前提として必要だと考えたからである。生徒は、面白くするための工夫は思い付くが、安全性についてはあま

り考えられていない傾向があった。

c. 展開Ⅱ—グループで話し合い、プランをまとめる—

各自のアイデアを基にグループで話し合ってプランを決める活動では、より深い話し合いにつなげるために、「誰かのアイデアを丸ごと採用しない」「安易にみんなのアイデアをミックスしない」という二つのルールを設定した。

図17 話し合いながらプランを考える

この段階でかなり苦労する班もあったが、ほとんどの班が予想以上にうまく意見をすり合わせながらプランをまとめていた。

d. 展開Ⅲ—制作—

実際の制作の場面では試行錯誤の連続で、粘土でイメージどおりにつくれない、分担してつくったものの大きさが合わない、段取りがうまくできない、そもそも実際につくるには矛盾（アイデアスケッチでは、支柱がなく空中に浮いているなど）があってつくれないなど、「本当に作品が完成するのだろうか？」とこちらが不安になるような班も多かった。

図18 4人で協力して制作

そこで、グループを回り、生徒のもっているイメージを聞き取りながら、「代わりにこうしてみては？」とか「ここは芯材を使ったら？」という提案をし続けた。後半は少し順調に制作する班が増え、徐々に制作の残り時間を意識して、分担・協力しながら工夫して制作できるようになっていった。

図19 グループで話しながら鑑賞

e. まとめ—鑑賞—

鑑賞の活動では、レーダーチャートを使用して様々な視点から作品を分析・評価させた。「安全性」や「ワクワク感」、「美しさ」など、項目ごとにじっくり作品を見させることで、デザインにとって大切な要素は何かを考えさせる

〔第2部　実践編〕

きっかけとしている。そして、鑑賞の活動を通して感じたことや発見したことを踏まえて自分たちの作品を鑑賞し、その長所や改善が必要な点などを客観的に振り返らせるようにした。生徒は予想以上に作品をシビアに分析しており、細かい部分まで丁寧に観察し、相談しながら鑑賞している姿が見られた。

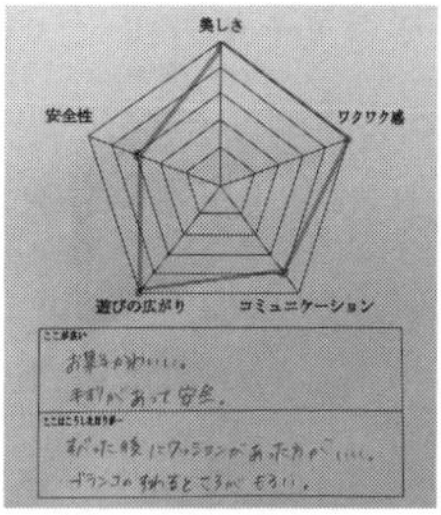

図20　レーダーチャートによる評価の観点例

⑥完成作品

図21「島をモチーフにしたレインボーパーク」

図22「ハンバーガーセットの滑り台」

(3) カメラを用いた表現を楽しみながら、造形表現の基礎を学ぶ実践

題材名	もしも私の中学校にこんな妖怪がいたら（写真）	学年	中学3年	時間	10時間

①題材の概要

　本題材は、粘土で制作した架空の妖怪を学校内に設置し、デジタルカメラで撮影するものである。カメラを使った表現では、現実にはあり得ないような世界をあたかも現実のように表現することが可能になる。その際、発想の面白さや周りの風景との関係の面白さが、作品づくりの上で重要な要素となってくる。

　この題材では、見せ方やアングルを工夫させ、表現の多様性に気付かせるとともに、発想を膨らませながら様々な表現に挑戦する中で、イメージを形にしていく楽しさを感じさせることをねらいとしている。また、カメラを使った制作の入門編として、特に構図やアングルを考えて撮影することを意識させている。この題材を通して学んだことは、今後映像メディアを活用した題材に応用

することができる。さらに、今回は写真を取り上げたが、応用編として動画を撮影させても面白い。
　指導に当たって、特に次の三つの点を強調して指導した。
・撮影場所を想定して作品の大きさを決めること。
・作品の設置方法について、手や物で支えなくてもその場所に設置できるように工夫すること。
・撮影場所の空間との関係性を意識しながら、作品の形や色を考えること。

②学習目標・評価規準
・カメラを使った表現の面白さや可能性に興味をもち、意欲的に取り組む。
・撮影場所や設置方法などを考慮して、個性あふれる妖怪を発想する。
・表現の意図に合わせて、材料や用具の特性を生かしながら制作する。
・友だちの作品を鑑賞し、アイデアの面白さや表現の工夫などを感じ取る。

③準備
　教師：参考作品、ワークシート、紙粘土、針金、木工用接着剤、ニス、デジタルカメラ、その他材料、作品提出カード、プロジェクター、コンピュータ

　生徒：教科書、資料集、筆記用具、ポスターカラー、パレット、筆など

④授業の展開

	学習活動	指導上の留意点
導入 (50分)	○「学校にこんな妖怪がいたら面白い」、「学校で起こる不思議な出来事はこんな妖怪のしわざだ」といったアイデアを出し合う。 ○制作の流れを把握する。	＊学習目標を分かりやすい言葉で伝える。 ＊日本古来の妖怪や参考作品を紹介し、「こんな妖怪がいたら面白いよね」という何気ない会話を作品のアイデアに発展させていく。 ＊発想→作品制作→撮影の流れを説明する。 ＊立体作品の妖怪ではなく、撮影した写真が完成作品になることを確認する。

[第2部　実践編]

展開Ⅰ (100分)	○学校にどんな妖怪がいたら面白いかを考え、構想をアイデアスケッチに描く。 ○妖怪の設置場所や設置方法を考え、制作の手順や方法を決める。	＊どんな妖怪にするかアイデアを考える段階で、撮影する場所や設置方法などを具体的にイメージさせる。 ＊周りの空間を意識して妖怪の大きさ、形、色を考えさせる。
展開Ⅱ (200分)	○妖怪を粘土で制作し、ポスターカラーで着色する。	＊材料・用具、表現方法などについて、参考例を示しながら紹介する。 ＊制作途中でアイデアを変更・改良してもよいが、作品のねらいから外れないよう注意する。
展開Ⅲ (100分)	○完成した妖怪を設置し、見せ方やアングルを工夫しながら、デジタルカメラで撮影する。	＊二人一組で撮影させ、一方に助手を務めさせる。 ＊見せ方やアングルを変えて、5枚以上撮影させ、その中からよいものを選ばせる。
まとめ (50分)	○写真作品を相互鑑賞し、評価、感想をまとめる。 ○自分の作品について自己評価をする。	＊何名かの生徒の写真作品を紹介して鑑賞の視点を確認する。 ＊相互鑑賞で発想の面白さや撮影に際しての工夫点などを互いに見付けさせる。

⑤ **授業の実際**

a. 導入

　授業の最初に参考作品として過年度の作品を見せたところ、かなり盛り上がった様子で、興味・関心が非常に高かった。学習内容、学習目標についてもおおむね理解している様子で、グループでアイデアを出し合う場面では、ほとんどの班が活発にアイデアの交流をしていた。

b. 展開Ⅰ―妖怪のアイデアを考える―

　アイデアスケッチを考える場面では、早く粘土で制作したくてウズウズしている生徒もいたが、設置場所や撮影方法などを丁寧に考えるよう促した。また、実際に撮影場所に行って確かめたいと申し出る生徒が数名おり、他の授業に支障のない範囲で見に行かせた。

　なかなか思い付かなかったり、難易度が高く実現が難しいプランを考えていたりと、順調に進められない生徒もいた。アイデアスケッチが苦手な生徒には、

次の時間に粘土を触りながら考えてもよいと伝えた。

c. 展開Ⅱ―制作―

制作が始まると、アイデアスケッチで描いていたイメージどおりにいかなくて苦労する生徒が多かった。制作途中でプランを修正してもかまわないと伝えると、つくりながらどんどん新しいアイデアを盛り込んでいく生徒もいた。また、制作意図に合った材料・用具について実例を出して紹介することで、ほとんどの生徒が、ある程度の見通しをもって制作を進めることができた。

d. 展開Ⅲ―妖怪を設置し、写真を撮影する―

撮影は、この題材でいちばん盛り上がった活動であった。二人一組で撮影に行かせ、一方に助手をするようにさせたところ、互いにアドバイスを与えながら取り組んでいた。また、見せ方やアングルを変えて、必ず5枚以上は撮影するというルールを設定したので、いろいろとアングルを変えながら工夫して撮影している生徒が多かった。中には、なかなか納得いく写真が撮れなくて試行錯誤を繰り返す生徒もいた。

図23　アングルを工夫して撮影

e. まとめ―鑑賞―

鑑賞の授業では、クラスメイト何名かの生徒作品を紹介して鑑賞の視点を確認し、その後、相互鑑賞で発想の面白さや表現上の工夫点などを生徒に見付けさせた。作品紹介の場面では、予想以上に反応があり、様々な意見や感想を発表していた。

図24　設置の仕方を工夫して撮影

また自己評価では、それなりに満足のいく作品ができたと感じている生徒が比較的多かった。

〔第2部　実践編〕

⑥完成作品

図25「消しゴムを盗む妖怪」

図26「突然噛み付く妖怪」

図27「テストでど忘れさせる妖怪」

図28「セロハンテープにいたずらする妖怪」

6. 成果と課題

　1学期末に1、2年生全員に実施したアンケートでは、「美術の授業が楽しい」又は「どちらかと言えば楽しい」と答えている生徒が全体で90％を超えていた。これは、一般的な水準と比べると高い比率である（楽しいかどうかと好きか嫌いかを単純に比較することはできないが、ベネッセ教育総合研究所の『小中学生の学びに関する調査報告書』2015によると、中学生全体の美術が「とても好き」と「まあ好き」の合計は67.6％である）。

　さらに分析すると、1年生の中で、小学校では「図画工作が嫌い」又は「どちらかと言えば嫌い」だったと答えていた生徒が、中学校入学後にその92％が「美術の授業が楽しい」又は「どちらかと言えば楽しい」と答えており、中学

校入学後に大きな意識の変化が見られる。これは、美術ぎらいをなくす取り組みとしては一定の成果と言える。授業中の様子では、人目が気になる、アイデアが出てこないなどの理由で制作がストップしてしまう生徒が減り、苦手意識をもっていた生徒が意欲的に制作している場面も多く見られるようになった。

　「新しい価値観」(多様な表現のよさや美しさを感じ取れる視野の広さや柔軟性)を育む取り組みについては、制作後に相互鑑賞を行った際に、ワークシートには「色がきれい」「雰囲気が柔らかい」「ほかの人にはない感じが面白い」「力強い」など、「写実的な描写力」にかかわる事柄以外のよさに触れた記述が多く見られるようになり、生徒に多様な価値観が育っていることがうかがえる。また、授業で体験した表現技法を生徒会活動のポスターづくりや体育祭の学級旗の制作で使う生徒もおり、多様な表現方法がそれなりに定着しているようである。

　しかし、生徒の中には依然として写実的なうまい下手を重視する価値観が根強く残っており、見たものを模写することと感じたことを表現することの違いを実感として理解できるところまでは到達していない。これは、学校教育だけの問題ではなく、広く社会一般に「写実的に達者に描けている」＝「素晴らしい作品」という価値観が蔓延していることにも原因があると考えている。決して写実的な表現の価値を否定するつもりはなく、卓越した技術は称賛に値することは認めるが、多様な表現方法の中の一つでしかない写実的表現が過大評価されている現状に疑問を感じている。

　これからの美術教育は、適切な技術指導を入れながら、多様な表現方法があり、それらの間に優劣の差はないことを理解したり、表現することを存分に楽しめたりするような題材を多く取り入れ、表現の意味や価値について生徒の認識が深まるようにするとともに、社会にも発信していく必要がある。それにより、写実的な技巧の呪縛から外れ、美術で表現することをもっと気軽に楽しめる市民を育成することができると考えている。そういった意味でも、思春期の美術教育がもっている役割は大きい。

［第2部　実践編］

主体的な活動を促すための手立て
―フレームワークを提示する指導の試み―

金子美里（長崎県佐世保市立相浦中学校）

1．思春期の子どもの実態

　思春期は心と体が大きく変化する時期である。それに伴い、周囲の目を気にする生徒も増え、小学校低学年の頃のように何かのきっかけさえあれば自然に表現活動ができたり、天真爛漫に自己表現をしたりすることはなくなる傾向にある。

　美術で言えば、自由に発想して描くより、写実的に描きたい欲求が高まる時期と言える。個人差はあるが、5・6年生の時期には写実的欲求が高まるので、中学1年生に上がる頃には自分の写実的な力について得意、不得意の意識が芽生えている。中学校の初めの美術の授業で写実的な力を問う授業をしたところ（例：手を描く授業など）、生徒にあきらめの気持ちをもたせてしまったと感じたことがあった。また、発想力を問うような授業においては、主体的に動けず「どうしたらいいですか」と頼ってきたり、粘り強く取り組めなかったりする生徒も少なくない。物や情報があふれている時代でもあり、子どもたちはじっくり考えたり感じたりすることよりも、変化や速い展開を好む傾向にあるようだ。

2．思春期の子どもに対する美術教師としての願いや期待

　美術の授業を通して身に付けさせたいことは、自由で柔軟な心や広い視野、生涯にわたり美術やデザインに興味・関心を抱き続ける心情であるが、思春期の子どもたちは、その特徴とも言える表現行為への戸惑いをもって美術の授業と向き合うことになる。写実的にうまく描くことだけが美術であるような誤解

をしやすい時期でもある。

　美術を全員が学ぶ義務教育の最後の3年間では、個々に何ができるかできないかということよりも、美術の諸活動についてメタ的な認知ができるようになること（たとえば「絵は得意ではないけれど、絵の見方や楽しみ方は知っている」とか「絵を描くことは自分が感じたことや思ったこと［＝目に見えないこと］に形を与え、目に見えるようにすることである」というような）が大切で、そこを授業を通して伸ばしていきたいと考えている。子どもたちがワクワク感や知的好奇心の中で活動し、美術への誤解や偏見をなくすとともに、表現や鑑賞において主体的な活動ができるようになることを願っている。

3．生徒の主体性を支えるためのフレームワーク（枠組み）の提示について

　本稿で紹介するのは、表現活動に対する生徒の興味・関心を喚起し、ワクワク感を感じながら、活動に意欲的に取り組めるようにするねらいから、教師が「表現のフレームワーク（枠組み）」を提示した以下の指導事例である。
　　1年生：教師による道案内（フレームワークの提示）により偶然の効果などを楽しみながら、想像の世界を表現する活動
　　2年生：「技法」を表現のフレームワークとして提示し、この世に一つしかない面を制作する活動
　　3年生：画面に設定した「枠」を発想や構想の手がかりとして、想像の世界を表現する活動

　このようなフレームワークの提示を含んだ題材は、表現活動に消極的になりがちな思春期の子どもが、幼い頃に誰もが味わった造形的な表現活動のもつ本来の楽しさを素直に味わい、表現することの喜びを感じ、自信をもてるようにすることを目的とした取り組みである。

　もちろん、表現活動に対する子どもの主体的な取り組みを尊重するという意味では、教師が表現活動のフレームワークをあらかじめ用意してしまうことのデメリットもあろう。しかし、「上手に」（写実的に）描けないことに劣等感を

〔第2部　実践編〕

感じ、造形的な表現活動に消極的になってしまっている思春期の子どもに対して、教師が「思いのままに自由に表現してみよう！」と投げかけることが、本当に子どもの主体性を重視することになるのだろうか。その前に、苦手意識を抱き、後ろ向きになってしまっている気持ちを解きほぐすことが必要なのではないだろうか。教師が生徒の実態を踏まえて、適切なフレームワークを提示し、活動の明確な目標を示すことは、思春期の子どもを対象とする美術教育の初期のステップとして有効ではないかと考える。新井哲夫は、「題材」として与えられる表現活動の枠組みについて、次のように述べている。

「自発的に行われる表現活動と基本的に異なる授業内の表現活動では、児童・生徒の興味や関心を喚起し表現意欲を高めるために、むしろ一定の方向づけは不可欠である。その意味で、児童・生徒の発達段階や興味・関心などに合った的確な課題や枠組を教師が選択して与えることが、指導計画作成のうえで重要な課題となるのである。」[1]

　フレームワーク（枠組み）の提示と言うと、教師主導のイメージがあるが、そもそも授業は一定の枠組み（縛り）の中で学習が行われる場である。美術の授業で行われる表現活動を、作家が取り組むような自由な自己表現活動として捉えるのではなく、一定の条件の下で、与えられた課題に対して、自分なりのよりよい解決を追求する活動、すなわち演習として捉えるならば、一定の条件や枠組みが存在することは、むしろ当然と考えるべきではないだろうか。もし、問題にしなければならないことがあるとすれば、それは与えられた条件が適切かどうかということである。フレームワークを提示する授業の試みは、学習過程の中で、生徒に様々な条件や枠組みを提示しながら生徒の知的好奇心に働きかけるが、そこには個々の判断や思いが反映する余地が十分に残されている。
　よって、最終的には生徒が自らの表現意図をもって作品としてまとめることになる。１年生では、生徒の表現意図が制作の終盤に見えてくるよう設定した。２年生では、つくり試しながら表現意図が変化することもあり、制作の中盤で

決まるよう設定した。3年生では、初めに自分で表現意図を決め、最後の仕上げまで表現意図を貫くよう指導している。つまり、表現意図を見いだすために教師が提示するフレームワークを学年が上がるごとに簡素化し、自ら「主題生成」とそれに伴う主体的な活動ができるように促すことを意識して題材を設定している。

4．実践事例の紹介

(1) 教師による道案内（フレームワークの提示）により偶然の効果などを楽しみながら、想像の世界を表現する活動

題材名	世界の誕生（絵画）	学年	中学1年	時間	7時間

①授業の概要

　フレームワークとして設定した制作過程を通して「世界の誕生」というテーマで自分が絵の中に登場する場面を描く。画面に起こった色の偶然を出発点として、1時間ごとにフレームワークを提示する。生徒は、毎時間新鮮な視点で絵画制作に取り組み、前回の技法との効果の比較や融合・調和や対比などを考えながら取り組む姿が見られた。

　「中1ギャップ」という言葉があるように、周囲とのかかわりの中で自分や周りへの警戒心が高まる時期であり、不安感や自己嫌悪感をもつ生徒もいる。何かを発想させたり表現させたりしようとしても、なかなか動けない生徒が多い。ここでの生徒への配慮は、「自分」を解放するような制作場面を段階的に設定することである。

②学習目標・評価基準

・絵の具の偶然の効果に関心を抱き、意欲的に活動に取り組む。
・偶然にできた形や色から想像を広げ、豊かに発想する。
・いろいろな技法を効果的に使い、表したいイメージを表現する。
・完成作品を偶然の効果の生かし方や発想の面白さに着目して鑑賞し、自他の表現のよさや美しさを味わう。

〔第２部　実践編〕

③**準備**

　　教師：カメラ、ワークシート、スポンジ

　　生徒：アクリル絵の具、スケッチブック、箸ペン、鉛筆

④**授業の展開**

	学習活動	指導上の留意点
導入 (50分)	○鉛筆１本でできる世界を知る。	＊写実的な表現方法以外にも、いろいろな方法があることを知らせる。
展開 (250分)	○絵の具で偶然を起こす。 ○フレームワークに基づいて段階的に絵を描き進める。 ○作品に入る自分を写真に撮る。	＊絵の具の濃度で偶然の起き方が変わることを伝え、試みさせる。 ＊タイミングを見ながらフレームワークを提示し、画面に新たな視点を与える。 ＊筆以外の道具（スポンジ、指で描く、箸ペン、吹き付け）を効果的に使っている生徒の作品を紹介する。 ＊独自に発想して描いている部分について褒めたり、全体に紹介したりして、フレームワークからの発展を促す。 ＊生徒に、この画面のどこに入り、どんな役をするのか話を聞きながら撮影する。絵の世界を探検するような見方で想像を膨らませ、体を使った表現へと導く。
まとめ (50分)	○撮った写真を自分の作品や他者の作品に置いてみる。 ○作品に写真を貼る。 ○完成作品を鑑賞する。 ○制作を振り返る。	＊生徒が写真を置いたときに出てくる言葉や新たな発想に注目し、褒めたり認めたりする。 ＊写真を貼る方法を三つ例示する。 ・そのままのカラー写真で貼る。 ・色で塗ってシルエットにする。 ・裏返して反転させる。

⑤**授業の実際**

a．「鉛筆１本でできる世界」の体験

　作品制作の前に、美術をより広い世界として捉えさせるために、導入として事前指導を行った。「見たものをそのままリアルに描く

図１　鉛筆１本でできる世界

ことだけが美術ではありません。点や線だけでも十分に美術はできます」と投げかけ、点や線だけでできる不思議に出会う時間を設けた（図１）。

b．絵の具による偶然の効果の表現

パレットに何色かの絵の具を水で溶かし、濡らした画用紙に一気にこぼし、画面上に偶然の模様をつくらせる（図２）。

c．偶然の模様からの発想①―目を見立てる―

できた模様の中に、「目」に見えるところを探し、画面の上下を意識させる。

図２　偶然のにじみをつくる

d．偶然の模様からの発想②―足場を描く―

この授業の最後には「自分が画面に入って完成する」ということを伝え、自分が入る可能性のある足場（階段など）をたくさん描き込むよう促す。

階段を描き進めたところでさらに、「つなぐ・こわす・なくす・変形する・からむ」などの言葉を提示し、階段をより面白く工夫させる。

階段に色を付けて存在感を出す。このとき、白を薄く溶いて透明のガラスを階段として塗る方法や、色のはっきりした階段として塗るなど、絵の具の濃度による表現の違いを味わわせる。

e．偶然の模様からの発想③―謎の生物を描く―

画面に絵の具で偶然にできた模様の輪郭を丁寧になぞり描きし、画面上に謎の生物（モンスター）を登場させる。幻想・イメージを広げ、自由な発想を促す。

f．偶然の模様からの発想④―誕生した世界を彩る―

モンスターや周辺の空間にさらに現象を起こすため、「鉛筆１本でできる世界」を応用させる。絵の具を混ぜて暗闇の色をつくり、画面の端々やモンスターや階段が引き立つように彩色を工夫させる。

スポンジを効果的に使うと、霧や煙、空気の感じが表現できることを伝える。

〔第2部 実践編〕

g．写真による登場人物の制作と配置

　画面の「どこに」「どのように」自分が入るかを考えさせ、ポーズをとらせ、教師がデジタルカメラで撮影する（図3）。プリントアウトした写真を切り抜き、画面の最も効果的な場所に配置させる（色で塗り潰してシルエットにしてもよいと指示）。

図3　ポーズを決めて撮影

h．完成作品の鑑賞

　鑑賞では、切り抜いた自分の写真を、他者の絵の中に置いてみるなどして、自他の画面を体験しながら鑑賞できるようにする。

⑥授業を振り返って

　フレームワークに基づいて活動を進めていく過程で、生徒たちには以下のような思いや気付きが見られた（表1）。

図4　「闇の世界へようこそ」（男子）　　図5　「モンスターに出会う旅」（男子）

表1　生徒のコメント

フレームワーク	図4の作者	図5の作者
鉛筆1本でできる世界	ぜったい無理だと思っていたけどできてくるととても楽しかった。鉛筆のすごさを知った。	鉛筆1本だけであんなにもすごい世界ができるということを知ってすごいなあと思いました。違うことにもこれを生かそうと思います。
色の偶然を起こしたとき	色の偶然だけで生物ができたり、いい色になったり顔ができたりしたので楽しかった。	ただ色を出して、水に溶かして画用紙の上にそれを垂らしただけで、普通じゃ描けないようなすごい色になった事がとてもすごかったです。

264

主体的な活動を促すための手立て

色の偶然の上に階段などを描いたとき	アニメなどである幻想的な世界を表せたのですごかった。夢の中の世界みたいですごかった。	偶然の上に階段を描くだけで印象が変わったのでびっくりしました。
偶然の色をなぞったとき	目ができたり、生物ができたりしてすごかった。なぞってみると立体的になったりして、絵がよくなった。	偶然の中にできたものがたくさんあってびっくりしました。まだまだ何かが隠れているようなので早く見つけたいです。
闇を入れたとき	明るい絵がとても暗くなったのでよかった。作品の怪物に合っているのでいい。	闇を入れるだけでとても印象が変わったのを見てとてもすごいなぁと思いました。
どんな世界にしていこうと考えるか	闇の中にいる生物が描いてあってそこに迷い込んだ絵。	これからは自分が絵の中に入って階段を上がったりいろんなモンスターに出会ったりして、いろんな冒険をしてみたいです。

また、図6の作者は、作品について、次のようにコメントしている。

「この絵の中の私は、モンスターたちと戦っています。それらは、私の弱い心や嫌なところ、悪いところです。絵を仕上げる中で私は、自分の欠点に向き合えました。これは一つの『成長』です。だからこれから、心のモンスターたちと『対立』していくことで、少しでも少しずつでも優しい人になりたいと思っています。この絵に出会えて本当によかったです。」

図6 「成長と対立」(女子)

以上のような記述から、生徒はこの題材に対して関心をもち、意欲的に取り組んだことがうかがえた。

元々この題材は、毎時間、生徒が作品と新鮮に向き合うためのフレームワークを設け、発想力を引き出す方法として設定したものである。1時間ごとに新たなステップを与えていく授業なので、段階的に思考させるための手立てを重視して計画した。

〔第2部　実践編〕

　生徒は自分の作品に今日は何が起こるのか、他者はどうかと興味をもって授業に臨んでいる様子がうかがえた。初めは見たことのないものを描いていくことへの抵抗があるようだったが、次第に偶然の美しさを素直に受け入れ、偶然の効果を生かして、意図的にイメージ化していく工夫も見られた。

　今後の課題としては、本題材を「演習」として位置付けた上で、ここで身に付けたことや理解したことを、自発的な表現や鑑賞の活動に結び付けていくことが挙げられる。本題材の後の関連題材や発展題材を充実させていくことが課題である。

(2)「技法」を表現のフレームワークとして提示し、この世に一つしかない面を制作する活動

題材名	「面」―魂・生命・感情― (総合造形)	学年	中学2年	時間	13時間

①授業の概要

　本題材は、画用紙による骨組みと半紙による張り込みという「技法」を表現のフレームワークとして提示し、それに基づいて各自が自己の思いを原点として豊かに発想し、この世に一つしかない面を制作するものである。

　授業は、全13時間扱いとし、以下のような内容で構成した。制作工程には絵画的分野、彫刻的分野、絵画的・デザイン的分野、鑑賞の分野が含まれている。

a．発想のための「形の体操」　（2時間）絵画的分野
b．成形　　　　　　　　　　　（6時間）彫刻的分野
c．着彩（装飾）　　　　　　　（4時間）絵画的・デザイン的分野
d．鑑賞・展示　　　　　　　　（1時間）鑑賞的分野

　中学2年生の時期は、同性のグループで行動する傾向がある。好きなこと（漫画やゲーム）の話が合うなどの共通点が、グループを形成する基になっていることが多い。与えられた遊びや、そこで得た同じ感覚に安心感をもつことをつながり合う要因として、今の子どもたちの人間形成がなされているとすれば、自己の生き方としての価値観や自己探求の精神は育まれにくい環境、時代背景にあると言える。

岡本太郎氏は著書『自分の中に毒を持て』[2]の中で次のように言っている。

「人間は本来、非合理的存在でもある。割り切れる面ばかりでなく、いわば無目的な計算外の領域に生命を飛躍させなければ生きがいがない。」(p.201)
「まったく無償に夢を広げていくこと。ナマ身で運命と対決し歓喜するのが本当の生命観なのだ。」(pp.201-202)

この言葉のように、「ナマ身」で答えのないことにぶつかり、模索し、自分なりの答えにたどり着く経験こそが、豊かな人間形成に欠かせない経験となると考える。このような自己探求の経験を、美術の授業を通して生徒に体験させることはできないだろうかと思い、本題材を行った。

この授業では、一人一人がまったく見たことのないものをつくりだす。そこに生まれるのは衝撃や感動である。制作する「面」はかぶることで自分が変身するものではなく、また、かぶることで周囲を沸かせるものでもない。「面」は自分と対峙し自分の感情を動かしてくるようなものであり、「自分探し」の行為として位置付けている。表現活動が苦手な生徒に対しても、制作過程がフレームワークとなり、発想や構想を段階的にサポートするので、粘り強く取り組むことができる題材であると考える。この制作が新たな自己理解や他者理解の場になることを願っている。

②学習目標・評価規準
・紙でつくる面の面白さや、形や色のもつ感情的な働きに関心をもち、意欲的に表現する。
・形や色のもつ感情的な働きを考えながら想像を広げ、これまで見たことのないユニークな面を構想する。
・材料の特性を生かし、形や色を工夫して、表したい面のイメージを具体化する。
・完成した面を相互鑑賞し、形や色のもつ感情効果などを確かめながら、それぞれのよさや面白さを味わう。

〔第2部　実践編〕

③準備

教師：半紙、洗濯のり、のり皿、ホチキス、新聞紙、ワークシート

生徒：アクリル絵の具、装飾で付けたいもの

④授業の展開

	学習活動	指導上の留意点
導入 (100分)	○「形の体操」を行う。 ○作品のイメージをつかむ。	＊「面」に魂、生命、感情を感じるようなものをつくろうと促す。
展開1 (300分)	○成形 ・骨組み ・張り込み	＊平面でイメージした作品に高さを与えることになるので、いろいろな部分の高さを試しながらつくるよう促す。
展開2 (200分)	○着彩（装飾）	＊「面」のもつ感情からイメージする色をつくり、「面」全体に塗るよう指示する。暖色と寒色ではどちらが感情と合うかということを問いかけ、考えさせるきっかけにする。 ＊装飾については、以前学んだ筋肉の流れなども参考にさせる。表現意図を表すような装飾を工夫するよう促す。装飾で付けたいもの（わたや毛糸やアルミなど）があれば持ってくるよう指示する。
まとめ (50分)	○鑑賞 「判定はどっち？」	＊一人一人作品発表を行う。 ＊聞き手は、「その人らしい」か「意外な感じ」かを緑とピンクのカードで示す。

⑤授業の実際

a．発想のための「形の体操」

（ア）「この輪郭、どんな表情？」

年齢・性格・性別などを、輪郭からイメージする。

図7　年齢・性格・性別などを連想させるための基本図形

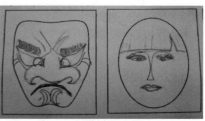

図8　生徒による輪郭からの表情のイメージ

268

（イ）形の体操

「とがり」「まるみ」「まっすぐ」「えぐれ」等の形を組み合わせ、輪郭をつくる。そして、輪郭の中に想像する表情を描く。

図9　輪郭の基になる形

図10　輪郭と表情のイメージ

（ウ）立体（凹凸）への手立て

顔の筋肉の解剖図を紹介し、表情をつくっている主な筋肉の描き取りを行う。その後、金剛力士像の面を正面と横から描き、筋肉と凹凸の造形を確かめた。

「形の体操」は私の私的な言葉であるが、その目的は様々な形を探りながら、形と感情の関係について気付かせ、自分が伝えたい面のイメージを明確化することにある。

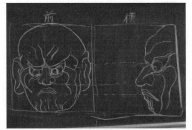

図11　金剛力士像の顔の筋肉の解剖図

b．成形

2cm幅に切った画用紙をホチキスで留めていき、骨組みをする作業である。まず、アイデアスケッチの輪郭に合わせて円状に画用紙をつなぐ。そして、おでこや鼻、頬や顎の高さを決めながら凹凸をつくりホチキスで留める。

可塑性の素材はいろいろあるが、この素材は一気に盛り上がりや谷をつくることができ、高さを試しながら決めることができるため、平面のアイデアスケッチではなかなかイメージできなかった凹凸の問題に取り組みやすい利点がある。

骨組みができたら次は張り込み作業である。材料は半紙、ホチキス、洗濯のりを2倍に薄めた液に5cm四方ほどに切った半紙を浸し、骨組みの上に張り付けていく。平筆を使って半紙に張りが出るように張っていく。半紙は破れや

〔第2部　実践編〕

すく作業は難しいが、次第にコツをつかみ集中して取り組む様子が見られた。

そして全体が半紙で覆われると、大きな一つの量感として手に取ることができ、自分の作品の存在感や達成感を感じる場面となった。

骨組みと張り込みの過程では、生徒たちは自分なりに形と感情の関係を考えながら作業を進めていた。そして、以下のような意見を述べ合い、形と感情のかかわりについて共有し合った。

生徒A：「つのを3本にすることで人間には表せない形にしました。また、輪郭をキュッとすることで凛とした形にしました。」

生徒B：「とがっているところは悪者のような感じを出しました。全体的に細長くしてずるがしこいような感じも出しました。」

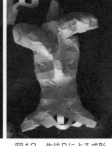

図12　生徒Aによる成形　　図13　生徒Bによる成形

c．着彩（装飾）

まず、面のベースになる色で気持ちと合う色を、寒色、暖色、軽い色、重い色の視点で考えさせた。次に、描き込み（装飾）を行い、目の表情でさらに感情を表現させた。「着彩（装飾）」の場面では、生徒は感情との関係を考えながらベースになる色を決め、作業を進めていた。

図14　生徒Cの着彩　　図15　生徒Dの着彩

生徒C：「ベースの色を紫にしたのは、夢の世界にしかいなさそうな動物にしたかったからです。」

生徒D:「私がこの面の色を水色にした理由は、とても冷たい未知な、人間の心をもたない感じを出したかったからです。」

d．鑑賞・展示

鑑賞では、制作意図と工夫した点について発表し、それを聞いた他の生徒で「判定はどっち？」というジャッジを行った。これは、作品が「その人らしい」と感じたら緑のカード、「意外だ」と感じたらピンクのカードを示すというものである。生徒全員からの反応は本人にとってうれしさと驚きがあり、自分探しの一場面となった。鑑賞後の振り返りでは、以下のような感想が述べられた。

生徒E:「自分は性格が暗いと思っていましたが、意外と明るい面になりました。それは、部活動で3年生が引退したこともあり、心の重圧が解けてきたからだと思います。」

図16　生徒Eの面　　図17　生徒Fの面

生徒F:「私はこの面のように、幸せだと心から感じられるような将来を自分でつくっていきたいと思った。また、私は自分の面のように明るく生活しているときが少ないので見習おうと思った。」

図18　完成した面を付けて

⑥授業を振り返って

「形の体操」により、面の既成概念や既存のキャラクターに頼る傾向は見られなかった。それぞれが形と感情のかかわりについて模索するとともに、作品にじっくり向き合うことができた。各工程（フレームワーク）が生徒に新しい

視点を与え、表現したい面のイメージを明確化するためのきっかけとなっていた。

今後の課題は、鑑賞の場で、特に表現のために苦労した点を共有し合う場を設け、自他についての認め合いや自尊感情を高める場面の設定をしていくことである。面に表出した感情のみならず、制作過程で巻き起こった自分の中の感情に注目させることで、他者の心情についてもより深く共感できるような鑑賞の場を設定していきたいと考えている。

(3) 画面に設定した「枠」を発想や構想の手がかりとして、想像の世界を表現する活動

| 題材名 | 「私的空間」を描く（絵画） | 学年 | 中学3年 | 時間 | 12時間 |

①題材の概要

本題材は、画面上に表現のベースとなる一点透視図に基づく枠組みを描き、その奥行きや遠近を感じさせる枠組みを手がかりに、自分の気持ちを出発点とした形や色の組み合わせを空間的に表現するものである。

3年生になると心も体も成長し、生徒同士のトラブルも減る傾向にある。多くの生徒の目標は受験に向かい、学校としても受験を意識した生徒指導になる。塾に通う生徒も増え、夜遅くまで塾に通い、その後学校の宿題をするという多忙な日々を過ごす生徒が多い。知識理解中心の教科の学習に偏った生活を送る中で、テストの点数が精神面に与える影響は大きい。このような中で、自由に思いを巡らせたり、感性を働かせたりする機会は減る傾向にある。

そこで、美術の授業では、作品の制作や鑑賞を通して、自分の価値意識をもって批評し合う題材を設定した。完成作品の相互鑑賞を通して、他者からの意見を聞き、改めて自分を見つめることや、自分で新しい価値をつくりだす経験をすることで、今後の彼等の主体的に生きる姿勢につながるものと考えた。

②学習目標・評価規準

・自分の感情や気分に向き合い、それを象徴する世界を表現しようとする。
・材料や技法の特色を生かし、目に見えない感情や気分を表現するための構想を練る。

・透視図法や彩色などの技法を生かし、表したいイメージを効果的に表現する。
・発想の面白さや表現の工夫などに着目しながら完成作品を相互鑑賞し、それぞれのよさや美しさを味わう。

③**準備**

　教師：動物や植物の図鑑、身近なものの写真資料
　生徒：スケッチブック、デザインセット

④**授業の展開**

	学習活動	指導上の留意点
導入 (50分)	○参考作品を鑑賞し、題材の課題を把握する。	＊参考作品の鑑賞を通して、今の自分の気持ちや気分を表す世界を自由にイメージして表現することを説明する。
展開1 (150分)	○表したい自分の感情や気分を明確にする。 ○必要なモチーフや技法を選び、画面構成を工夫する。	＊ワークシートを使って、今の自分の気持ちや気分にぴったりする言葉を探させる。 ＊表現意図を常に意識させ、画面に登場するものを選ばせる。その際、効果的な組み合わせを考えさせる。
展開2 (350分)	○下描きする。 ○彩色する。	＊全体の色調や配色の効果を確かめながら彩色させる。
まとめ (50分)	○完成した作品を相互鑑賞する。	＊与えられた枠組みをどのように生かしているか、作者のアイデアや工夫に着目して相互鑑賞させる。

⑤**授業の実際**

a．導入

　導入では、「私たちが生活している空間を絵（平面）で描けるようになろう」と投げかけ、簡単に空間を描く方法として、一点、二点、三点透視図法を描けるように練習させた。一点透視図法では、どこまでも続く廊下をイメージさせ、身近な生活空間とのつながりをもたせた。二点透視図法、三点透視図法についてもその違いを学ぶことで、人間の視覚を客観的に理解させた。それらの技法を学ぶ中で黒板に描いた透視図に、いたずら的にもの（棒人間や鳥、落とし穴、壁の破壊など）を描き足して見せた。そして「これから描く空間の、土台のスタートは皆同じです。これからどんな感じの空間にしたいか、何を入れたら自

分の気持ちが表れるのか、表現意図を決めて制作を進めていきましょう」と投げかけ、技法から表現へと導いた。

b．発想・構想

発想・構想の段階では、表現意図を明確にするために、感情や気分を表す言葉を例示したワークシートを使い、表現したい自分の感情や気分に合う言葉をいくつか選ぶことから始めた。「激しい」「優しい」「動きのある」「静かな」「いじわるな」などの項目の中から複数の項目を選ぶことで、自分が表したい感情や気分が明確になるようにした。

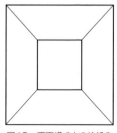

図19　画面構成上の枠組み

それに続いて、表現意図を具体化するための技法やモチーフ、色調についても考えさせ、どうしたら見る人により深く表現意図が伝わるかを考えながら画面を構成するようにさせた。表現意図を具体化するために必要となるモチーフについては、写真などの資料を参照してもよいことにし、より効果的な画面構成になるよう、サイズや動きを考えて描き入れていくように助言した。

また、画面の枠組みをあえて統一し（図19）、全員が画面に同じ枠（壁、天井、床の線）を描き入れた状態で発想をスタートさせた。このような枠があることで、枠の前後に奥行きを感じ、事前に学習した遠近法が応用しやすい。また、壁を一部壊したり天井をなくしたりと、表現意図に応じて変化を与えていく土台ともなる。床は重力を感じさせることができ、接地したものの面白さや、無重力で浮いたものの面白さなど、イメージをかき立てやすい。鑑賞の際には、同じ枠がそれぞれの作品でどう変化しているのかも見どころとなる。

c．制作

図20は、枠組みに基づいて生徒が描いた制作途中の作品である。表現意図を明確にするために、この生徒が選んだ言葉は「面白い・不思議な・動きのある・美しい」であった。制作への思いを聞

図20　枠組みに基づく画面構成

いたところ、「ありきたりな風景の中に、どれだけ不思議な場面を入れることができるか。自分へのチャレンジです」と答えた。さらに、表現意図を表すために描いたものと、その効果をメモさせ、表現意図を意識させることで、単に描きたいものの詰め込みにならないようにさせた。

表2　図20の生徒のメモ

描いたもの	その効果
宇宙	狭い空間の中に宇宙を入れることによって不思議で美しく見せるため。
鳥類	壁から鳥を出現させることで美しさの中にも面白さを取り入れた。
天井のがれき	がれきが落ちてくる絵を描くことで、動きのある絵にした。

下描きが進む中で見えてきた問題点は、重力に関することである。地面に対し浮いた面白さを出そうとするときに、意図的に浮かせて描いた生徒と、無意識に浮いて描いてしまっている生徒がいた。画面上の重力をどう使えば「面白い」という表現になるのか例を示し、考えを深めさせた。

着彩については、空間の奥行きや立体感を意識させるため、メインのものから塗らずに、いちばん奥の遠い場所（空や宇宙など）から塗るように指示した。1年生で学んだ色彩学習を基に表現意図に合う配色や質感を考えて着彩させた。

スポンジを使い、光や質感を出す生徒もいた。こうしたことから、塗るべき順番を考える必要性を感じ取っている生徒も見られ、自主的に制作工程の計画を立てていた。

【完成作品】

図21「夢の中の世界」（女子）

図22「不思議への挑戦」（女子）

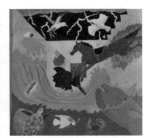

図23「陸海空」（男子）

〔第2部　実践編〕

d．鑑賞

　鑑賞においては、表現意図を具体化するために、作者が表現上の枠組みをどのように活用し、アレンジを工夫しているかの観点から相互鑑賞を行った。自分が描いた作品を、他者が作者の表現意図を読み解きながら鑑賞し、批評し合うことを通して、自他の価値意識を深める「学び合い」の活動になった。

　相互鑑賞では、写実的に描けていることへの評価のみならず、物の組み合わせによる緊張感や色使いによる表現意図の表れに共感したり、動きや迫力を感じ取ったりしたことの意見交換を行っていた。

⑥授業を振り返って

　生徒は3年間の授業で経験したことを思い出しながら、効果的な方法を探る様子がうかがえた。思春期の美術教育において問題として挙げてきた「表現に対する戸惑い」は、写実的に描けない点に大きな要因があるが、今回「枠」を与えたことで、生徒が物を描いて空間に存在させることの面白さ（リアルさ）や楽しさを味わい、描きたい気持ちが膨らんでいるように感じた。制作後の振り返りには、「自分の気持ちを絵に描けるのでうれしいです」、「自分でもびっくりするくらいいろんなものが描けるようになりました」、「絵にはあまり自信がなかったけれど最近は自分の絵も好きになりました」などの感想が書かれていた。

　着彩については、素材の質感を考えた塗り方を工夫した生徒がいた一方で、注意深く塗れる生徒とそうでない生徒に差が見られ、達成感に欠ける終わり方をした生徒もいた。着彩については引き続き課題を感じた。

5．思春期の子どもを対象とする表現指導における「フレームワークを提示した指導」の成果と課題について

　表現に消極的になりがちな思春期の傾向を踏まえて、各学年に「フレームワークを提示した指導」を行った。成果としては、生徒から「一人一人が個性豊かなものをつくれるので楽しいです」、「毎時間どきどきわくわくしながらつくっています」などの声が聞かれ、中学生の知的好奇心や新しいものへの興味・

関心を刺激することができたように感じた。

　また、3年生に「中学校美術で自分の中で得たものや変わったことってある?」と投げかけたところ、「明暗の印象やいろんな表現方法を体験して、ごちゃごちゃした込み入った絵に興味が湧いた」、「風景画などの授業と比べると、心が自由になった」、「感情を絵にできるようになった」、「目の前のものしか描けなかったが、想像を広げて描けるようになった」、「小学校の頃は自分を表現しようとしなかったが、意思表示をするようになった」、「思い付かない、分からないと思っていたがイメージがもてるようになった」などの感想が挙がったことはよかった。

　特に中学校3年生の時期は、描きたい気持ちと描ける力がマッチする時期であるように思うので、苦手感の強い1年生とは違う力を引き出すことができると感じ、このような題材の設定を行った。3年間の発達段階を目の前の授業で敏感に捉えて題材を設定することで、中学校美術での経験が美術を生涯にわたり愛好するための種まきができたらと思う。

　課題としては、教師がフレームワークを与えなくても、生徒自身が自ら表現や鑑賞に主体的に取り組めるようになることである。初めはフレームワークを細かく設定してサポートをしながら生徒の興味・関心を高めるよう導くが、次からは徐々にフレームワークを減らしながら、授業がより生徒の主体的な活動の場になるように題材を組み合わせていくことが大切である。生徒がこれらの授業で得たことを基に、自ら主体的に考え、応用したり工夫したりしていけるような創造的な思考の場を題材として設定する必要を改めて感じている。

◆註

1) 真鍋一男・宮脇理監修『造形教育事典』建帛社, 1991. p.290
2) 岡本太郎『自分の中に毒を持て』青春出版社, 1988

〔第2部　実践編〕

「承認欲求」を満たすことで「自己実現欲求」を生み出す題材の設定と指導の工夫

小野田一子（群馬県太田市立南中学校）

1．美術の授業に関する生徒の実態と教師の願いや期待

(1)美術の授業に関する中学生の実態

　思春期は人の一生の中でも特別な時期であると言われる。確かに、この時期の子どもには、感受性が鋭く、様々なことから大きな影響を受けたり、何かにのめり込んだりしやすい傾向が見られる。そして、この時期に経験したことが深く記憶に残り、その後の生き方を左右することもある。このような思春期の真っただ中にいる中学生は、日頃どんなことを美しいと感じ、また美術という教科をどのように捉えているのだろうか。

　このような疑問を、授業で生徒にぶつけてみた。その回答の一端を以下に紹介する。

①**美しいと思った経験**

　ほとんどの生徒が空、虹、夕焼け、木、山、月などの自然物に対して美しいと感じた経験があった。蛇口、建物、車などの人工物に対して美しいと感じた経験をもつ生徒も複数いた。その他、ゲームやアニメーション、CMなどの映像作品に、美しさを感じている生徒もいた。

②**なぜ美術を学ぶのか**

　この質問に対する回答として多かったのは、「感性が豊かになる」、「想像力や表現力が伸ばせる」、「他者との感じ方や表現の仕方の違いに気付き、認められるようになる」、「今までの文化や作家について知り、学ぶことができる」、「作品をつくり上げたときの達成感が味わえる」、「決まった答えがないから自由に創造できる」などである。その他少数だが、「社会に積極的に働きかける力を

付ける」、「心を癒す」、「五教科とは違う部分の脳を使う」、「絵を描く力を付ける」、「単純に楽しむ」、「将来、美術にかかわる仕事をする人のため」といった回答もあった。

③自己の内面にかかわる表現を主とする題材について

　美術の教科に対しては、肯定的な意見が多いように感じられるが、一方で、いろいろな美術の題材の中でも特に、自画像に代表されるような自分自身に直接向き合い、その思いを形や色で表現することに対しては、苦手意識や抵抗があるようだ。しかし、思春期は「期間限定」であり、人の心のありようは変わりゆくものである。その時期に自分と向き合う機会をつくり、形や色に表現することには大切な意味があると考える。

　「いろいろな自画像」や「私のシャツ」など、過去に指導した自己の内面の表現を主とする題材の授業を振り返ると、導入時や発想時に、自分の気持ちや好きなこと、部活動のことなど、自分にかかわることを「言葉」で表現した場合、誰もが何かしらの記述ができ、あまり抵抗がなかった。また、発想・構想時のワークシートの記述から、自画像では、顔そのものをリアルに描くよりも、シルエットや自分が大切にしているものや好きなものなどに、自分を置き換えて絵に表現する方がやりやすいと感じ、進んでそのような表現を選択していることが分かった。

　自己の内面にかかわる表現においても、表現方法を生徒の気持ちに沿いながら工夫していくことによって、苦手意識や意欲の低下をやわらげ、形や色で生徒の気持ちを引き出したり内面の成長や学びを促したりすることができるのではないかと考える。

④認められることが表現の意欲につながる

　道徳の授業で、学期末や行事の後などにクラスメイトの頑張りや活躍をお互いに褒め合う記述をし、交換するというエクササイズがある。多くの生徒がこの活動を好み、「他の人のよいところを見付けるのもうれしいし、認められるのもうれしい」、「元気が出た」という感想を書いている。このように、自分の考えや表現を肯定されると安心感が得られることで力が湧き、意欲が高まる。

〔第2部　実践編〕

　美術の授業でも、自分や友だちの表現について発表や意見交換を行い、生徒同士のコミュニケーションを図る機会を設定すると、それぞれの生徒の独自のアイデアを認め合うことができ、一方で自分の考えにとらわれ過ぎずに、柔軟な発想ができるようになると考える。
　以上から、美術の授業に関する中学生の実態として、以下のような特色や傾向を指摘することができる。
○時代や社会などの人が生まれ育つ環境の違いにより、美しいと感じるものの幅は変化しているが、現代の中学生もいろいろなものから美しさを感じ取る豊かな感性をもっている。
○美術科でしか学べないことや学ぶ意義を、大多数の生徒が彼らなりに感じており、教師から提示された題材に対しても意欲的に取り組む生徒が多い。したがって、教師側が指導内容の検討や改善を常に心がけ、意欲を削がず達成感を味わえるようにできれば、さらに生徒の力を伸ばせる可能性がある。
○自己の内面にかかわる表現は、その方法や場面設定が生徒の実態に適していること、また、イメージを形や色に表す段階で、教師が丁寧に生徒の思いをくみ取りながら選択肢や具体例を提示して支援をすることにより、多くの生徒はそれぞれ自分なりの表現に取り組むことができる。
○自分の思いや活動を認められると、安心感が得られ、次の表現への意欲につながる。
　このような実態に対応できる題材の設定や指導上の工夫によって、思春期の美術教育の改善につなげることができるのではないかと考える。

(2)思春期の生徒に対する美術教師としての願いや期待など
　授業の振り返り時に、生徒作品を紹介すると賞賛の声が上がり、拍手が起こる。この感じは美術科ならではの特徴であると言える。
　完成作品の相互鑑賞の際、技能が巧みなことに偏らず、自分が思い付かなかったアイデアや新しい着眼点を提示した作品に出会ったときなど、いろいろな観点から友だちの表現のよさを認めることができる。新しい素材と出会って学ぶことや新たなものの見方を広げることなど、美術でないと学べないことを提供

する立場として指導を続けたいと思う。

　そして美術の授業を通して、表現の活動では、自分がイメージしたものの具体化や実現に向かって、何度も試行錯誤を繰り返しながら様々なことを学び、できるだけ多くの達成感や満足感を感じてほしい。また鑑賞の活動では、新しい発見を楽しんだり、知的好奇心を満足させたりしながら、作品に対する自分なりの感想や意見をもち、生涯にわたって美術に対する興味・関心をもち続けられるようになってほしい。

　また、自分の表現に自信をもてるようになるとともに、自分と異なる他者の表現にも目を向け、そのよさを認められる柔軟な姿勢や広い視野を身に付けてほしい。ほかにも、「こうしたい」という表現のイメージをもてるようになること、そして多くの選択肢の中からより適切な手段を選び出し、計画を立案し、修正を加えながら、表したいイメージを具体化し、実現させる力を付けることも美術教育でできることであろう。これらのことが、生徒たちが卒業後、周囲の人々とかかわりながら自らの生活を築き、社会や環境に積極的に働きかけ、心豊かに生きていける基となると考える。

2．美術教育に対する思春期の子どもの特性を踏まえた授業実践の課題

　思春期は、物事を美しいと感じる感性が鋭く豊かであり、その気持ちに本格的に目覚める時期である。そして、諸条件に恵まれた生徒の場合は、各教科の学習や部活動など様々な分野で、こうしたいという思いと知識や技能のバランスが取れるようになり、それに応じて自己肯定感も高まり、目覚ましい成長が期待できる。そのような生徒は美術の造形活動にも意欲的で、楽しもうとする姿勢が顕著に見られる。

　しかしその一方で、必要以上に周囲の反応を気にしてしまったり、自分を表現したい気持ちは強くても、それを思ったように実現できなかったりという葛藤を抱え、そのアンバランスな状況に自信を失い、自己肯定感を抱けずにいる生徒も多い。

[第2部　実践編]

　私はこれまで、上記のような問題意識に基づいて題材設定を試みたり、指導の内容や方法を工夫したりしながら美術の授業を進めてきた。本稿で紹介する実践事例は、特に苦手意識を抱く生徒に対する指導に重点を置いたものである。

3．題材の設定及び指導における私の基本的な視点

　具体的な指導事例を紹介する前に、私自身の題材の設定や指導における基本的な視点についてまとめておきたい。私が配慮しているのは、以下の四つの点である。

(ア) 美しいものへのあこがれや初めて経験する材料・技法への新鮮な興味・関心を活動に対する意欲につなげ、達成感を味わわせること

・美の構成要素であるグラデーション、墨、光などを素材として取り上げた題材を設定した。これらの素材は「こんなふうにできたらかっこいいだろう」、「こんなふうに表現したい」と、苦手意識をもつ生徒も自分の制作の方向をイメージしやすい。

・制作が進むごとに立体感が増す、一発勝負の緊張感があるなど、制作の過程で活動意欲を刺激するようなポイントを設ける。

(イ) 導入時には技術的ハードルを低くし、試作する場面を設けて徐々に難易度を上げることで安心感を与え、スキルの向上を実感できるようにすること

・導入時、「難しいことを簡単に教える」というイメージで、教師側主導の「○○講座」というスタイルで、楽しくお試し体験をさせる。

・次に難易度を上げた技法の紹介、体験、試作の段階を設定し、前よりできるようになったことを実感させ、自信を付ける。

(ウ) 複数の選択肢を例示することにより、発想の手がかりを与え、構想の具体化を促すこと

・アイデアの選択肢を示したり、テーマにかかわる具体的な質問事項を提示したりして、発想や構想の具体化を後押しする。

・教師が生徒と制作しようとする作品について対話を行い、生徒自身が何に関心があるのか気付かせ、様々な気持ちを形や色で表現していく方法を自分で

決めていけるように支援する。

(エ) 認め合いの活動や相互鑑賞を通して、安心して自己表現することや目標を達成することの喜びを分かち合うこと

・道徳の授業で行っているお互いのよさを認め合う活動を美術の自己表現の場面に取り入れ、発想や制作の途中に自分の気持ちを話したり作品を見せたりして、お互いを認め合う、または共有し合う活動を設定する。
・制作後に「うわー、きれい」「思い描いたとおりになった」という思いをみんなで分かち合う機会を設定する。そのことにより、自己肯定感が高まり、次の制作への意欲付けになる。

4．思春期の子どもの特性を考慮し、題材に工夫を加えた実践事例の紹介

(1) 題材設定及び指導における基本的な視点「(ア)美しいものへのあこがれ」「(イ)試作」「(ウ)複数の選択肢の設定」「(エ)目標を達成させる喜び」に配慮した指導

題材名	板の積層構造を基にした表現（彫刻）	学年	中学2年	時間	12時間

①題材の概要

　本題材は、A4判6枚のベニヤ板を材料に、大きさや穴の形を変えて切り、着彩して重ね、作品に仕上げる積層構造を利用した表現である。この題材では、重ね方や着彩の工夫によって、グラデーションを中心にリピテーション、アクセントなどの要素を学習しながら、積層の美しさや面白さを工夫し表現できる。また、板の枚数を重ねるごとに作品に量感が増し、制作が進むほどに楽しさを味わえる。薄い板が存在感のある立体に変わるこの題材は今まで指導した中で、生徒が「仕組みは難しいと思ったけれど、板でつくり始めたら制作がどんどん進んだ」、「達成感を感じた」、「グラデーションや積層がきれいにできた」などの多くの肯定的な感想を寄せた題材の一つである。

　本題材の発想の段階で、教師が基本の表現方法や着彩方法の選択肢を提示し、生徒に選ばせる。その上で、試作品をつくる段階において個に応じた支援を行

〔第2部　実践編〕

うことで、自分なりの工夫を付け加えさせ、アイデアを個々に細分化させていく。そのことによって制作の幅が広がり「自分は間違っていないか」という不安感をなくし、「こうしたらもっとよくなるのでは」という意欲を高めることができると考える。

図1　積層を重ねるほど量感が増す

図2　積み重ねる板の形は単純でも積み重ねの楽しさは味わえる

②学習目標・評価規準

・生活の中にあるグラデーションや積層の美しさに関心を抱き、活動に積極的に取り組むことができる。

・板の重なりとあける穴の大きさとのかかわりや効果の違いに気付き、アイデアに生かすことができる。

・自分の表現意図に合わせて適切な技法や配色を決定し、表現の効果を確かめながら制作することができる。

・友だちの作品のよさに気付き、認め合うことができる。

③準備

　　教師：段々の仕組みを示す参考作品、電動糸のこぎり、シナベニヤ4mm厚（一人6枚）、木工やすり、紙やすり、木工用接着剤、スプレーニス、教科書、資料集

　　生徒：作品の基となる資料、色鉛筆、アクリルガッシュ

④ 授業の展開

	学習活動	指導上の留意点
導入 (50分)	○グラデーションの美しさに目を向ける。	＊写真や図版で作品のイメージを広げさせる。 ＊参考作品を提示し、制作の見通しをもたせる。
発想・構想 (100分)	○積層を紙で試作する。 ○計画を立てる。	＊余った板を表現に効果的に生かす例を提示する。 ＊試作品で試行錯誤をさせ、工夫の幅を広げさせる。 ＊配色の効果の例を挙げ、表現意図に合わせて技法を選択できるようにする。
制作 (400分)	○板の切断方法を考える。 ○電動糸のこぎりで板を切る。 ○アクリルガッシュで着色をする。 ○板の貼り付けをする。	＊切断順序を考えさせながら、切り抜いた板から新たに発想することも推奨する。 ＊効率よく制作できるよう班ごとに道具の使用順を話し合わせる。 ＊試作の紙では味わえなかった「厚み」の効果をこの場面で気付かせ、制作に生かせるようにする。
まとめ (50分)	○活動を振り返る。 ○校内展示による相互鑑賞をする。	＊生徒同士の鑑賞では、校内展示を行い、他学年の生徒や教師も作品を目にする機会を設ける。

⑤ 指導の実際

a. 導入段階の指導

（ア）グラデーションの構成要素の理解と鑑賞

・虹、棚田、いくつも立ち並ぶ神社の鳥居などの写真を提示し、形や色がだんだん変化する美しさを味わわせたり、共感したりする機会を設ける。
・資料集で美の構成要素を紹介し、主にグラデーションの効果を生かして自分なりの美しい作品を制作することを伝える。

（イ）素材の理解

・素材のシナベニヤについての説明をする（厚み、加工のしやすさ、着彩したときの効果）。

（ウ）グラデーションの仕組みの理解と制作への意欲喚起

・どのようにグラデーションの効果を生かすか、基本の仕組みや制作の仕方を簡単な紙のモデルを使って説明する。

〔第 2 部　実践編〕

・重ねる板の大きさや形をだんだん変え、きちんと大きさを測っても測らなくてもできることを理解させる。

b.　発想・構想段階の指導

（ア）仕組みを発展させる

・切り抜いて余った部分をどのように制作に生かすか。「板を無駄にしないで使い切る」という条件も加えることで、「これでいいや」というレベルから一歩踏み込んで発想を広げさせる。

（イ）積層とその着彩による効果に気付かせ、選択肢を手がかりにして制作に生かすようにさせる

・着彩の効果による違いについても参考作品を提示し、多様な表現の方向性を示す。

　水彩画風に多めの水で絵の具を溶いて着彩する、平塗り風にしっかり着彩する、一層だけ違う色で塗る（アクセント）、一層ごとに交互に色を変えて塗る、色を塗らず素材の色を生かす、これらの組み合わせ、などの選択肢を提示することで、完成のイメージがぼんやりしている生徒の発想の支援とする。

c.　制作段階の指導

（ア）効率よく制作を進めるための工夫

・制作前に班に１台の電動糸のこぎりを効率よく使用するための話し合いをさせる。

　部品が一つ切れる度にそれぞれ、やすりがけ、着彩ができるため、制作開始前に班員の作品をお互いに見せ合い、切る順番を決めてから電動糸のこぎりを使わせる。また、班ごとの活動により、生徒同士の教え合いや、制作しながら互いのアイデアに刺激を与え合うことができる。

（イ）厚みのある素材ならではの工夫の奨励

・切った板の角を丸く加工したり、切り口（側面）の色を変えたりして自分なりの工夫を加えていくことを奨励した。

（ウ）着彩時の試し塗りの呼びかけ

・着彩時、絵の具の水分が板材に染み込みにじんで失敗感を味わうのを防ぐた

め、板の切れ端への試し塗りを促し、筆に含まれた水分の調節ができるようにした。

d. まとめの指導

校内の廊下に長机を設置し、全員展示の方法を取った。付箋でお互いの作品のよい点やアドバイスなどを書いて貼り合う感想の交換を行い、次の制作への意欲をもたせられるようにした。

⑥完成作品

図3 完成作品（女子）

図4 完成作品（女子）

(2)題材設定及び指導における基本的な視点「(ア)初めて経験する材料・技法への新鮮な興味・関心」「(イ)導入時、技術的ハードルを低くし、試作」に配慮した指導

題材名	遙か遠くに何が見える ―墨による表現―	学年	中学3年	時間	7時間

①題材の概要

本題材は、俳句などで使用される縦長の短冊色紙を横にした画面（6×36cm）に、地平線（水平線）を描き、遠くに見える世界を想像し墨で表現するものである。「遠くに見える世界」とは、繰り返される毎日、受験への不安など目の前にあることに心を捉えられがちな状態から、時には視線を遠くに向け、遙か遠く地平線の向こうにどんな世界を想像するかというテーマの想像画である。

指導に当たっては、事前に濃墨・中墨・淡墨の3段階を基本技能として習得

〔第2部　実践編〕

させた上で、塗りつぶすのみのシルエット表現を用いることで苦手意識を和らげるようにした。また、授業時数を考慮し、所要時間や作品サイズをコンパクトにまとめた。

②学習目標・評価規準
・水墨画のよさに興味をもち、意欲的に制作に取り組もうとする。
・自分の将来や見てみたい風景や想像上の世界を、水墨画の特色を踏まえて思い描く。
・墨の濃淡やシルエットの効果をどのように表現に生かすかを工夫し、表したい世界を想像豊かに表現する。
・完成した作品を、墨の濃淡やシルエットの効果に着目して相互鑑賞することを通して、墨で描くよさや墨による表現の多様性を理解する。

③準備
　教師：参考作品、墨、面相筆、彩色筆（学級人数分）、半紙、短冊形色紙、額装用和紙、シルエットによる表現の参考例（人体、遠景、動物）、発想の幅を広げさせ、アイデアスケッチを記入する学習プリント
　生徒：パレット、水入れ

④授業の展開

	学習活動	指導上の留意点
導入1 (50分)	○水墨画の表現を体験する（六地蔵を描く）。	＊水墨画への抵抗感をなくすため、楽しみながら六地蔵を描かせる。 ＊濃墨、中墨、淡墨の3段階を身に付けさせる。 ＊絵の中に自分へのメッセージを書かせ、自分の気持ちを絵に反映させる。
導入2 (50分)	○技法体験をする（墨で半紙に）。	＊にじみ、かすれ、積墨法、破墨法、濃淡の遠近を体験することで表現の可能性を広げる。 ＊伊藤若冲の水墨画（「竹虎図」）を紹介し、部分を模写させることで技法を試させる。
発想・構想 (100分)	○自分の思い描いた遠い世界をアイデアスケッチする（学習プリントに）。	＊「遠い世界」の具体的なイメージとして、「自分の遠い将来」「行ってみたい遠くの地」「自分の心の中にあるあり得ない世界」を設定。 ＊発想の幅を広げさせるため、会話を通じてイメージを導き出していく。

制作 (100分)	○短冊に本制作をする。	＊下描きなしで描かせ、緊張感をもたせる。 ＊意図しないにじみなどを生かす表現や、修正の方法を提示し、意欲の低下を防ぐ。
まとめ (50分)	○作品を台紙に貼る。 ○完成作品を相互鑑賞する。	＊台紙を和紙にし、「飾って大切にしたい」という気持ちを高める。 ＊友だちの表現から、よさを認められるように声かけをする。 ＊鑑賞のポイントに基づいて鑑賞できるようにする。

⑤**授業の実際**

a. 導入段階の指導

（ア）導入時の講話

　テストや部活、塾や提出物に追われ目の前のことにとらわれてしまいがちな毎日に目を向けさせた。忙しい毎日を一生懸命過ごしていることを認め励まし、１年後、２年後、そして遥か遠くには自分の想像していないような世界が続いていることなどを話しながら、将来の自分の活躍する世界、行ってみたい世界を想像し表現することを伝えた。また、この気持ちは期間限定であり、今思い描いたことは忘れてしまう可能性があるため、記念の意味も含めた制作であることも意識させた。

（イ）「六地蔵」の試作

　導入では、墨で表現することへの抵抗感を少なくし、墨の濃淡を自分で調節することができるようにするため、半切の半紙に「六地蔵」を描かせた。教師が主導し、一斉指導した。六地蔵のみでは、皆同じような絵になるので、自分を励ましたりみんなに伝えたりしたい一言を書いて絵手紙風に仕上げて自己表現をする機会にした。

　試作ではあるが、味のある仕上がりなので、校内展示をしたところとても好評であった。そういう点でも生徒の自己肯定感を高める機会となった。

〔第2部　実践編〕

図5「六地蔵」の試作（女子）

図6「六地蔵」の試作（男子）

にじんでも太さが不揃いでもその生徒の味になる。ここでは自分の思いは、でき上がったお地蔵さんの表情とかかわらせ言葉で表現させた。

（ウ）若冲の水墨画の模写

　次に、伊藤若冲の「竹虎図」を模写させ、水墨画の基本的な技法を理解できるようにした。この模写を通じて、筆に含ませる水分の加減、運筆のスピード、どの部分にどのように積墨法や破墨法を用いているかに気付き、また、若冲の手をなぞることで作者の息遣いを少しでも感じることができるようにした。

図7　若冲の「竹虎図」を模写し、かすれ、にじみなどの技法を体験する

図8　水墨画の技法の特徴を確かめ合う

b. 発想・構想段階の指導

（ア）初めての素材・細長い短冊・墨

　画面が極端に細く横長であること、墨、シルエット、という今まであまり経験のない素材であることも、生徒が興味・関心をもって取り組む要因になったと考える。

発想・構想段階では、黒板に1本地平線（水平線）を描き、「そこに何が見える？」「遠い世界に何を出現させたい？」などと生徒に問いかけ、答えてもらい、楽しみながら教師がデモンストレーションを行った。それにより、形の特徴をシルエットで小さく描けば遠く離れた感じが出せることを理解させ、苦手意識を和らげるようにした。

（イ）シルエットの指導

「自分の思いを表現するために自分を描きたい」「将来の家族、不特定多数の人物を描きたい」という訴えが多く出た。黒板での示範や個別支援で「棒人間」を基本

図9　シルエットによる表現の参考資料

形として、関節を曲げたり、少しだけ髪型や服装を加えたりするだけでシルエットが描けることを示した。また、頭が大きいとコミカルな表現になることも、頭の大きさを比較して図示することで雰囲気の違いを感じ取らせた。発想や技法の参考としてシルエットの資料をプリントにして配布した。

（ウ）墨の濃淡の差と空気遠近法

遠くの世界の表現を深めさせるために、墨の濃淡の差から遠近の表現ができることに気付かせた。プロジェクターで教師の手元を映しながら、3段階の墨の濃さのつくり方を復習した。その際、山の重なりの遠近を墨の濃さの違いで表現して見せた。

（エ）白黒灰のバランスを意識させる

画面の特徴を生かし、白と墨のバランスを意識させた。余白の美しさを強調するのか、あえてぎっしり物で埋め尽くすのか、薄くはかない感じなのか、力強くスピード感を求めるのかなど、参考作品を見せながら自分ならではのイメージを絞らせた。

c. 制作段階の指導

（ア）緊張感を楽しませる

水墨画の特徴である一発勝負の気持ちよさや緊張感を味わわせたいので、下

〔第2部　実践編〕

描きなしにした。

d．まとめの指導

(ア) 友だちの表現した世界を認め、よさを味わえるようにする

「遠い世界」というくくりでも、距離、時間、場面など、想像する世界の違いを感じ取り、自分との共通点を発見したりするなどの声をかけて、学級内や学年展示による相互鑑賞をさせた。

(イ) 鑑賞のポイントを提示する

鑑賞のポイントとして、

・自分なりの想像の世界を横長の画面を生かして表現できているか。
・墨の濃淡の差による美しさや遠近の効果を意識して表現できているか。
・にじみや破墨法、積墨法の技法を生かしているか。

を提示した。これらを意識して鑑賞することにより、今後出会う作品を鑑賞する際の一つの手がかりとなるようにした。

⑥完成作品

図10「帰り道」（女子）

図11「必ず全員通る道」（女子）

(3) 題材設定及び指導における基本的な視点「(ウ)複数の選択肢を提示する」「(エ)相互鑑賞を通して認められることのうれしさを味わわせる」に配慮した指導

| 題材名 | 自分への手紙―今の自分を心と絵に刻む・いろいろな自画像―（絵画） | 学年 | 中学3年 | 時間 | 8時間 |

①題材の概要

　本題材は、現在の自分の心情を見つめ、形や色で自分を表現し、それを将来の自分に伝えようという設定（タイムカプセル風）の下に制作する自画像である。これまで自画像は、生徒が苦手意識をもち、写実的表現を目指して形を懸命に追求するが、今一つ満足感を得られない、ある意味義務的に描くような題材として捉えていた。指導しにくく、生徒も学びの喜びを得られないならと、しばらく遠ざかっていた題材であった。しかし、変わりゆく気持ちの中で、前述のような意義があると考えたことから、「自分」の表現の仕方に幅をもたせた題材として設定し、実施した。

　将来の自分に届ける手紙という設定で、作品の大きさは葉書大にした。また、この題材の前には、表現の工夫にヒントを得られるよう、モダンテクニックによる試作品をつくらせ、表現技法の幅を広げる経験をさせた。

②学習目標・評価規準

・今の自分の思いを将来の自分に向けて表現することに関心を抱き、活動に積極的に取り組もうとする。
・将来の自分に伝えたい自分の思いを整理し、形や色とかかわらせてアイデアをまとめることができる。
・表したい感じに合った技法を選んだり、制作の計画を立てたりすることができる。
・自分や友だちの表現を鑑賞し、それぞれのよさを味わうことができる。

③準備

　教師：教科書、資料集、学習プリント、マスキングテープ、カッターナイフ、モダンテクニックのための材料・用具、マーメイド紙（葉書大）、ＣＤ（アンジェラ・アキ『手紙〜拝啓十五の君へ〜』ERJ(SME), 2008）
　生徒：絵の具セット、制作に必要な素材

〔第2部　実践編〕

④授業の展開

	学習活動	指導上の留意点
導入 (50分)	○アンジェラ・アキ『手紙〜拝啓十五の君へ〜』を聴き、将来の自分や今の自分について思い描く。	＊今の自分の気持ちを絵に残すことには大きな意味があることを話し、制作への意欲を高める。
発想・構想 (100分)	○学習プリントで今の自分の気持ち、表現したい自分、その気持ちに合った形や色などを考える。 ○アイデアスケッチを描き、制作の順序、資料や素材などを検討する。	＊学習プリントの質問項目に答えさせながら、生徒が考えを深められるようにする。 ＊ワークシートに簡単な絵で描かせることで絵の要素（絵のネタ）集めをさせる。 ＊画面からはみ出して材料を貼り付けたり、上下左右にとらわれない画面構成にしたりすることもあり得ることを示唆する。
相互鑑賞 (50分)	○本制作前の相互鑑賞を行う。	＊4人グループの相互鑑賞を行い、「共感」「受け入れ」「自分の表現の発信」を経験させる。
制作 (150分)	○本制作をする。	＊相互鑑賞を踏まえて、制作の計画を立てさせ、見通しをしっかりもたせる。 ＊失敗の回避の方法を提示し、安心感をもって制作に当たらせる。
まとめ (50分)	○作品完成後の相互鑑賞を行う。	＊どこに着目して見るか、鑑賞の観点を提示する。 ＊活発な意見交換ができるように、相手の絵について質問させ、理解を深めた上で絵を詳しく鑑賞できるようにする。

⑤授業の実際

a. 導入段階の指導

　導入として、授業でアンジェラ・アキの『手紙〜拝啓十五の君へ〜』を聞かせた。この曲は、音楽の授業でも取り上げており、生徒にとって身近な曲である。思春期の真っただ中で迷う自分と、大人になった自分とが、時を越えるようにして言葉をかけ合い、心の交流をしているという設定になっている。

　動機付けとして教師が、今の自分の気持ちは期間限定であり、忘れていってしまうものであることを伝え、この気持ちを絵として残すことに意味があるとして制作への意欲を高める。

b. 発想・構想段階の指導

　発想段階では、自分の心情を深く掘り下げる手立てとして、学習プリントで

質問や選択肢を多く設定しそれに答える形式を取ることで、背景や自分の表現方法を絞らせた。

(ア) ワークシートの工夫と対話による支援

　はじめに、以下のようなキーワード群から今の自分に合っている言葉を選ばせ、それを基に今の自分を文章に表現させた。

1．今の自分の気持ちや状態を浮き彫りにしてみよう。
キーワード：目標としていること、悩んでいること、努力していること、うまくいかないこと、希望、楽しみ、気になること、格闘、安らぎ、孤独、温かい気持ち、お気に入り、思い描いている30歳の自分像、……

　生徒が選んだキーワードでは、「努力していること」「悩んでいること」「楽しみ」「安らぎ」などが多かった。詳しい内容としては、部活動での頑張り、受験の不安、友だちとのおしゃべり、好きなアーティストのこと、岐路に立つ自分、自分の二面性、〇〇をしているときが楽しいなどが書かれていた。

　固く考え過ぎている傾向の生徒には、今の生活やこれからのことをおしゃべり感覚で聞きながら、小さなことでも絵の素材になることを例に挙げるなどして励ました。

　次に、「自分」をどのようにビジュアル化するか、表現方法を選択肢から選ばせた。

2．自分をビジュアル的にどのように表現したらよいだろう。
表現例：全身、顔、上半身、描く（白黒、カラー）、写真コラージュ、シルエット、後ろ姿、横、何かに置き換える（大切にしているもの、動物）、自分の一部を変える、数を増やす、半分、……

　「シルエット（全身、上半身）」「後ろ姿」「部活動の道具で置き換え」「自分の手など部分を描く」などが多く選択された。

　今回、顔そのものを真っ正面から写実で描くことを選ぶ生徒はいなかった。「自分」から少し逸らせたような表現が落ち着くようであった。

　続いて、絵全体を通して表現したい気持ちを、「それは何色？」「形にするとどんな形？絵？模様？」「技法を使う？」という質問に答えていく方法で、イ

〔第2部　実践編〕

メージを形や色に表現するようにした。色はイメージしやすいようであったが、形や絵に表現を換えるときは難しさを感じる生徒が多く見られたため、簡単な模様でもよいことを伝え、生徒は教師と対話しながら絵にしていった。色鉛筆なども使わせ、心の中の画像を根気よく繰り返し再現することを励ました。

「こんな感じを表現したい」という思いまではほとんどの生徒が到達できるが、それを形や色に置き換えることに慣れていないため、その方法が分からない。その部分のサポートを、「こんな表現の仕方がある」「これらの中でどの表現がイメージにいちばん近い？」など、具体例として資料集や教師が集めた参考例を見せ、選ばせる方法を取り入れた。

(イ)　アイデアスケッチによる画面構成

ワークシートでの検討や教師との対話によって集めた表現の「ネタ」を基に、アイデアスケッチを描きながら表現しようとするイメージを確かめ、画面づくりをさせた。ここでも一人一人の机間支援を意識して丁寧に行った。

葉書の画面の大きさにとらわれず、はみ出して材料を貼り付けたり、上下左右にとらわれない画面構成にしたりすることなどの可能性についても示唆した。

アイデアスケッチが描けた段階で、4人の班で絵を見せ合い、表現したいことを認め合う場を設けた。そのことで、いろいろな表現があってよいこと、自分の表現に自信をもってよいことを確かめ、多様な表現のヒントを伝え合う機会になったと考えられる。

図12　相互鑑賞の一場面

図13　相互鑑賞の一場面

> 今の自分の気持ちが主題なので、批評ではなく共感できる部分やそういう気持ちなんだ、とかそれをこんなふうに表現したんだね、という受け入れの意見交換を心がけるように指導した。

c. 制作段階の指導
(ア) 制作の計画や見通しをしっかり立てさせる

　表現の違いによって様々な技法を用いるので、制作の順序や方法も一人一人が違うことを認識させた。各々が制作の計画をしっかり決め、ねらった効果が出るよう注意を促した。

　先に背景に着彩するのか、モダンテクニックをどの時点で使うのか、などを意識しないで制作に取りかからせると、描きたいところから描き進めてにじんでしまった、初めに広い面積のところを全体に塗ればよかったなど、生徒が思ったような効果が出せずに終わってしまうことがある。そのため、制作順序をプリントに書き出して、完成までの段取りを確認させることにした。下地を塗りスパッタリングか、初めに塗ったところが乾かないうちに次の色を塗ってにじませるかなど、プリントの記述内容を確認し、教師が質問することで、生徒がその時点で制作順序や技法の違いに気付くことが多く見られた。

(イ) 失敗の回避の方法を提示し、安心感をもって制作に当たらせる

　彩色の失敗を回避できるように、技法面での注意点をプロジェクターで実演して示した。また、主として使用する画材はアクリルガッシュなので、試作の段階でその特徴をよく理解させるようにした。乾かないうちなら水道で洗い流すこともできることなども、やって見せて理解させるようにした。

d. まとめの指導

　まとめの鑑賞会では、作品を通して、自分の気持ちや仲間の気持ちを知るよい機会にし、よい雰囲気で終われるように、教師側の言葉がけに配慮した。また、単に「よかった」で終わらないように、鑑賞のポイントを提示した。

(ア) 4人1グループによる鑑賞会を行う

　まとめとして、自分の今の思いを表現することと、友だちの表現を認め、違いや共通の思いを知るために、完成作品の鑑賞会を設定した。鑑賞会は、生徒

〔第2部　実践編〕

があまり緊張せず、一人一人の発表や鑑賞にある程度時間をかけられる4人グループで行うようにした。

　グループでの鑑賞に先立って、各自鑑賞カードに作品の題名、自分の表現したかったこと、工夫点、感想をまとめさせた。鑑賞会ではそれを使って各自自分の作品について発表した後、相手の作品について感じ取れたことや工夫が感じられた点、作者へのメッセージなどを付箋に書かせ、それぞれの鑑賞カードに貼り合うようにした。

　鑑賞会の後、みんながよい雰囲気で終われるように、以下のような言葉がけを行った。
・この作品は、一人一人にとって卒業の記念となるものである。
・この作品がうまくいったという人もいれば、その反対の人もいる。技能面の巧みさのみにとらわれないで、その絵の背景にある友だちの思いを大切にしてほしい。

〔イ〕鑑賞のポイントを提示する

　鑑賞に際しては、以下のようなポイントを提示した。
・表現したかった思いと描かれているものの形や色とのかかわりに着目してみよう。
・友だちが最も大切にし、表現したかったことは何かを感じ取ってみよう。

　活発な意見交換ができるようにするために、相手の絵について質問させ、理解を深めた上で絵を詳しく鑑賞できるようにした。

⑥完成作品

図14「悲観の鏡」（男子）

図15「目で見る世界」（男子）

〈生徒の鑑賞カードの記述より〉

図14「悲観の鏡」（男子）	図15「目で見る世界」（男子）
最も表現したかった気持ち	
・自分のいやな気持ちから学び成長できるという気持ち。	・これからの未来も冒険する気持ちを忘れずにいたいという気持ちです。
それを表現するために工夫したところ	
・2つの気持ちは同じ大きさなので半分にし、暗い世界は、ドリッピングでだいたんに描き、明るい世界は水を多くふくんだ筆でやわらかい感じにした。画面右下の明るい部分は、明るい世界への扉を表現した。	・色々な世界を見たいという気持ちを世界の色々な建造物で描き表した。
班の人たちからのメッセージ	
・自分の表現したい気持ちを2つに分けて、ちゃんと表していてよかった。色をにじませたりするのがうまいと思った。 ・嫌な気持ちと楽しい気持ちがすごく伝わった。やみの太陽が素敵。 ・1人の人間の2つの心が複雑に描かれていると思いました。	・自分を綿毛にたとえて、いろいろなところを旅しているように感じた。○○君の中には、いろいろな挑戦心があると感じた。 ・いくつもの世界が表現されていてとてもわくわくしてるのが伝わった。 ・色々な世界のことが表現されていて、アイデアがあり、インパクトがあってすごいと思った。

〔第2部　実践編〕

5．成果と課題

(1) 四つの視点についての成果

(ア) 美しいものへのあこがれや初めて経験する材料・技法への興味・関心に基づく意欲の喚起

　制作後の生徒の感想によると、積層構造の表現では、制作の初めに「どうするとこんなふうになるのか」「美しいと思った」という印象を抱いたと言う。また、水墨画では、墨の表現に対し、格好よさを感じる生徒が多く、また、横長の色紙については左右の長さを利用して、時間の変化や景色の変化など工夫することができ、今までと違う制作ができたという記述があった。

(イ) 試作によるスキルアップ

　試作の内容として、「そのまままねしてやってみる」と、それに続く「さらにレベルアップする」の2段階を設け、試作後それぞれの改善点を提示した。そのことにより、初めのアイデアスケッチから発展させたり、複雑化したりするなど独自な工夫が複数見られた。

(ウ) 複数の選択肢の例示による構想の具体化の促進

　まねすることはよくないという捉え方から、基のアイデアに工夫を加えて自分のものにしてよいという考え方を意識して生徒に提示した。教師の観察からは、アイデアがまったく思い浮かばないという理由から制作につまずく生徒はいなかった。「このやり方でまずやってみるか」から始め、だんだん制作が進んでいく生徒が多かった。

(エ) 認め合いの活動や相互鑑賞による目標を達成する喜びの分かち合い

　制作後の生徒の感想には、表現したかった気持ちと形や色を関連させたものが増えており、自分の作品に気持ちを反映させることができたと感じている生徒がある程度いたことが分かる。また、他者の表現のよいところを見付け、表現したことをよかったとする感想もあり、目標を達成する喜びの分かち合いがある程度できたのではないかと考える。

(2)四つの視点についての課題
(ウ) 複数の選択肢の例示による構想の具体化の促進について

　生徒が初めに思い描いたイメージを実現でき、満足感を得たという感想は多かったが、初めに思い描くイメージ自体が、教師側が提示した参考作品と似通ったものになった生徒も複数見られた。安易な選択肢の提示は、生徒の独自性を妨げ、「きれいにできたらそれでいい」という手芸的な範囲に留まってしまいかねない。今後このことを踏まえて、適切な選択肢の示し方を検討する必要がある。

(エ) 認め合いの活動や相互鑑賞による目標を達成する喜びの分かち合いについて

　「自分への手紙」のように自分の気持ちを表現するような題材では、中には「自分の内面や表現について踏み込んでほしくない」とする気持ちをもつ生徒もおり、その思いも尊重することも重要である。話し合い活動の内容について教師側が研修を積む必要があると考える。

(3) その他の課題

　今回の実践では、思春期の生徒の特色に重点的に対応させた題材を設定したが、系統性や発展性を十分配慮したものではなかった。今後、3年間で取り組む題材の系統性や発展性について整理し直し、さらに魅力的でかつ効果的な美術の授業になるよう工夫を加えていきたい。

〔第2部　実践編〕

主題生成を促し、試行錯誤の場を保証する題材設定の工夫
―思春期の危機のための授業の転換―

梶岡　創（滋賀県大津市立瀬田北中学校）

1．思春期の子どもたちの初航海

　思春期の子どもたちは（特に中学生の場合）自我が確立する時期で、一方的な押し付けに対する嫌悪感や対抗心をもつ時期でもある。だからといって一人前扱いして、授業の課題を完全に任せてしまうと、未熟さ故に舵取りを誤るのも思春期特有と言えるかもしれない。「舵取り」という言葉が示すように、この様子を、まるで新任船長が初めて海に出る場面にたとえると分かりやすいかもしれない。

　芸術は自由だとばかりに、初心者とも言える新任船長を嵐の大海に放り出すような美術の授業をするわけにはいかない。かといって、一から十まで口うるさく指示をして、安全だが過保護な旅を強制することが、新任船長の成長や心情にとって（思春期の生徒たちの成長や心情にとって）有効とも思えないだろう。

　では、どうすればよいのかという話になるのだが、新任船長である生徒たちの主体性を維持しながら、学びや成長を確保するために、以下の二つを軸にした生徒主体の授業への転換について考えてみた。そしてこの方針に沿って授業を実践し、模索することにしたのである。

(1)表現の動因について

　思春期は、無意識的な表現動因を失う時期であり、自己を見つめ直すことを避けたり、別の表現（音楽や文学）を好んだりする時期でもある。その意味で「描きたいもの」「表現したいこと」は何なのかを探すことや、探すこと自体の学びが必要と考えられる。

そこで授業の中の主題生成のあり方に着目し、生徒の主体性や多様性は保持しながら主題が生み出されるような学習をどう実現するべきかを模索しなければならないと考えた。

(2)表現の手段について

　対象の視覚像を忠実に描けないことにより美術的表現を避けるようになる年齢であることを踏まえ、技能面の指導はどうあるべきかについて考察すべきと考えた。

　美術的な表現方法は、発達に従って自然に体得できるものではないため、何らかの方策で授業の中に組み込まなければならない。しかし一斉指導型で一律に表現方法を固定するのは、試行錯誤による授業の学びが失われるだけでなく、思春期の生徒の心情にも反していることになるのである。

2．主題生成の広がり

(1)主題生成を巡る反省点

　ずいぶん昔に、生徒に対してやみくもに「この花瓶を描きなさい」「全員、靴を持ってきて描きなさい」というような授業をしたことがある。今振り返ってみると、この授業の題材名として「花瓶を描こう」「私の靴を描こう」とは書けないということに気付かされる。なぜなら「花瓶」や「靴」は単なるモチーフに過ぎず、学習課題を指示する役割をもつ題材名とは言えないからである。

　次に、主題に関して少し気を付けるようになった頃、「通学時の苦労や楽しさを感じられるような靴を描きましょう」という目標を示して授業を始めたことがある。この場合、やっと主題らしいものは登場したのだが、教師によって主題が一つに固定されてしまっているため、まだまだ生徒の手元に存在していないのである。生徒たち個々人が、「どんなことを表現したいか」「どんなものをつくりたいか」を考えたり話し合ったりする機会なしに制作に入るわけにはいかないので、生徒にとってはさぞや不本意だったのではないだろうかと想像する。自我の確立期の生徒たちにとってこのような状態は、課題を乗り越えようとするモチベーションを阻害する要因になる可能性もあり、生徒自身がつく

[第2部　実践編]

りたいものをイメージし主題化できるような活動がいかに必要なことであるかを、ここでは再確認しておきたい。

(2) たとえ主題と言えど

　この年齢の生徒たちと長年やり取りする中で、主題のあり方について気付いたことがある。それは「主題生成するときに、いくら美術の世界を探してもそこにはない」ということなのである。ついつい美術教師は、「美術」からスタートして授業を構想してしまうことがある。スーラを学んで点描で描くならモチーフは何がいいかとか、アール・デコの様式を入れてとか、シュルレアリスムのような構想画にしようとかいう具合である。しかし、いくら美術の世界からスタートして話を進めても、それは生徒にとっては遠い世界の話で、最終的に到達できることはあっても、そこからスタートするには無理があるため、生徒たちは自身の主題につなげることは難しい。

　「小学校のときはふざけ合うだけの仲だった友だちが、中学校になって悩みを打ち明けられる友だちに変わっていったこと」というのを、人物画作品の主題にしていた生徒を思い出す。この年代特有の生活や体験、そして生徒自身の成長から、敏感に主題を見付けているのが分かるからである。もし授業が主題生成の部分で、生徒がつくりたいものを「自分のイメージとして生み出せる」ようなものならば、それは思春期の時期特有の思いや気付きをすくい上げる大事な機会となるであろう。

　主題は、美術領域の中でも、教師の近くでもなく、生徒の近くに存在する。生徒の考え方や生活、生徒が生きる今の社会に求めるべきであることを押さえなければならないのである。

(3) 多様性の許容

　主題生成が大事だということを教師が念頭に置いて、生徒に機会を与えさえすれば、湯水のごとく「表現したいテーマ」が湧いてくるかと言えば、そういうわけにはなかなかいかない。自発的な表現欲求が希薄になる年齢であり、何らかの契機を必要とするのはもちろんのこと、授業で扱う限り、思い付きさえすれば何でもよいというわけにもいかないからである。

図1　しずくと波紋による「主題生成」のイメージ

　そこで想像してほしいのは、一滴の「しずく」が水面に落ち、波紋が四方に広がるようなイメージである。「主題生成」のあり方をこのイメージで提案したいのだが、平面的な図形で説明し切れない構造のため、このような四次元モデル（立体＋時間経過）になってしまうことをお許しいただきたい。

　まず「しずく」を落とす役割というのは授業者であり、その行為が授業における投げかけとなり、水面に動きを起こす。落下した「しずく」にきっかけをもらった生徒たちは、その新しい情報や自分にはない価値観に出会い、これまでの自分の経験や考え方に照らして考え始めるのである。かくして生徒一人一人が、それぞれ別々の方向へ主題を見付けていこうとするのであるが、「しずく」をきっかけに主題が四方に広がる性質を波紋にたとえたというわけである。このような主題生成のカタチが、思春期の生徒たちの表現要因にとって必要なのでないかと考えた。決して一方的に主題を押し付けるのではなく、生徒が自発的に考えることができ、かといって契機だけは教師から投げかけられるので完全に放任してしまうわけでもないという、絶妙の状態を「しずく」と「波紋」の関係で理解いただけるとありがたい。

　この、「しずく」でたとえた教師からの投げかけというのは、多くの場合「題

〔第2部　実践編〕

材名」という言い方で授業に冠することになる。それを受けた生徒が、それぞれがもつ異なる知識や生活体験や嗜好、またはその年齢特有の感覚との組み合わせで四方八方に様々な発想をするわけなので、逆に言えば題材設定は、その多様性を許容できるものでなければならないということになる。

3．創意工夫の可能性

(1)主題と技能の関係

　前述の「しずく」から波紋へのイメージのように、生徒がそれぞれに「表現してみたい」と思える主題や、「このような作品にしたい」というイメージをもてば、当然次に「どうすればそれができるか」を考え始めるはずである。実現したいことがあるのだから、実現する方法を模索したくなるのが自然だろう。主題を生み出すことが表現手段の模索につながるという文脈は、表現要因が希薄な思春期にとってもプラスの影響を及ぼすはずだと考えられる。

(2)技能指導を巡る課題

　思春期の危機と呼ばれる年齢の生徒たちは、表現動機が希薄であるだけでなく、写実的な表現を求めながらも技能が追い付かずに意欲が減退する時期でもある。ただ、その技能面の課題を解決するために、構図や技法や色使いまで全てを指導し切ったり、一律に再現描写させたりすることで生徒の写実への要求に応えようとする指導は、一面的には解決しているように見える部分もあるが、本末転倒に陥っていると言わざるを得ない。

　生徒が表現したいイメージに至るための過程を、教師が全てコントロールするなら、生徒にとって「やらされている」という印象は拭えず、自我の確立期の心情にはそぐわないだろう。そして創造のための技能面の学びは、この部分で生徒自身が試行錯誤することによって達成させたいので、この部分を失うわけにはいかないのである。

　冒頭に「初めて海に出た船乗り」でたとえたが、生徒ではなく教師を船長にして、生徒を一介の乗組員にたとえ直してみればどうだろうか。それは船長が速度を上げろ、右に進め、あの島を経由しろと指示を出し、乗組員は的確に、

あるいは唯々諾々とそれに従うという状態である。まるで思考停止の状態で乗組員は指示されたことを指示されたとおりに遂行し、無事に授業という航海を乗り切ったとき、見栄えだけの大人びた作品ならでき上がるかもしれないが、それを生徒自身の表現活動と呼ぶのは難しいだろう。よい作品が多数仕上がったり生徒が迷いなく制作に取り組んだりすると「よい授業ができた」と錯覚する落とし穴が、こういうところにあるのかもしれない。

(3) 試行錯誤を見守る

モチーフや自分の作品に対して客観的な視点をもち始め、巧拙を気にするようになる年頃だからこそ、この試行錯誤の時間の探求が重要になる。この時期の生徒の、描写力に対するコンプレックスからくる表現上の課題を克服するための時間にもなるはずだからである。

生徒たちがいろいろな方法を試し、失敗や成功、予想外の効果などを発見して、見たり考えたり考え直したりしながら、自分が表したいイメージを実現することに没頭できるよう、学習環境を整えたいものである。

できるだけ最低限の基本だけを授業で扱い、それ以上の表現方法については、生徒の方からの要求があったときだけ答えるというのを教師側のスタンスとする。それは大変「もどかしい」ことなのかもしれないが、生徒にとって大事な時間であることを意識しながら見守ることが必要であると考える。

4. 実践事例の紹介

以降に挙げる実践事例は、これまでの論旨にのっとって主題生成がどのようになっているのか、創意工夫の余地はどのように設定したかに重点を置いて紹介したいと思う。

なお、題材設定に当たっては、「しずく」と「波紋」のイメージで例示した「主題生成」のあり方を踏まえて、表1に示した視点を考慮した。

〔第2部　実践編〕

表1　「主題生成」を促し、試行錯誤の場を保証する題材設定の視点

a．しずく	題材名が発想の契機となる投げかけとなっているか
b．波　紋	偏りなく多方向に発想が広がるものであるかどうか
c．主　題	主題が生徒の生活や心情に根ざしたものになっているか
d．試行錯誤	創意工夫の可能性にあふれ試行錯誤の余地があるか

(1)中学1年生での実践

題材名	アバターの決意	学年	中学1年	時間	6時間

①題材設定の視点

題材設定に当たって、以下の点を考慮した。

a．しずく：中1後半の時期に、来るべき中2、中3での自分を想像し、粘土による造形で自分の分身（アバター）をつくり、自分の決意を表現する。

b．波　紋：生徒それぞれが「こういう自分になりたい」という決意を主題にするため、学業や部活動や生徒会、自分の趣味や特技、学級での役割など多岐に広がる。

c．主　題：生徒の生活や経験に根ざした、この時期の中学生ならではの思いや考え方に根ざした主題が期待できる。

d．試行錯誤：針金などの芯材を使って人体のポーズをつくるときに、自分が表したいポーズやプロポーションになるように試行錯誤が必要で、撮影時のロケーションやアングルなども生徒の手にゆだねられている。

②題材の概要

中学1年生の後期、中学校生活にも慣れ、学校生活の様子や上級生の姿から自分の「近い将来像」を思い浮かべるようになる。そこで自分が上級生になったときに「こうありたい」という姿をアバター（分身）に投影させたい。

芯材でポーズをつくり、そこへ肉付けをする段階では、自分が思い浮かべる姿になるまでの試行錯誤があり、写真で撮影する段階では周囲の場面

図2「エースストライカーになるぞ」

も含めた状況づくりが必要になる。

③学習目標・評価規準
- 分身づくりに意欲的に取り組み、興味をもって撮影を工夫しようとしている。
- なりたい自分から決意を生み出し、主題となるイメージを考えている。
- 分身づくりや撮影において自分の表現したいイメージに近づけるよう工夫している。
- 級友の作品から表したい決心を読み取り、その工夫を味わう。

④準備
　　教師：ワークシート、芯材（針金）、合成粘土、デジタルカメラ
　　生徒：絵の具、筆記用具

⑤授業の展開

	学習活動	指導上の留意点
導入 (100分)	○上級生になったときにどんな自分でありたいかを考える。 ○アイデアスケッチを描く。	＊言語活動による主題生成を促す支援。 ＊作品を、イメージとして捉えられるように支援。 ＊必要に応じて校舎内を歩いて場面を想像させる。
展開1 (100分)	○芯材でポーズをつくる。 ○粘土で肉付けをする。 ○着色をする。	＊プロポーションの基本的な比率は伝えておく。 ＊思いどおりのカタチにならない生徒には、級友同士でポーズを取らせる。
展開2 (50分)	○教室やグラウンドなど、場面の場所へ実際に行き、その場所で撮影する。	＊撮影の補助が必要なので班活動で行動させる。 ＊アングルやトリミングなどの基本を押さえておく。
まとめ (50分)	○友だちの作品を鑑賞する。	＊お互いにどんな決意なのかを想像させる。

⑥授業の実際

　導入段階では、キャプテンになりたいというような前向きなものから、木陰で読書したいというようなおとなしいものまで登場した。

　展開1では、不自然なポーズになってしまう生徒も多く、試行錯誤していた。また、ユニホームや制服までつくり込む必要があり、動きによって変化する部分に苦労させられていた。

〔第2部　実践編〕

展開2では、アバターが実在するように撮ろうとして、腹ばいになってアングルを見付けようとする生徒もいた。

完成作品の相互鑑賞は、他者理解にも貢献できているような様子が見られた。

⑦**授業を振り返って**

生徒にとっては、自身の経験や考え方に根ざした題材であったため、作品の主題をしっかりと「自分のこと」として受け止めることができたようである。

制服やユニホームも着せた分身の制作は、本格的な塑像の学習としては弱いと言わざるを得ないが、人体彫刻の巧拙を問う授業ではなく、またその方法を教師から指南するタイプの授業ではない。生徒自身が表したいイメージを実現するためにポーズや角度などを試行錯誤できる余地のある授業となった。

(2)**中学2年生での実践**

| 題材名 | もしも美術がなかったら | 学年 | 中学2年 | 時間 | 8時間 |

①**題材設定の視点**

題材設定に当たって、以下の点を考慮した。

a．しずく：人類の歴史から美術が消え去ったら、私たちの生活がどのように改変されるのかを考えて、漫画表現でストーリーをつくるという投げかけ。

b．波　紋：生徒それぞれの視点で対象となるものを探すため、当然主題や場面は生徒の知っている世界や興味のある対象へと多岐に広がることになる。

c．主　題：生徒自身の身近な生活の中から、今まで気付かなかった「美術」を見付ける行為でもあるため、生徒の経験や生活から主題は生成されることになる。

d．試行錯誤：自分のテーマが伝わるように状況やストーリーをどうつくるかが構想のしどころである。登場人物たちの動作やセリフによって達成しなければならないため、コマ割りや表情など工夫する

図3「ユニホームのデザインが！」　図4「すべて同じ服？」

310

余地は多分にある。

②題材の概要

　人類の歴史から一瞬で美術がなくなったら、どんな事態に陥るのかを考える課題。その状況で何か行動を起こそうと思った場合、変化に困惑したり驚いたりと、動作やストーリーが伴うため漫画による表現を目指した。

③学習目標・評価規準

・漫画表現に興味をもち、進んで課題に取り組む。
・美術が存在しない状況や派生する出来事を身近な生活からイメージする。
・表したいテーマが的確に伝わるように表現方法を工夫する。
・級友の作品や表現したいテーマを味わう。

④準備

　教師：ワークシート、八つ切りケント紙、作画用のペン
　生徒：定規、色鉛筆

⑤授業の展開

	学習活動	指導上の留意点
導入 (50分)	○表情や動作を簡略に表現する方法を学ぶ。	＊ワークシートを使い、生徒が描いたものを紹介しながら表現方法を模索する。
展開1 (100分)	○美術の存在を消すならどういう場面が効果的か、自分の生活から考察する。 ○自分の発見が人に伝わるようにするにはどのようなシナリオにする必要があるか考える。	＊朝の起床から登校、授業、部活動というように場面を喚起させ、どこを取り上げたらどんな物語ができるかを想像させる。
展開2 (200分)	○どういう画面構成にすれば読みやすく分かりやすいかを考えながら作画する。 ○友だちの意見を聞きながら修正を加える。	＊コマ割りやレイアウトのアドバイスをする。 ＊班で作品を交換し、読む時間を設けて、客観的な意見を聞くことができるようにする。
まとめ (50分)	○友だちの作品を鑑賞する。	＊テーマが伝わったかどうか話し合わせる。

〔第2部　実践編〕

⑥授業の実際
- 笑顔などはすぐに体得できるが、「企んでいる顔」などは班で協力して解決している。
- 自分が興味をもっている部活動をテーマにする生徒が多い。
- 交通標識や商店街など視野を広くもってテーマを探す生徒も登場する。
- 家から出かけるだけのシーンで靴を履いたりドアを開けたりと何コマも使い、必要な省略ができない生徒が多い。
- 普段からよく目にする漫画表現に慣れているのかと思えば、意外と苦戦する生徒が多い。
- どこをテーマにしたのか、興味深く鑑賞していた。

⑦授業を振り返って
　世界から美術が消えるという架空の話ではあるが、自分が普段使っているものや興味をもっているジャンルから主題を生成することができた。
　ただ、題材設定の視点に書いたように試行錯誤の幅が広く、コマ割りや表情などについて工夫する余地はあるが、整理したり磨いたりしないと冗長になる。レイアウトなどの要素も含めると生徒にとっての選択肢の種類が多過ぎたかもしれないという点が課題と言える。

(3)中学3年生での実践

題材名	どんな不思議をどうやって表現する？	学年	中学3年	時間	6時間

①題材設定の視点
　題材設定に当たって、以下の点を考慮した。

a．しずく：4人グループでトリック写真に挑む授業で、撮影後の画像編集は不可。手づくりの小道具と演技力だけで実現させる。

b．波　紋：手が伸びる、壁を通り抜ける、空を飛ぶなど、生徒の数だけ「やってみたい不思議」はバラエティに富む。

c．主　題：漫画や映画の影響か、不思議な現象というのは生徒にとって、身近で思い付きやすい課題のようである。

d．試行錯誤：自分が「やってみたい不思議」を班のメンバーにプレゼンテー

ションしたら、その不思議をどうやったら実現できるか全員で相談する。ここに創意工夫の可能性があり、実際に撮影が始まると、撮ったものを見ながら自分たちの表したいイメージになるまで試行錯誤を繰り返すことになる。

②題材の概要

本題材は、映画の特殊効果などで生徒にとっては想像しやすい不思議な場面を、デジタルカメラを用いて、しかも画像編集機能を使わずに手づくりで実現するものである。興味をもって取り組めるだけでなく、どうすれば実現できるかを、班のメンバーと協力して試行錯誤しながら考える必要があり、学びの手応えが感じられる授業である。

図5「巨人の手」

③学習目標・評価規準

・写真のトリックに関心をもち、協力して不思議な場面を創造する。
・どんな不思議な場面がつくれるかアイデアを出し合い、試行錯誤しながら構想を具体化する。
・カメラのアングルや小道具などを工夫して撮影に取り組む。

図6「そんな所に入っていたの？」

・スライドに投影発表された他班の作品を、アイデアの面白さや表現の意外性などに着目して味わう。

④準備

教師：ワークシート、デジタルカメラ10台、画用紙、プロジェクター
生徒：はさみ、のり、撮影に必要な小道具

〔第2部　実践編〕

⑤授業の展開

	学習活動	指導上の留意点
導入 (50分)	○どのような作品にしたいのかを考える。 ○挑戦したいイメージを班のメンバーにプレゼンテーションする。	＊前時に宿題として、どのような不思議に挑戦したいのか考えてくるように言っておく。
展開1 (150分)	○どうすればイメージを実現できるのか、撮影方法やトリックや演技について話し合う。 ○小道具の作成。 ○試し撮りをして撮影方法の検討をする。	＊トリックが分かりやすくても納得できる写真とは何かについて話し合う機会を設ける。 ＊自由に使える画用紙をはじめ必要に応じて小道具の材料が出せるようにする。 ＊連写機能やアングルなど撮影技術については必要に応じて補足する。
展開2 (50分)	○仕上げの撮影をする。 ○発表準備をする。	＊時間を限ることで緊張感をもって活動させる。 ＊発表のためのワークシートを用意しておく。
まとめ (50分)	○スクリーンにプロジェクターで投影しながら、成果を発表する。	＊アイデアの面白さや表現の意外性などに着目して、相互批評させる。

⑥授業の実際

・4人班のメンバーの考えをお互いに聞き合い、どの案に挑戦するかを話し合っている。
・すぐに試し撮りへ出かけたがる様子が見られるのは、興味をもって取り組んでいるからだと思うが、十分に相談せずに出かけると、断念して戻ってくることになる。
・余裕のある班は、いくつかの案を複数完成させる。
・ユニークな作品群を楽しめる時間となったようである。

⑦授業を振り返って

　あなたにとって不思議とは何かという問いは、考える範囲が漠然としてしまう。生徒の生活から遠く離れてしまうと「まるでナイフが体に刺さっているように見えるトリック」というような突飛なところに主題が行ってしまう可能性がある。

5．「主題生成と試行錯誤の場の保証に配慮した題材設定」の成果と課題

　主題生成と試行錯誤の場の保証というねらいをもって取り組んだ授業実践を三つ紹介してきた。文中にも述べた行き先も航路も決まった航海のようであった過去の授業の反省から、授業改善を進めてきた結果の実践なのだが、これらは「生きた授業であった」という手応えを感じることができた。

　生徒たちは自分の体験や知識を糧に主題を探し、悩みながら生み出していく。そして主題が決まった後もどうすれば思った表現になるのかを試行錯誤していく。その営みは、教師主導の作品制作では決して味わえない生徒自身の「生きた活動」であり、そういう活動でしか獲得できない「学び」であっただろうと推測する。

　予定調和ではないため教師側の負担は増え、生徒によって、またクラスによって大きく方向性が変わり、時には驚かされることもあるかもしれない。それらを許容でき、しかし軸だけはぶれない題材の設定を不断の努力で実現させたいものである。

〔第2部　実践編〕

描くことへの戸惑いを乗り越えさせ視野を広げる指導の試み
－写実へのあこがれに応えるための「演習」を取り入れた描画指導－

永井浩子（埼玉県熊谷市立三尻中学校）

1．思春期の子どもたちと描画表現

　幼少期の子どもたちは無我夢中に絵筆を動かす。描くこと自体を楽しみ、描画は遊びの一つである。やがて本の絵に興味をもち、まねして描いてみるなど、絵はより身近な存在となる。年齢が進むと似せて描けることを「すごい」と感じ、そっくりに描けることへのあこがれを抱くようにもなる。そして、思春期になると子どもたちは、描くことを躊躇し悩み始める。「絵が描けない」と表現を渋る子どもたちも現れる。多感であるがゆえに、各々が自身の表現に疑問を抱き、戸惑いが生じるようだ。似せて描けることを「上手」と考え、思いどおりに描けないジレンマを感じ始め、やがて「苦手」や「嫌い」という意識をもつようになる。表現への自信を失う原因の一つは、あこがれる写実表現と自己の表現力とのギャップにあると思われる。経験値の少ない描画が、本人の欲求に沿えないのは当然のことだが、必要以上の劣等感を抱いてしまい、自己防衛反応の一つとして「美術を将来に関係ないもの」と割り切った拒否的態度を示す生徒も現れる。このような生徒は、美術に苦手意識をもち描画を苦痛に感じている。
　美術は心を解放し、表現すること自体を楽しむことができる教科である。どんな投げかけをするのか、どんな題材を設定するのか、教師の責任は重い。

2．戸惑いを乗り越えれば……

　自己表現への戸惑いは、子どもが客観性をもち始めた成長の証であるが、思春期の子どもたちにとっては大きな壁であり、美術に対しての感情を左右する

岐路のようだ。描画表現に大きな抵抗感があるのだから、それを避けるという手立てもある。がしかし、あえて写実表現に近づくための初歩的な技能向上課題に取り組みスキルアップを目指す。様々な表現形態へも挑戦させたい。真の「写実」に迫るためにはいろいろな表現方法があり、それを使い分けることで作品に個性が生まれ、表現の楽しみを味わうことができるということを生徒たちに体験させたい。美術科での「戸惑いを乗り越える」ことは単なる表現の上達ではなく、困難を乗り越えた達成感を得るとともに、自己肯定感の育成につながる。授業の中で生徒の抱いた疑問や戸惑いに対して、教師が適切な方向を示すことができれば、苦手意識の感情が軽減され、美術を愛好する心が育つのではないか。美術が上手・下手、好き・嫌い、要・不要という観点からではなく、純粋に表現することを楽しむ教科に変貌できる。"表現の学び"の中から子どもの成長を手助けできるのが美術教育であると考える。

3．指導に当たって心がけていること

(ア) 知識や技能を習得する機会（演習）を意図的に設定する

授業では知識や技能を習得する過程（演習）を意図的に設定する。経験値の少ない分、表現したい思いと実際に可能な技能との差が生じるのは当たり前である。制作では想定できうる表現上のつまずきを回避するため、材料や技法に慣れる機会を設けている。その過程ごとに具体的例示を心がけ、視覚的に学びが進められるように配慮する。

(イ) 生徒同士の学び合いを重視する

子ども同士の学び合いを利用するのが効果的である。小さな工程を体験させながら制作につなげるよう展開を工夫し、押し付けの師範はしない。

(ウ) 制作の過程を重視する

作品の完成度よりも過程を重視し、作品に表れた小さな輝きを見逃さず褒める。うまくいかずに苦労しているときには、その苦労する姿勢自体を褒めるように心がける。褒められることで根気を持続させ制作にもよい影響が出る。

〔第2部　実践編〕

（エ）教育相談的スタンスで生徒と接し、生徒理解に努める

　常に教育相談的受容の態度で子どもの声を聴きながら授業を展開させる。昨今心にいろいろなわだかまりをもっている生徒が増えている。他教科では見せない表情で授業に取り組むことができれば、生徒指導上でも救いの時間となりうる。そのため教育相談的配慮を心がけて生徒理解に努め、授業での対応に反映させている。

4．実践事例の紹介

(1)第1学年における描画の指導

| 題材名 | ジャガイモごろごろ | 学年 | 中学1年 | 時間 | 3時間 |

①題材の概要

　1年時では、制作への取り組みの姿勢を身に付けさせるとともに、基本技能の向上を図る題材と五感を刺激する鑑賞や課題を取り入れていきたいと考えている。4月にはクロード・モネの「柳のある明るい朝」(1920-26、オランジュリー美術館) を鑑賞し、色合いの美しさやタッチの効果を味わうことから授業を始めた。そしてスケッチやデッサンから形の捉え方を学び、色鉛筆の使い方、色の三要素と感情効果などを確認させた後、モダンテクニックの応用として小作品「心の木」（図1）に取り組ませた。

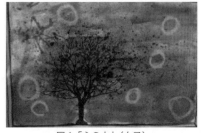

図1「心の木」（女子）

　本題材は、以上のような学習経験を踏まえて、水彩を使った表現の多様性に気付かせるための課題として設定したものである。

図2「芽が出た」（男子）

　混色や重色による色づくり、水の量の違いによる発色の効果、着彩の工夫な

318

どは、気付きを共有させるためにグループでの課題解決学習の形態で進めた。まずは基礎技能の向上を目指し、感じた色調を表現できるように、色のつくり方の演習から行った。そして、表現したいイメージによって多彩な表現方法があることを知り、好みの技法での表現へと発展させていく。水彩画の基本の習得と、さらに自由な表現の追求を目指すものである。単なる模写とは異なる表現の多様さや様々な材料の生かし方などを体験させることにより、多様なものの見方や捉え方があることを知らせ、自分なりの表現意図をもって表現活動に取り組める生徒の育成につなげたいと考えている。

②学習目標・評価規準

・水彩絵の具の性質や技法に興味・関心をもち、自分なりの意図をもって表現しようとする。
・観察を通して表現したいイメージを明確にし、表すための構想を練る。
・水彩絵の具の性質や技法の特徴を理解し、表したいイメージを表現する。
・作者の意図や表現方法の違いに関心をもち、それぞれのよさを感じ取る。

③準備

　教師：書画カメラ、プロジェクター、スクリーン、画用紙（Ａ４）、鑑賞用図版、モチーフ
　生徒：教科書、資料集、ファイル、筆記用具、２Ｂ以上の鉛筆、絵の具セット

④授業の展開

	学習活動	指導上の留意点
導入 (10分)	○題材の目標を知る。 ○鉛筆で描く（演習Ⅰ）。	＊水彩絵の具を使って、身近なものを「リアルに」（＝必ずしも「似ていること」と同じではない）表現してみようと投げかける。 ＊書画カメラで様子を見せ、描くスピードや線の引き方を確認させる。 ＊重心の位置を意識させながらゆっくりと描かせる。 ＊簡単な明暗を鉛筆で描き込ませ、立体表現への意識をもたせる。

〔第2部　実践編〕

展開Ⅰ (20分)	○色づくりを行う(演習Ⅱ)。 ○色の情報交換を行う。	＊グループで共助しながら活動させる。 ＊三原色を基本とし、皮・凹部・芽・汚れの色など基本の皮色を基に意識的にたくさんつくらせる。 ＊できた色を見せ合い、混色や重色の工夫について意見交換させる。
展開Ⅱ (20分)	○素描に彩色する(演習Ⅲ)。 　彩色1 　彩色2 　彩色3　(図2)	＊筆の水分量の調節に注意させる。 ＊各部の色の変化に留意させる。 ＊皮の汚れなど、重色が生かせることを実写で示す。
展開Ⅲ (20分)	○鑑賞する。	＊ゴッホの「籠いっぱいのジャガイモ」(1885、ファン・ゴッホ美術館)と「ジャガイモのある静物」(1888、クレラー・ミュラー美術館)を比較鑑賞させ、ゴッホの表現意図を考えさせる。 ＊ゴッホ以外の作品も例示し、表現の多様性を知らせる。
展開Ⅳ (10分)	○構想を立てる。 ・表現したいジャガイモを考える。	＊単に似せるのではなく描きたいイメージを言葉でまとめさせる(重い・おいしそうな感じなど)。 ＊イメージを表現するための形の捉え方、着彩方法の見通しをもたせる。
展開Ⅴ (50分)	○描いてみる。 　(図4〜6)	＊画面への取り入れ方や大きさを考え、着彩の意図に合った下描きになるよう個々にアドバイスを加える(鉛筆の濃さ・明暗の描き込みなど)。 ＊表現の意図を確認できるよう、机間指導の会話を大切にする(色合い・タッチなど)。
まとめ (20分)	○完成作品を鑑賞する。	＊作者の言葉を添えて、鑑賞し合う。表現の特徴や魅力を確認し合うことで次の制作への意欲をもたせる。

⑤**授業の実際**

a. 導入を兼ねた演習Ⅰの指導

(ア) 感じた重みをゆっくりと描く

　手に載せて存在の重みを体感させてから、ゆっくりと目で追った線を描かせた。完成した生徒作品を見せるよりも、書画カメラで実際に描く様子を見せることの方が抵抗感を減らすのに役立った。

(イ) 明るさの変化を捉えやすく

　デッサン経験のない子どもたちにとって、明るさの変化は捉えにくい。そこ

で懐中電灯で光源をつくり、影の意識をもたせた。

b. 水彩絵の具の使い方に関する演習

（ア）色は混ぜてつくる

　混色の演習として、絵の具は三原色と白に限定した。水分量の調節がつまずきの原因になることから、筆洗後は一旦雑巾で穂先を拭くことを徹底させた。

（イ）陰影を表現する

　影を感じる部分へは、薄く溶いた暗色を重ね、表現に加えさせていった。

c. ゴッホの馬鈴薯の鑑賞

　「籠いっぱいのジャガイモ」と「ジャガイモのある静物」は同じジャガイモを描いた作品であってもまったく印象が違う。それはなぜかを問い、意見を出させた。色やタッチ（塗り方）の違いは、作者の心の様子と結び付いていることを感じ取らせた。また、様々な描き方が可能であるという安心感をもたせ、本制作につなげた。

図3　ジャガイモを描く

d. 本制作の指導

（ア）実態を体感

　手に載せた重み、触った肌の感じ、ほんのり土臭いなどの「実態」を体感させ、それに対する自分の気持ちを改めて考えさせた。自分にとっての「リアル」に迫らせた。

（イ）納得いくまで表現

　「リアル」を表現するために使いたい形・色やイメージに迫る描写ができるまで、時間の限り取り組ませた。用紙も多めに用意した。

e. まとめの指導

　「何を表現したかったのか」を推し量りながら作品を見ることで、似せて描かなければいけないという意識がなくなっていった。似せて描けないことへの

〔第2部 実践編〕

苦手意識よりも、描きたいように描けたことへの達成感を味わわせ、描画の魅力を感じさせるよう相互鑑賞を進めた。

⑥完成作品

図4「固さを表現」（男子）

図5「色の複雑さを表現」（女子）

図6「おいしさを表現」（女子）

⑦成果と課題

　成果としては以下のような点が挙げられる。

　混色経験が少ない生徒にとって、思いどおりの色をつくるのは難しい。色はつくれても、絵の具の分量と水の量との調節にも苦労する。「展開Ⅰ」の色づくりの演習は学び合いのグループ学習とし、個人差の解消を図った。それによって、一斉指導では理解しにくい微妙な色の調節も可能となった。また「展開Ⅱ」では色づくりから着彩への時間を空けず、納得いく色がつくれた段階で作品の彩色1の過程に進めるように授業の流れを変更したことで、着彩がスムーズになった。また段階を追った着色指導により、水彩での重色の方法はかなり定着

した。

　ゴッホの作品を鑑賞した後の本制作（展開Ⅳ、Ⅴ）では、「似せて描く」ことへの固執がなくなり、自由な色使いの作品が現れた。また、にじみなどを使った表現も見られ、相互鑑賞会では人気であった。以前は表面的な事柄（芽が出た）に目が向いていたが、「表面の固い感じ」「複雑で微妙な色合いの面白さ」「食べたときのおいしさ」（図4、5、6）などの感情を描こうとする傾向も出てきた。描くことやでき上がった絵を見ることを楽しむ空気が感じられた。描写力に関係なく表現を楽しむことができる彩色方法は生徒たちに好評であった。

　課題としては以下のような点が明らかになった。

　着色時に「好みの色で」と投げかけても、自らの好みを主張すること自体が難しい様子の生徒もいた。色の学習として、単に混ぜ方を学ばせるのではなく「感情」と関連付けた学びが必要である。様々な作品の鑑賞を行い、感覚を磨く経験を多くすることの大切さを改めて感じた。今回の題材はジャガイモにしたが、形が捉えやすい反面飽きやすい。果物や植物など他のモチーフを開発していきたい。

(2)第2学年における描画の指導

題材名	「かお」に挑戦	学年	中学2年	時間	3時間

①題材の概要

　2年生では1年時に学習した基本事項を基に、「形を追求する技能」を高めるための課題と、「イメージを発展させる」基となる鑑賞活動の充実を目指したいと考えている。人物画は生徒が強く抵抗感を示す題材である。特に顔の描写は、興味はあるがハードルが高いと感じている。中学3年間で一度は取り組ませたい題材に自画像があるが、顔を描くことへの抵抗は大きい。

　そこで2年時で、まず顔を描くことへの抵抗を克服するための演習課題として設定したものが本題材である。まずはじめに、形の捉え方や各部の比率の感覚を意識させることを目的としたイラストレーションから描き始める。次に、鑑賞を通して表現方法の多様性を知らせ、好みの画材や表現方法を選んで描き、彩色する活動に取り組んでいく。着彩は水彩絵の具を主体に、色鉛筆、コンテ

〔第2部　実践編〕

などを自由に利用できるようにした。コンテは柔らかな色合いや混色の容易さで生徒に受け入れられやすく、削った粉を利用して着彩するなど新鮮な感覚で取り組めると考えた。形を捉えることに時間がかかってしまう生徒が少なからずいることも想定されるが、似ていることが全てではなく、自分なりにその人の特徴を捉えて表現することが大事であることを確認しながら進めていく。途中途中で鑑賞を取り入れ、「表したい」表現を見付けるための機会になるよう考慮した。

②**学習目標・評価規準**

・人の顔の表現に関心をもち、対象の特徴を捉えて表現しようとする。
・観察を通して自分の顔の特徴を把握し、それを表現するための構想を練る。
・各部位の配置やバランスなどに注意しながら、材料や技法の特徴を生かして表現する。
・いろいろな肖像画を鑑賞し、表現の意図や工夫などを確かめながら、そのよさや美しさを味わう。

③**準備**

　教師：書画カメラ、プロジェクター、スクリーン、画用紙、練習プリント、コンテ、クレパス
　生徒：教科書、資料集、授業ファイル、筆記用具、描いてみたい人の顔写真や印刷物、絵の具、色鉛筆

④**授業の展開**

	学習活動	指導上の留意点
導入 (20分)	○課題のめあてを知る。 ○顔の描き方を知る。 ○似顔絵漫画を鑑賞する。	＊「今回は人の顔に挑戦してみよう！」「コツをつかめば誰でも描ける」と投げかける。 ＊「描き方プリント」を使い、二次元から二次元への表現で描かせてみる。 ＊全体の大きさと各部の比率、傾き、形の見方、捉え方を学ぶ機会とする。 ＊モデルを推測し、その特徴がどのように表現されているか話し合う。

展開Ⅰ (30分)	○似顔絵を描く。 ○完成した似顔絵を相互鑑賞する。	＊各自用意したモデルの写真を見ながら「線描き似顔絵」に取り組ませる。 ＊友人同士で作品を見せ合い、特徴の捉え方の面白さを味わわせる。
展開Ⅱ (15分)	○肖像画を鑑賞する。 ・マティス、モディリアーニ、ピカソ、シャガールが描いた肖像画を比較鑑賞し、それぞれの作品の特徴を探る。	＊資料集で様々な肖像画に触れさせる。 ＊形や色合いなどから作者のモデルへの思いや表現意図を感じ取らせる。 ＊そっくりに描くだけが肖像画ではない、ということを感じ取らせる。 ＊好みの表現スタイルを見付けさせる。
展開Ⅲ (55分)	○好みの表現のスタイルを参考に肖像を描く。	＊表現したいスタイルと使う材料の見通しをもたせる。 ＊失敗を苦にせず試せるように、材料や用具を班ごとに多めに用意し、自由に使わせる。
まとめ (30分)	○完成した肖像画を鑑賞する。 ○活動を振り返る。	＊「どんな表現をしたかったか」を中心にお互いの作品を鑑賞させる。まねしてみたい表現などについて意見交換できるようにする。 ＊活動を振り返り、カードにまとめさせる。鑑賞後に補充したい表現があれば時間を確保する。

⑤授業の実際

a. 導入段階での「顔の描き方」の指導

（ア）まず二次元から二次元へ

　顔が描けない原因は形の取り方が分かりにくいことにある。特に鼻のように分かれめのはっきりしない形はどんな立体として表現するか難しい。そこで演習として鼻の鉛筆描きをまねることから始めた。目・唇も同じように描かせた。写真に透明シートを載せ各部の輪郭をなぞる練習も取り入れた。

（イ）気軽に取り組めるように

　素朴な表現の似顔絵を紹介し「描けそう」と感じる意欲付けを心がける。

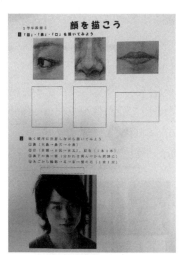

図7　描き方プリント

〔第2部　実践編〕

（ウ）似顔絵漫画で比率に気付く

　その人らしさはただ似せるだけでは表現できない。各部の形だけでなく、大きさの比率や間隔で特徴が表現できることを気付かせる。

b. 似顔絵描きの指導

（ア）簡単な線で描いてみる

　鑑賞した似顔絵漫画のイメージをもちながら簡単な線で描くよう呼びかける。思い切りよく描けるようペンを使用した。2、3枚と描くうちに気に入ったものができる。グループで鑑賞し合いながら進めることで、自分では気付かないよさも発見し合えた。

図8　線描きで（女子）

c. 肖像の鑑賞

（ア）多様な表現を知る

　写真のように描かれた絵をよいと思い込んでいる者が多く、資料集の作品を鑑賞したときには「これでいいの？」と感想を漏らす者が多かった。描画材料の多様さにも気付かせ、使ってみたいものを選ばせた。

（イ）表現意図に目を向ける

　どんな表現にも意図がある。モデルへの思い、どんなその人らしさを表現したかったのか推測させ、制作時に生かせるよう声かけをしていった。

d. 本制作

（ア）気に入った表現のスタイルで

　描きたい人物を描く。モデルは各自で写真などを用意させる。グループごとにコンテ・クレパスも用意した。設定時間が短かったためか、コンテに人気が集中していた。似顔絵描きの経験が生かされ躊躇なく取り組めていた。

e. まとめの指導

　「誰のどんな感じ」を表現したかったのかをポイントにグループ内で相互鑑賞をした。作者の考えとは別の作品が好評の場合もあったりして、笑いの中で

鑑賞し合えた。
　「もっと○○したら？」など、気軽にアドバイスし合えるグループもあり、もう少し描いてみたいと、まとめの時間に描く生徒もいた。

⑥完成作品

図9　線描きだけで（男子）

図10　パステルで（女子）

図11　クレパスで（男子）

図12　クレパスで（女子）

⑦成果と課題
　成果としては、以下のような点が挙げられる。

〔第2部　実践編〕

　生徒の中には人物画を苦手と考える者が多い。顔を描くことへの抵抗は「似せたいが描けない」という技能のつまずきを根源にする。特に形の境目の曖昧な「鼻」の描き方が難しい。表現の上達へのステップとして、「描き方プリント」と「似顔絵描き」を取り入れたことは有効であった。二次元から二次元への表現は、モデルに線を描き込むなど形の確認ができるため比較的簡単で、友人との力量差も付きにくく、小さな自信につながった。

　似顔絵漫画は形の描き方や比率の確認に有効であった。楽しみながら顔形の捉え方、比率などに意識が向くようになった。稚拙でも妙に雰囲気を捉えた作品もあり、笑いの中で制作が進んだ。興味をもち自宅でも取り組む生徒も見られた。モデルは各自が持ち寄った写真などを使うと対象への意欲付けにもなり、気楽に取り組める。

　材料としてコンテを好む生徒が多かった。手軽さと発色のよさが好まれるようだ。日頃の制作の中でも自由に使わせることで、表現への抵抗も減らしていきたい。

　課題としては以下のような点が挙げられる。

　「描き方プリント」などの演習用プリントで時間を取り過ぎると飽きが生じる。部位の描き方と描き順で1枚、似顔絵描きや表現形態をまねして描くなど2〜5枚で3時間の設定にした。実態に応じた時間配分が必要である。

　描画の面白さは立体を平面に置き換えるところにある。お互いモデルをし合いながら、実際の人物を見ながら描く課題に発展させたい。対象が自分の顔となると描く気楽さが半減するようだ。テーマの設定や導入の工夫が制作意欲に大きく影響する。

(3)第3学年における描画の指導

題材名	MYドラゴン		学年	中学3年	時間	6時間

①題材の概要

　3学年では集大成として心象表現に取り組ませたい。「龍」という空想上の生き物に自分を重ね、イメージを基に表現した「雲龍図」に取り組むことにしている。「龍」は生徒たちにとって魅力的な題材である。その龍を大きな画面

に墨で一筆で描く緊張感も味わうことができる。墨と紙というやり直しの利かないダイナミックな表現では心も解放されやすい。言い方を変えれば緻密な表現をしにくいという点で技能の差も出にくく取り組みやすい。また誰もが楽しみにしている修学旅行で訪れる寺社の「雲龍図」の鑑賞も取り入れ、水墨画の歴史と美しさを知り、味わわせたい。心疲れる受験期でもある３年生には、既習事項を応用しつつ、忙しさを忘れて取り組めるような達成感のある題材を設定したいと考えている。

②**学習目標・評価規準**

・墨を使った表現に関心をもち、自分だけの龍を水墨画で表現しようとする。
・表現したい龍のイメージを想像し、雲や雨など周囲に描き込むものを工夫して画面を構成する。
・墨の濃淡や筆跡の効果を利用し、自分なりの龍の世界を和紙に表現する。
・水墨画特有の墨の濃淡、にじみやかすれ、余白の美しさを味わい、よさを感じ取る。

③**準備**

教師：鑑賞用「雲龍図」図版、技法カード（墨の濃淡サンプルや筆跡、鱗の描き方など）、ワークシート（龍の描き方）、墨（水墨画用青墨）、水（カップとスポイト）、刷毛（8cm幅）、用紙（下描き用：画用紙、本描き用：画仙紙、試し用：半紙）、新聞紙、バケツと水（筆洗用）、ドライヤー
生徒：教科書、資料集、ファイル、筆記用具

④**授業の展開**

	学習活動	指導上の留意点
導入 (50分)	○演習Ⅰ「墨で遊ぶ」	＊水墨画に親しみをもてるよう「遊んでみよう」と声をかける。
	○墨の濃さの調節を試す。	＊墨の濃淡がつくりやすいようスポイトで水分量を指定する。
	○筆跡を試す。	＊様々な表現を試させ、気に入った表現とその方法を発表し合い共有させる。水墨画特有の「余白の美しさ」にも目を向けさせる。
	○演習Ⅱ「風」	＊即興作品をつくる。テーマは「風」。

〔第2部　実践編〕

展開Ⅰ (30分)	鑑賞 ○「雲龍図」を見る。 ○雲龍図に自分の考えをもつ。	＊墨の濃淡表現や筆跡の使い分けに気付かせ、画面の壮大さを味わわせる。 ＊「好き」を決めて、どこが気に入ったのか考えを整理し、ワークシートに記入させる。
展開Ⅱ (20分)	○演習Ⅲ（龍の描き方） ○構想を考える。 ○実物大の構想画を描く。	＊資料に沿って顔のパーツから描かせ、龍の形を描くことに慣れさせる。 ＊でき上がった龍はグループ内で鑑賞し合い、特徴を褒め合うことで抵抗感を除く。 ＊表現したい龍の構想を練る。 ＊和紙と等しい大きさの画用紙に鉛筆で描かせる。 ＊雲や雨などの表現の併用、余白の効果で作品に独特の空気感が表現できることを考えさせる。 ＊鉛筆の上から墨で描かせ、濃淡の使い分けと筆跡の利用のイメージをつかませる。
展開Ⅲ (170分)	○和紙に描く。	＊構想画で画面の構成を確認させてから、薄墨で龍の頭部から描かせる。 ＊中墨で鱗を描く。破墨法・積墨法の描き方サンプルを用意し参考にさせる。 ＊全体の濃淡を考えながら墨を描き足していく。こすらないように注意させる。 ＊筆跡の利用により雲や波などの効果的表現が可能であることを思い出させる。
まとめ (30分)	鑑賞 ○完成作品の相互鑑賞。 ○雲龍図（展開Ⅰ）の追加鑑賞。	＊作者の言葉を添えて、鑑賞し合う。それぞれの表現の特徴や魅力を確かし合うことで達成感を味わわせる。 ＊改めて発見した作品の魅力を感想にまとめクラスで共有させる。

⑤**授業の実際**

a. 導入を兼ねた演習Ⅰの指導

（ア）墨の濃淡のつくり分け

　墨は濃淡のつくり分けに意外と苦労する。パレットにスポイトや耳かき大スプーンなどを使い量を指定してつくらせた。初期の段階では、描きたい濃淡の意識を明確にさせ、筆洗した後の筆の水分調節に注意させた。

(イ) 筆跡の工夫

　まずは楽しく墨で描くことを体験させた。「点だけで」「線だけで」「面だけで（幅の広い線）」と限定し、筆跡の違いや水の含ませ方による表現の違いに慣れさせた。

(ウ) 「風」を描く

　「風」という言葉から連想する空気の流れを手の動きに置き換えさせる。「その感じで筆を動かせばいいよ」と声をかけ、楽しませながら描くことへの躊躇を軽減していった。

b. 「龍」の鑑賞

(ア) 様々な「龍」を知る

　「天龍寺雲龍図」（加山又造）、「建仁寺双龍図」（小泉淳作）、「妙心寺雲龍図」（狩野探幽）など修学旅行で鑑賞可能な天井画と、近代作家の図版を用意し、龍の表情・向き、表現の様式が自由であることを感じ取らせた。「雨龍図」（伊藤若冲）も見せ、たくましい龍だけではなく剽軽な龍も描かれていることを知らせた上で、自分の好きな龍を明確にし、描きたい龍のイメージにつなげた。

図13　演習Ⅱ「風」（男子）

c. 「龍」を描く

(ア) 顔の描き方

　龍は空想上の生物であり、「九似」という特徴を備えればよい。絵描き歌風に鼻から描く方法で抵抗感を減らして取り組めるようにした。龍の細部見本は多めに用意し、好みで参考にできるように配慮した。グループで鑑賞し合い、多少のバランスの崩れがまた魅力にもつながることを確認し合った。

図14　夢中で描く

〔第2部　実践編〕

（イ）画面の構成
　「龍」の頭の向きと描く位置を初めに決めさせる。次に尾の向きと位置が決まれば構成は完了する。手足は無理に描かなくてもよいこととし、描きにくいところには雲に隠す方法をアドバイスした。龍をダイナミックに表現するために一度画面からはみ出してまた尾の部分を描き入れる方法があることを伝えた。

d.　和紙に本制作
（ア）薄墨から濃墨へ
　下描きができないのが水墨画の面白さであると同時に、躊躇する理由でもある。初めに薄墨で線を引くことにより下描きの代わりとなる。それでも無理な場合は、実物大下描きを下に敷き、透けて見える状態をつくった。
（イ）墨色と筆跡の表現をどうするか
　破墨法・積墨法の描き方サンプルを用意し、どこをどのように表現したいのか、表現の意図を確認させ次の助言をした。墨の濃淡の使い分けの意識も個別に確認しながら進める。墨は乾燥により色合いが変わる。また重ねて描きたい場合も乾燥を早めたい。ドライヤーの利用が有効であった。

e.　まとめの指導
（ア）どんな龍を表現したかったのか
　相互鑑賞の視点はあくまで「何をどんな感じに表現したかったのか」に絞る。自分ではっきり言えない生徒には友だちが推し量りよさを指摘した。認め合う関係が育ち、和やかな鑑賞会になった。
（イ）鑑賞から制作、そして鑑賞へ
　制作を終え、水墨表現の楽しさも味わったと同時に、難しさも経験した上で改めて雲龍図（展開Ⅰで鑑賞）を見る。初見では感じ切れなかった作品の壮大さに感嘆の声が漏れる。特に若冲の「雨龍図」では、剽軽な龍としか感じなかった龍の鱗部分のにじみ表現に注目が集まっていた。

⑥完成作品

図15 筆跡を生かした作品（女子）

図16 龍のいる空間を中心にした作品（男子）

図17 龍と太陽の塔の作品（女子）

⑦成果と課題

　成果としては以下の点が挙げられる。

　「龍」は子どもたちにとって実に魅力的な存在である。アニメーションなどの影響でなじみも深い。さらに修学旅行での経験も生かされ、雲龍図の制作に対する反応はよかった。

　「龍」の形を取るのは一見難しそうだがバランスの崩れがかえって独特の個性を生み出すこともあった。個性を認め合いながら制作を進めるうちに、初めは描くことをためらっていた生徒も楽しそうに取り組めるようになっていった。鑑賞として「雲龍図」の幅広い表現を見せ、自分にもできそうだという期待をもたせた。図版をまねしてもよしとし、自由さを強調したことで自分の好みと力量に合わせたいろいろな龍が表現された。

　白から黒への落ち着いた奥行きのある色合いと、紙面を滑る筆が心地よくまた潔さも必要としてドキドキする題材であった。描き進むうちにためらいがなくなりどんどん描き込みたくなる。時間いっぱい、数枚取り組む生徒もいて、技能差を超えて楽しんで取り組めた。

　課題としては以下の点が挙げられる。

　個々の制作時間差が大きくなる課題であった。作品自体にかかる時間は短い

〔第2部　実践編〕

が、逆に仕上がりまでの見通しと思い切りが大切である。実物大構想図にある程度の墨の濃淡を想定させたが時間がかかる。色合いの構想時に色カードを使うなど、時間短縮の工夫が必要である。

5．写実へのあこがれに応えるための「演習」を取り入れた描画指導の成果と課題について

(1)成果として

○「演習」を取り入れたことで、自分なりに表現してみたい方法をいくつか試し確認した上で制作に取り組めるようになってきた。その結果制作意図が明確になり、作品にも個性が広がり表現が多様化してきた。相変わらず、「似ている描写」への子どもたちの中での評価は高いが、似ていることだけがいいのではない、という意識は育ってきていると感じる。小さなステップを乗り越えることは戸惑いの解消になり、技能の習得にもつながっていると感じる。

○「演習」の利用の仕方としては、席の隊形をグループとし「学び合い」を導入している。グループで確認しながら進めることで、うまくいっている人を「まねる」から「学び」が広がっている。小さな技能差が縮まり、極端な劣等感で苦しむ姿が見られなくなった。

○鑑賞の視点も「何を表現したかったのか」と、作者の意図を中心に見ようとする作品の見方が育ってきた。作品のよさを多面的に捉える力が伸びてきている。これは生涯にわたって美術を愛好する鑑賞の能力につながるものと期待できる。

(2)課題として

○教えること、考えさせること、必要量のバランスは子どもによって違う。演習課題を精査すると同時に、同じ演習の中にもステップアップ課題を設定するなど、個の要求に応じる手立ては限りなく考えられる。

○制作意図を明確にもたせるための指導もさらに工夫する必要がある。導入としての鑑賞も工夫の余地がある。制作カード等で考えを確認し話し合いなが

ら制作を進める場の設定も必要である。
○本制作では作品の表現スタイルが多様化するため、評価も難しくなる。作者の意図をくみ取る方法としては記述による言葉の補充が必要になるが、記述が苦手な生徒への配慮など、美術学習に即した言語活動を充実させていかなければならない。

　以上のような反省を踏まえながら、今後も「対象をリアルに描く」ことへのあこがれにも対応すべく、楽しいことを第一に、技能ステップアップ演習の要素を含んだ題材を工夫していきたい。

〔第2部　実践編〕

中学校3年間の積み上げを考慮した絵画指導の試み

本田智子（元群馬県高崎市立寺尾中学校）

1．表現に向き合う生徒の姿から見えてくるもの

「前は、もっと絵がスラスラ描けたのに……下手になったのかなあ？」

これは、中学1年生の女子生徒が友だちと話しているときに聞こえてきた言葉である。絵画表現に対して、多少なりとも抵抗感を抱いている中学生は多い。自由に楽しく描いてきたそれまでの年代に比べ、批判的・客観的に物を見るようになるため、実物に近く表そうと努める。しかし、思うように描けないため失望して劣等感を抱き、そのことが絵を描く興味を失うことにもつながる。このような負の連鎖にはかなり個人差があるため、簡単に学齢でくくることができない。また、小学校の中学年から高学年において絵を描いた経験の内容が、少なからず影響していることも考えられる。

そこで、質問紙を使って生徒に絵を描くことへの思いを聞いてみた。その結果、中学1年の入学時は、彩色に対する苦手意識が強く、「下描きはよいが色を付けたらほとんど失敗してしまう」という回答が大半であったが、2年時の調査では、「どのように描いたらよいのか分からない」、「どうしたら自分の思っているとおりに表現できるのか悩んでいる」といった内容が多くなった。かなり大雑把な分析ではあるが、絵を描くことに対して必ずしも消極的ではなく、どう描いたらよいかが分からず悩んでいることがうかがえた。

このような中学生の実態を踏まえて私が重視していることは、中学校3年間における学習の積み上げを考慮した題材設定と、生徒一人一人の成長に寄り添う指導である。

自己を確立しつつある1年時から、創造的な思考力や技能を働かせた表現・

制作活動が意識的に積み上げられ、造形的な表現力が高まることが望まれる。中学校以前から身近に経験している絵画表現においてはなおさら、新鮮な驚きを与え、知的好奇心を刺激する題材設定と、生徒一人一人の実態に応じた柔軟な指導の工夫が必要である。

　この時期の中学生は、絶えず成長し、発展して様々な面で大人の認識に近づこうとする時期であり、できなかったことができるようになる小さな変化を敏感に受け止め、新たな表現活動との出会いに関心を示す。このような時期に、意図的な絵画指導を積み重ね、生徒の表現力を高めることができれば、その後も絵画などの表現活動に対する興味が持続し、さらには生涯にわたって美術への関心を抱き続けることができると考える。

2．3年間の積み上げを考慮した絵画表現で目指すもの

　生徒の成長や発達を踏まえて、3年間を見通した計画によって学習経験を積み上げることは、あらゆる分野において重要であるが、中でも心象表現にかかわる絵画や彫刻では苦手意識を抱く生徒も増えることから、生徒の成長や発達に見合った適切な題材を準備することによって、生徒の興味・関心を高め、充実感や達成感を感じられる表現活動を展開できるようにすることが重要になる。そして、表現上の課題を乗り越えながら、自らの感覚や思考力を働かせて表現することを通して、発見が生まれ、絵画や彫刻によって表現することの意味を確認できるようにすることも重要である。

　美術の授業時数は限られているが、私は、3年間継続して指導できることを強みとして捉え、学習の積み上げを考慮した題材設定や生徒一人一人の成長に寄り添う指導を工夫することによって、生徒の表現力を育む実践を行ってきた。ここでは、絵画表現の指導に絞って報告する。

〔第2部　実践編〕

3．絵画表現を支えるための手立てや配慮

(1)学習の積み上げを考慮した題材設定の工夫
①題材設定の考え方
a. 観察を基にした表現題材

　身近なものを見て絵に表す題材では、ものの見方や捉え方に気付き、工夫して表現するという内容になるが、動因となる興味や知的好奇心を引き付けるように組み立てる。

　たとえば、友だちを描くときには、普段よく知っていると思っていた友だちもじっくり見ることで、普段知らなかった友だちのいろいろなことを発見し理解できるかもしれない、という具合に。

　また、この時期の生徒は、色彩の問題に敏感になっているので、描画材料に触れ合い、色の客観的な表情に気付かせる機会を制作の過程に組み入れる。どの題材においても色の課題に向き合い、関心をもって扱えるように計画する。

b. 想像を基にした表現題材

　発想を広げたり、想像力を発揮する表現では、イメージを引き出すための発想・構想段階を重視した展開となるため、長時間題材となる場合がある。表現する喜びや達成感につながるように、また、制作へのモチベーションが途切れないように、十分に配慮することが大切になる。

　発想・構想を促すための参考資料や鑑賞作品についても、生徒にとって親しみやすく、幅広く柔軟な発想を促すような作品を用意するのは当然であるが、タイムリーな見せ方や鑑賞会を中間に取り入れるなど、「いつ」「どのように」見せるかを十分に検討することが重要である。

c. 絵と立体を相互に関連させる題材の配列

　平面思考の強い生徒にとって、立体表現を経験することや相互に関連付けて表現することで、空間の捉え方や立体感の表現の幅が広がる。立体をイメージの母体にして、さらにそこから平面における抽象へと発展させることもできる。

②題材設定の例

①の基本的な考え方に基づき、3年間の学習の積み上げを考慮して作成したのが表1の題材配列プランである。

表1　3年間の学習の積み上げを考慮した題材配列プラン

1年	2年	3年
(ⅰ)「かたつむりが動くように－消しゴムを持つ手－」(観察、2時間)	(ⅳ)「笑顔が生まれるひらめきと構想－シュルレアリスムの手法を使って－」(想像、12時間)	(ⅵ)「記憶と夢をつなぐ－自分自身に向き合って－」(観察＋想像、11時間)
(ⅱ)「友だちのことを絵で語ろう－絵を描く友だち－」(観察、9時間)	(ⅴ)「小さな画面に大宇宙－スクラッチグラスで表そう－」(想像、9時間)	(ⅶ)「名画から生まれたフィギュア－鑑賞と表現の一体化－」(観察＋想像、12時間)
(ⅲ)「いのちの形－想像を働かせて－」(立体、9時間)		

以下、学習の積み上げの観点から、各題材の活動内容と題材間の系統性や発展性について触れたいと思う。

(ⅰ)「かたつむりが動くように―消しゴムを持つ手―」(観察) 1年

1年生の最初に行う身近なものを観察して描く絵である。この題材は、ものの見方を意識し、目の動きと鉛筆の先が連動して線を描く経験と、画面の構成を考えることをめあてにしている。「観察して絵に描く」活動で大切にしていることは、対象とするものが身近なものであることと近くで見られることである。中学校の学習のスタートなので、ものの見方を身に付け、絵画表現の基礎的な技能を学んでいく意味がある。

「観察して絵に描く」は様々に発展することが期待できる。次の(ⅱ)は、(ⅰ)を発展させ難易度を上げたものである。

(ⅱ)「友だちのことを絵で語ろう―絵を描く友だち―」(観察) 1年

この題材は、クラスの友だちが絵を描いている様子を見て、友だちを知るつ

〔第2部　実践編〕

もりで絵に表していくものである。モデルとなる友だちだけ描くのではなく、周囲も含めて絵を描いているところを描くという設定である。つまり、友だちの表情や眼差しに注目させ、美術室の空間での人物表現をすることがめあてとなる。水彩絵の具の扱いや基礎的な技能を確認する意味もある。

　この題材は、人物画という点では、3年生の（vi）に直接つながるものであるが、2年生の（iv）の前半部分の観察して描く活動にも関連している。

(iii)「いのちの形―想像を働かせて―」（立体）1年

　この題材は、生き物を想像してドローイングを行い、段ボールで芯材をつくり紙粘土で肉付けしてつくるものである。自分の手でつくる感触を大事にしながら、心情や考えを造形的に具体化する活動を通して、つくる喜びを実感させ、次の表現につなげるものである。

　この題材のような立体表現でも、空間や立体感の捉え方の幅を広げることに発展させることができる。（v）や、直接的には（vii）に発展する。

(iv)「笑顔が生まれるひらめきと構想―シュルレアリスムの手法を使って―」（想像）2年

　この題材は、画面に取り入れる複数のモチーフを観察して描き、その組み合わせや位置、大小関係などを自由に変えて、現実にはあり得ない想像の世界を表現するものである。鑑賞を通して新たなものの見方や考え方（発想）などに刺激を受け、発想を生み出すことや、絵画ならではの豊かな想像の世界を表現するところに表現上の特色がある。

　観察を基にした表現と想像を基にした表現の二つの要素があり、（v）と（vi）につながるものである。

(v)「小さな画面に大宇宙―スクラッチグラスで表そう―」（想像）2年

　この題材は、アクリル板を使い、スクラッチの技法で表現する絵画題材である。黒地を背景にして多彩な色彩で絵が浮かび上がり、ステンドグラスのような輝きが生まれる。スクラッチ（引っかく）して表現するため発想構想段階が重要であり、見通しをもって制作する必要があるが、生徒の興味を引き付け、知的好奇心を満足できる題材である。この題材は、（iv）を受けて、構想力を

高め、象徴的な色の使い方に気付く題材であり、(vi) につながるものである。

(vi)「記憶と夢をつなぐ―自分自身に向き合って―」(観察+想像) 3年

　目覚ましい成長が見られる3年生のこの時期に、自分自身と向き合い、自分らしさを絵に残す活動は、創造的で自分の存在を肯定することと、未来に一歩踏み出そうとすることの証にできる題材である。この題材は、今までの (i)～(v)の経験を踏まえて自己の内面と向き合い、表現するものである。言い換えると、今までの経験のどれが欠けてもこの題材に発展することができないとも言える。

(vii)「名画から生まれたフィギュア―鑑賞と表現の一体化―」(観察+想像)3年

　人物の描かれている名画に絞り鑑賞を行い、親しみを込めて人物のフィギュアをつくるものである。1年時に(iii)「いのちの形―想像を働かせて―」(立体)で立体表現を経験している。着衣の人体像は、全体のバランスや量感、動き、雰囲気など難易度が高いが、3年生になって(vi)を描き上げた生徒たちは、フィギュアをつくることでさらに造形的な感性や表現力を高めていけると考える。

(2)生徒一人一人の成長に寄り添う指導の工夫

①創作の場としての環境づくり

　美術室に入るとそこは表現する空間で、面白いものが待っている異空間と考えている。友だちと一緒に支え合い、皆で絵を描く環境をつくろうと呼びかけ、意識を高める。

②導入及び発想・構想段階における工夫

　題材を提示する際には、参考作品や図版、映像などを使い、これならしてみたいと思うように、一人一人に語りかけるようにして気持ちを引き付ける。イメージしやすい雰囲気づくりに努め、集中して考える時間をつくる。

③表現の過程における鑑賞の機会の設定

　絵を見る機会を意図的に用意する。新たな切り口や視点をもった表現の作品に出会うことで、驚きやあこがれを抱く手がかりにする。また、自分が気付かないことや思えないことを友だちの言葉で聞くことで刺激になり、新たな発見や様々な見方に興味をもつ。

〔第2部　実践編〕

④試行錯誤の奨励

　試行錯誤を奨励する。失敗への強迫観念から解放して、たとえうまくいかないことに直面しても、それによって工夫する必要に迫られ、かえって新たな発見の機会にすることができる。このような試行錯誤することの大切さを折に触れて伝え、つまずきや失敗に対する恐れの気持ちを「できる」（前向きの）気持ちに換える一助にする。

⑤子どもの成長の変化に寄り添う対応

　制作の過程での生徒一人一人の期待や不安や迷いなどを把握し、温かくきめ細かな対応を行う。制作カードを活用したメッセージのやり取りを通して、信頼関係を少しずつ築いていく。ワークシートの欄には、生徒の言葉や教師のコメントが記され、積み重なっていく。時には、一つの言葉がけやコメントがきっかけとなり、意思の疎通が格段に深まる場合もある。

4．3年間の積み上げを考慮した絵画表現の指導事例

(1)表現活動を楽しみながら、絵画表現の基礎的な技能を身に付ける

| 題材名 | 友だちのことを絵で語ろう
－絵を描く友だち－ | 学年 | 中学1年 | 時間 | 9時間 |

①題材の概要

　この題材は、クラスの友だちが絵を描いている様子を見て、絵に表していくものである。友だちの様子をじっくり見ることは、今まで知らなかった友だちのいろいろなことを発見することにつながる。心で受け止めたその人の感じを、絵の中に引き出すように形や色で表す活動は、新鮮な興味を引き付けるものになる。

図1「絵を描く友だち」(女子)

　観察を基にした絵画表現は、この実践の前に「かたつむりが動くように―消しゴムを持つ手―」を経験しているが、多くの生徒たちがそのときの成功感をもっているので、難易度は高まるが、全員で同時に行うことで人物画を描くことへの抵抗感を減らし、絵を描く

上での基礎的な技能の習得につなげたいと考えた。

②学習目標・評価規準
・友だちや周囲の様子をよく見て、心で受け止めた感じを絵に表そうとする。
・全体と部分の関係や重なりを考えて創造的な画面づくりをする。
・友だちの感じや雰囲気を絵の中に引き出すように表現する。
・自分や友だちの作品のよさを感じ取り、見方を深める。

③準備
　教師：参考作品、制作カード、ワークシート（画用紙に印刷）
　生徒：F6スケッチブック、鉛筆、水彩絵の具セット、拭き取り雑巾

④授業の展開

	学習活動	指導上の留意点
導入 (15分)	○参考作品を鑑賞し、友だちの絵を描くことをイメージする。	＊描かれている人物はどんな人だと思うか想像させる。 ＊人物の表情や目の先はどこを見ているのか、気付いたことを発表させる。
発想・構想 (135分)	○中心になる友だちが画面の真ん中にならないように注意しながら、数人取り入れてスケッチする。	＊大きく画面に入る友だちと、後ろや横に少し小さく見える友だちも画面に入れるよう指示する。 ＊後ろに重なって見える人は、少し小さくなることに気付かせる。 ＊友だちを見ながら目で確かめながら描くように指示。
制作 (250分)	○絵を描いている友だちがいることで生まれる美術室の空間を描く。 ○ワークシートを使って、絵の具の扱い方や混色を学ぶ。 ○彩色する。	＊人物のほかに、机の上や床、壁や窓まで入れて、美術室で絵を描いている雰囲気が表れるように描かせる。 ＊ワークシート上で、肌色の色づくりの試し塗りと重色を経験させる。 ＊色を濁らせないように、下の絵の具が乾いてから色を重ねるなど、水彩の基礎的な扱いや筆遣いを確認させる。
まとめ (50分)	○完成作品の鑑賞会をする。 ○制作カードに感想をまとめる。	＊一人一人制作の意図や感想を発表させ、その後で他の人から批評や感想を述べさせる。

⑤授業の実際

a. 興味付けを図り人物画を描く抵抗感をなくす

〔第2部　実践編〕

　ノーマン・ロックウェルの授業風景の絵を鑑賞し、生徒作品の「絵を描く友だち」を見せていく。作品を見た反応は、アメリカの子どもたちが思い思いに学習をしている様子には、大いに興味を引かれたようであった。その後、生徒作品を見た瞬間、気分が和んで、「この人知ってる。分かる！」の大合唱となった。それから冷静に絵を見て気付いたことや感じたことを発表する時間にした。黒板に「絵を描く友だち―友だちを知ろう―」と板書して、「友だちを知るつもりで見ていると、友だちが教えてくれるよ」と動機付けを図る。

　早速、お互いに描きやすい位置に移動するために、机の両端を持って右か左回りにその場で回ってもらう。「ストップ！」の声で止まり、その位置から見える人を描こうというものである。生徒たちは、視界が変わったことに驚き、盛り上がった。

b．知ったことを絵で語る

　スケッチブックを机に斜めに立てかけて持つ。椅子を少し後ろに下げると固定されて安定する。全員でこの姿勢を取ると上半身がよく見えてかっこいいねと声をかけて、数人の人が画面に入るような距離が取られているかを確認しながら見て回る。

　「見ている時間の方が描いている時間より長くなるよ。そう、いい目付きだね」、「似ているように描こうと思わないでいい。その人の感じが表せれば最高だよ」などの言葉をかけていく。生徒の目と手が連動するように動き始めた。

c．下描きを描く

　「絵を描いている友だちがいることで生まれる美術室の空気感まで描こう」と促して、「見ている友だちから次第に後ろに目を移していくと美術室の壁にぶつかるね。黒板という人もいるけれど……それも描こう」と呼びかけ、背景まで集中力を切らせないようにする。

d．彩色する

　ワークシートを使い、絵の具、パレットの用意をして一斉に色づくりの試しを行う。黒板の大きなパレットを見て、絵の具を白から順に全色パレットに出していく。絵の具を少しずつ混ぜて、肌の色をつくらせる。示範と一緒に白、

レモン、黄色を混ぜて色をつくっていく。そこに、黄土、茶、朱、赤を少しずつ入れて肌の色をつくり、ワークシートの画用紙に試し塗りをして、多様な肌色に挑戦させる。水の入れ具合で濃度が変化することなどを確認させる。

「さあ、画面に彩色を始めよう」と励ます。色を濁らせないためにきれいな水で溶くことや、泡が立つほど濃い絵の具は水を数滴入れて調節するなどの細かいところは個別指導で補う。失敗と思っても必ず直せることや目立たなくすることができることを伝え、顔の肌の彩色を促す。制作途中で友だちの作品を見て回る鑑賞タイムをはさんでいく。

e．完成した作品の鑑賞会をする

7人くらいずつ作品を黒板に立てかけ、席順の1列ずつ順に制作の意図や感想などを発表させ、その後で他の人の批評や感想を述べるようにした。最初の人の感想を聞いてスムーズに発表が進んだ。友だちの批評や感想の一言一言を受け止め、緊張感が緩み満足の表情になった。

⑥完成した作品

図2「絵を描く友だち」（女子）　図3「絵を描く友だち」（男子）　図4「絵を描く友だち」（男子）

(2) 1学年の学習経験を踏まえて、絵画ならではの豊かな想像世界を表現する

題材名	笑顔が生まれるひらめきと構想 －シュルレアリスムの手法を使って－	学年	中学2年	時間	12時間

①題材の概要

「シュルレアリスム」の言葉の響きは、子どもたちにとって新鮮で、心引か

〔第2部 実践編〕

れるものである。新たな見方や考え方に刺激を受け、発想を生み出すことを大切に扱い、イメージを表現する多様な方法を探る題材である。

この題材は、1年時の「友だちのことを絵で語ろう―絵を描く友だち―」の学習の成果を踏まえて設定したものであり、その際、観察を基に絵を描くことで絵画表現の基礎的な技能を身に付ける経験をしている。その経験に、豊かな想像の世界を表現する経験を積み上げる意味がある。なお、本題材での経験は、3年次の「記憶と夢をつなぐ―自分自身に向き合って―」（観察＋想像）に発展するものである。

図5「夢の時間」（女子）

②学習目標・評価規準

・シュルレアリスムの表現に関心を抱き、その手法を生かして自分なりのイメージを発想し、表現しようとする。
・シュルレアリスムの手法を生かして想像を広げ、意外性に富んだ豊かなイメージを組み立てる。
・材料や技法の特色を生かし、表し方を工夫して、イメージを効果的に表現する。
・発想の面白さや表し方の工夫など、作者の表現意図を感じ取り、想像力を働かせてイメージを自由に表現するよさや面白さに気付く。

③準備

教師：鑑賞作品の図版、資料、制作カード、アクリル絵の具、色鉛筆
生徒：教科書、資料集、スケッチブック、クロッキー帳、ポスターカラーセット

④授業の展開

	学習活動	指導上の留意点
導入 (20分)	○シュルレアリスムの作品を鑑賞し、興味・関心を高める。	＊マグリット、ダリ、エッシャーの作品を細部までじっくり鑑賞させ、感じたことや気付いたことを発表させる。 ＊鑑賞活動を通して、興味・関心を高めていく。

発想・構想 (130分)	○アイデアをスケッチする。	＊シュルレアリスムの手法を紹介し、それを手がかりに発想を広げさせる。
制作 (400分)	○スケッチブックに下描きする。	＊アイデアの面白さを強調できるように画面構成を考えさせる。 ＊スケッチブックに下描きをする際、構想の見直しや修正をさせる。
	○彩色する。	＊彩色のシミュレーションを黒板上で行い、絵の具や筆の扱い、拭き取り布の使い方などを理解させる。 ＊色彩のもつ役割や力が大きいことを伝え、追求させる。
	○細部を仕上げ、完成する。	＊全体のまとまりを確かめながら完成させる。
まとめ (鑑賞) (50分)	○完成作品を鑑賞する。 ○活動を振り返る。	＊それぞれの発想の面白さや想像力を生かした自由な表現のよさを感じ取らせる。 ＊制作を通して学んだことや気付いたことなどをまとめさせる。

⑤授業の実際

※実践に先だって─シュルレアリスムってどんな世界？─

　シュルレアリスムはそもそもどんな表現なのかを理解させるためには、芸術運動としてのシュルレアリスムの解説をするのはあまり適さないと感じた。また、教科書に取り上げられているダリ（1904-89）やマグリット（1898-1967）の作品をただ鑑賞するだけでは、その圧倒的な写実力に目を奪われ、あこがれの気持ちはもつが、誰にでも描けるものではないとあきらめの気持ちになってしまう。そこで、心の中のイメージを表現することは中学生の誰にでもでき、不思議な世界を楽しむことができることを伝え、挑戦しようと意欲付けをすることにした。そのための手法や仕組みを紹介しようという具合に参考作品を見せ、変だなと思うところや不思議に思える仕掛けを読み解いていくことにした。そして、自分の思い付きが形となり、表したことを強調できるように描ければ、さらに意欲が刺激され、満足感が得られると考えた。

a. 興味を引き出す

　新たな表現方法を学び、表し方を工夫して絵を描いていくことを伝え、シュ

〔第2部　実践編〕

ルレアリスムの作品の鑑賞を行った。教科書や資料集、画集などからマグリット、ダリ、エッシャー（1898-1972）の作品の大きな図版を黒板上に掲示して、作品を細部までじっくり見させ、どんな感じを受けるかを聞いていく。絵の中の仕掛けにだまされそうになるので、作者の心の奥のイメージを読み取るように一作品ずつ見せた。少しの解説をして、生徒たちで解釈できるところを引き出していく。

　見せた瞬間、静かになり、固まってしまったような反応があり、声にならない声でつぶやく。気付かない生徒もいて、「どこが変？」と友だちに聞いている。少しの時間がたつと、何のことか分からないのでざわつき出す。「何それ？」などの言葉が飛び交い、「あっ、そういうこと！」と一様に顔が緩み、ぱっと笑みが浮かぶ。

　絵を見ることは、作者の考えや世界観を見る人が共有し、作者とつながることでもあるので、鑑賞活動をしながら興味・関心を高めていくようにした。絵を描くことでできることや絵だからこそ表せることがあると話し、自分で実現できる目標をもって、超現実的な世界を表現していこうと動機付けを図った。

b. 発想の手がかりに、シュルレアリスムの手法を紹介する

　以下のような発想法を紹介した。
・偶然できた形や色から連想する
・現実の世界ではあり得ない組み合わせを試みる
・目の前のものをじっと見続けて思い付いたものから空想を広げる
・物や生き物の大きさの関係を逆転させる
・それぞれの個体の一部分を他のものと合体させ、変身させる
・天地の逆転や物の質を変える
・だまし絵的な技法を使って、目の錯覚を起こさせる

c. 発想をスケッチしてみよう

　シュルレアリスムの手法は何となく分かっても、発想できない生徒は多い。そこで発想・構想の段階を分かりやすくするために、早くできた生徒のアイデアスケッチを黒板上に拡大して示し、全員で見て考えていくことにした。友だ

ちのラフなスケッチを大画面にして皆で見ることで、手がかりを発見できることが多い。刺激を受けたことがきっかけで、想像力が働くようになった。

　また、アイデアが決まり画面構成に進む生徒には、アイデアの面白さを強調できるように、以下の点に注意させ、背景を含めた画面構成を考えさせた。
・発想したスケッチの画面への取り入れ方、大きさを工夫する。
・その場の雰囲気をより効果的に表すための色の使い方を考える。
・クロッキー帳に下絵を描き、色鉛筆で彩色を施して、全体のイメージを確認する。

　緩やかな時間の中で、次第に集中力が高まるようになった。生徒たちには、自分の描いた下絵を友だちに見せたくてたまらない様子が見られた。まだ発想が浮かばない一部の生徒もいるところで、絵を通してのコミュニケーションにするため、紹介タイムをつくり、作業を止めて絵を見て回れるようにした。

　発想したスケッチを基に画面構成する段階をより進めるために、物と物の位置関係や大きさ、数などで場の雰囲気が変化し、それらを工夫することによって、表したいイメージを強調して表現できることを、お互いのスケッチを見せ合いながら確認させた。

d.　スケッチブックに下描きする

　下絵を基に、大まかなタッチで位置を確かめながら鉛筆で当たりを付ける。スケッチブックに下描きをする段階で、物足りなさを感じる生徒が増えた。クロッキー帳（Ａ４判）では画面の密度が高かったのが、スケッチブックでは空間が目立ち、不安に感じるのだろう。個別の指導や支援を通じて、構想の見直しや修正が必要になって初めて、絵に対する明瞭な意識が芽生えてくる。この時期の相談には丁寧に応えるが、最終的に自分で決定するように促す。

e.　彩色する

　彩色の段階がばらつくので一斉指導を入れにくいところだが、絵の具の濃度や筆の扱い、拭き取り布の使い方を見て理解できるように、彩色のシミュレーションを黒板上で行った。黒板上に大型パレットに見立てた画用紙を提示して、微妙な色づくりを示した。鉛筆を筆に持ち替える感覚で筆を軽く持って筆先だ

けで描くことや、背景の広いところや明るい色から彩色する方が作業の進みが速いことを伝えた。発想と構想と表現技能が結び付き一体化して作品になるわけであるが、満足感や達成感が得られるかどうかは、この彩色段階に左右されるとも言える。不思議な感じを表すためには、物の存在感や質感などの効果的な表現があってこそ、意外性やユーモアが感じられる特別な世界観の表現になる。それには、色彩のもつ役割や力が大きいことを伝え、工夫できる余地はたくさんあると励まし追求させた。

f．細部を仕上げ完成させる

仕上げに向けては、全体的に見て何をすべきか判断するように促す。あえて平面的に表現しようとするのか、それとも陰影の表現で立体感や質感を強調するのか、表したいイメージにふさわしい表現を工夫させた。筆遣いが身に付いてくる時期なので、筆先への集中度が高まっていることを伝え、自信をもたせた。

g．作品を相互鑑賞し、活動を振り返る

自分の作品や友だちの作品を見て回り、鑑賞会を行った。発想の独創的な面白さや自由な表現の工夫について、素直に友だちの作品のよさをたたえる感想が多く出された。その後、各自の制作の過程を振り返り、自己評価を含めて振り返りカードに学習の成果や感想をまとめさせた。

⑥完成作品

図6「不思議な時計」(女子)

図7「面…」(女子)

(3)これまでの学習経験を生かし、自己の内面と向き合い、表現する

| 題材名 | 記憶と夢をつなぐ
－自分自身に向き合って－ | 学年 | 中学3年 | 時間 | 11時間 |

①題材の概要

中学校3年生は目覚ましい成長が見られる時期である。この時期に自分自身と向き合い、自分らしさを絵に残す活動は創造的で、自分の存在を肯定することと、未来に一歩踏み出そうとすることの証にできる題材である。

自分を描くことが嫌いで苦手と思っている生徒の意識を考慮し、表現の意図やねらいに応じた表し方を柔軟に考え、工夫できるようにした。具体的には、あらかじめやや小さい画面で自画像を描き、それを切り取

図8「自分にピース」(男子)

り、大きい画面に画面構成を考えながら配置し、背景を描いて仕上げていくものである。制作には長時間を要するため、意欲の持続と高い集中力が求められることになるが、それだけ完成時の達成感も大きく、中学校の最終学年にふさわしい題材と考える。

この題材では、観察に基づく自画像の制作と、その自分を取り巻く世界を想像力を自由に働かせて描く活動とが統合されることになり、1、2年時の絵画表現に関する学習成果を動員し、自分らしい表現を追求することが期待される。

②学習目標・評価規準

・自分自身に向き合い、これまでの学習経験を生かして自分らしさを表現しようとする。
・顔の向きや視線の方向、表情やポーズなどを考え、背景の表現を工夫して、自分らしさを表現するための構想を練る。
・材料や技法の特色を生かし、表し方を工夫して、自分らしさを効果的に表現する。
・完成作品を相互鑑賞し、作者の表現意図や表し方の工夫などを感じ取りなが

〔第2部　実践編〕

ら、それぞれの作品のよさを味わう。

③**準備**

　教師：参考作品、資料、画用紙2種類、水彩絵の具、筆、刷毛、色鉛筆、アクリルカラー、木炭定着剤、パステル、ワークシート、制作カード

　生徒：教科書、資料集、鉛筆、水彩絵の具セット、拭き取り雑巾、はさみ、のり

④**授業の展開**

	学習活動	指導上の留意点
導入 （20分）	○鑑賞を通して、活動のイメージをはっきりさせる。	＊自分自身に向き合って、絵を描くことを伝える。 ＊フリーダ・カーロの自画像を見せ、絵から伝わってくるものを聞く。
発想・構想 （30分）	○自分らしさを表すために、どんなポーズや視線、雰囲気が合うのか考える。	＊卒業生の作品を鑑賞させ、作者の制作後の感想文を読ませる。 ＊自分の目標に合う画面構成を考えさせる。
制作 （450分）	○黒板上での示範を見ながら、F6画用紙にスケッチする。 ○上半身のスケッチを切り取って、大きな画用紙に貼る。 ○背景を考える。 ○自画像と背景に彩色する。 ○背景の仕上げをする。	＊スタートで戸惑わないように、全員で一緒に描かせる。 ＊構想に合った位置に仮止めさせる。 ＊ワークシートにイメージした下絵を描かせる。 ＊彩色での一斉指導を入れる。 ＊それぞれ自分の納得のいく彩色を進めさせる。
まとめ （50分）	○完成作品を鑑賞する。	＊表現意図や表し方の工夫という観点から鑑賞し合い、それがどのような効果をもたらしているかを相互批評させる。

⑤**授業の実際**

a. 表現の目標を設定する（表現のイメージをはっきりさせる）

　3年生になった自分自身に向き合って、絵を描いていくことを話す。教科書の図版や参考作品を鑑賞する時間をもち、資料集に紹介されていたフリーダ・カーロ（1907-54）の「猿のいる自画像」をA3判に大きくして掲示する。大きな図版を見せた瞬間、どよめくような反応があった。「女？」という声と一緒に、「濃いー！」という声が聞かれた。

鑑賞では、ベッドの上で自画像をたくさん描いたフリーダの解説を加え、「どんな感情を絵で表しているのだろう？」と、この絵から伝わってくるものを聞く。「お守りのつもり」「強い気持ち」「寂しそうな感じに見える」などの声。

続いて卒業生の生徒作品を見せて、作者の制作後の感想文を少し読む。「自分の目標をもって、自画像を制作すると、その中で成長していくことができる」と励ます。

自分らしさを表すためには、どんなポーズや視線、雰囲気が合うのか考えさせる。

b. 自画像を描く（課題１）

F６号の画用紙に、鏡の中の自分自身を鉛筆でスケッチする。自分の顔を鏡に映してスケッチするという活動は、描写力の違いがそのまま表れてしまい、生徒には抵抗感がある。また、自分をさらけ出すことも意味していて、不安や嫌悪感が働く。そこで、スタートで戸惑いを感じないように、全員で一緒に描いていくことにする。眉毛の１本１本の毛の流れに沿って黒板上のチョークの線を参考に描く。目や鼻が描けると自分の感じが表されることに気付かせる。

１時間ずつの気付きや感じたことを言葉で制作カードに記録して、次の時間に思い出せるようにしていくことが大切である。目で見ることに集中すると描けることを体験し、それを足がかりに、頭部の大きさや髪の流れ、耳の位置、焦点の合った左右の目、首のつながりへと進むことができる。鏡を見ている時間が長くなるように促し、自分らしさを確認させる。上半身のスケッチがほぼできたら輪郭線をはさみで切り取り、台紙となる四つ切り画用紙に置いて構想に合った位置にコラージュの方法で仮止めする。

c. 背景を考える（課題２）

ワークシート上にイメージを言葉で表し、そこから発想した下描きを小さく描く。キーワードは、「過去」「今」「未来」「大切なもの」「色」「支えているもの」「夢」「内面」「意思」「その他」と提示する。絵画のイメージにしていく活動が続くが、自己を表すのにふさわしい背景として、情景や様子、物などの構成を意識していくことになる。

〔第 2 部　実践編〕

　鉛筆を使い、軽いタッチで下絵を描く。台紙の画用紙がオフホワイトのため、自画像の白の画用紙が浮き出て感じられ、その周りの余白を再構成していく意識で取り組め、描きやすい。

d. 自画像に彩色する

　自画像自体は、水彩絵の具の彩色を選んだ。透明感のある、そして深みのある色は生徒が苦手としていた部分ではあるが、あえて挑戦して克服してほしいと考えた。色づくりを体験するために、一斉指導の時間を入れる。

　肌の色から彩色させ、後は自由に彩色していくように促す。彩色の前に、画用紙の表を目で見て、指先で触り確認する。上になっている面が画用紙の表ですと言葉を添えて。絵の具の乾きを待って色を重ねるので、計画的に進めるように意識させる。彩色の途中の他のクラスの作品を、毎時間公開していく。

　納得する色になるまで混色してつくる活動に生徒は興味を示し、1年生のときの「絵を描く友だち」を制作したときには混色で満足できなかったが、肌色に朱や赤を少し入れるだけで唇の色ができたと、今までできなかったことが今では余裕でできるようになったことを自覚して顔を輝かせた。

　水彩絵の具の彩色で苦手意識につながるものは、彩色に何色を使ったらよいか分からないこと、それから絵の具の濃度の問題がある。生徒たちはこれまでの積み上げによって、物の概念的な固有色に左右されずに、求める色をつくれることと、絵の具の適切な濃さで表情を表せることに気付くようになった。

　髪の毛1本1本を筆先で集中して描くことで、筆遣いに自信をもって臨むようになるが、1本1本を描いていたつもりが、にじんでヘルメットをかぶったようになった生徒には、一筋描いて少し間を空けながら描くように助言する。

　次第に色の変化を付けて重色がされていく。自画像の彩色に続いて背景の彩色に入る。

e. 背景を彩色し、仕上げの調整をする

　最終段階の背景の彩色と細部の仕上げになる。作品としての中心は自画像としての自分自身の描写であるが、と同時に背景と一体となって、画面全体に表現意図が伝わるものにしなければ意味がない。3時間の時間を当てているが、

絵の具を溶いて色をつくる作業をしながら色で描いていくので、計画性をもって高い集中力で仕上がりまで向かう。

美術室にある太い丸筆や彩色筆、細筆を生徒たちに貸し出し、多めの絵の具を溶くための小皿なども用意した。1時間でどの程度進めることができるかの予定を立てていくが、1授業時間をフルに制作に当てられるように、きめ細かな配慮と支援が必要になる。

f. 全員で鑑賞する

黒板上に12点ずつ作品を掲示して、相互鑑賞を行う。鑑賞に際しては、表現意図や表し方の工夫の観点から、作者の表現意図を発表させ、それがどのような効果となって表れているか相互批評させた。結果としての作品の優劣ではなく、作者が「何を」表現しようとし、そのためにどのような努力や工夫をしたか、という表現活動のプロセスに目を向けられるようにした。

⑥完成作品

図9「自分自身の場所」　　図10「未来の窓」　　図11「紙飛行機の先に…」
　（男子）　　　　　　　　（女子）　　　　　　　（女子）

5．3年間の積み上げを考えた絵画指導の試み

最後に、絵画題材の設定や計画が子どもの成長に合ったものであり、また指導が生徒一人一人の成長に十分に寄り添うものになり得たかどうかを、振り返っておきたいと思う。

⑴学習の積み上げを考慮した題材設定の工夫について

美術の授業時数の削減の中で、絵画表現の題材の系統と発展性を考えていく

〔第2部　実践編〕

と、子どもの成長に合わせた表現活動の積み重ねをしていくことしか、目標に到達できないと考えるに至った。本章で示した題材設定は「観察して絵を描く」から始め、絵画表現の基礎的な技能を身に付け、「絵画ならではの想像世界を表現する」に発展して、「観察に基づいて制作することと想像世界を統合する表現」に行き着くようにしたものである。

　実践を行ってみて、題材の内容や展開、時間配当などに至るまで改善の余地はまだまだあるが、生徒の反応や作品から学習の積み上げを考慮した題材設定に一定の効果があったことがうかがわれた。

(2)生徒一人一人の成長に寄り添う指導の工夫について

　新たな授業に取り組むときには、たとえ昨年度と同じ題材を実践するに当たっても必ず緊張する。目の前にいる生徒が変わるので当然なのだが、生徒の様子や成長を把握して準備をこと細かくしていると、次第に授業展開の新たな発想が浮かんでくる。

　授業の導入に最も神経を使いながら、生徒の表情の変化を見落とさないように言葉がけを行う。反応が思ったほどではないときには、制作カードへのコメントで制作への不安を取り除き、力付けながらも、生徒の言葉に気付かされて授業の展開を修正することもある。生徒一人一人に寄り添う指導は目に見えない信頼関係を築くことになり、授業の底支えとなっていることは確かである。

(3)生徒の受け止め

　3年間の積み上げを考慮した絵画指導の試みを、生徒自身はどのように受け止めているのだろうか。2年末と3年時の自画像制作後の制作カードに記された感想を手がかりに確かめておきたい。

　「私は、前より判断力が付いて絵がうまくなったと思いました。私は1年生のときに先生に『判断して！』と言われたことがあります。それからはよく考えていろいろなことをしました。」（2年女子）

　「今年の美術は、初めての経験がたくさんありました。そして、それと同じくらい磨かれた技術もあって大変充実していて、ものすごく楽しかった。」（2年女子）

「絵を描くことによって少しずつ自分自身を認められるようになった。絵を描くことによって幼い頃から今のここまで来たと実感した。」(3年男子)

「自分の気持ちや考えていること、思っていることを描こうと思ったけれど形にないものをどう表したらいいのか悩みました。一つうれしかったことがあります。色の混色が思ったようにできるようになり筆遣いもよりよくなったと感じています。」(3年女子)

「自画像を描くのは、不思議だなあと思いました。美術の授業なのに自分と向き合うという道徳的なことをやってしまうからです。絵を描くことが苦手だった私がそれを楽しいと思えただけ進歩だったと思います。」(3年女子)

学習カードはその題材について振り返ることが目的であるため、学習の積み上げについて触れた感想は少なかったが、上のような言葉から、生徒が学習の成果や自らの成長を実感している様子がうかがえる。中学校3年間の積み上げを考慮した絵画指導に、一定の成果があったと言えると思う。

しかし、目的意識をはっきりもたせることや同じ題材でも生徒の実態に合わせた展開のさせ方を工夫することは、これからの課題として残る。生徒が満足感や達成感を得られるような絵画題材の開発と、一人一人の成長に寄り添う対応のあり方について、今後も考え続けていきたいと思う。

〔第2部　実践編〕

「美術を学ぶ価値」を実感できる授業づくりを目指して

伊庭照実（滋賀県草津市立高穂中学校）

1．美術の学習に対する中学生の疑問と教師の願い

　幼児のときには、絵を描くことの意味も、周りの人からの評価も気にせずに、おしゃべりをするのと同じように描いている子どもが、思春期になってくると、他の人の作品と自分の作品を比べたり、周りの人の評価を気にしたりして自由にのびのびと描くことができなくなってしまうことが多い。また、「なぜ絵を描くのか、作品をつくるのか。美術を学習して何の役に立つのか」などという疑問が生まれてくるのもこの時期である。成長の証とも言えるが、中学校美術の授業がそれらの疑問をしっかり受け止めてきたであろうか。そしてまた、中学校を卒業すると、美術を学ぶ機会は少なくなる。高校や大学などで美術を選択するかどうかは、中学生のときに受けた美術の授業の印象や記憶によって左右されるのではないだろうか。

　以上のような反省から、私は中学校で、生徒たちと美術とのよい出会いをつくりたいと考えている。美術の世界は奥が深く、人間にとって大切なものであることをほんの少しでも感じ取ることができれば、生涯にわたって美術に興味・関心を抱き続け、美術作品や美術文化を大切にする人になってくれるのではないだろうか。このような願いから、生徒にとって「美術を学ぶ価値」を実感できる授業づくりを目指してきた。

2．「美術を学ぶ価値」を実感できる授業を実現するための手立てと工夫

　「美術を学ぶ価値」を実感できる授業とは、自分で考えたり、つくったりす

る学習体験を通して美術が人間にとって大切なものであることを感じるとともに、様々な美術表現のよさを理解しようとする視野を広げることができる授業である。たとえば、表現活動では、ある材料や技法の特色や用具の基本的な使い方を知り、それを生かして表したいイメージを作品としてつくり上げることができれば、生徒は達成感や満足感を味わい、美術を学ぶ喜びを感じることができる。

　また、鑑賞の授業では、古代から人類がつくってきた美術作品のよさや大切さを理解したり、現代の生活の中で生きている美術の働きについて考えたりすることにより、自分たちの学習経験の延長線上に美術の豊かな世界が存在することを感じ取ることができ、美術を学ぶ価値を実感できるのではないだろうか。

　本稿では、「表現と鑑賞を関連付けた題材設定とカリキュラムの工夫」と「実際の指導過程における配慮や工夫」の二つの視点から、私がこれまで行ってきた実践を紹介する。

(1)表現と鑑賞を関連付けた題材設定とカリキュラムの工夫

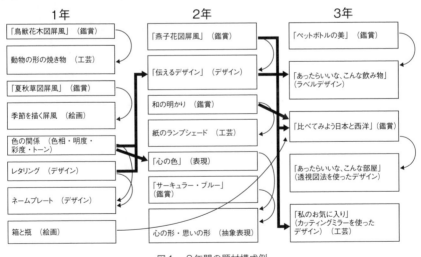

図1　3年間の題材構成例

　3年間を、生徒の発達段階や学習の積み上げを考慮して、第1学年「授業への取り組みやすさの配慮と基礎・基本の定着」、第2学年「新しいものの見方

〔第2部　実践編〕

と思考力の育成」、第3学年「応用と発展」の三つの大きなテーマを設けて段階付けている。そして、その学年における美術の学習の目標を明確にするとともに、前の学年の学習経験を次の学年の学習に応用、発展できるように題材の設定と配列を工夫している（図1）。

①**第1学年：授業への取り組みやすさと基礎基本**

　まず、1年の1学期の表現題材としては、多くの生徒が楽しんで取り組むことができる粘土を使った「動物の形の焼き物」から始めることにしている。この題材と関連付けて、伊藤若冲の「鳥獣花木図屏風」の鑑賞を行い、見たことのない動物や空想上の動物の姿も描くことができる人間の想像力と創造力について思いを馳せるようにさせた。

図2　若冲「鳥獣花木図屏風」の鑑賞

　次に「季節を描く屏風」では、キキョウとキョウチクトウ（生花）をスケッチし、それを屏風に再構成して彩色する。この学習の前には、酒井抱一の「夏秋草図屏風」を鑑賞した。この作品からは、野に咲く草花を写生して屏風という画面に再構成した画家の視点を学ばせたいと考えた。

図3　動物の形の焼き物（1年男子）

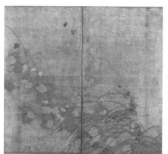

図4　酒井抱一「夏秋草図屏風」　1821　東京国立博物館
Image : TNM Image Archives

「美術を学ぶ価値」を実感できる授業づくりを目指して

　2学期には、色の学習やレタリングの基礎練習などをして、その後のデザイン制作に活用できるようにしている。

　色の学習には、学習用の色紙を使い、生徒が自分の手を使って切ったり、並べたりする行為を通して、色の種類や関連性について感じられるようにしている。

図5　季節を描く屏風（1年女子）

その中で類似色や対照色などの関係を知って、次の制作場面で効果的に使えるようになることは、「学ぶ価値」を実感する重要な機会になると考える。

　それから、レタリングについても、普段何気なく見たり使ったりしている書体（フォント）が誰かのデザインによるものであることに気付かせたい。そのために、基本的な書体についてはあえて手書きでレタリングするという体験をさせている。

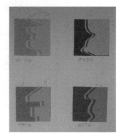
図6　色彩学習（1年）

　この学習を踏まえて、3学期にはオリジナルなロゴタイプをデザインしてネームプレートをつくる。基本練習なしにいきなりロゴタイプのデザインに挑戦させるのでは、生徒たちの多くは文字の太さや大きさをそろえて書くことも難しく、効果的な配色を考えて彩色することも難しいのではないかと考えるからである。

図7　ロゴタイプのデザイン（1年男子）

　ここまでの学習では、屏風の彩色もネームプレートもポスターカラーの不透明な彩色であるが、1年の最後に設定している「箱と瓶」という短時間題材では、水彩絵の具の透明な描法を体験させている。瓶については、中心線から描き、左右対称に描くことや、丸みの変化に注意して描くことと、透明感を重色の効果で表すことをねらいとしてい

図8　「箱と瓶」（1年女子）

361

〔第2部　実践編〕

る。また、箱については二点透視図法と面による色の変化を付けることによって立体感を表すことをねらいとしている。「写実的に描きたい」という生徒の願いに応えるとともに、後に学習する西洋と日本のものの見方や描き方の違いに関連する題材でもある。

②**第2学年：新しいものの見方と思考力**

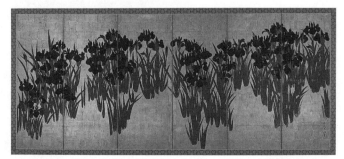

図9　尾形光琳「燕子花図屏風」（右隻）　18世紀　根津美術館

　2年の1学期には、尾形光琳の「燕子花図屏風」を鑑賞させた。光琳は、燕子花を単純明快な形にして見る人に印象付けたり、隠された主題を暗示したりしている。このような手法を学ぶことは、ポスターを描くときにも参考になるとともに、西洋的な写実と単純明快な日本絵画の描き方の違いについても気付くきっかけとなる。この学習の後に、「伝えるデザイン」として、「自分たちにできること」をキーワードとして、自分の周りの家族や友だちの大切さについて考え、ポスターに表す題材を設定している。伝えたい内容とその表し方についてしっかり考えることと、文字とイラストレーションを効果的にレイアウトすること、配色の効果を考えて彩色することなどに、1年生のときの学習が生かされることになる。

図10　ポスター（2年男子）

　2学期には、日本の生活の中に使われてきた和紙のよさや、紙を使ったイサム・ノグチや堀木エリ子の作品を

図11　ランプシェード作品
（2年男子）

362

鑑賞して、紙について関心をもつことができるようにした。その後の「紙のランプシェード」では、折り曲げることによって強くなる紙の性質を生かし、幾何学的な美しさを追求させるようにした。

3学期には、サム・フランシスの「サーキュラー・ブルー」を鑑賞してから、抽象的な表現で描く題材「心の形・思いの形」を設定した。今まで写実的な表現や分かりやすいイラストレーションに親しんできた生徒たちの目には新鮮なものとして映るであろう。このような表現方法が生徒たちの考え方や価値観を揺さぶり、視野を広げさせることにつながるのではないかと考えている。

図12 サム・フランシス「サーキュラー・ブルー」の鑑賞

図13 心の形・思いの形（2年女子）

③**第3学年：応用と発展**

3年の1学期には市販のペットボトルを教材として、そのラベルのデザインにどんな工夫がされているかを見付ける鑑賞学習をしている。その後「あったらいいな」というコンセプトで、新商品のアイデアと、その商品の特色や魅力を購買者に効果的に伝えるためのネーミングやラベルのデザインを考える題材を設定している。生徒には、1年から積み上げているレタリングの技法や、デザインの材料・用具を効果的に使って制作することが求められる。また、配色の工夫やイラストレーションの制作、図柄

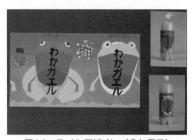

図14 ラベルデザイン（3年男子）

図15 あったらいいな、こんな部屋（3年女子）

〔第 2 部　実践編〕

のデザインには、2年時のポスターや抽象表現の学習経験を活用することができる。

2学期には、「比べてみよう日本と西洋」ということで、写実的に表現することを重視してきた西洋と、単純化した表現の多い日本の違いについて知るとともに、近代以降は相互に影響を与え合ったことや、美術作品は互いの国の文化を理解するために大切なものであることを理解させたいと考えている。

図16　私のお気に入り（3年女子）

その後の「部屋のデザイン」（図15）は、西洋のものの見方である透視図法を使って描く題材である。この題材の導入では、一点透視図法の描き方を知るために、全員に画一的な部屋の図を描く練習をさせる。生徒の多くは、「奥行きのある絵が描けた」ということに喜びを感じる。また、彩色のときには、立体感を表すために、光の当たり方と明暗の色の使い方について指導する。この課題でも、色の学習やデザイン用具の使い方など1、2年生からの積み上げが生きてくることになる。また、「部屋のデザイン」は、インテリアの色使いなど生活の中で美術が果たす役割を感じさせると同時に、日本の斜投影と西洋の透視図法の違いについても制作を通して感じさせる題材でもある。

3年の3学期には、「私のお気に入り」というテーマで、カッティングミラーという素材を使い、「自宅に持って帰って大切に飾ることができる」ということを条件にした作品を制作している。切り抜くという作業に、生徒は楽しみながらも集中して取り組むことができる。この題材は琳派の装飾的な画風を意識して設定しているものである。

(2)実際の指導過程における配慮や工夫
①題材ごとの学習の目標や内容、材料等に関する配慮や工夫

題材の配列を工夫した上で、題材ごとの学習目標や内容、材料や技法などの前提条件を、生徒一人一人ができるだけ的確に把握し、自分の表現や制作の目標を明確にした上で活動に取り組めるようにした。主な配慮や工夫は以下の3

点である。

a．学習の目標や内容を生徒に分かりやすく説明する

　一つ一つの題材で、何を学ぶのか、どれだけの時間で取り組むのかということを、あらかじめ学習カードを用いて生徒に知らせる。それによって、生徒は、1時間ごとに「何を」「どこまで」「どうすればよいのか」が分かりやすくなる。

b．毎時間生徒による活動の振り返りを行い、次の指導にフィードバックする

　aの学習カードには、1時間ごとに生徒が自分の取り組みを振り返り、努力して取り組んだことや困ったこと、感想などを記入する枠を設けている。

　この「振り返り」を記入させることにより、生徒は自分の学習の進度や内容を確かめることになるとともに、指導者としては、授業中の様子の観察に加えて、生徒が考えていることや困っていることなどを知り、次の指導に生かすことができる。

c．生徒の実態に合わせて材料や技法を絞り込む

　学習の目標を達成するための素材や技法、作品の大きさなどを、事前によく検討して、生徒にとって無理のないように提示することも大切である。

　たとえば1年生の「ネームプレート」では、各生徒に大きさはA3判で、厚みが3mmと5mmのスチレンボードを配布し、5mmの板を背景とし、3mmの板を文字に使うようにさせる。A3判と大きめのサイズにしたのは、カッターナイフで曲線を切ることは難しいため、文字数を少なくするという条

図17　ネームプレート　彩色

件の下で、さらに一つの文字をなるべく大きくするためである。また、文字を切り抜いて背景となるボードに貼るようにしたのは、切り抜いてから彩色するので、文字と背景の色が混ざったり、にじんだりする心配がなく、1年生でも満足感の得られる作品を仕上げることができるからである。

　また2年生のポスターでは、画面サイズは四つ切りであるが、限られた時間の中で、図や文字のデザイン、配色やレイアウトのようなより創造的な活動に

〔第 2 部　実践編〕

力を注げるようにするため、背景となる色は 5 色の色ケント紙から選択させるようにした。

　以上のような配慮や工夫を行うことによって、苦手意識を抱く生徒も、学習課題を達成するために、無用な技術的な困難に悩まされることも、制作上の迷いにとらわれることもなく取り組むことができ、「何を、どう表現（制作）したらよいか分からない」という悩みは軽減できたようである。

②実際の指導過程における配慮や工夫

a．興味・関心の喚起

（ア）導入段階の指導に鑑賞活動を取り入れ、活動に対する興味・関心を高める

　表現活動では、導入段階で活動に対する興味・関心を引き出し、自分ならこうしたいというような期待感を高めることが重要である。たとえば、動物の焼き物をつくる前には、「鳥獣花木図屏風」を鑑賞して、実際にはいない想像上の動物に関心を高め

図18　導入に用いた看板の写真

たり、「季節の屏風」を描く前には「夏秋草図屏風」を鑑賞したりして、季節感を表現するための手がかりを用意するなどの、表現題材との関連性を図っている。

　また、「ネームプレート」の導入には、生徒にとって身近な店や会社の看板や製品などからロゴタイプのデザインに注目させたり、「ラベルデザイン」では、市販されている飲料のラベルを鑑賞させたりして興味をもたせるようにしている。

（イ）必要な技法について練習する機会を設けて、技法に対する知的好奇心を刺激するとともに、見通しをもって制作に入れるようにする

　「紙のランプシェード」では、山折り谷折りの複雑な形を練習課題として全員に経験させたり、「部屋のデザイン」では一点透視図法の練習をさせたりして、

図19　練習用の山折り谷折りの課題

「難しそうだけど自分にもできそうだ」という期待をもたせてから次の発想や構想に進むようにしている。

(ウ) 素材の魅力で引き付ける

「動物の形の焼き物」では、陶土に触れることで、心地よい触感を得ることができる。また、「季節の屏風」や「カッティングミラー」では、金色や銀色という素材の光沢が魅力的なので、画用紙に描くのとは違った緊張感と丁寧に取り組もうとする意欲を引き出すことができる。

b. 発想・構想段階の指導

(ア) 参考資料を見ないでアイデアスケッチを描くようにさせる

アイデアを自分で考えることは、誰にとっても難しいものであるが、既成のキャラクターや写真などの資料を見ると、それに頼ってしまって自分で考えることができなくなってしまう生徒が多い。そこで、アイデアスケッチを描くときには、教科書や資料集を見ないようにさせて、スケッチブックに向かうようにさせている。「描けない」と言って困る生徒はいるが、簡単な描き方でよいので、自分で考えたイメージを線で描くようにさせている。

ほとんどの課題でアイデアスケッチには1時間を取り、その制作状況を発想・構想の観点の評価材料の一つとしている。たとえば、「動物の形の焼き物」では、50分で6種類のデザイン、「ポスター」や「ラベルデザイン」では、50分で4種類のデザインというように、数と記入枠の大きさも規定している。その理由は、時間や数の制約をつくる方が緊張感をもって集中して考えることができる生徒が多いからである。

もちろんこれだけでは、本制作には移れないので、次の時間までに自分のイメージのヒントになるものや資料となるものを探してきてもよいし、自分のアイデアを変更してもよいことにしている。

(イ) 試作したり、練習したりする場を設ける

「動物の形の焼き物」や「紙のランプシェード」のような立体作品をつくるためには、平面的なアイデアスケッチだけでなく、試作をつくるようにさせている。その段階で、自分のイメージがその素材や技法でつくれるかどうかが分

〔第2部　実践編〕

かるので、デザインを変更したり、さらに工夫を加えたりすることも可能になるのである。

　また、「ポスター」や「ラベルデザイン」のような平面作品でも、4種類のアイデアスケッチから一つに絞って、やや大きなサイズの下絵を描くようにさせている。何度も描き直すことによって、アイデアをブラッシュアップさせたり、色鉛筆を使って配色を考えさせたりしている。この段階で、机間巡視をして一人一人の生徒がイメージしていることを聞き取り、それを形や色で表現するためにはどうすればよいかという助言をするようにしている。

　以上のような指導上の配慮や工夫によって、生徒は、課題に対して自分なりのイメージをもち、それを形や色で表現するための見通しをもつことができると考えている。

3. 「学ぶ価値」を実感できる授業づくりの試み
　　―デザインの学習を例に―

　これまで述べたように、私は「表現と鑑賞を関連付けた題材設定とカリキュラムの工夫」と「実際の指導過程における配慮や工夫」の二つの視点から、「学ぶ価値」を実感できる授業づくりを進めてきたが、ここではデザインの学習を例に、具体的な指導事例を報告する。

　普段私たちの周りにはあまりにも多くの情報があふれていて、その一つ一つがどのようにつくられているかなどと考える人は少ない。しかし、自分の好みに合った服や靴を選ぶときには、その形や色、素材などを注意深く見るだろう。このように身近な生活を支えるデザインは、私たちの生活に深く、広くかかわる美術の分野である。

　私は、学習を通して、生活の中で美術が役立っていることを知るとともに、自分たちの生活をよりよくするために考えることや工夫することと、それを提案することの大切さを学んでほしいと思い、中学生の身近にあるものを題材にして、デザインの学習を組み立てている。以下は、1年生と3年生で行っているデザイン学習の指導事例である。

(1)指導事例1

| 題材名 | 私のネームプレート―オリジナルなロゴタイプを使って― | 学年 | 中学1年 | 時間 | 9時間 |

①題材の概要

　この題材は、色彩やレタリングの学習を行った後、その経験を生かして、自分の名前を使ったオリジナルなロゴタイプをデザインするものである。

　会社名やブランド名のロゴタイプのデザインを鑑賞してから、自分の名前を使ってオリジナルなロゴタイプをデザインする。これをスチレンボードでネームプレートとして制作する。このような経験を通して、文字の形や色によってデザインされたロゴタイプが企業や商品などのイメージを人々に伝える重要な役割を果たしていることを理解させたいと考えて設定したものである。

　なお、スチレンボードは軽いので、作品にひもを付けておけばピン1本で飾ることができる。学校で制作した作品を家に持ち帰っても、自宅のドアや壁に飾れるようにした。生徒自身が作品に愛着をもっていれば、大切にしてもらえるのではないかと考えている。

②学習目標・評価規準

・ロゴタイプのデザインに関心をもち、オリジナルのロゴタイプを制作しようとする。
・自分の名前の文字を基に、アイデアを練り、魅力的でオリジナルなロゴタイプをデザインする。
・構想を基に、配色や構成を工夫して、魅力的なオリジナルなネームプレートを制作する。
・完成作品を相互鑑賞し、それぞれの発想の面白さや配色や構成の美しさを感じ取る。

③準備

　教師：スチレンボード（A3判　厚さ5mmと3mmのもの）、カッターナイフ、カッティングマット、木工用接着剤、吊りひも、タブレット
　生徒：スケッチブック（方眼紙、トレーシングペーパーを含む）、デザインセッ

〔第2部　実践編〕

ト（ポスターカラー、配色カードを含む）、レタリング字典

④**授業の展開**

	学習活動	指導上の留意点
導入 (25分)	○ブランドや会社名のロゴタイプを鑑賞し、デザインの美しさや工夫を知る。	＊商品のイメージに合わせて文字の形や配置、色使いが工夫されていることに注目させる。
展開1 (75分)	○自分の名前を英文字、ひらがな、カタカナで書いて形の特徴を見付ける。	＊姓と名どちらか文字数の少ない方を選ぶようにさせる。 ＊文字の形や配列などから特徴を見付けるように助言する。
展開2 (100分)	○方眼紙に下描きをし、スチレンボードに写す。	＊文字の大きさや太さをそろえるために、方眼紙に書くようにさせる。 ＊3mmの板に文字を写し、5mmの板は土台として使うようにさせる。
展開3 (200分)	○スチレンボードを切る。 ○色の組み合わせを工夫し、ポスターカラーで彩色をする。 ○効果を確かめながらパーツの配置を決め、文字と土台を貼り合わせる。 ○作品にひもを付け、飾るようにする。	＊彩色をする前に、配色カードを使って、文字の色と土台の色の組み合わせの美しさや効果などについて考えさせる。 ＊文字を並べながら、配置を工夫させる。 ＊スチレンボードは軽いので、ピン1本で飾ることができる。
まとめ (50分)	○工夫したことなどを制作カードにまとめる。 ○完成作品を相互鑑賞する。 ○タブレットを使って自分の作品と他の人の作品の写真を撮り、その作品についてのコメントを入力し、データで提出する。	＊アイデアの面白さや形と色の美しさの観点から、自己評価させる。 ＊アイデアの面白さや形と色の観点から作品を見ることを確認し、「どこが、どのようによいと思ったのか」具体的に書くようにさせる。

⑤完成したロゴタイプのデザイン

図20「さき」(女子)

ひらがなの丸みを生かして、笑顔のように見立てた作品。

図21「KOUKI」(男子)

英文字でKが二つあることを生かして構成した作品。直線でまとめている。

⑥タブレットを使って相互鑑賞

図22　タブレットを使って相互鑑賞

タブレットで写真を撮って、コメントを書く。

図23　タブレットでの鑑賞レポート(女子)

学習目標に即して、どこがどのようによいと思ったのかを分かりやすく書く。

(2)指導事例2

題材名	あったらいいな、こんな飲み物	学年	中学3年	時間	8時間

①題材の概要

　この題材は、「こんな飲み物があったらいいな」と思う架空の飲み物を考え、そのラベルをデザインするものである。

　スーパーに行くと、いろいろな種類の飲料が並べられている。そのような売り場に並べられたとき、人目を引き、商品の中身の味や効能を知らせ、飲んでみたいと思わせるラベルのデザインを考えることが、この題材の目標となる。

〔第2部　実践編〕

　飲み物は架空で、容器の形は考えず、丸い容器に巻くラベルの商品名とキャッチコピー、イラストレーション又は模様の3点に絞って考えさせることにした。この学習の事前には、市販の飲み物のラベルを鑑賞し、デザインの工夫を読み取るようにさせている。

図24　市販の飲み物のラベルを鑑賞

②**学習目標・評価規準**
・飲み物のラベルデザインに関心をもち、オリジナルな飲み物のラベルを制作しようとする。
・「あったらいいな」と思う架空の飲み物を設定し、その商品にふさわしいラベルデザインを考える。
・イラストレーションや模様と文字の構成及び配色を工夫して効果的に表現する。
・完成作品を相互鑑賞し、それぞれの発想の面白さや、配色や構成の美しさを感じ取る。

③**準備**
　教師：八つ切りケント紙、市販のペットボトル（参考資料として）
　生徒：スケッチブック（方眼紙、トレーシングペーパーを含む）、レタリング字典、デザインセット（ポスターカラー、配色カードを含む）

④**授業の展開**

	学習活動	指導上の留意点
導入 （20分）	○学習の目標と学習活動の計画を知る。	＊「あったらいいな」という視点から架空の飲み物を想定して、そのラベルデザインを考えることを説明する。
展開1 （80分）	○架空の飲み物の商品名とキャッチコピー、イラストレーションについて考え、アイデアスケッチを描く。	＊丸い容器に巻くラベルであるので、一目で商品名が見えることと、図柄についてはA面とB面に少し変化をもたせること、両面がうまくつながり、統一感のあるデザインであること、などを条件とした。

展開2 (100分)	○模様と商品名のバランスを考えて、文字の大きさと書体を決定し、レタリングをする。 ○方眼紙に書いた文字をトレーシングペーパーでケント紙に写す。 ○模様やイラストレーションの下描きをする。	＊キャッチコピーは、文字が小さいので彩色後にペンで直接記入するようにさせる。
展開3 (150分)	○ポスターカラーやペン、色鉛筆などを使って彩色をする。	＊今回は文字やイラストレーションの背景もポスターカラーで彩色する。 ＊キャッチコピーやイラストレーションの細部には、ポスターカラーを塗った上からペンや色鉛筆を使ってみることを勧める。
まとめ (50分)	○他の人の作品から、「飲みたい」と思わせるデザインになっているものを選び、画面構成やイラストレーションの工夫について学び合う。	＊平面に描いたラベルを丸く巻いた状態で相互鑑賞をさせる。

⑤完成したラベルデザインの例

図25　商品名「飲む日焼け止め」(女子)

屋外の部活動でいつも日焼け止めクリームを塗っている生徒がデザインした。A面とB面とでは人物の色が変わっている。

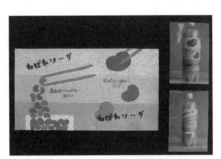

図26　商品名「ねばれソーダ」(女子)

納豆を飲み物にするという意外性と粘り強くなれるという願いを商品名にしているところが、印象に残る作品である。

〔第2部　実践編〕

4．成果と課題

　最後に、私がこれまで中学生を指導してきた実感として感じていることを、卒業間際の3年生に3年間の授業を振り返ってもらったアンケートの集計結果を参照しながらまとめておきたい。
　アンケートの質問事項は、以下のようである。

> 1．あなたはどの題材がよかったですか。又は苦手でしたか。
> 2．いちばんよかったと思う題材について、その理由を書いてください。
> 3．いちばん苦手だったと思う題材について、その理由を書いてください。
> 4．身近な生活や社会の中で、美術が役に立っていると思うものは何ですか。
> 5．もしも、中学校の教科で美術がなくなったら、どんなことが起こるか想像してみてください。

(1)アンケートの集計結果から見る成果

　質問2「いちばんよかったと思う題材について、その理由を書いてください」という問いに対して、表現題材については、「考えることや工夫することが楽しかった」、「今までできなかったことができた」、「満足ができる作品ができた」という回答とともに、「学んだことが将来役に立ちそうだ」という回答もあった。鑑賞題材については、「美術の歴史が分かってよかった」、「作品をつくるのは苦手だが、人の作品を鑑賞するのは好きだった」という回答があった。
　また、質問5の「もしも、中学校の教科で美術がなくなったら……」という問いに対しては、「美術や文化の価値を知らないままになり、美術品や文化が失われる」、「美術作品に対する敬意がなくなり、よさを分かる人が失われる」という回答があった。これは、私が鑑賞の指導を通して生徒に伝えたかったことである。
　これらの回答から、生徒たちは美術を「学ぶ価値」をそれなりに感じることができたものと読み取ることができる。

(2)アンケートの集計結果から見る課題

　質問3「いちばん苦手だったと思う題材について、その理由を書いてくださ

い」を基に考察してみる。質問2のよかったと思う理由に比べて回答数は少ないが、教師としては、この苦手意識をもっている生徒の気持ちを踏まえて、次の授業改善を図らなければならない。

　表現題材については、「アイデアが思い付かなかった」、「色使いが難しかった」、「人の絵を描くのが苦手」という回答があった。また、鑑賞題材については、「作業がなくつまらなかった」、「考えたり、覚えたりすることは苦手」、「感じたことを言葉にするのが難しかった」などの感想が見られた。「感じたことを言葉にする」力については、全ての教科において言語活動の充実が図られているところであるが、美術科においても、いろいろな学習場面の中で、美術に関する言葉を正しく理解し、使えるように指導したいと考えている。

(3) **終わりに**

　美術科教員としては、「美術を学習して何の役に立つのか」とか、「美術の授業で何を、どう表現（制作）したらよいか分からない」などという生徒の声を聴くことがいちばんつらい。また、言葉には出さなくても、授業に集中できず私語を続ける生徒や、何も取り組めないでいる生徒の姿を見ることがつらい。このような生徒を少しでも少なくするために、私なりに取り組んできたことをまとめてみた。しかし、まだまだ不十分なところがあるので、いろいろな人の話を聞いたり、新しい手法や機器なども有効に活用したりして、よりよい美術の授業、学ぶ価値のある美術の授業の実現を目指したいと思う。

〔第2部　実践編〕

空想の世界は、現実のすぐ隣にあるんだよ
―表現と鑑賞を相互に結び付けた実践事例―

大西智美（滋賀県草津市立新堂中学校）

1．中学生とのかかわりを通じて感じることと私の願い

　中学生が年々幼くなっているように感じる。反抗的な面が薄れ、素直で指示をよく聞き、集団からあまりはみ出さず「みんなと同じ」ことを好む。けれども、ほんのちょっとだけ集団から飛び出してみたい、少し目立ってみたい、という欲求ももっているように感じられる。美術の授業でも、みんなと同じように描きたいけれどもできないことには抵抗を感じている。ただ、できないから描かないのかというとそこまでの気骨はなく、それなりに描くことはできる。一方、ほんの少しの言葉がけや仲間からの称賛にはとても敏感な様子が見られる。

　図画工作や美術ではどんな題材が好きかと問うと、「見て描く絵」「写す絵」「粘土」との声が返ってくる。自由に描いたり、想像したことを絵にしたりというような、自分で考えなければならないものは苦手で、たとえば「お話の絵」では挿絵や例に挙げられた作品に倣ってしまうということだった。目の前にモデル（モチーフ）があると、苦手と思いながらも描くことができる。学級のポスター制作などで、見本や写真・キャラクターを写すような取り組みは得意に感じる生徒も多いようだ。小学校の鑑賞授業では、友だちの作品をよく見てきたので、「いいところ探し」を得意にしていることが、生徒たちの書く文章からも読み取れる。

　このような中学生たちは、描くことや絵の具を使うことが（苦手意識はあるものの）さほど嫌いではない。けれども、「上手に描きたい」「失敗したくない」という気持ちは強いように思う。だからこそ、自分で描いたものや考え出した

アイデアや意見・発言がみんなに受け入れられている実感や、「大丈夫」と思える安心感を得る経験が数多く必要だと考えている。小学校で「いいところ探し」をしてきたように、作品も意見も互いに「認め合える」。その上にさらに、はみ出したところも含めて、「表現してもいいのだ」という安心感から、自信につながる経験を積ませていきたい。自分を表現していくことや、自由に考えを巡らせたり発表したりすることが「楽しい」と感じてほしいと願っている。

2．表現と鑑賞を相互に関連付けた指導のねらい

　本来、自由に空想を巡らすことや、空想したことを絵として表現することは、幼少期には自然にできていたと思われる。ところが、思春期を迎えるにつれて、だんだんと気恥ずかしく感じたり、写実的に描くことにあこがれたりすることで、空想することが現実の実生活とかけ離れたもののように感じて、空想して表現することを妨げているのではないかと考える。ここでは、現実世界を本来ある姿から少しだけ置き換えてみることをきっかけに、空想の世界を表現してみる（実践1）。また生徒自身で空想の世界を表現した後に、画家が描いた空想画を鑑賞し、描かれている一つ一つのものに注目することで、絵を読み取っていく（実践2）。表現と鑑賞を関連付けた題材を設定することで、生徒にとって現実とかけ離れたように感じている世界が、実はとても身近にあることが意識付けられると考えた。それは、生徒たちが今後も美術に積極的に向き合う気持ちをもち続けることに、役立っていくのではないかと思う。

3．生徒の積極的な取り組みを促す手立てや工夫

(1)「学校メインストリート展示会」—常時開催中！—

　後に紹介する二つの実践でも、最後のイベントとして取り組んでいる「学校メインストリート展示会」。作品発表の場でもあり、鑑賞会場でもあり、他学年や他教科、訪れる地域の方・保護者への生徒自身からの作品を通したアピールの場ともなっている。

　そこには、美術の授業で取り組んだ様々な作品がいつも展示されている。作

[第2部　実践編]

品とともに、生徒名や作品タイトル・作品説明やアピール文、紹介も添えられている。また、その掲示板の前には長机が置かれ、立体作品がそのまま展示されている。美術室の中だけでなく学校内のメインストリートに飾られる作品は、単に上手なものという理由で選ばれたものではない。その時々のテーマがあり、様々なタイプのものが展示される。飾られている自分の作品を見付けて他の教科の先生や友だちに「ここが苦労したところ」などと紹介していたり、上級生の作品を見付けては、友だち同士で指さし、話題にしていたりする。

図1　メインストリートへの作品展示

不思議に作品の破損がない。立体作品などはケースにも入れずにそのまま置かれてあるだけなのに。

この取り組みが、毎日の美術の授業を支えていると考えている。表現することは恥ずかしいことではない、認められるべきものだという気持ちを育てる重要な手立てとなっている。週に1時間という限られた授業では、育て切れない、伝え切れないものをこの展示が担っていると考えている。

(2) 学年ごとの段階的テーマを設けた鑑賞授業

私は、鑑賞授業で3年間の学習の積み上げを意識し、次のような学年テーマを設けて授業を行っている。

① 1年生のテーマ「発見」

ジュゼッペ・アルチンボルド（1527頃-93）の絵やレオナルド・ダ・ヴィンチ（1452-1519）の「モナ・リザ」（1503-06）を見て、絵に描かれているものをどんどん発見していく。「自分には、こんなふうに見える」ということや「ここに、こんなふうに描かれている」ということを言葉に出したり、書いたりして表現していく。

1年生の内に「間違った発言かもしれない」「ダメな表現かもしれない」という不安をできるだけ取り除きたいと考えている。作品はどのように見ても、

感じても、考えてもいい。正解も不正解もない。鑑賞という行為の目的は、それとは別のところにあるのだということを伝えたいと考えている。

② 2年生のテーマ「広がり」

　ジョルジュ・ド・ラ・トゥール（1593-1652）の「いかさま師」（1632頃）の絵を取り上げ、登場人物の人間関係を自分なりに考えて発表していく。同じ意見だったり、まったく違う意見だったりする発言に触れ交流することで、「こんな考え方もある」「こんなふうにも考えられる」という異なる考え方や見方の受容から広がる世界を体験させ、柔軟な考え方や見方を身に付けさせたいと考えている。

③ 3年生のテーマ「深まり」

　サルヴァドール・ダリ（1904-89）の「記憶の固執」（1931）、岡本太郎（1911-96）の作品、パブロ・ピカソ（1881-1973）の「ゲルニカ」（1937）などを取り上げ、意見交流を通して、もう一度自身の考えを見直していく。一つの意見に対する交流から広がった考え方を、「どうして」「なぜ」という疑問をもって再考させたいと考えている。

　学年ごとに段階的テーマを設定していくことで、3年間を通して鑑賞授業を計画し、思春期を通り過ぎ、学校や大学を卒業し、大人になってからも維持し、持続させられるような鑑賞する「楽しさ」を意識付けたいと考えている。絵や作品を見ることは、現実や日常の行為と隔たりがないということ、自分の思うように見ることや思うように表現してもよいことを理解させたい。そしてそれは「楽しい」「表現したい」という気持ちにつながっていくのではないかと考える。

　(1)(2)の二つの手立てや工夫は、私が特に大事に考え、意識的に取り組んでいることである。以下に紹介する二つの実践も日常継続的に行っている手立て抜きに、単発的に行ったのでは効果が薄いのではないかと思う。生徒の美術に対する興味・関心や思いは授業中にだけ表れるのではない。日頃から、思春期のただ中にいる生徒たちが美術に向き合い、積極的にかかわれる手立てを考えていきたい。

〔第2部　実践編〕

4．実践事例

(1) 思いがけない出会いから生まれる偶然のイメージを発想の手がかりにした表現活動

題材名	現実×現実＝超現実？―不思議な世界をのぞき込む―（絵画）	学年	中学2年	時間	8時間

①題材の概要

　本題材は、空想の世界が実はとても身近なものであるということに気付かせ、その面白さを味わい、表現することを目的に、意外なものの組み合わせや見方を工夫させ、現実にはあり得ない空想の世界を表現するものである。

②学習目標・評価規準

・思いがけないものの組み合わせから生まれる不思議な世界に関心をもち、現実にはあり得ない世界を表現する活動に意欲的に取り組むことができる。

・ものの組み合わせ方を変えることによって生まれる不思議な世界を楽しみながら、表したいイメージを見付け、表現の構想をまとめることができる。

・構想を基に材料や用具、技法を選び、実際の表現効果を確かめながら、表したいイメージを具体化することができる。

・思いがけないものの組み合わせから生まれる不思議な世界の面白さを味わい、作者の表現の意図や工夫を読み取ることができる。

③準備

　教師：ワークシート、虫眼鏡、更紙、写真素材集、色鉛筆、白ボール紙、サインペン

　生徒：教科書、資料集、デザインセット（アクリル絵の具、デザイン筆、パレット、筆洗）、色鉛筆、はさみ

④授業の展開

	学習活動	指導上の留意点
導入 (50分)	○「のぞいてみたら」を体感する。	＊紙を筒状に丸め、美術室内をのぞかせる。虫眼鏡でも、のぞいたり観察させたりする。普段とは違うものの見方に気付かせる。
展開1 (50分)	○作品の構想を練る。	＊教科書や資料集から超現実的な世界を理解させる。具体的にダリの「記憶の固執」やマグリットの「ピレネーの城」を例示し、現実と現実のあり得ない組み合わせを紹介。
展開2 (50分)	○アイデアスケッチを描き、さらに構想を深める。	＊円形の枠を取ったワークシートにアイデアスケッチを描かせる。前時からもう1段階ひねった組み合わせ方ができるように、過去の生徒作品を例に挙げながら考えさせる。
展開3 (250分)	○白ボール紙に制作する。	＊着色に際しては、色調によって画面のイメージが大きく左右されることを説明し、自分が表現したいイメージに合った色調を工夫させるようにする。 ＊塗り方は表現したいイメージに合わせて、ポスター風の平塗りや、水彩風の淡い塗りを提示、必要に応じて、ペンや色鉛筆での表現も紹介。自分の得意不得意も考えて選ぶということにも留意させる。
まとめ (授業時間外)	○完成作品を相互鑑賞する。	＊作品にアピール文を付け、廊下と美術室に掲示。作品を紹介し合ったり、他のクラスの作品を自由に鑑賞させる。

⑤指導上の配慮と工夫

a.「のぞいてみたら」を体感する

　授業の初めに、まず生徒たちに目の前に見えている現実世界から少しだけ見方を変えて、離れさせる体験を取り入れた。「まず紙を筒にしたら……」と問いかけると、「のぞいてみる!」という反応が返ってくる。実際に紙を筒状に丸め、美術室内をのぞいて見ると、小さな発見があちこちで聞こえた。「あんなところにシミがある……」「○○君の毛先がはねてるー」。

　次に、虫眼鏡を使ってのぞいてみる。ある生

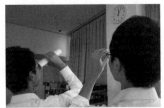

図2　筒状の紙でのぞいてみる

〔第2部　実践編〕

徒は観察するように小さな文字を追っている。別の生徒は腕をいっぱいに伸ばしてみる。すると、景色が逆さになって映ることに気付く。どのクラスでも、その発見をお互いに試したり共感したりする姿が見られる。普段何気なく見ている美術室も、少し見方を変えていくだけで違った世界をつくりだすことを体感することから授業をスタートさせた。

b．作品の構想を練る

現実と現実のあり得ない組み合わせ（デペイズマン）の手法を使い、実際にいろんな組み合わせを考えさせる。前時の体験を基にしたり、ダリやルネ・マグリット（1898-1967）の絵を見たりすることから始めた。「記憶の固執」「ピレネーの城」（1959）を例示し、いろんなものの意外な組み合わせの面白さを、写真素材集などを基にして考えさせた。生徒たちはダリやマグリットの細密な描写に感心する。写真のように描かれていて一見現実のように見えるが、実際にはあり得ない世界だという面白さに気付いた。

c．アイデアスケッチを描き、さらに構想を深める

円形のワークシート（あり得ない世界をのぞく窓として設定）にアイデアスケッチを描かせる。前時からもう1段階ひねった組み合わせ方ができるように、以前の生徒作品を例に挙げながら考えさせた。例示から素早く反応を見せる生徒もいれば、いろんな素材からじっくり考える者、考えが発展しない者など様々だった。描くことが苦手な生徒には、トレーシングペーパーを使って同じ形をコピーする方法を提示した。「描く」作業の負担が減り、単純な形を繰り返すことの面白さも手伝って、積極的に制作に取り組める生徒が増えた。

（ア）生徒A

描くことが得意なAは、アイデアスケッチで次々と新しいアイデアを出したが、逆につくりたい作品を絞り込むことが難しかった。そこで、最初に虫眼鏡で自分の目の前にある制服のボタンや定規を描いたように、自分の日常から題材を探すことを提案した。朝食をヒントに同じ机の生徒も

図3　生徒Aの作品（制作途中）

空想の世界は、現実のすぐ隣にあるんだよ

一緒に「和食派か洋食派か」とたわいない話から始まり、「ウインナーが動いたり、皿に乗って、じっとしてるフリをしてたりして」と、考えが進んだ。制作中は「おいしそうなツヤツヤした目玉焼きが描きたい」と意欲的だった。

(イ) 生徒B

「ティッシュの箱から逆に手が出てきたらみんなビックリする。しかも鍵付き」と、言っていたBにとって、箱から出てくるのはほかのものではダメだった。単純にデペイズマンの手法を取り入れているだけなら何でもよいはずだが、Bの発想では「紙が取り出す手と入れ替わる」ことが大切だった。

図4　生徒Bの完成作品「未知なる手ィッシュ」

このアイデアに決まるまでに、「なぜ、その組み合わせなのか」を何度も問いかけた。生徒同士でも、自分のアイデアを示して「○○のように見えるかな?」と説明してしまうのではなく、「何に見える?」「どんな感じ?」と相手の反応を見ることで、自分の作品を振り返らせた。

d. 白ボール紙に制作する

本校では常時2種類のアクリル絵の具(ツヤや光沢があり水彩風に塗ると筆のタッチが表現できる絵の具と、ツヤ消しのマットな仕上がりの絵の具)を使っている。今までは課題によって選択するのは主に教師側だったが、ここでは、自分たちで考えさせた。彩色はポスター風の平塗りでも、水彩風の淡い塗りでもよいことにし、必要に応じて、ペンや色鉛筆での加筆も例示した。これには、今までの学習の積み重ねを踏まえた実践という意味と、表現したい世界にふさわしい着色、そして、自分の得意不得意を考えて選ぶという意味がある。

絵の具を塗ることに抵抗があったり、苦手意識があったりする生徒には淡い着彩と色鉛筆での加筆を勧めてみるとやりやすいようだった。宇宙空間を表現したい者には、平塗りとスパッタリングを勧めてみた。先に描き方の例を示すことで、自分の表したいイメージが鮮明になり、「やれる」という気持ちになるのだろう。発想を広げたり、新しいアイデアを付け加えたりしながら、その生徒なりに空想の世界を発展させることができた。

〔第2部　実践編〕

図5　完成作品「裏切り」

図6　完成作品「鼻、花、はな、ハナ」

e．完成作品を相互鑑賞する（制作終了後）

　生徒作品をメインストリートと美術室に展示した。たくさんの生徒の目に触れる場に自分の作品を展示し、紹介するとともに、他のクラスの作品を自由に鑑賞できるようにした。自分の作品の前で解説する生徒や、他のクラスの作品を熱心に見たり、発想の奇抜さや表現の面白さに声を上げて笑い合ったりしている様子が見られた。

図7　完成作品「過去につながる筆箱」

【作者のアピール文】
　机の上に置いた筆箱から、いきなり恐竜が出てきたら…？開けるたびに違う世界が広がる筆箱があったら、授業中も退屈しないだろうなぁと思ってかきました。

図8　完成作品の展示風景

384

(2)表現活動の経験や話し合いを通して作品の読み解きを深める鑑賞活動

題材名	「記憶の固執」を語る会（鑑賞）	学年	中学3年	時間	1時間

①題材の概要

本題材は、ダリの「記憶の固執」(1931)に描かれている、時計に注目することをきっかけに、描かれたモチーフ一つ一つが表す意味について考え、仲間との意見交流を通して自分の考えを深めていくことを目的とした鑑賞の学習である。

図9　サルヴァドール・ダリ「記憶の固執」
　　　1931　ニューヨーク近代美術館
©Salvador Dali, Fundació Gala-Salvador Dalí,
JASPAR Tokyo, 2017 G0936

②学習目標・評価規準

・作品に表現された世界観やそれを描いた作者の心情や意図に関心をもち、鑑賞を楽しむことができる。
・絵の中心的なモチーフが表す意味について、想像力を働かせて考えるとともに、仲間と意見を交流させるなどして、自分なりの解釈を深めることができる。

③準備

教師：提示資料、ワークシート、プロジェクター、タブレット端末
生徒：教科書、資料集、筆記用具

④授業の展開

	学習活動	指導上の留意点
導入 (5分)	○本時のめあてを理解する。	＊これまでやってきた鑑賞授業を思い出し、絵に描かれていることを根拠に自分の考えをまとめていくことを確認させる。 ＊2年生で取り組んだ作品を提示し、自分の作品を思い出させる。
展開1 (5分)	○絵を見て考える。	「2分、じっくりと絵を見ましょう」 ＊まずは絵全体を見させ、この絵に何が描かれているのか、どんな意味が込められているのかを考えさせる。

〔第2部　実践編〕

展開2 (30分)	○時計に注目して考えていく。	＊絵全体を見てから、主要なモチーフであるそれぞれの時計に注目していくことを示す。 「全体を見る手がかりとして、時計に注目していきたいと思います」 「時計はいくつありますか」 「どの時計がいちばん気になりますか」
	○選んだ時計はどんな様子なのかを発言していく。	＊どんな感じがするのか、どんな様子なのかをその根拠を示しながら発表させる。形や色といった〔共通事項〕を意識させる。
	○注目した意見から考える。	＊描かれた一つ一つにどんな意味があるのか、何を表現したかったのかをグループで話し合い、共感や反対の意見を基に考えを深めさせる。
まとめ (10分)	○これまでに出された意見を手がかりに、自分の考えをまとめていく。	「あなたはこの絵をどんなふうに思いますか」 「この絵は何を表現しているのだろう」 ＊今までの話し合いや発表から、自分なりの見方をまとめさせる。
授業 終了後	○対象を広げて鑑賞する。	＊ダリの他の作品とその紹介文、及び別のシュルレアリストの作品を、実践事例(1)の生徒作品とともに展示する。

⑤授業の実際

a.「時計はいくつあるだろう」「時計で何を表現しているのだろう」

　絵を見て、まずは時計に注目させた。「語る会」は以前からも行っているので、気付いたことをすぐに発言したそうな生徒もいた。2年のときに参考作品としてこの絵を見ていることに、多くの生徒がすぐに気付いた。

図10　授業風景

　時計は三つから四つという意見が多く、自分が注目した時計から考えを広げていった。その時計はどんな感じがするのかを根拠を示しながら出させていった。形や色といった〔共通事項〕を意識させたが、感じたことをすぐに口に出す生徒が多く、「どうしてそう思うのか」を質問すると、そこで改めて深く考える生徒もいた。タブレット端末やラミネート資料なども用い、個々の時計をズームアップさせると素直に反応し、興味深く見入っている様子だった。直感的で幼い生徒たちの様子が見られた。

b．意見交流

描かれた一つ一つにどんな意味があるのか、何を表現したかったのかをグループで話し合い、意見を交流させることで、多様な考え方があることに気付くようにした。ここでは意見を一つにまとめることが目的ではなく、異なる意見を紹介し合うことで、生徒の視野を広げることを目的とした。

図11　グループでの意見交流

c.「この絵は何を表現しているのだろう」自分の考えをまとめる

自分が最初に出した考え（時計はどんな感じがするのか）を、意見交流を踏まえてさらに深めさせた。自分の意見や似た意見に対して出された反論や共感の意見を取り入れながら、さらに自分の考えを深めていくことを課題とした。「ワークシート」に記された生徒の考えの主なものは、以下のようである。

図12　グループでの意見交流

・この絵は、人間や動物の（人生の）始まりと終わりの場所を表していると思う。人が生まれると時計が一つ減って、亡くなったりしたらその人の思い出が時計を一つ生み出していそうに思う。人や動物が亡くなる度に、思い出とか記憶とかが時計となって砂漠に生み出されたりしたら、この場所にどんどん時計が増えていきそうに思う。
・人の思い出や考えを表している絵だと思った。時計の針は人の時間、つまり人生を表していて、その人生の中で経験したウソ（オレンジ色の時計）、思い出（真ん中の時計）、忘れたいこと（木の枝に引っ掛かっている時計）などが背景の砂漠（広い頭の中を表している）で保存されているのだと思う。
・この作者のいろいろな思いが描かれている絵だと思う。この人はチーズが好きだったんだと思う。誰も人がいなくても、大好きだったチーズをアリなど

〔第2部 実践編〕

に食べられてしまう。最後に残されていくのは壊れている時計だけなんだと思う。
・中央の物体から出ている液体は涙だと思った。まぶたを閉じていることから（この人は）亡くなっていると思った。
・ほかの人が言っていた「地球温暖化の現状や、地球のこれから等を表している」というのが、納得いきます。中央の鳥のようなものは、終わった時間を表していて、木に掛かっている時計は、後少しの残された時間を表している。溶けかけの時計は、まだ時間の余裕があるものを表していて、オレンジ色の時計はこれからの未来を表しているのかなと思った。

d．授業終了後

　ダリの他の作品と紹介文、ダリ美術館の紹介、別のシュルレアリストの作品等を、実践事例(1)で紹介した生徒作品とともに展示した。熱心に絵と紹介文を見比べる生徒の姿や、この場でも授業の続きのように、「この絵にはこんな意味が込められているのではないか」と仲間同士で指さしながら話し合う様子も見られた。

「記憶の固執」を語る会

一番印象に残っている発言・意見　「すごい！」「よかった！」「そう思う！」
「四つの中で一番新しい時計に見える」
「どの時計の近くにも生き物がいる。生き物の残りの命を示した時計」

〜今日の授業を終えて〜

＜自分は　こう思った！！＞　〜私の考え〜
生まれたばかりの生き物には、すべてきれいでピカピカな時計が与えられて、生きていく中で、いろいろなことを学んでいき、使い古して、ピカピカではなくなっていく。残りの命を示した時計だという意見もよくわかるけど、私には、今まで生きてきた時間を表しているとも思える。固まると死んでしまうけど、それは、その生き物の人生を固めて残しておくためではないかと思う。ぐにゃーっと柔らかいのは、その中に、どれだけでも多くの思い出が、残せるようになっているからだと思う。

図13　生徒のワークシートの一例

5. 二つの実践を通して

　実践事例(1)では、「空想する」こと自体が、まずは生徒たちにとって高いハードルだった。最も苦手としている「自由に考えよう」という投げかけだけでは、作品は進んでいかなかっただろう。実際に目の前にあるものに注目し、その一部を置き換えたり変換してみたりしたことがきっかけになり「やってみよう」という意欲につながっていった。

　実践事例(2)で取り上げたダリの作品は、教科書にもあり、実践事例(1)の制作中に何度も繰り返し見ていたものだった。制作中は作者の描き方や技法に注目していたが、鑑賞授業では、描かれているものの意味について考えることができた。これは、生徒たちが繰り返し見ている内に「何が描かれているんだろう」という疑問を少しずつ膨らませていたことが、顕在化したものと思われる。また、実際に作品を完成させた経験が、ダリも自分たちと同じように、「これは何かを置き換えているのかもしれない」、「何かの意味が込められているのでは」という疑問を抱かせ、積極的な鑑賞を促すきっかけになったと考える。

　「空想による表現」の取り組みを、このように、制作と鑑賞の二つの授業として独立させながらも関連付けて設定したことで、生徒の心の中にある「見たものにとらわれずに自由に描くこと」、「想像したことを形や色で表すこと」に対する苦手意識を和らげることができたのではないかと考える。何よりも、空想の世界を身近に感じ、自分の考えを表現しても大丈夫だという思いを、少しでももたせることができたのではないかと思う。

　今後は、3年間の美術のカリキュラムに配置されている他の題材についても、相互の関連性を強めていきたいと思う。

　単に作品を完成させることで終わってしまうのではなく、それを鑑賞活動につなげることにより、相互に学習の成果が高まるようにしていきたい。同じような表現活動に取り組んだからこそ想像でき、共感できる作者の気持ちや工夫、逆に他の作品を見て考えたからこそ、自分自身が表現したいことを積極的に見付けることができるのではないかと思う。

〔第2部　実践編〕

美術に対する誤解や偏見を解消し、造形的感覚や判断力を育てる鑑賞指導の試み

飯塚淑光（群馬県藤岡市立東中学校）

1. 鑑賞教育との出会い

　筆者が鑑賞教育にかかわりをもち始めたのはおよそ20年前である。そのきっかけは、小学校中学年から中学生に当たる子どもたちのほとんどが描画表現を疎む現状を何とか打破するきっかけをつかみたいと思ったからである。それまでは実際の表現活動の中で様々な手立てを試みてきたが、対症療法的なその場限りのような手法で終始してしまった感があり、結局根本的な対応策を見いだすことはできなかった。そのような現状を憂慮している中で、新井哲夫（当時群馬大学）が行っていた鑑賞教育の研究に協力者として参加する機会があり、鑑賞授業の実践研究を通して、描画を疎む子どもたちに対する鑑賞教育の可能性を実感することができた。それ以降、鑑賞教育に力を入れて、子どもたちの造形的な能力の伸長を図る実践を重ねている。

　本稿では、思春期の子どもたちを対象に、鑑賞教育を通して、美術に対する誤解や偏見を解消するとともに、造形的な感覚や判断力を育てることを目的に行ってきた実践を紹介したい。

2. 思春期の子どもを対象とする美術教育における鑑賞活動の意義と役割

　小学校中学年あたりから中学生にかけて、子どもたちは徐々に造形的な表現活動、特に描画表現を疎む傾向が見られる。子どもたちは、その理由を「思ったように描けない」「見たように描けない」……といった言葉で表現することが多い。その背景には、子どもたちが絵は目で見たようにできるだけ正確に描

かなければならないと思い込んでいること、つまり、いわゆる「写実的表現」が絵としていちばんの価値あるものという、描画表現に対するある種の思い込み（誤解や偏見）があると考えられる。

そこで筆者は、このような描画に対する子どもたちの誤解や偏見を解消する必要があると考えた。しかし、誤解や偏見の解消には、表現活動だけでは難しい。鑑賞教育を足がかりにして、子どもたちに描画表現の多様性に気付かせ、写実的表現もたくさんある表現方法の中の一つであることを実感させ、実物と似ているか似ていないかということと、美術作品としての善し悪しとは関係がないことを認識させる必要があると思う。

以上のように、描画表現を疎む子どもたちに対する根本的な対応策としては、まず第一に美術に対する誤解や偏見を解消し、広い視野と柔軟な考えをもてるようにすることが大事であると考える。

そして同時に、教科固有の目的である造形的な感覚や判断力を育て、高めることも重要である。従来、図画工作・美術教育では、表現活動を中心に授業が行われてきたことは否めない。しかし、単に描いたりつくったりするだけでは、うまくいけば表現活動の楽しさを味わうことができるかもしれないが、造形的な感覚や判断力を働かせて、造形表現としてのよさや美しさに意識的、自覚的に向き合う経験を深めることは難しい。どうしても子どもたちの意識は作品を完成させること（何をもって完成とするのか「完成」そのものに対する認識も浅い）に向きやすく、造形表現としての善し悪しを判断し、よりよい表現を追求するまでにはなかなか至らないからである。したがって、鑑賞活動を通して、表現活動だけではカバーし切れない部分を補い、子どもたちの造形的な感覚や判断力を養い、育てることが必要である。

鑑賞活動を通して身に付けた造形的な感覚や判断力、様々な表現に関する知識等をその後の表現活動にフィードバックして、表したいイメージやそれを具体化する方法などを明確に意識しながら意図的に表現したり、表現活動を通して体験的に身に付けた造形的な感覚や判断力、材料や技法に関する知識などを鑑賞活動にフィードバックしたりすることができれば、相乗効果が一層高まる

〔第2部　実践編〕

と考えられる。

　しばしば造形表現では、表現する「その人らしさ」が大事である、と言われることがある。しかし、まったくのゼロの状態から自分らしさは生まれない。自分らしさの出発点には表現活動を支える基礎的・基本的な知識や技能が不可欠である。それがあってはじめて「自分らしさ」が展開されると考える。特に思春期のように活動に対して自覚的、意識的になる時期はそうである。そうした基礎的・基本的な知識や技能を身に付けるには、表現活動による直接的な体験だけでは限界がある。鑑賞活動を通して間接的な方法ではあっても幅広い知識や理解が加わってこそ、視野の広さと柔軟性を備えた基礎的・基本的な知識や技能の習得が可能になるのではないだろうか。

　なお、実践に当たっては、新井が開発した鑑賞題材基本プラン[1]をベースに、筆者が児童・生徒の実態やねらいに応じてアレンジを加えたものと、筆者が独自に開発した題材とを用いた（題材名の後に前者は（A）、後者は（I）と標記）。

3. 鑑賞活動を通して美術に対する誤解や偏見を解消し、造形的な感覚や判断力を育てるための手立てと工夫

(1)美術に対する誤解や偏見を解消することを目的とした鑑賞指導

　美術に対する誤解や偏見を解消することを主たる目的とした鑑賞指導には以下のようなものがある。

　①題材名「ピカソの挑戦」（A）

　②題材名「プロから学ぶ色使い」（I）

　③題材名「西洋絵画を読み解く」（I）

　これらの題材を授業として具体化するに当たって、配慮したり工夫したりしたことは次のような点である。

　美術に対する誤解や偏見の代表的なものの一つは、写真のように描かれた絵を優れた絵とし、キュビスムの作品や抽象表現の作品に対しては「でたらめ」「子どもが描いたような絵」「適当な絵」等々の固定的なイメージをもっていることである。もう一つは、「絵は直接目で見たことだけが全て」という誤解で

ある。絵画作品には、直接目で見て分かる即物的なイメージ以外に、作者を表現に駆り立てた動機や表現上の創意や工夫などの表現意図が埋め込まれている。特に古い時代の絵画には、注文主（西洋画の場合、教会や王侯・貴族など）が画家に依頼したテーマがあり、画家の創意工夫以外に、見る人にそのテーマを伝えるための表現上の約束事が描き込まれているものもある。

　以上のような誤解や偏見を解消する、たとえば前者の誤解や偏見に対しては、ピカソの作品を対象に、比較鑑賞を取り入れて表現の違いを感じ取らせたり、抽象表現の作品を取り上げ、その画面で大きな要素となっているもの（「プロから学ぶ色使い」では色彩）をクローズアップして、その表現効果や造形的な美しさを理解させ、写真のように描かれていない作品のよさや美しさを経験的に感じ取れるようにする。また、後者の偏見や誤解に対しては、あえてルネサンスなどの古典絵画を取り上げ、隠された意味を読み解く楽しさを味わうことによって、絵画には単に目で見ただけでは分からない意味や意図が隠されていることを実感できるようにする。西洋の古典絵画などは、アトリビュート（表現された人物が誰であるかを示す持物や事物。たとえば、聖ペテロの鍵。）が分からなければそこに何が描かれているのか理解しにくく、興味も抱きにくいが、逆にアトリビュートを理解すると知的好奇心が刺激され、関心も高まる。そしてそれは、近現代の絵画作品に対しても、画面に描かれた即物的なイメージを捉えるだけでなく、その背後にある作者の意図や考えを読み取ろうとする姿勢を育てることにもつなげられると考える。なお、「プロから学ぶ色使い」でも色彩のもつメッセージ性やイメージ等を読み取る内容を含んでいる。

(2) 造形的な感覚や判断力を育てることを目的とした鑑賞指導

　造形的な感覚や判断力を育てることを主たる目的とした鑑賞指導には以下のようなものがある。

　①題材名「どっちが速そう」（A）
　②題材名「二つの花の絵から」（A）
　③題材名「形や色が伝えるもの」[2]（A＆I）

　これらの題材を授業として具体化するに当たって配慮したり工夫したりした

〔第2部 実践編〕

ことは、次のような点である。
　①と②では、2点の図版を用いる比較鑑賞の方法を取った。それにより、表現の共通点や相違点に気付きやすくなり、造形的な感覚や判断力を刺激するきっかけになると考えられるからである。①は、ジェリコーと葛飾北斎の比較鑑賞であり、絵画という二次元の静止画で、見る人に動きを感じさせるためにどのような表現が工夫されているかを見付けるものである。また②は、ブリューゲルと伊藤若冲の比較鑑賞であり、どちらも対象を克明に描いていながら、ヨーロッパの伝統的な細密描写と日本の大和絵の伝統を生かした線と色彩による平面的な描写の違いを見付けるものである。
　③は、抽象的な表現をどのような観点から見て、味わうかというものであり、図版を回転させるなどして多角的に作品を見るなど積極的に働きかけることによって、いろいろなイメージや美しさを引き出し、感じ取る楽しさを味わうものである。対象やモチーフに依存せずに、純粋に形や色が生み出すイメージの豊かさを味わい、造形的なよさや美しさを感じ取ることを目的とする。

(3)鑑賞活動に対する児童・生徒の関心や意欲を引き出すための手立て
　(1)(2)の鑑賞指導を進めるに当たって、児童・生徒の関心や意欲を引き出すために、配慮したことは以下のようなことである。

①時間配当上の配慮
　1題材を1時間に収めるように配慮した。これは経験上、学年に関係なく2時間扱いで鑑賞の授業を実施すると2時間目のモチベーションが低下する傾向が見られるからである。それでも小学校のように2時間連続で実施できればまだよいが、1時間実施して2時間目が次週にもち越しになると、どうしても生徒の学習意欲が低下してしまう。したがって、時間的にやや窮屈であっても、1単位時間で収める方が学習効果が高くなると思われる。

②鑑賞図版の工夫
　児童・生徒に作品全体の大まかな第一印象を直感的に感じ取らせるために黒板掲示用図版を用意する。それは、いきなり児童・生徒の手元に図版を配付してしまうと、どうしても画面の細部に意識が向かってしまい、大まかな作品の

印象を捉えさせることが難しくなってしまうと考えているからである。

　そして、その掲示用図版を見たことで第一印象を感じ取った上で、配付用の図版を使って細部を見るという学習の流れが生まれ、より自然な鑑賞の学習過程になると思われる。なお、各自にＡ４サイズの図版を提示するのは、作品の細部をよく見られるようにするためである。手元に図版があることによって、必要な場合にはいつでも繰り返し確かめることができる。

③作品の見せ方の工夫

　ねらいや題材によっては、２点以上の図版を対比しながら見る比較鑑賞を取り入れる。

　これは、特に造形的な感覚や判断力を身に付けることをねらいとするとき、２点以上の作品を比較することで、それぞれの表現の特色や効果の違いなどを直感的に気付きやすくするためである。

④基本的な授業展開

　鑑賞活動の基本的な流れとして、以下のような授業展開を心がけた。

　　a.全体を観る→b.細部を観て感じ取ったり、分析的に観たりする→c.再度全体を観て、総合的に鑑賞する

　これは、以下の≪鑑賞の学習過程≫のモデルを、児童・生徒の実態に合わせて簡略化したものである[3]。

（ア）「興味や関心を抱く」

（イ）「全体の感じを捉える」（→各自の印象や鑑賞を発表し合う）

（ウ）「じっくりと見る」（→気が付いたことをメモし、発表する）

　＊「何（対象、モチーフ、テーマ）」が描かれているか確かめながら見る。

　＊「どのように」描かれているか確かめながら見る。

　＊同一テーマを取り上げた他の作品（同一作者を含む）を比較しながら見る。

（エ）「知る/確かめる」（→画集や事典などで調べる）

　＊「いつ」「どこで」「誰によって」「何のために」描かれたのかを知る。作者の生きた時代や社会、同一作者の他の作品、同時代の美術や工芸、デザインなどの特色を確かめる。

(オ)「想像や推理を働かせながら見る」(→想像したり推理したことを発表し合う)
　＊調べたり話し合ったりしたことを基に、作者の意図やねらい、描かれている内容などを想像しながら見る。
(カ)「深く味わいながら見る」
　＊調べたり確かめたりしたことを踏まえ、作品を一層深く味わいながら見る。
(キ)「作品を評価する」(→各自の評価を発表し合う)
　＊感想カードなどに作品に対する鑑賞や自分なりの評価などをまとめる。

4．鑑賞指導の実際

(1)美術に対する誤解や偏見を解消することを目的とした鑑賞指導事例

| 題材名 | プロから学ぶ色使い | 学年 | 中学1年 | 時間 | 1時間 |

①題材の概要

　色は造形活動において欠かすことのできない要素である。美術史的に見ても、モチーフの再現のためや作家のイメージを補足するためのものなど、中世キリスト教絵画やルネサンス期を経て印象派以前まで、色は絵画の中で従属的な位置付けでしかなかった。しかし、光を表現するために固有色を否定した印象派や、それを発展させたスーラやシニャックなどの点描による表現に始まり、ブラマンクやマティスのような大胆な色使いをする作家の出現など、後期印象派やフォービスムを機に色は自立した造形要素として積極的に扱われるようになってきた。本来色は、形やテクスチャーとともに三大造形要素の一つであり、表現活動や鑑賞活動において欠かすことのできない極めて重要な役割を担っている。

　従来の造形的な効果を考えた色彩の組み合わせや配置についての学習はもちろんのこと、特に最近は色彩心理学というジャンルも注目されているように、色のもつ象徴性や意味、メッセージについて理解を深めることは、生徒たちの今後の造形活動に大きく寄与することが期待できる。

　しかし、中学生にとって、色は実にとらえどころのないものという実態もあ

る。たとえば日頃の授業中、「先生、ここは何色を使ったらいいのですか」というように、色使いの判断を何の抵抗感もなく教師に丸投げしてしまう場面にしばしば遭遇することからも、中学生の色彩に対する実態をうかがい知ることができる。

　そこで本題材は、実際のプロの画家の作品ではどのように色が扱われているか、その表現効果を感じ取り、色には象徴性があり、メッセージや意味が隠れていることを、体験的に理解させることを目的に設定したものである。具体的には第二次世界大戦後のアメリカを代表する画家の一人であるマーク・ロスコ（1903-70）が1950年代に制作した3作品を取り上げる。この作家の典型的な作風は、まさに色彩のみを用いてキャンバスいっぱいに矩形で画面を構成するものであり、色彩による表現効果を体験的に理解させることを目的とする今回の題材で取り上げるには最適な作品と言える。

②学習目標・評価規準

・絵画作品を色彩表現に着目して比較鑑賞し、それぞれの作品の全体的な印象や雰囲気の違いを感じ取ることで、色のもつ表現効果や心理的機能に興味・関心をもつ。

・色彩のもつ象徴性やイメージ性について理解を深め、表現や鑑賞に活用する。

③準備

　教師：ロスコの「青い雲」(1956)、「明るい雲、暗い雲」(1957)、「グリーンのストライプ」(1955)の掲示用図版と生徒配布用図版、ワークシート、色の象徴に関する資料

　生徒：筆記用具

[第2部　実践編]

④授業の展開

	学習活動	指導上の留意点
導入 (5分)	○3枚の掲示用図版を見て、大まかな印象を感じ取る。	＊あえて「これは絵です」と説明し、生徒に意外性をもたせる。
展開 (40分)	○色使いに注目して観察し、色彩表現の特色を感じ取る。(10分) ○作者ロスコの経歴を知る。(2分) ○色のもつ様々なメッセージ性やイメージについて理解する。(13分) ○色のもつ意味やメッセージ性を踏まえて、作品の色使いを考える。(15分)	＊作品名を提示し、正しいと思う作品名と作品を組み合わせる。 ＊色使いと題名から、どのような感じを受けるか、感じたことや考えたことなどをメモさせる。 ＊作者のロスコについての経歴について説明する。 ＊別紙の「色のメッセージ性やイメージ」を使い、色には国や地域によって異なる様々な意味が与えられていることを知らせる。 ＊色のメッセージ性を踏まえてロスコの絵を想像、推理させる。
まとめ (5分)	○学習したことをまとめる。	＊授業で学習したこととその感想を書かせる。

《授業の様子》

図1「プロから学ぶ色使い」の授業
(左から「青い雲」「明るい雲、暗い雲」「グリーンのストライプ」)

⑤授業の流れ　(・は生徒の反応)

a． 3枚の掲示用図版を見て、第一印象を感じ取る。(5分)

○細かい説明はせず、おもむろに黒板に3枚の図版を提示し、ぱっと見てどんな感じがするか発問する。

・第一印象と言っても、生徒はどう答えていいか分からない感じでいた。

b．色使いに注目して作品を観察し、色彩表現の特色を感じ取る。（10分）

○3枚の図版の下にランダムに3作品のタイトルを提示し、正しいと思うタイトルと作品を組み合わせる。

・生徒は、題名と作品に描かれている色使いや構成等を参考にして、題名を選択していた。

○作者名及び作品名を提示する。

　　　作者名：「マーク・ロスコ」

　　　作品名：「青い雲」「明るい雲、暗い雲」「グリーンのストライプ」

○各作品と作品名を組み合わせることで、改めて作品からどんな感じを受けるか感じたことや考えたことをメモさせる。

・「明るい雲、暗い雲」では「白いところが明るい雲で、赤いところが暗い雲」などと答えていた。

c．作者ロスコの経歴を知る。（2分）

○ロシア出身だが、ユダヤ人であったため迫害を避け、10歳のとき家族とともにアメリカに移住。大学を中退して、ニューヨークの美術学校に入学し、画家を目指す。初めは普通の絵を描いていたが、徐々に形が省略され、このような矩形を使って色だけで表現するようになったことを説明。ちなみに現在はこれらの絵は数億円の値段で取り引きされていることも話す。

・ロスコの経歴についてよく聞いていた。特に絵の値段は極めて驚いた感じで聞いていた。

・「色しか塗ってないのに何でそんなに高いの」という反応の生徒が多かった。

d．色のもつ様々なメッセージ性やイメージについて理解する。（13分）

○生徒の「色しか塗ってない……」の反応を受けて、「なぜ色だけで作品ができ上がるか」と発問する。または「色しか塗ってないのに何で数億円もするのか」と発問する。生徒は色彩に対して重要な造形的な要素という認識が弱いと

表1　色の象徴（方位、季節等）

青（緑）	…東	…春	…青龍
白	…西	…秋	…白虎
赤（朱）	…南	…夏	…朱雀
黒（玄）	…北	…冬	…玄武

〔第2部　実践編〕

予想できるのでここでは深追いはしない。
○そこで、色のメッセージ性を身近に感じさせるために、表1のように日本や中国に伝わる色と方角・季節や聖獣の話をする。
○さらに表2の「色とその代表的な象徴語」の内容を基に、色にはイメージや意味・メッセージ性が内在していることを知らせる[4]。

表2　色とその代表的な象徴語

赤	情熱、愛情、革命、野蛮、歓喜	青	冷静、静寂、知性、消極、悠久
橙	陽気、華美、躍動、我慢、嫉妬	紫	神秘、不安、永遠、高貴、複雑
黄	希望、快活、歓喜、軽薄、優柔	白	明快、潔白、純真、神聖、清楚
緑	平和、公平、親愛、理想、安息	黒	絶望、沈黙、悲哀、厳粛、罪悪

e. 色のもつ意味やメッセージ性を踏まえて、作品の色使いを考える。（15分）
○色のメッセージ性を踏まえて、ロスコの絵を推理させる。うまく思い付かなかったら、ロスコの生育歴も思い浮かべて推理させる。ロスコはロスコなりの作品に対するメッセージをもっているが、それにかかわらず、生徒の意見を自由に取り上げて、色彩のメッセージ性に触れさせる。数名を指名し、どう推理したか紹介させる。
・前出の「色とその代表的な象徴語」の資料を見ながら、生徒は自分なりの推理を試みていた。たとえば「青い雲」では「青は悲しみ」「赤は戦争や争い」というイメージを引き出せるようになった。

f. 学習したことをまとめる。（5分）
○授業で学んだこととそれに対する感想を書かせる。
・色にメッセージ性や意味があることに知的好奇心をくすぐられているとともに、これから色を選ぶときは今回の授業を参考にしたい旨の感想を書いていた生徒が多かった。

⑥成果と課題
〈成果〉
生徒は、これまで造形的要素である色彩に対して「何となく」「適当に」扱っ

ていた。しかし、色彩にはイメージやメッセージ性があるということを理解させ（色彩に対する視野を広げ）、ひいては色彩に対する認識を深めさせる内容であったと思う。特に色にはメッセージ性や意味が潜んでいるということは新鮮な驚きだったようで、多くの生徒が「今後色を使うときは意識して使いたい」とワークシートに書いていた。

〈課題〉

本題材は、色彩に対するイメージやメッセージ性を、まず知識として理解させる部分が大きかった。時間的な制約はあるが、色彩に対して生徒自身の感覚や判断力を働かせ、感じ取らせる部分がやや弱かったと思う。

(2)造形的な感覚や判断力を育てることを目的とした鑑賞指導事例

題材名	どっちが速そう	学年	小学5年	時間	1時間

①題材の概要

本題材は、ジェリコー「エプソムの競馬」(1821)と葛飾北斎「冨嶽三十六景 隅田川関屋の里」(1830-32頃)を比較鑑賞し、「動きに対する表現の工夫」や「表現の多様性」に気付かせるものである。

学習活動の展開として、まず2作品全体を見た第一印象で気に入った方を選択させ、理由も考える。次に描かれているものを挙げるなどして細かく観察していく。そして、「動き」に対する表現の工夫に気付かせていく。最後にもう一度授業を通して自分が気に入った方を選択させるという流れで授業を行った。

②学習目標・評価規準

・絵画表現の多様性と、それぞれの独自のよさや美しさに関心をもつ。
・表し方を工夫することによって、静止した画面でも「動き」が表現できることを理解する。
・動きを表現するために作者はどのような工夫をしているか読み取る。

③準備

教師：ジェリコー「エプソムの競馬」の掲示用図版、児童配布用図版、葛飾北斎「冨嶽三十六景 隅田川関屋の里」の掲示用図版、児童配布用図版、ワークシート

〔第2部　実践編〕

児童：筆記用具

④**授業の展開**

	学習活動	指導上の留意点
導入 (10分)	○二つの作品を比較し、それぞれの作品の印象を感じ取る。(10分)	＊2枚の図版を黒板に掲示し、好きな方を選ばせ、その理由や第一印象をワークシートに書かせる。
展開 (28分)	○二つの作品を見て、「何が」「どのように」描かれているか観察する。(10分)	＊実際には「どんな場面」や「描き方」という言い方で発問する。
	○作者名と作品名を知る。(2分) ○本時のねらいを知る。(1分)	
	○作者はなぜそのように描いたか、スピード感を出すための工夫について考える。(15分)	＊「ジェリコーの絵には大きなウソがあります……」というクイズ形式で表現の工夫のきっかけをつかませる。
まとめ (7分)	○改めて好みの作品を選び、理由を書く。(5分) ○まとめ (2分)	＊再度2枚の図版を示し、好きな方を選ばせ、その理由を書かせる。

図2　テオドール・ジェリコー「エプソムの競馬」1821　ルーヴル美術館

図3　葛飾北斎「冨嶽三十六景 隅田川関屋の里」1830-32頃　プーシキン美術館（ロシア）

⑤**授業の実際（・は児童の反応）**

a．ジェリコーと北斎二つの作品を比較し、それぞれの作品の印象を感じ取り、発表する。(10分)

○2枚の拡大した図版を黒板に掲示し、好きな方やいいなと思う方を選ばせ、その理由や第一印象をワークシートに書かせた。
・「ジェリコーの絵がいい」が17名、「北斎がいい」が6名。
・第一印象としては、ジェリコーは「外国の絵」「きれい」「暗い」など。北斎は「日本の絵」「渋い」「明るい」など。

b． 二つの作品を観察し、「何が」「どのように」描かれているか観察し、発表する。(10分)

○児童に分かりやすいように、「何が」では、「描かれているもの」や「描かれている場面」でよいこと、「どのように描かれているか」では「形」「色」「描き方」「材料」「雰囲気」「そのほか気付いたこと」などでよいとした。「どのように描かれているか」では、二つの作品の共通点を記す記入欄もワークシートに設けておいた。
・「何が描かれているか」では、ジェリコーの絵は「競走している」「競馬」、北斎は「旅に出るところ」「どこかを目指している」「(ジェリコーの絵に比べて)本気で走っているように見えない」。
・「どのように描かれているか」では、ジェリコーは「暗い色使い」「いろいろな色使い」「色が濃い」「実際の場面みたい」「影がある」「本物みたい」「油絵で描かれている」、北斎は「明るい色使い」「形や色が細かい」「色が薄い」「影がない」「版画」といった意見。

c． 作者名と作品名を知る。(2分)
○必要に応じて浮世絵について説明する。

d． 本時のねらいを知る。(1分)
○ねらい「どっちが速そう」と板書し、児童にワークシートに書かせた。そしてどちらの絵が速そうに走っているように見えるか勉強しますと問いかける。

e． 作者はなぜそのように描いたか、さらにスピード感を出すための工夫について考え、発表する。(15分)
○ここでは次のようなクイズを出した。「ジェリコーの絵には大きなウソがあります。それを見付けてください」このクイズによって、児童たちは意欲的

〔第2部　実践編〕

に探そうとするが、初めはまったく分からなかったようだった。ただ、モチーフが馬であることに気付き、数名の児童がワークシートに正解を書き始めた。数人の児童が「足？」などとつぶやき出し、「ああ！」という声も聞かれ始めた。

・「足の動き」「足がそろっている」「一斉にはねている」「しっぽが短い」などが出てきた。

○児童の発表に対して、足の動きに注目したことが正解であることを告げ、ではなぜそんなふうに描いたか理由を書かせた。児童は間髪を入れずに、「速そうに見せるため」というニュアンスの答えを書いていた。児童の答えに対し、作者は速く見せるためにあえてこのように現実にはない表し方をしたことを改めて知らせた。次に北斎の絵について同様にスピード感を出す工夫を探させた。

・「乗っている人が斜めになっている」「馬同士に距離感がある」「服がなびいている」「しっぽとひもみたいなものがなびいている」「（背景の霧みたいな）線がスピード感を出している」など。

f．改めて好みの作品を選び、理由を書く。（5分）

○授業の最初のときのように児童に好みを聞いたところ逆転現象が起こり、「ジェリコーがよい」は8名、そして「北斎がよい」は15名となった。その理由として、「勉強したら北斎の絵の方が考えてあると思う」と考えた児童が多かった。

g．まとめ（2分）

○動かない絵を工夫することで動きやスピード感を出せる、ということを確認して、感想を書いて終わりにした。

・児童の感想によると、「難しい」というような感想が数名あったが、否定的なものはなく、「またやりたい」「楽しかった」等々の感想がほとんどであった。

⑥成果と課題

〈成果〉

小学生対象の実践であったため、造形的表現の工夫に気付かせるために、ジェリコーの図版で「間違い探しクイズ」を取り入れられたことは、児童に意欲をもって取り組ませるのに有効であった。その後の活動で、「なぜわざと間違えた足の動き（ウソ）を描いたのか」や「北斎の絵でもそのように工夫しているところを見付ける」という発問に対して、児童の活動が実にスムーズでワークシートに考えを書くスピードも勢いがあり、極めて意欲的に活動できていたからである。そういう意味では、造形的な感覚や判断力を発揮させるきっかけの実践になったと考えられる。
〈課題〉
　時間配分を考え、一つ一つの活動にもう少し踏み込み、突っ込んだ話し合いができるようにする必要がある。作品をいろいろな視点から観察させ、大まかに見ただけでは気付けなかったことに気付いたり、それぞれの意見を交流することによって、多様な見方や感じ方に出会ったりするなどして、学習がさらに深まるような授業展開を工夫したい。

5．おわりに－実践の振り返りと今後の課題－

(1) これまでの実践を振り返って

　冒頭2で挙げた「美術に対する誤解や偏見を取り除き、広い視野と柔軟な考えをもてるようにすること」の内、後半の「（美術に対する）広い視野と柔軟な考えをもてるようにすること」については、一定の成果が得られたのではないかと考える。
　「ピカソの挑戦」「プロから学ぶ色使い」「西洋絵画を読み解く」等の全ての題材において、児童・生徒は意欲的に活動に取り組み、絵画作品について初めて知ったことや気付いたことなど、多くのことを体験的に学ぶことができた。子どもたちは、今まで「知らなかったこと」、あるいは「正しく理解していなかったこと」を鑑賞の授業を通して「知る」「分かる」面白さを体験できたと思われる。授業に取り組む態度や姿勢から見る限り、多くの子どもたちが、知的好奇心を刺激され、もっと知りたいという思いを抱きながら、積極的に授業に臨

んでいた。それは、「鑑賞の授業＝先生の説明を聞かされる退屈な授業」という多くの一般の人が抱くイメージとはまったく異なるものである。

さらに想定外であったことは、鑑賞の授業の前後に「鑑賞は気が楽」「鑑賞は絵を描かないからいい」等々というつぶやきを、図画工作・美術の苦手な児童・生徒からしばしば耳にしたことである。このことは、美術に対する誤解や偏見を解消する第一歩として、案外大事な側面ではないだろうか。つまり、表現活動が苦手なことから図画工作・美術を苦痛と感じている子どもたちに対して、鑑賞活動は美術の世界に親しむ入口になり得ることを示しているからである。そして、鑑賞を通して美術に親しむことにより、表現活動そのものに対する誤解や偏見が修正されることも期待できる。

また、「教科固有の目的である造形的な感覚や判断力を育て、高めること」を主たる目的とする題材として、「どっちが速そう」「二つの花の絵から」「形や色が伝えるもの」を挙げたが、「どっちが速そう」と「二つの花の絵から」のどちらも、比較鑑賞することで、授業が迷走することなく１単位時間内で毎回そのねらいに迫ることができた。これは比較鑑賞という方法が、造形的な感覚や判断力を刺激し、発揮させる上で大変有効であることを示していると思う。

さらに付け加えれば、様々な造形的な感覚や判断力を駆使して発想・構想し、作品をつくり上げていく通常の表現活動では、その性格上活動を通して何を学んだかを具体的に実感しにくい面があるのに対して、鑑賞活動は児童・生徒にとって、活動を通して何を学ぶかが比較的明確であり、学んだことをはっきり自覚できるメリットがあると思われる。

(2)今後の課題

「教科固有の目的である造形的な感覚や判断力を育て、高める」ためのさらなる題材開発が必要である。それはこれまでに行った題材で、造形的な感覚や判断力を育てられるというほど、ことは簡単ではないからである。児童・生徒の生活経験や興味・関心を把握し、発達特性に応じた魅力的な鑑賞題材の開発を進め、活動を楽しみながら、無理なく造形的な感覚や判断力を養えるようにする必要がある。

また、冒頭で「鑑賞教育で意図的に身に付けた造形的な感覚や判断力、知識等をその後の表現活動にフィードバックさせ、表したいイメージや方法などを明確に意識しながら意図的に表現できるようにすること」について述べたが、鑑賞活動の成果を表現活動にフィードバックすることについては、十分な取り組みができているとは言い難い。それは、鑑賞活動と表現活動を有機的に関連付けたカリキュラムの編成がまだ十分にできていないからである。授業時数が極限的にまで減少している厳しい現実を考えると、独立した鑑賞題材を開発することだけでなく、表現活動の前段階で関連する鑑賞活動をより効果的に取り入れる方法を開拓する必要がある。表現活動の前段階での鑑賞活動を充実させることは、学習内容の効率的な運用や表現活動へのスムーズな導入の一助となると考えられる。早急に年間指導計画等を見直し、一方の学習の成果を他方の活動にフィードバックすることによって、相乗効果が高まるようなカリキュラムをつくっていきたい。

◆註

1）研究代表者　新井哲夫「図画工作・美術科における鑑賞授業モデル及びプログラムの開発に関する研究」『平成12年度～平成14年度　科学研究費補助金基盤研究C(2)研究成果報告書』2003
2）『授業で使える！鑑賞ガイド　見て、感じて、考えて、楽しむために。』群馬県立近代美術館, 2010. pp.12-13, p.26
3）1）に同じ（引用に当たって、通し番号①、②……を、(ア)、(イ) ……に変更）
4）伊東三四「色彩象徴性の心理的基礎に関する一分析」『徳島大学総合科学部人間科学研究』第6巻, 1998. pp.7-12

参考文献
・『週刊美術館 44　ポロック/ロスコ』小学館, 2000
・『現代美術 第4巻 ロスコ』講談社, 1993
・Wikipedia「四神」https://ja.wikipedia.org/wiki/四神　に掲載されている、方位・季節・象徴する色の対応表
・『週刊美術館 41 ジェリコー／ドラクロワ』小学館, 2000
・『週刊 日本の美をめぐる No.1（江戸13）視覚の魔術師 北斎』小学館, 2002

あ と が き

　本書は、2011年度から2016年度まで、3年間ずつ2期、計6年間にわたり科学研究費補助金を受けて行った研究の成果をまとめたものである。
　思春期の美術教育は筆者にとって30年来のライフワークであり、これまでも何度か出版を考えたことがあるが、実際の授業の場における実践が不足していたため断念してきた。2009年5月に、「美術教育ぐんま塾」（以下「ぐんま塾」）のメンバーで中学校に所属する教師の方々の協力を得ることを念頭に出版企画書を作成し、日本文教出版（株）から出版の許可をいただいた。しかし、理論編に当たる部分の見直しをする余裕がないまま作業が滞っていたが、児童中心主義の美術教育に関する研究が一段落したため、新たに態勢を立て直して取り組むことにした。できるだけ多くの現場の教師の方々に研究協力者として参加していただき、理論研究と実践研究を併行して進める方針を定め、上記の科研費の申請に至った次第である。
　研究協力者が群馬県と滋賀県に集中しているのは、筆者が20年にわたって「ぐんま塾」の活動を通じて交流を深めてきた方々や、2003年12月に開催された第30回滋賀県中学校美術教育研究大会で講演を依頼されて以来、交流を続けてきた滋賀県中学校美術教育連盟の方々を中心に、研究協力を依頼したためである。そしてその背景には、長い間親交を深めてきた方々との交流の成果を形にして残したいという個人的な思いもあった。
　研究協力者の居住地が離れているため、全員が一堂に会す全体研究会は、年に一度長期休暇を利用して東京で開催した。前半の3年間は、研究代表者である筆者の思春期の美術教育に関する基本的な考え方を説明し、それをもとに協議を行うなど、共同研究を進めるに当たっての共通理解を図ることを中心に研究会を行った。その間、研究協力者は日頃の授業実践を振り返り、記録にまとめるなどの作業を進めるとともに、全体研究会で口頭発表と協議を行い、思春

期の子どもを対象とする美術教育の実践的な課題について情報交換を行った。

　後半の3年間は、研究協力者による授業実践に関する口頭発表と協議を中心に、思春期の美術教育の実践的課題についてさらに共通理解を深めるとともに、研究成果のまとめ方や公開の方法について検討を行った。特に、最後の2年間は、最終的な実践報告を念頭に置きながら、これまでの研究のまとめと執筆内容の確認を行った。

　当初16名の方々に研究協力を依頼したが、最終的に12名の方から実践報告を提出していただくことができた。日々の教育活動の合間に、自らの実践を振り返り、原稿にまとめる作業は、たいへん大きな負担であったと推察する。多忙な中で、実践報告をまとめていただいた方々に改めてお礼を申し上げる。また、諸般の事情で実践報告を提出していただけなかった方々に対しても、研究の過程で貴重な知見を提供していただき、研究を支えていただいたことに深く感謝したい。

　本書の出版を機に、思春期の美術教育に対する教育現場における認識が深まるとともに、一般の人々の間での関心と理解が高まることを祈念したい。

　2009年5月に出版企画書を提出して以来、9年近くの歳月が経ってしまった。その間、担当していただいた編集部長も清家彦彌太氏、林豊氏、そして現在の倉本晴彦氏と代替わりをしている。半分あきれながらも根気強く待っていただいた佐々木秀樹社長をはじめ、日本文教出版株式会社の関係各位に心より感謝いたします。

　特に、林部長以来、編集の業務を直接担っていただいた竹内はるな氏には、数々のご無理をお願いしたにもかかわらず、常に温かくかつ誠実に対応していただいた。心よりお礼を申し上げます。

2017年12月
新井哲夫

編著者紹介

新井 哲夫（あらい　てつお）

1951年埼玉県生まれ。多摩美術大学美術学部絵画科卒業、横浜国立大学大学院教育学研究科修士課程修了。

横浜市立中学校教諭、群馬大学助教授、同教授を経て、現在、明治学院大学教授。群馬大学名誉教授。専門は美術科教育。

主な著書：『中学校美術 授業づくりの基礎・基本』（編著, 日本文教出版, 1996）、『日本美術の授業』（編著, 日本文教出版, 2006）、『小学校図画工作科の指導』（編著, 建帛社, 2010）、『教育発達学の構築』（共著, 風間書房, 2015）

実践編執筆者

黒澤　　馨	（群馬県高崎市立桜山小学校）	梶岡　　創	（滋賀県大津市立瀬田北中学校）
上林　忠夫	（元群馬県高崎市立群馬南中学校）	永井　浩子	（埼玉県熊谷市立三尻中学校）
飯塚　清美	（群馬県高崎市立佐野中学校）	本田　智子	（元群馬県高崎市立寺尾中学校）
堤　　祥晃	（滋賀県大津市立志賀中学校）	伊庭　照実	（滋賀県草津市立高穂中学校）
金子　美里	（長崎県佐世保市立相浦中学校）	大西　智美	（滋賀県草津市立新堂中学校）
小野田一子	（群馬県太田市立南中学校）	飯塚　淑光	（群馬県藤岡市立東中学校）

※原稿掲載順。所属（勤務先）は2017年3月末時点のもの。

思春期の美術教育
─造形表現の質的転換期とその課題─

2018年（平成30年）2月15日　初版発行

編　著　者	新井　哲夫
発　行　者	佐々木秀樹
発　行　所	日本文教出版株式会社
	http://www.nichibun-g.co.jp/
	〒558-0041 大阪市住吉区南住吉4-7-5　TEL:06-6692-1261

表　紙 デザイン	小林春樹（工房すぱいす）
本　文 デザイン	株式会社 帆風
印刷・製本	株式会社 帆風

ⓒ 2018 Tetsuo Arai　　Printed in Japan
ISBN978-4-536-60048-4

定価はカバーに表示してあります。本書の無断転載・複製を禁じます。
乱丁・落丁本は購入書店を明記の上、小社大阪本社業務部（TEL:06-6695-1771）あてにお送りください。送料小社負担にてお取り替えいたします。